本书为广东省哲学社会科学规划一般项目"魏晋风度的基本形态及其嬗变逻辑研究"（项目编号：GD20CZW04）阶段性成果

美学与文艺批评丛书
高建平　主编

# 郭象适性美学研究

朱海坤　著

中国社会科学出版社

## 图书在版编目（CIP）数据

郭象适性美学研究 / 朱海坤著 . —北京：中国社会科学出版社，2023.5

（美学与文艺批评丛书）

ISBN 978-7-5227-2361-7

Ⅰ.①郭⋯ Ⅱ.①朱⋯ Ⅲ.①郭象(252-312)—玄学—研究 Ⅳ.①B235.65

中国国家版本馆 CIP 数据核字（2023）第 144937 号

| | |
|---|---|
| 出 版 人 | 赵剑英 |
| 责任编辑 | 张 潜 |
| 责任校对 | 孙延青 |
| 责任印制 | 王 超 |
| | |
| 出　　版 | 中国社会科学出版社 |
| 社　　址 | 北京鼓楼西大街甲 158 号 |
| 邮　　编 | 100720 |
| 网　　址 | http://www.csspw.cn |
| 发 行 部 | 010-84083685 |
| 门 市 部 | 010-84029450 |
| 经　　销 | 新华书店及其他书店 |
| 印　　刷 | 北京君升印刷有限公司 |
| 装　　订 | 廊坊市广阳区广增装订厂 |
| 版　　次 | 2023 年 5 月第 1 版 |
| 印　　次 | 2023 年 5 月第 1 次印刷 |
| 开　　本 | 710×1000　1/16 |
| 印　　张 | 21.25 |
| 字　　数 | 323 千字 |
| 定　　价 | 108.00 元 |

凡购买中国社会科学出版社图书，如有质量问题请与本社营销中心联系调换

电话：010-84083683

版权所有　侵权必究

# 序

朱海坤博士的《郭象适性美学研究》即将付梓，这是一件值得庆贺的事。不仅因为，它是目前关于适性美学范畴乃至郭象美学研究为数不多的专著，也可能成为较为重要的一部，而且还因为，适性这一论题是海坤早在攻读硕士研究生期间就一直思考的问题，并且以这一论题完成了约16万字的硕士论文，经过时间的沉淀，论题的价值得以彰显。作为导师，我感到欣慰！然而，需要强调的是，今天呈现给大家的这本著作与海坤当年的硕士论文已经不是一回事，虽然还是同样的论题，但是，深度和广度远非硕士论文可比。从中我看到，海坤确实进步了，逐渐变得成熟起来。记得几年前，深圳大学人文学院筹集一些资金，资助优秀硕士论文出版，要求导师推荐，海坤的硕士论文稍微加工就能达到20万字，基本上是一本像样的书了，可当时，我却无动于衷。我不想让他早早进入著书立说的行列，以此博得虚名，而是让他继续沉淀。现在看来，我感到庆幸！海坤的进步应归因于他的不懈努力和后来在中山大学攻读博士学位过程中所接受的训练。在跟随我的几年中，海坤把大部分精力用于中国古典文艺学、美学经典的阅读与研究之中，一直非常勤奋。大凡我要求读的书，他一定一丝不苟地完成，常常抓住我来学校上课的空闲，就一些自己不甚理解的疑难问题与我讨论。他的问题意识比较突出，思维很缜密，尤其是他的执着，不弄清楚不罢休的韧劲，令我印象极深。在我看来，这恰恰是一个严谨学者最起码的素质。如今，他的努力终于结出了可喜的果实，在学术的道路上迈出了坚实的一步，能不值得庆贺？

中国古代美学的研究，魏晋南北朝一直是一个焦点和热点。这是因为，这一时期涌现出一大批杰出的美学家（包括经学家、史学家、哲学家、文学家、艺术家等），思想活跃且多元，且不说那些理论家，即便卓有成就的文学家、艺术家，也能通过他们的文学艺术创作进入思想家的殿堂。这是一种文化奇观！中国历史上没有哪一个时代能够与之相比。例如陶渊明，陈寅恪就说他是"中古时代之大思想家"[1]，还有人把他看作魏晋玄学的最后一个代表，为玄学人生观画上句号的人[2]。其实，现存陶渊明的诗文中几乎找不到相关的理论阐发，远不如嵇康、阮籍、谢灵运乃至曹操、曹丕、曹植，但陶渊明思想家的身份并没有人怀疑。文学家如此，经学家和哲学家也大体如此。这一时期的很多经学家、哲学家并没有长篇大论的著述，有的是某一部或多部经典的注释、集解，如王弼的《老子道德经注》《周易注》、何晏的《论语集解》等，当然，也包括郭象的《庄子注》，他们的经学思想、哲学思想乃至美学思想都是通过注释表达出来的。这虽然是中国传统的学术研究方法、一贯做法，但是，魏晋南北朝却创造性地运用这一研究方法，将对传统经典的创造性理解发挥到极致，足以证明这一时期文化与思想史地位的特殊。

不管是从时间上还是文化、思想上，魏晋南北朝都是一个承前启后的时代。这一时代不仅创造性地继承了先秦两汉文化、思想的精华，而且还有很多新的发明，成就超过中国历史上绝大多数时代。因此，想在魏晋南北朝寻找一个有价值的美学问题很容易，但是，想找一个别人没有触碰且有价值的美学问题却不容易。这是焦点和热点的魅力。郭象及其适性美学就是如此。郭象是一位杰出的经学家和玄学家，阅读、研究经学著作和《庄子》是他的志趣之所在。《庄子注》是他留给后世丰赡的思想遗产，对传播庄学、弘扬玄学起着极大的作用。在注释《庄子》的过程中，他提出了"适性"问题，这貌似《庄子》的思想，但并非《庄子》明确提出。在《庄子》一书中，有的是对"性"和"适"的言说，却没有关于"适性"的完整认识，然而，《庄子》确实又是"适性"的

---

[1] 参见陈寅恪《陶渊明之思想与清谈之关系》，《金明馆丛稿初编》，上海古籍出版社1980年版，第205页。

[2] 参见罗宗强《玄学与魏晋士人心态》，南开大学出版社2003年版，第307页。

思想源头，其中蕴含着"适性"的思想意涵。严格说来，"适性"是魏晋玄学家的创造，那是一种融合儒、道思想的创造。玄学家赋予其完整的思想内涵，与《庄子》的"心适""忘适"以及"天性"的认识相比较，显然是一大进步。众所周知，才性是玄学的核心议题，才性四本论是玄学的创造性发明，这种发明并非凭空杜撰，而是建立在秦汉思想基础之上的，是对秦汉思想的发展。适性与才性、人性的关系显而易见。王弼、嵇康、阮籍等都借助于言说与注释《老子》《庄子》《周易》乃至儒家经典涉及这一问题，到郭象则明确提出"适性逍遥"，将庄子逍遥的思想与适性连在一起。显然，"适性"是魏晋时期才逐渐形成的一种美学观念。今人研究魏晋美学，不少人已经发现了这一问题，并进行了初步的讨论，可见，这是一个别人发现的有价值的美学问题。究竟它的价值体现在哪些方面？则大多语焉不详，有很多问题没有解决。海坤认准了这一问题的研究价值，决心梳理清楚这一问题，显然是广泛阅读和悉心思考激发出来的研究动力。

站在整个魏晋的立场来看，郭象的适性美学是魏晋适性美学的核心。他的系列思想由注释《庄子》而发，必然与庄子思想有关联，与整个秦汉和魏晋的哲学思想也有着密切关系，其中包括儒家、玄学。不解决这些关联，很难说清楚"适性"的美学特质。如何解决这一问题？从何处入手？是一个不太好处理的问题。海坤意识到这一问题的棘手，想方设法运用更为合理的方法、更加广阔的视角去审视这一问题。因此，他先从外部进入，然后再跳出来，前探后视，力争使问题有更加立体的呈现。于是，他先从理论资源入手，系统阐发郭象适性美学的理论体系、理论内涵。这是一种内部清理。尔后，再跳出来，讨论郭象适性美学与东晋人生美学的关系、与整个六朝文艺美学的关系。这实际上超越了郭象适性美学思想本身，将郭象适性美学思想看作是一个聚焦点。郭象之前的适性美学思想在他那里聚集并升华，而之后的适性美学思想则是从他那里开始辐射、散发的。纵的历史线索和横的思想线索相互交织，展示了郭象适性美学的丰富性和多元性。同时，也使整个魏晋南北朝的美学尤其是生活美学和审美体验得到了彰显。然而，读者也可能会认为，海坤的不少做法实质上游离了郭象。首先，他花功夫讨论庄子逍遥思想在魏晋时期的演变，名教与自然的冲突，西晋价值虚无主义的三副面孔，以及西晋士风的治理等问题，意在揭示适性美学兴起的缘由。这是研究郭象适性美学必需的一个环节。其次，他讨论郭象适性美学与东晋人生美学的关系，涉及郭象的玄学思想与东晋儒、道、佛之间的缠绕，与门阀政治和士族文化性格的关联，其适性逍遥的思想与东晋士族生活以及魏晋风度的关系等，而且以大篇幅讨论，就显得游离了。其三，他讨论了郭象适性美学与六朝文艺美学的关系，着重以陶渊明、刘勰为例加以申发，似乎加重了游离。而在我看来，这是一种必要的游离。这一游离恰恰证明了郭象适性美学的价值，无疑增强了论题的厚重感。

既然全书的主旨是研究郭象的适性美学，清理其核心内容当然是重中之重。郭象适性美学的理论内涵和理论特征是什么？有没有理论的完整性和自足性？这是揭示其理论独特性和价值的关键。由于郭象的思想是借助于注释《庄子》完成的，相比于传统经典的言说方式更加琐碎而难以捕捉，无疑增加了研究的难度。这就要求海坤一方面细读《庄子》文本，理解庄子的思想，另一方面细读注释文本，弄清楚郭象对庄子的理解，区分清楚哪是庄子的思想，哪是郭象的思想，最重要的是弄清楚它们之间的逻辑联系。在如此细致研读的基础之上，海坤归纳出了郭象适性美学的理论体系，认为它是由人性论、适性说、自得说、玄冥论等理论构成的，每一种理论都有自己独特的理论生成和内容，在论述的过程中厘清它们之间的逻辑关联。与此同时，还应讨论郭象适性美学的理论内涵。海坤将之归纳为以下三个方面：第一，儒道互补的人生美学；第二，身心俱适的逍遥精神，第三，物我冥一的审美体验。这两部分是对郭象适性美学思想的完整展示。有了这些展示，才可能进一步讨论郭象适性美学与东晋人生美学、文艺美学的关系，发掘它的影响，彰显它的价值。

应该说，海坤对郭象适性美学的梳理是详尽的、细微的，其中不乏新的见解。这些新的见解在这里我就不一一罗列并评价了，请读者诸君去品味、评说，尤其请中国古代美学研究的方家去评价、指点。这会对海坤有极大的帮助。我一直鼓励海坤读西方的文艺学、美学著作，就是希望他打开视野，进行创造性的研究。就我所知，目前，研究中国美学和文论的学者，不少人仍然喜欢以古论古，就事论事。他们仍然认为，西方的文艺理论、美学观念与中国古代格格不入，根本没有可比性，更没有参照价值，因此，不愿意阅读西方，理解西方。在我看来，这是一种极端的偏见。海坤攻读博士学位期间，特意加强了西方文艺理论与美学的训练，因此，在这部书中，随处可以看到他参照西方观念阐释适性相关理论的做法，而且恰到好处。这也进一步证实，中国古代美学的思想观念是可以与西方通约的，尽管由于文化的差异造成的通约程度有限，但并不妨碍人类思想的交流。

当然，这并不说明海坤已经做得十分完美，没有可挑剔的地方。其实，看完书稿，我总感到还是有些遗憾的。最为突出的是章节的设置似乎粗放、笼统乃至平淡一些。比如，郭象适性美学的理论体系和理论内涵两章，应该是全书最核心、最精彩的两章，但其核心、精彩的内容却被"理论体系"和"理论内涵"这两个大词遮蔽了。这两章涉及的问题如人性、自得、玄冥等本身的意涵都非常丰富，完全可以把这些具体的、核心的问题列为独立的章，进行更为深入、细致的讨论，如此一来，体例上可能会显得更为出彩一些。当然，海坤现在这样做可能有他自己结构上的考虑。这只是我的一己之见。前面已经说了，适性问题的难度很大，不仅涉及文本文献的辨识，还涉及思想上的儒、道、玄的辨析，而难度最大的就是思想辨析。如何判断郭象适性美学的理论渊源，是评价其是否具有创造性的依据，也是评判其关联性和影响力的依据。要想很好地处理这一问题，必须全面、深入理解秦汉的文化与思想，把握魏晋南北朝文化与思想的演变。在这一方面，海坤的处理已经相当出色。当然，任何问题的研究都是没有止境的，希望海坤继续深入思考这一问题，以期有更多的发现。祝愿他在学术的道路上步履扎实，取得更大的成绩。

李 健
2023 年春月，深圳大学美学与文艺批评研究院

# 目　　录

**绪　论** ……………………………………………………………（1）
　第一节　郭象及其玄学思想 …………………………………（2）
　　一　郭象与两个学术公案 …………………………………（2）
　　二　郭象玄学思想述略 ……………………………………（8）
　第二节　郭象美学研究概述 …………………………………（21）
　　一　21世纪以前的郭象美学研究 …………………………（21）
　　二　21世纪以来的郭象美学研究 …………………………（23）
　第三节　郭象适性美学的研究意义 …………………………（30）

**第一章　适性美学的理论资源** ………………………………（34）
　第一节　《庄子》学的兴盛与逍遥义的演变 ………………（37）
　　一　《庄子》与正始玄学清谈 ……………………………（37）
　　二　曹植诗文中的逍遥想象 ………………………………（39）
　　三　阮籍的逍遥追求与反思 ………………………………（41）
　第二节　名教与自然：两种生活方式的冲突 ………………（46）
　　一　嵇康的名教观 …………………………………………（48）
　　二　嵇康的自然观 …………………………………………（55）
　　三　嵇康之死与向秀入洛 …………………………………（59）
　第三节　西晋士族价值虚无主义的三副面孔 ………………（68）
　　一　西晋政治的虚浮主义 …………………………………（68）
　　二　西晋士族的拜金主义 …………………………………（72）

  三　西晋士族的纵欲主义……………………………………（76）
 第四节　郭象之前的西晋士风反思与治理……………………（79）
  一　基于儒学立场的批判………………………………………（79）
  二　玄学思潮的自我矫正………………………………………（82）

## 第二章　适性美学的理论体系……………………………………（88）
 第一节　人性论……………………………………………………（89）
  一　有限性和独特性……………………………………………（90）
  二　习以成性……………………………………………………（91）
  三　仁义之性……………………………………………………（93）
  四　人性与潜能…………………………………………………（96）
  五　性情之辨……………………………………………………（98）
 第二节　适性说…………………………………………………（105）
  一　《庄子》内篇与适性………………………………………（106）
  二　《庄子》外杂篇的适性意识………………………………（109）
  三　早期玄学的适性观念……………………………………（114）
  四　郭象玄学的适性理论……………………………………（117）
 第三节　自得说…………………………………………………（121）
  一　自得的概念溯源…………………………………………（121）
  二　自得概念的内涵…………………………………………（122）
  三　自得的实现方法…………………………………………（125）
 第四节　玄冥论…………………………………………………（130）
  一　心斋与坐忘辨正…………………………………………（130）
  二　玄冥与玄冥之境…………………………………………（137）
  三　与物冥与冥其极…………………………………………（142）

## 第三章　适性美学的理论内涵……………………………………（149）
 第一节　儒道互补的人生美学…………………………………（150）
  一　"儒道互补"说的提出与反思……………………………（150）
  二　适性美学的"儒道互补"内涵……………………………（152）

第二节　身心俱适的逍遥精神 ……………………………（161）
　　　　一　庄子逍遥思想的身心分离问题 ……………………（161）
　　　　二　适性逍遥理论的身心俱适追求 ……………………（163）
　　第三节　物我冥一的审美体验 ……………………………（170）
　　　　一　目的论分析法辨正 …………………………………（171）
　　　　二　"以物观物"的开启与定型 …………………………（173）
　　　　三　"以我观物"与"以物观物"的融汇 ………………（177）

# 第四章　适性美学与东晋人生美学 …………………………（181）
　　第一节　《庄子注》在东晋的接受情况 …………………（182）
　　　　一　清谈中的《庄子》及郭注 …………………………（182）
　　　　二　郭象玄学与佛教心无宗 ……………………………（187）
　　　　三　郭象玄学与《列子注》 ……………………………（188）
　　　　四　郭象玄学与东晋儒学复兴 …………………………（191）
　　第二节　门阀政治与东晋士族文化性格 …………………（194）
　　　　一　荆扬之争与士族文化性格 …………………………（195）
　　　　二　闷闷之政与察察之政 ………………………………（199）
　　　　三　儒道兼综与出处双行 ………………………………（202）
　　第三节　适性逍遥与东晋士族人生美学 …………………（207）
　　　　一　两种生活方式的和谐共生 …………………………（207）
　　　　二　尊重个体价值，欣赏个性之美 ……………………（209）
　　　　三　宁静内敛的审美趣味和艺术化生活 ………………（212）
　　第四节　谢安：魏晋风度的理想形态 ……………………（217）
　　　　一　达观：栎不辞社，周不骇吏 ………………………（218）
　　　　二　渊雅：为君谈笑静胡沙 ……………………………（225）
　　　　三　静退：事了拂衣去，深藏功与名 …………………（229）

# 第五章　适性美学与六朝文艺美学 …………………………（232）
　　第一节　适性美学与自然审美意识 ………………………（233）
　　　　一　生存困境与游仙想象 ………………………………（233）

二　招隐诗中的自然观念 …………………………………………（237）
　　三　从玄言诗向山水诗的过渡 …………………………………（241）
　　四　自然审美意识的觉醒 ………………………………………（249）
第二节　陶渊明及其适性诗学思想 …………………………………（260）
　　一　陶渊明的思想倾向 …………………………………………（260）
　　二　陶渊明的自得之场 …………………………………………（268）
　　三　陶渊明的适性诗学 …………………………………………（272）
第三节　刘勰文艺思想的适性精神 …………………………………（279）
　　一　陶钧文思，贵在虚静——刘勰的构思论 …………………（279）
　　二　从容率情，优柔适会——刘勰的养气说 …………………（284）
　　三　吐纳英华，莫非情性——刘勰的风格论 …………………（289）

**参考文献** ………………………………………………………………（297）

**附录　魏晋清谈艺术论** ……………………………………………（310）

**后　记** …………………………………………………………………（326）

# 绪 论

郭象的美学思想及其在中国古典美学史上的地位和作用尚未得到恰如其分的重视和研究。造成这种状况的原因是多方面的。首先，郭象现存的主要著作是《庄子注》，这是一部注释体的作品，在《庄子》的熠熠光辉之下，郭象显得黯淡，常被视为一个阐释者，而非创造新思想的人。其次，在注重人物品评的魏晋时代，郭象的德行饱受指摘。他早年因卓越的清谈才能被名士群体所称道，之后却因坠入尘网而遭到非议。在推崇自然之道的时代氛围下，只有与名教社会划清界限方能标榜清流，即便是身在庙堂之上，也要神游山林之中。而他却表现出积极用世的人生态度，因此与士族群体分道扬镳、渐行渐远了。更何况，他的《庄子注》还蒙上了抄袭甚至盗窃他人学术成果的嫌疑，更为人所不齿。最后且最关键的，魏晋美学的研究和书写向来看重以嵇康、阮籍等人为代表的魏晋风度，张扬精神自由和个性独立，而郭象的学说却相当"反动"，他旨在为名教生活确立合法性，这似乎与美的风度背道而驰。

本书尝试全面而准确地阐述和理解郭象美学。为了达到这个目的，历史主义是必要的研究方法。它意味着回归历史语境，探明郭象适性美学的来龙去脉，进而给予正确的认识和恰当的评价。回归历史的难度在于古今之间的思想隔阂。对于这一点，最明显的证据是，郭象并不具备美学的学科意识。为了缩小古今之间的差异，让美学尽量向古典靠近是一种可行的办法。中国古典美学的要义和根本着眼点是人应当如何生活，或概言之，人生境界问题。这个问题是在三个维度上展开的：群己关系、人性论和物我关系。只有实现了群己和谐、人性和谐以及人与自然的和谐，人的生活和生命才能进入美的境界。郭象在这一核心问题的探索上做出了他的贡献。

## 第一节　郭象及其玄学思想

### 一　郭象与两个学术公案

郭象，字子玄，生年不详①，卒于西晋永嘉末年（约公元312年）。魏晋时期家族观念盛行，然文献史料中并未提及郭象的家世情况及郡里所在，父祖均不见于史乘，由此看来，郭象应当不是士族出身。《世说新语》刘孝标注引《文士传》说："（郭象）少有才理，慕道好学，托志老、庄，时人咸以为王弼之亚。"这是对郭象玄学才能的肯定。众所周知，王弼是正始年间的玄学领袖，是天才般的人物。他的《周易》研究和《道德经》研究起到了扭转学术风气的作用。在玄学史上，虽然常常将他与同时代的何晏并称，但何晏的思想创造力远逊于王弼。正始年间，管辂曾与裴徽谈及何晏才学，认为他"说《老》《庄》则巧而多华，说《易》生义则美而多伪；华则道浮，伪则神虚"②。而王弼曾分别与裴徽、何晏清谈论道，并使二人理屈。时人以郭象比王弼，足见其玄理精微透彻。郭象擅长清谈，《世说新语·文学》篇记载了一则他的清谈雅事。

> 裴散骑娶王太尉女。婚后三日，诸婿大会，当时名士，王、裴子弟悉集。郭子玄在坐，挑与裴谈。子玄才甚丰赡，始数交，未快。郭陈张甚盛，裴徐理前语，理致甚微，四坐咨嗟称快。王亦以为奇，谓诸人曰："君辈勿为尔，将受困寡人女婿！"

---

①　关于郭象的生年，历史记载不详，学者们依据其交游情况多推测为魏齐王芳嘉平四年，即公元252年。王晓毅教授在《郭象评传》中取同在司马越府任职的名士庾敳、刘舆、胡毋辅之和王澄四人生年的平均数，推定在公元265年。

②　（西晋）陈寿：《三国志·魏志》卷29裴松之注引《管辂别传》，中华书局2006年版，第489页。

魏晋清谈由汉末清议演变而来，在正始年间因何晏热衷于此而风靡士林，成为士族生活的基本活动，不仅是魏晋玄学的主要形式之一，也经常在宴会场合作为娱乐助兴的重要方式。琅琊王氏和闻喜裴氏是当时颇为鼎盛的两大士族，常有联姻之事。这里记载的是裴遐与王衍第四女婚后省亲宴集时的清谈活动。郭象在这次活动中展露了他的清谈才华，赢得了名士群体的赞赏。据《世说新语·赏誉》篇记载，王衍曾盛赞郭象的清谈能力，说"郭子玄语议，如悬河写水，注而不竭"。清谈为郭象打开了进入士族社会的大门。①

　　关于郭象的仕履情况，史籍载录不详。在清谈场上暴得大名的郭象并未直接去做官。当时，有一些地方政要招揽他，都被拒绝了。郭象之所以拒绝，并不是想彻底远离政治，当个隐士，而是审时度势、待价而沽。直到被王戎和东海王司马越看中，他才起身，从司徒府的掾属开始，

---

　　① 魏晋时期施行的九品中正制造成了严重分化的阶层壁垒，出现了"上品无寒门，下品无势族"的状况。庶族与士族之间存在很深的隔阂，寒门子弟受到鄙夷和排斥，缺少进身之阶，难以融入士族群体。在这一时期，清谈成为寒门知识分子获得士族权势阶层认可的重要渠道。通过在清谈场上展现出过人的玄学思辨能力和言辩功夫，庶族才能融入士族社会。除郭象外，还有陶侃、康僧渊、张凭等人。陶侃出身溪族，原本以渔业为生，地位低贱，遭到士族群体的轻蔑，"当日胜流初俱不以士类遇之"（陈寅恪：《魏书司马叡传江东民族条释证及推论》，《金明馆丛稿初编》，生活·读书·新知三联书店2015年版，第91页），后因竭力救助范逵并展其"才辩"而得到赏识（事见《世说新语·贤媛》篇第19条），辗转进入洛阳。在洛阳，陶侃仍不受礼遇，屡屡遭人排挤，张华等人都不接纳他。即便他在平定苏峻之乱时功勋卓著，仍被温峤、庾亮视作"溪狗"，直至双方相见后"谈宴竟日"（事见《世说新语·容止》篇第23条），方被赏誉。康僧渊是西域人，鼻高眼深，与华夏人面目迥异。他曾在晋成帝时与康法畅、支敏度等人一齐渡江南来，士族衣冠都不认识他，直到与殷浩谈论佛理与性情问题，才因其识鉴而被接纳。慧皎《高僧传》曰："后因分卫之次，遇陈郡殷浩，浩始问佛经深远之理，却辩俗书性情之意，自昼至曛，浩不能屈，由是改观。"（汤用彤校注：《高僧传》，中华书局1992年版，第151页）张凭作为初出茅庐的外乡人因举孝廉来到建康，冒昧造访名士刘惔，欲借此显名士林，起初并未得到重视，"刘洗濯料事，处之下坐，唯问寒暑，神意不接"。直到王濛等人前来清谈，张凭于义理不通时发言分判，使得"一坐皆惊"，才得到刘惔的礼遇，并引荐给司马昱（事见《世说新语·文学》篇第53条）。由此可见，清谈基于共同的趣味消解了由身份和地位差异所造成的隔阂与偏见，成为庶族寒门的进身之阶。

做到了太傅主簿的显职。① 然而，郭象的从政态度和作风与"居官无官官之事，处事无事事之心"的西晋名士群体迥异，表现出一副急功近利、专擅威权的作派。《世说新语·赏誉》刘注引《名士传》称郭象："自黄门郎为太傅主簿，任事用势，倾动一府。"② 郭象的态度和行为引起了士林的反感，曾经对他青眼相加的名士庾敳就当面表达了自己的不满和失望。《晋书·庾敳传》记载：

> 是时天下多故，机变屡起，敳常静默无为。参东海王越太傅军事，转军咨祭酒。时越府多隽异，敳在其中，常自袖手。豫州牧长史河南郭象善《老》《庄》，时人以为王弼之亚。敳甚知之，每曰："郭子玄何必减庾子嵩。"象后为太傅主簿，任事专势。敳谓象曰："卿自是当世大才，我畴昔之意都已尽矣。"

根据这则材料，可以得出两点结论：第一，庾敳与郭象同时任职司马越府，但庾敳"静默无为""常自袖手"，正如《世说新语·赏誉》刘注引《名士传》所载："敳虽居职任，未尝以事自婴，从容博畅，寄通而已。"而郭象却积极有为，颇有用世之心，其所任太傅主簿的主要职能就是总理府内事务，并监察佐吏，故有"任事用势，倾动一府"的威仪。这与庾敳所秉持的静默无为的老庄哲学是相违背的，因此才有了引文中

---

① 王晓毅教授认为，从元康到永嘉年间，在贵无派的名士中，只有王戎有开府资格，而王戎"从不辟寒人为幕僚，故郭象元康时代没有入仕"。直到太安二年（公元302年），司马越由侍中迁司空，获得开府资格，郭象才被征辟为司空掾。参见王晓毅《郭象评传》，南京大学出版社2006年版，第125—127页。但是这一说法与《晋书》本传称郭象"初辟司徒掾"的记载不符。我们认为，郭象既以清谈赢得了名士胜流如王衍、庾敳等人的青睐，那么王戎因此接纳郭象，是站得住脚的。另外，司马越本人亦曾在永嘉三年（公元309年）自领司徒一职，若言郭象于此时方被征辟为司徒掾，则与任太傅主簿于时不谐（惠帝召封司马越太傅在光熙元年，即公元306年）。以此推断，如果《晋书》所载为实，则郭象当是先在王戎司徒府中充任掾属，后被司马越看中，得进黄门侍郎，尔后进入在司马越开府之后，担任太傅主簿。

② 余嘉锡在此条下案引《晋书·郭象传》（见上文）及《苟晞传》："晞上表曰'东海王越得以宗臣遂执朝政，委任邪佞，宠树奸党，至使前长史潘滔、从事中郎毕邈、主簿郭象等操弄天权，刑赏由己。'"为庾敳所以失望的原因，似可商榷。苟晞奉怀帝密诏讨伐司马越，故上此表，表中对郭象等人的批评当存政治意图的偏见，不能作为郭象"操弄天权"的证明。

的埋怨之语。第二，庾敳对郭象由赞赏到鄙夷的态度转变表明，郭象的思想与西晋士族群体存在根本的差异，甚至是难以化解的矛盾，"素论去之"正是这一情况的表征。

郭象著作丰富，除今存的《庄子注》外，还有《庄子音》《周易注》《论语体略》《论语隐》《老子注》《碑论》《致命由己论》《论嵇绍文》《郭象集》等。这些著作除《论嵇绍文》保存在《太平御览》所引王隐《晋书》外，其余皆已亡佚。

今本《庄子注》的著作权问题是一个久讼不息的学术公案，其缘起是《世说新语》和《晋书》中的两则材料。① 刘义庆《世说新语·文学》篇曰：

> 初，注《庄子》者数十家，莫能究其旨要。向秀于旧注外为解义，妙析奇致，大畅玄风。唯《秋水》《至乐》二篇未竟而秀卒，秀子幼，义遂零落，然犹有别本。郭象者，为人薄行，有俊才，见秀义不传于世，遂窃以为己注；乃自注《秋水》《至乐》二篇，又易《马蹄》一篇，其余众篇，或定点文句而已。后秀义别本出，故今有向、郭二《庄》，其义一也。

而《晋书·向秀传》写道：

> 庄周著内外数十篇，历世才士虽有观者，莫适论其旨统也。秀乃为之隐解，发明奇趣，振起玄风，读之者超然心悟，莫不自足一时也。惠帝之世，郭象又述而广之，儒墨之迹见鄙，道家之言遂盛焉。

这两则材料提供了《庄子注》著作权属的两种看法，一种是郭象将向秀的研究成果"窃以为己注"，另一种看法是郭象对向秀注"述而广

---

① 《晋书·郭象传》所记载的一则材料与《世说新语·文学》所言意旨相同，当是照抄了后者，故不录。

之",古今学者对这两种看法都有所支持。在古代,宋代高似孙、王应麟,明代焦竑、胡应麟,清代顾炎武等均认为郭象窃取了向秀的《庄子注》;而清代钱曾《读书敏求记》和王先谦《庄子集解》则肯定今本《庄子注》是郭象对向秀注"述而广之"的结果。到了现代,这一问题依旧聚讼纷纭,没有定论,以至于许多研究著作在谈到《庄子注》的作者时,径直写作"向、郭",把问题悬置不论了。实际上,早在20世纪20年代,刘盼遂先生《申郭篇》就从版本卷次、传播流布等文献考订和义理比勘两方面对这一难题给予定论,认为郭象是今本《庄子注》的著者。① 此后,冯友兰先生、王叔岷先生、汤一介先生、杨立华教授、康中乾教授等学者从不同的角度做了引申论证,从而确认了郭象对今本《庄子注》的所有权,且取得学界共识。②

除了郭象与向秀之间的著作权问题外,与郭象和《庄子注》有关联的另一个公案是《庄子序》的真伪问题。在传世本《庄子注》前有一段三百多字的序文,题为"河南郭象子玄撰"。1978年,王利器先生在《哲学研究》上发表《〈庄子〉郭象序的真伪问题》一文,对这篇序文的作者提出质疑,认为不是郭象本人所作。他的核心论据是《宋会要辑稿》中的一段材料:

> 景德二年二月,国子监直讲孙奭言:"诸子之书,老、庄称首,其道清虚以自守,卑弱以自持,逍遥无为,养生济物,皆圣人南面之术也。故儒先论撰,以次诸经。唐陆德明撰《经典释文》三十卷,内《老子释文》一卷,《庄子释文》三卷。今诸经及《老子释文》共廿七卷,并已雕,即颁行;唯阙《庄子释文》三卷,欲望雕印,

---

① 刘盼遂在其《世说新语校笺》中全文载录《申郭篇》,参见周兴陆编著《世说新语汇校汇注汇评》,凤凰出版社2017年版,第355—357页。
② 参见冯友兰《中国哲学史新编》中卷,人民出版社2007年版,第434—439页;王叔岷《庄子向郭注异同考》,《庄学管窥》,中华书局2007年版,第112页;汤一介《郭象与魏晋玄学》,北京大学出版社2000年版,第129—148页;杨立华《郭象〈庄子注〉研究》,北京大学出版社2010年版,第43—57页;康中乾《从庄子到郭象——〈庄子〉与〈庄子注〉比较研究》,人民出版社2013年版,第33—40页。

冀备一家之学。《庄子》注本，前后甚多，率皆一曲之才，妄窜奇说，唯郭象所注，特会庄生之旨，亦请依《道德经》例，差官校定雕印。"诏"可"。仍命奭与龙图阁待制杜镐等同校定刻板。镐等以《庄子序》非郭象之文，因册（删）去之。真宗当出序文谓宰臣曰："观其文理可尚，但传写讹舛耳。"乃命翰林学士李宗谔、杨亿、龙图阁直学士陈彭年等，别加雠校，冠于篇首。①

王利器先生据此指出，这篇《庄子序》之所以被后人信以为真，乃是因为宋真宗赵恒"滥用他那最高封建统治者的权力"，命令他的文臣学术造假。同时，他提出，日本高山寺藏《旧钞卷子本庄子杂篇天下》的末段文字才是真正的郭象《庄子注》序文。王利器先生的观点引起了学界对这个问题的注意与争议。余敦康先生撰文对王文提出反驳，提出"不能拿杜镐等人的根据不明的怀疑作依据，来断定郭象序是伪作"②。余文还通过分析《庄子序》与《庄子注》内在思想的一致性来说明"今本序文确为郭象所作"。冯友兰先生也不同意王利器的观点，说"如果它的作者不是郭象，那就是在中国历史中还有第二个郭象"③。与余敦康和冯友兰两位先生的看法不同，王晓毅教授通过对比《庄子序》中的关键概念或命题，如"内圣外王之道""神器独化于玄冥之境"等，与《庄子注》中郭象思想的矛盾，来论证《庄子序》系伪作。然而，王晓毅教授的论证过程存在偏举之嫌。例如，他认为"内圣"这个概念绝无可能出现在郭象的哲学语汇中，因为郭象仅仅把"圣"当成国家得到治理的外在表现。但是，他忽略了在郭象思想系统中更加重要的新圣人观，即内外兼修兼得的属性。只有这样，郭象才能协调名教与自然之间的矛盾，实现统合儒、道的目的。郭象说："夫理有至极，外内相冥，未有极游外之致而不冥于内者也，未有能冥于内而不游于外者也。故圣人常游外以冥内，无心以顺有，故虽终日挥形而神气无变，俯仰万机而淡然自若。

---

① 转引自王利器《〈庄子〉郭象序的真伪问题》，《哲学研究》1978年第9期。
② 余敦康：《关于〈庄子〉郭象注的真伪问题——与王利器先生商榷》，《哲学研究》1979年第1期。
③ 冯友兰：《中国哲学史新编》中卷，人民出版社2007年版，第484页。

夫见形而不及神者，天下之常累也。"①（《大宗师注》，273）他对圣人的看法是多层次的，一方面要打破人们固有的崇圣心态，引导人们去关心圣之为圣的内在理据，另一方面树立新的圣人形象，化解先前儒家与道家对圣人之入世与出世的争执。"内圣外王之道"是郭象政治哲学和政治智慧的体现，这一点对于理解郭象玄学及其价值，十分重要。

关于这个问题的讨论大多聚焦于《庄子序》是否郭象所作，讨论集中在郭象思想与《庄子序》是否契合的问题上面，但产生这一学术争论的源头材料却向我们提供了另一种研究思路。关于这篇序文，一个事实情况是，它因"传写讹舛"而遭到了宋人的"校雠"或修改。而这个"校雠"事件的过程值得留意：《庄子注》的校订制板原本是由杜镐等人负责的，而宋真宗面对宰臣作出《庄子序》"文理可尚"的定性后，另委任李宗谔、杨亿、陈彭年三人共同承担校雠工作，而不是继续由杜镐去完成。这足以说明宋真宗对刊印《庄子注》的郑重其事，也表明《庄子序》所阐述的庄子思想作为"圣人南面之术"得到了宋代统治者的认同。这一事件本身向我们暗示，经过郭象注解的《庄子》在思想上发生了本质性的变化，从激进的政治否定主义转而成为一种帝王的统治术。在某种程度上，在道家思想谱系中为名教社会寻求合法性，恰是郭象注解《庄子》的理论诉求。

## 二　郭象玄学思想述略

郭象借助对《庄子》的系统阐释，建构了自己的玄学思想体系，将玄学推向了新的高潮。《庄子注》是魏晋玄学乃至整个中国哲学史上的重要著作。其主要意义不在于对庄子哲学的阐扬，实际上，郭象在很多地方刻意曲解了《庄子》本文，提出了许多新概念和新命题，进行义理的转换和创造。刘笑敢先生因此把郭象的阐释路径称之为"逆向诠释"。郭象建立了以独化论为基础的思想体系，包括政治哲学和人生哲学两个方面。

---

① 本书所引用《庄子》原文及郭象《庄子注》均来自（清）郭庆藩《庄子集释》（中华书局 2012 年版），引用仅在文后括号内标明篇名及页码。

(一) 独化论

郭象提出"独化论"是对既往有关有无问题的讨论加以反思的结果。先秦老子提出有无范畴，主张"天下万物生于有，有生于无"（《道德经》第四十章），王弼释之曰："天下之物，皆以有为生，有之所始，以无为本。"① 曹魏正始年间，玄学发轫，思辨兴趣极浓，"贵无论"思想盛极一时。《晋书·王衍传》曰："魏正始中，何晏、王弼等祖述老、庄，立论以为：'天地万物皆以无为为本。无也者，开物成务，无往不存者也。'"正如冯友兰先生所说，以无为本的思想为无为的人生观提供了理据，"以'无'为体，故能无不有；以'无为'为用，故能无不为"②。何晏等人凌空蹈虚的浮华作风最终酿成了自食的苦果。西晋时期，裴頠著《崇有论》，提出"总混群本，宗极之道"，即认为世界的本体是现象界中的群有。然而，他站在名教立场上的发言未能被士人群体所接受。玄学思想向前推进的任务就落在了郭象身上。

首先，郭象对有和无的造物主性质加以批判和否定，并由此提出"物各自生"的观念。

> 无既无矣，则不能生有；有之未生，又不能为生。然则生生者谁哉？块然而自生耳。自生耳，非我生也。我既不能生物，物亦不能生我，则我自然矣。自己而然，则谓之天然。天然耳，非为也，故以天言之。〔以天言之〕所以明其自然也，其苍苍之谓哉！而或者谓天籁役物使从己也。夫天且不能自有，况能有物哉！故天者，万物之总名也，莫适为天，谁主役物乎？故物各自生而无所出焉，此天道也。（《齐物论注》，55—56）

> 夫造物者，有耶无耶？无也？则胡能造物哉？有也？则不足以物众形。故明众形之自物而后始可与言造物耳。是以涉有物之域，虽复罔两，未有不独化于玄冥者也。故造物者无主，而物各自造，

---

① 楼宇烈：《王弼集校释》，中华书局1980年版，第110页。
② 冯友兰：《中国哲学史》下，生活·读书·新知三联书店2009年版，第110—111页。

物各自造而无所待焉，此天地之正也。故彼我相因，形景俱生，虽复玄合，而非待也。明斯理也，将使万物各反所宗于体中而不待乎外，外无所谢而内无所矜，是以诱然皆生而不知所以生，同焉皆得而不知所以得也。（《齐物论注》，117—118）

郭象对"有"和"无"的造物功能进行追问和反思，他否定了王弼从老子那里继承的具有抽象本体性质的概念"无"，谓之为"数学上之零"或"什么都没有"，瓦解了"无"的造物功能。① "物各自生而无所出"是郭象对世界万物生成方式的基本判断。在此追问的过程中，他提出了"独化"说："若责其所待而寻其所由，则寻责无极，〔卒〕至于无待，而独化之理明矣。"（《齐物论注》，117）"独化论"是郭象玄学思想的根基与起点，意指现象界的一切物的生成、存在、变化和消亡等都是自本自根的，既无待于外部条件，也不受自我意识的宰制。郭象说："自生耳，非我生也。""我"是对自我主体性的觉识。"自生"强调自然而生，不知其所以然而然；"我生"则有主观意识主导的嫌疑，是不符合"独化"原则的，正所谓"自得耳，道不能使之得也；我之未得，又不能为得也。然则凡得之者，外不资于道，内不由于己，掘然自得而独化也"。（《大宗师注》，256）

郭象的"独化论"似乎有割裂事物之间普遍联系的嫌疑。对于这一问题，郭象是如何解释的呢？首先，他并不否认事物之间存在相互关系，而是对事物间相互关系的动机和效果重新审视，将之建立在"独化"的基本原则之下。在阐释《齐物论》中"罔两问景"的寓言时，郭象提出了"相因说"："故彼我相因，形景俱生，虽复玄合，而非待也。"（《齐物论注》，118）在罔两与形的关系中，郭象判定二者皆是独化自生的，其次才有了"彼我相因"的关系。又如，在《胠箧注》中，郭象对文中以"唇竭而齿寒，鲁酒薄而邯郸围"来类比论证"圣人生而大盗起"的因果逻辑予以反驳。他说：

---

① 冯友兰：《中国哲学史》下，生活·读书·新知三联书店2009年版，第135页。

夫竭唇非以寒齿而齿寒，鲁酒薄非以围邯郸而邯郸围，圣人生非以起大盗而大盗起。此自然相生，必至之势也。(《胠箧注》，357)

郭象借《庄子》中的寓言所阐述的"相因关系"与英国哲学家大卫·休谟在分析因果律时所使用的例证极其相似。休谟说："在撞击的时候，一个物体的运动被认为是另一个物体运动的原因。当我们以极大注意考究这些对象的时候，我们只发现一个物体接近另一个物体，而且它的运动先于另一个的运动，但其间并没有任何可感知的时间间隔。"① 他以此来否定因果律的客观必然性，但这并不意味着否定事物之间的普遍联系，而是要纠正刻意强化彼此倚待的偏颇。休谟在逻辑上驳斥了因果论者，这一点足以为郭象的"相因论"提供理论支撑。他说："据说，每一事物都必然有一个原因；因为如果任何事物缺乏一个原因，那么它就是产生出自己来的，也就是说，它在它存在之前就已存在，而这是不可能的。不过这种推理显然是没有决定性的；因为它假设，在我们否定一个原因之后，我们仍然承认了我们所明白地否定了的事情，即必须有一个原因；这个原因因此就被认为是对象自身，而这无疑是一种明显的矛盾。不过，说任何事物没有一个原因就被产生出来，或者更恰当地说，就开始存在，那并不等于肯定它是它本身的原因；正相反，排除了外面的一切原因，就更加排除了被创造出的那个事物本身。一个没有任何原因而绝对存在的对象，当然不是它自己的原因；当你肯定说一个对象是随着另一个对象而来的时候，你就是在窃取论点，并假设了任何事物没有一个原因是绝对不能存在的。"② 郭象认为，在物各自生与物各自为的前提下，客观地产生了相因相与的关系。他阐述道：

天下莫不相与为彼我，而彼我皆欲自为，斯东西之相反也。然彼我相与为唇齿，唇齿者未尝相为，而唇亡则齿寒。故彼之自为，济我之功弘矣，斯相反而不可以相无者也。故因其自为而无其功，

---

① ［英］休谟：《人性论》，关文运译，商务印书馆1980年版，第93页。
② ［英］休谟：《人性论》，关文运译，商务印书馆1980年版，第97—98页。

则天下之功莫不皆无矣；因其不可相无而有其功，则天下之功莫不皆有矣。若乃忘其自为之功而思夫相为之惠，惠之愈勤而伪薄滋甚，天下失业而情性澜漫矣，故其功分无时可定也。（《秋水注》，577）

其次，郭象认为，"独化"本身包含着事物间的相因关系，而且这种相因关系才是最精妙的，"相因之功，莫若独化之至"（《大宗师注》，246）。何以如此？郭象说："任而不助，则本末内外，畅然俱得，泯然无迹。若乃责此近因而忘其自尔，宗物于外，丧主于内，而爱尚生矣。虽欲推而齐之，然其所尚已存乎胸中，何夷之得有哉！"（《齐物论注》，118）任者，独化也，如此则事物本身及相关者都能"畅然俱得，泯然无迹"；助之则"责此近因而忘其自尔"，从外部条件寻找事物生化的本根，"丧主于内"，生成跂尚之心，就会破坏事物间本有的自然平衡状态，导致混乱与不安。这一点是郭象着力强调的，对他的政治学说和人生哲学也是非常关键的原则。

（二）政治哲学

在政治哲学方面，郭象秉持的是名教合于自然的宗旨，在自然的原则下重建名教的合法性，与嵇康大胆否定名教、崇尚自然的激进观念迥异。

郭象调和自然与名教或会通儒、道的努力集中体现在他对圣人形象的重新塑造上。圣人是中国古代政治理想的化身，儒家知识分子把各种美好的政治想象和道德品质都寄托在圣人身上。与之相对，道家眼中的圣人是道的承载者和无为理念的践行者。郭象则致力于在圣人的形象上下功夫，把儒家和道家的圣人合而为一，建构"内圣外王"的崭新形象，以此来化解名教与自然之间的尖锐冲突。

何谓"内圣外王"？郭象描述了圣人治理世界的理想情态：

> 圣人虽在庙堂之上，然其心无异于山林之中，世岂识之哉！徒见其戴黄屋，佩玉玺，便谓足以缨绂其心矣；见其历山川，同民事，便谓足以憔悴其神矣；岂知至至者之不亏哉！（《逍遥游注》，32）

圣人常游外以〔冥〕内，无心以顺有，故虽终日〔见〕形而神气无变，俯仰万机而淡然自若。（《大宗师注》，273）

郭象认为，圣人之为圣人，最根本的属性是无我或无心，即消解主体权力意志，能够做到顺任万物，使之独化、自生。换句话说，真正的圣人不是以主宰者或施令者的身份站在万物的对立面，而是处于一种玄冥的状态，保持自我精神凝定纯素。同时，圣人并不超脱于世外，像庄子描绘的那样"游乎四海之外"，而是"使群异各安其所安，众人不失其所是，则己不用于物，而万物之用用矣"。（《齐物论注》，84）对于圣人与天下万物的关系，郭象譬喻道："故圣人之在天下，暖焉若春阳之自和，故蒙泽者不谢；凄乎若秋霜之自降，故凋落者不怨也。"（《大宗师注》，237）在这里，郭象体现出一种明显的以老释庄的思想倾向，把老子的思想用来作为重构庄子的政治哲学的底层逻辑。江瑔先生曾剖析老、庄学说之异说：

> 庄子之学虽渊源于老子，而究未大同。老子之所谓清净无为者，非枯坐拱手之谓也，盖以静制动，以柔制刚，以牝制牡，先自胜而后能胜天下。……是老子之言未尝舍天下家国而独善其身，未尝损民而利己，其所谓清静无为者，正其所以安民、治国、平天下之术，其无为即所以大有为也。若庄子则纯持放任之义，民可不必安，国可不必治，天下可不必平，世之治乱漠然无以关于心，岂得与老子同？后世之治天下，得老子之术者，如汉之文、景是也；得庄子之术者，如晋之王、何是也。文、景致刑措之治，王、何开清谈之弊。此老、庄之所以分矣。①

据此可知，郭象遗弃了庄子本来的否定主义政治学，并将其转接到老子的无为政治学，并以此来纠正当时的清谈虚无之风。从这种观念出发，郭象认为，儒、道两家的旧圣人观都有一定的片面性。他一方面否

---

① 江瑔：《读子卮言》，华东师范大学出版社2012年版，第77页。

定庄子的超然物外、与世无涉的圣人形象，另一方面对儒家拘制于"圣人"之名而遗落其内核的做法进行了批评。《逍遥游》之"尧让天下于许由"章讲述了尧要把天下让给许由，而许由不受的寓言。庄子想借此表彰许由不为名利权位所拘而能清静自守的逍遥境界。但在郭象的阐释中，尧与许由的高下之别却出现了完全相反的结局。郭象通过对二人对话语境的重构，挖掘和分析尧与许由的心理基础，指出尧的让位之举，是出于敬贤之心，而许由的拒绝则是出于对宾主关系的考量和对自我意志的坚持。郭象进而引入"冥"与"对"这组范畴去分析和评判尧与许由的境界高下。他认为，尧无对于天下，因而能够顺天下之自为，使天下得以自治；而许由却强烈地表现出自我与外物的对立，以一种矜伐之心拒绝尧的禅让。因此，郭象认定许由只是稷、契一类的人物，而尧则有圣人之质。这是对道家的圣人观念的批评。

《马蹄》篇提出"毁道德以为仁义，圣人之过也"的论断，这明显的是对儒家道德哲学和圣人观的批判。对此，郭象运用"迹"与"所以迹"①这对辨名析理的思维范畴加以剖析，提出"圣人者，民得性之迹耳，非所以迹也"（《马蹄注》，345）。他认为，圣人之名，指涉的对象是万物各得其性的结果，而不是万物之所以能够各得其性的原因。后世儒家学者和统治者纷纷向往上古三代，动辄以尧、舜、禹为典范和法则，在郭象看来，只是慕名而已，并未得圣人之实，"圣迹既彰，则仁义不真而礼乐离性，徒得形表而已矣"（《马蹄注》，345）。这种"外圣"的观念正是郭象所反对的。

基于新的圣人观，郭象描述了理想的政制结构。第一，郭象反对效法圣人之治，主张因时适变，提倡"捐迹反一"。

---

① 郭象用"迹"与"所以迹"这一对范畴来解释本质与表象之间的关系。这是对儒家和道家思想之共通性的准确把握。老子在《道德经》中多次论及圣人具有"生而不有，为而不恃，长而不宰，功成而弗居"之类的品性，强调圣人注重内在修养而不显耀于外，这在郭象眼中是得其"所以迹"而消弭其"迹"的做法。儒家与之不同，要求内外兼修，既重视"迹"，又重视"所以迹"。孔子将"所以迹"当作"迹"的前提和内核，如他说"人而不仁，如礼何？人而不仁，如乐何？"（《论语·八佾》）就是把内在的仁德作为礼乐制度的内核。郭象运用这组思辨范畴对魏晋之世仁义消丧而礼法崩坏、名存而实亡的价值世界进行了深刻剖析，一方面汲取了嵇康和阮籍对现实的无情批判与揭露，另一方面为价值秩序的回归与重建探寻出路。

在中国古代的政治理想中，尧、舜、禹被视为政治的典范，为君主提供了可资取则的君主形象和施政原则。对于西晋统治者来说，也不例外。在司马炎即位之初，官方诏书就有"大晋继三皇之踪，蹈舜、禹之迹"的说法。然而，在郭象看来，效法圣人是一种危险的统治方式。他说："法圣人者，法其迹耳。夫迹者，已去之物，非应变之具也，奚足尚而执之哉！"（《胠箧注》，353）郭象具有一种因时适变的历史观，反对泥守上古社会素朴自然的教条。在《庄子·天地》篇"子贡南游于楚"章，他对汉阴丈人抱瓮而灌的做法持批判态度，认为他"徒识修古抱灌之朴，而不知因时任物之易"（《天地注》，443），这种泥古不化的顽固心理并不值得推崇。郭象说："向者之我，非复今我也。我与今俱往，岂常守故哉！而世莫之觉，横谓今之所遇可系而在，岂不昧哉！"（《大宗师注》，249）这种新的历史观打破了以古为范的传统，反对把古老的等同于好的，强调当下的价值和效用，称"夫礼义，当其时而用之，则西施也；时过而不弃，则丑人也"（《天运注》，517）。在政治方面，他反对把古代的典章制度作为万世不移的成法，认为"先王典礼，所以适时用也。过时而不弃，即为民妖，所以兴矫效之端也"（《天运注》，515）。在他看来，所谓圣人，只不过是"民得性之迹"，是取得治世效果的表象或称述，而之所以能够出现"圣人"之名，是因为上古社会能够使人们顺适其本性而自得其乐。对于三代以下的君主而言，光是追慕或效法圣人，是不能实现治世理想的。郭象提倡"捐迹反一"。他说："不思捐迹反一，而方复攘臂用迹以治迹，可谓无愧而不知耻之甚也。"（《在宥注》，387）君主要从效法圣人的泥潭中走出，要把握和遵从的是圣人治理国家的根本原则。何谓"一"？郭象说："万物万形，同于自得，其得一也。"（《齐物论注》，88）"一"就是世间万物各适其性，同于自得的状态。

西晋权力斗争不仅搅乱了正常的政治秩序，而且宰制了很多名士的命运，卫瓘、张华、裴頠、潘岳、陆机、陆云等惨遭杀害，而张翰等人在忧惧之中离开洛阳，王戎、王衍则混迹于权力的游戏之中，泯灭是非，苟且偷生。郭象从人性解放和个体自由的角度对政治问题的思考既是对政治道路的探索，也是对现实问题的回应。

第二，郭象建立了新的政权结构，合理协调君臣关系。

郭象以"万物万形，同于自得"为终极的政治理想，希望尘世中的每个人都能获得"适性逍遥"。他为此设计了一种新的政权结构。首先，他肯定君主存在的必要性："千人聚，不以一人为主，不乱则散。故多贤不可以多君，无贤不可以无君，此天人之道，必至之宜。"（《人间世注》，161）鉴于当时孱弱愚蠢的晋惠帝屡受虐后贾氏和八王摆弄的状况，郭象这句话当不是无感而发。其次，郭象主张君主清静无为，阐述了君主无为与臣属自为的辩证关系：

> 主上无为于亲事而有为于用臣。臣能亲事，主能用臣……各当所能，则天理自然，非有为也。若乃主代臣事，则非主矣；臣秉主用，则非臣矣。故各司其任，则上下咸得而无为之理至矣。（《天道注》，470）

> 夫在上者，患于不能无为而代人臣之所司。使咎繇不得行其明断，后稷不能施其播殖，则群才失其任而主上困于役矣。故冕旒垂目而付之天下，天下皆得其自为，斯乃无为而无不为者也，故上下皆无为矣。（《天道注》，471）

这与阮籍、鲍敬言倡导的无君论迥异。阮籍《大人先生传》写道："盖无君而庶物定，无臣而万事理，保身修性，不违其纪；惟兹若然，故能长久。……君立而虐兴，臣设而贼生，坐制礼法，束缚下民。"① 阮籍所秉持的是庄子的自然主义观念，主张无政府状态下的自治自理，反对君主政治和礼法教化。郭象倡导的是一种基于黄老学派的虚君政治，反对君主一人专制、事必躬亲，而强调君主对人才的合理任用，将行政权分派委任给臣僚，臣属各司其职，主持办理各项政务。从所举咎繇、后稷等例来看，郭象具有一种专职化的政治观念，这与他对人之潜能的肯定有关。另外，君主无为的主张根植于他的"圣人观"。他认为，圣人能够始终保持"无心"的状态，顺任万物的自然独化，而不以自我意志加

---

① 陈伯君：《阮籍集校注》，中华书局2015年版，第170页。

以干涉，在保持精神凝定专一的同时，使天下万民各适己性、各尽所能、各安其业。再次，郭象辨析了君王与万民的关系。他说："天下若无明王，则莫能自得。令之自得，实明王之功也。然功在无为而还任天下。天下皆得自任，故似非明王之功。"（《应帝王注》，303）君主清静无为是天下万民各适己性、自为自得的重要保障。他反对以君主意志强行要求百姓整齐划一："以一正万，则万不正矣。故至正者不以己正天下，使天下各得其正而已。"（《骈拇注》，323）郭象分析了君主不能无为的后果："在上者不能无为，上之所为而民皆赴之，故有诱慕好欲而民性淫矣。故所贵圣王者，非贵其能治也，贵其无为而任物之自为也。"（《在宥注》，374）他从人性论的角度对君主的治理法则进行了规定，"适性"不仅是个体自由的基本条件，也是政治的根本原则。

第三，郭象重新思考"情"与"礼"的关系，主张以情为本革新礼法。

《礼记·礼运》曰："夫礼，先王以承天之道，以治人之情。"① 可见情与礼始终处于充满张力的矛盾之中。东汉末年以来，礼法废弛，随着人的自我意识的觉醒，衷情越礼之事频出。自曹魏后期开始，司马氏的名教之治极重礼法，"竹林诸贤之风虽高，而礼教尚峻"②，情与礼的冲突愈演愈烈。如《世说新语·任诞》篇记载了一则故事：

阮籍嫂尝还家，籍见与别。或讥之，籍曰："礼岂为我辈设也？"

阮籍自小受兄嫂养育之恩，情感笃厚。面对礼法之士的讥诮，阮籍站在情感立场上大胆否定礼制。这种态度代表了当时的普遍倾向，情感取代礼法而居于本位。然而，礼法约束力的丧失也会造成严重的后果，"礼制弗存，则无以为政"③（裴頠《崇有论》）。如何化解情与礼的冲突，在尊重情感的同时，保持礼法的约束性，这是重要的时代课题。

---

① 潜苗金：《礼记译注》，浙江古籍出版社2007年版，第270页。
② 《世说新语·任诞》篇第13条刘孝标注引《竹林七贤论》。
③ （清）严可均辑：《全上古三代秦汉三国六朝文》，中华书局1958年版，第1648页。

与嵇康、阮籍等人站在自然的立场上肯定情本位、径直否定礼法不同，郭象主张变革礼法。在他看来，礼制不能一成不变，而是要依据不同的时代需求而有所革新。他说："礼有常则，故矫效之所由生也。"（《知北游注》，729）如果将礼仪规范教条化，视之为永恒的法则，就会滋生矫讹之弊。景蜀慧教授说，西晋立国之后以综核名实为统治工具，其"崇儒重教，多为假意矫饰之举"①。这种循名责实的僵化做法与郭象对于革新礼法所要遵循的原则迥异。郭象认为，礼以情为本，而不能以礼矫情。

> 夫知礼意者，必游外以经内，守母以存子，称情而直往也。若乃矜乎名声，牵乎形制，则孝不任诚，慈不任实，父子兄弟，怀情相欺，岂礼之大意哉！（《大宗师注》，272）

郭象在此以内与外、母与子来形容情与礼的关系，将情作为礼的本源。他将礼的本意理解为"称情而直往"，要求遵循情感真实的原则，对因受到名声和形制束缚而扭曲情感的现象持否定态度。

（三）人生哲学

个体生命的价值以及实现的途径，是郭象玄学的终极关怀所在。实际上，在社会动乱、政治昏暗、价值失据的魏晋时代，个体生命与价值问题是魏晋玄学的核心论题，是当时有识之士共同的探寻目标。这一问题到了郭象的时代，变得更加迫切。西晋士族阶层普遍的虚浮、荒诞和贪婪，昭示了价值虚无主义危机的来临。重建价值规范和为人生道路和生活方式提供正当性根据的时代课题需要玄学上的解答。

郭象的人生哲学大体包含命运论和逍遥论两个部分。

在命运论，郭象常以一种自然主义的态度看待人生。他认为，人生中总有一些超出人的知解和能力之外的事情，对于这类事情，人是无可奈何的，既无从知晓和理解，也难以把握和处理，只能"安于命"。有的

---

① 景蜀慧：《西晋名教之治与放达之风》，《中国魏晋南北朝史学会第二届学术讨论会论文集》，齐鲁书社1991年版，第263页。

学者认为，郭象的人生哲学是一种"命定论"，否定了人的主观意志的能动性，人对其际遇的只能逆来顺受而无从改变。这是一种误解。郭象说：

> 知不可奈何者命也而安之，则无哀无乐，何易施之有哉！故冥然以所遇为命而不施心于其间，泯然与至当为一而无休戚于其中，虽事凡人，犹无往而不适，而况于君亲哉！（《人间世注》，162）

> 知之所无奈何者，命表事也。（《达生注》，629）

> 不知其所以然而然，谓之命。（《寓言注》，950）

对于什么是命，郭象以知与不知作为区分的标准，而非把人生中的一切人、一切事或一切物都当成必然的或前定的。只有那些"知无可奈何"之事，郭象主张要以"冥然""泯然"的态度去处置，做到"不施心于其间""无休戚于其中"。郭象承认人生含有某些必然性的成分，但并不"意味着人生中的种种遭遇都是命中注定的，与人的主观意愿、主观努力无关"。[①] 事实上，郭象是肯定和鼓励人有所作为的。这集中体现在他对人性的理解上。

相比于命运论，逍遥论是郭象人生哲学的主要部分。庄子的《逍遥游》在魏晋时期引起了极大反响，"逍遥"成为士人普遍的向往和追求。但是，如何化解庄子式的逍遥与人的在世性之间的矛盾，使逍遥变得可实践，从而为士人提供可取的生活方式，是郭象玄学面临的主要问题之一。

与庄子以道为核心范畴的"逍遥"论不同，郭象构建了以人性论为中心的"适性"逍遥观。在《逍遥游》篇，庄子否定了鲲鹏、蜩与学鸠、宋荣子、列子等的有待逍遥的境界，推崇"乘天地之正，御六气之辩，以游无穷"的无待逍遥。这一绝对无限的逍遥只能是至人、神人、圣人

---

① 李昌舒：《自然与自由——论郭象哲学之"性"》，《中国哲学史》2005年第3期。

这样的超越现实、"与道通为一"者才能达到的。"无己""无功""无名"分别从三个角度规定了体道逍遥的条件。① 在庄子看来，现实中的人由于受到具体时空条件的限制，或因其"成心"，不能获得绝对逍遥的精神境界。庄子的"逍遥"不能实际地解决人的现实苦闷。与之不同，郭象以独化论为学理根基，肯定了人的主体地位，而且是各具性分的。郭象在《庄子注》中扬弃了庄子的"无待"逍遥，建构了以人性论为基础的"适性逍遥"论，从而肯定了现实中的人实现自由的可能性，也找到了化解自然与名教矛盾的方法。在"适性"的前提下，现实中人能够达到逍遥的境界，"夫小大虽殊，而放于自得之场，则物任其性，事称其能，各当其分，逍遥一也，岂容胜负于其间哉！"（《逍遥游注》，1）。以适性为方法的逍遥，虽有境界大小的不同，但从个体满足角度看，却是无差别的。"适性逍遥"相对于庄子的体道逍遥，具有如下特点：其一是肯定了个体的独立性和个体获得逍遥的可能性；其二是更具实践性；其三是"适性"逍遥由于个体性分的不同，因而更具有丰富性，是多元化的。

郭象的"适性"理论蕴含着丰富的美学内容。郭象对个体自由价值的肯定及其实现方法的探寻为两晋南北朝的士族阶层乃至中国古代的士大夫群体开出了向往自我实现的路径。"适性"成为一种重要的美学方法，普遍适用于传统的文学艺术创作。

---

① 陈引驰教授在《庄子精读》中对此做了分析，他说："回顾《逍遥游》的结构，我们可以看出，它首先从鲲鹏的寓言开始，而后引出蜩与鸠作为小大之辩的对应，而后转入人间的主题，逐步指出保持自我、对峙外在世界不是最佳的'逍遥'状态；随风宛转，看似自由，但终究还有一份限制在，故而仍不是最后的境界；至此，乃点出只有与大道合同才能获致真正的自由。""回溯到世间万物——人也是万物之一——的根源处，后来的生命与原初的天地精神合而为一，而后所谓'至人无己，神人无功，圣人无名'便都是题中应有之义。我们不妨将三者视为互文，'至人'、'神人'、'圣人'三者毋庸刻意区划，而臻于天地合一境界者，所谓'无己'、'无功'、'无名'亦当同时具足。如果，一定要在三者间作出倚轻倚重的抉择，或许'无己'是最重要的。祛除了自我的执着，才能无偏无私，与天地同流，这即是《齐物论》所谓'吾丧我'。至此，才真正是所谓'逍遥游'，这也就是《天下》篇所说'上与造物者游'，而'独与天地精神往来'的状态。"参见陈引驰《庄子精读》，复旦大学出版社2008年版，第45、49页。

## 第二节 郭象美学研究概述

如果从 1914 年章太炎发表的《论郭象读嵇绍文》算起，现代学术视野中的郭象研究已经有 100 多年的历史了。作为魏晋玄学和庄子学史上的重要人物，郭象的玄学思想和诠释方法等问题受到了广泛关注，取得了丰硕的研究成果。① 这些研究成果，特别是 20 世纪 80 年代之前的郭象研究，主要集中在文献学和玄学层面，重点探讨的是《庄子注》的著作权问题、《庄子序》的真伪问题、郭象玄学的概念与命题、郭象思想的历史地位等等，除了与之相关的郭象的逍遥义，基本上没有对郭象的美学研究。自 80 年代起，伴随着学术风气的改善和"美学热"兴起，郭象思想的美学意蕴及其价值评价逐步进入人们的视野，但在 21 世纪之前，关于郭象的美学研究仍屈指可数。直到进入 21 世纪，在"美学的复兴"② 的过程中，古典美学研究者才将目光汇聚到郭象与《庄子注》，郭象的美学研究才真正发展起来。

### 一 21 世纪以前的郭象美学研究

20 世纪 80 年代的"美学热"带动了中国古典美学的研究，涌现了几部重要的美学史著作。这些美学史著作，对于郭象的美学思想或郭象玄学之于美学的影响，要么付之阙如，如李泽厚《美的历程》（1981）、叶朗《中国美学史大纲》（1985）、袁济喜《六朝美学》（1989）、吴功正《六朝美学史》（1994）；要么是站在自由主义的立场上否定郭象思想的美学属性，李泽厚、刘纲纪在《中国美学史》第 2 卷（1987）中对郭象玄学提出尖锐的批判，指出"郭象反对对自由人格理想的追求，这使他的玄学本身在根

---

① 关于郭象玄学的研究综述，可以参见仲寅《中国大陆学界郭象〈庄子注〉研究述评》（《中国矿业大学学报》2012 年第 3 期）、罗彩《郭象思想研究三十年及前瞻》（《深圳大学学报》2015 年第 1 期）和李小茜《20 世纪以来郭象研究之述评》（《社科纵横》2015 年第 9 期）。

② 高建平教授认为，新中国成立以来的美学研究经历了三次突围或热潮，分别是 20 世纪五六十年代的"美学大讨论"、80 年代的"美学热"，和世纪之交的"美学的复兴"。参见高建平《通向中国话语建设——当代中国美学的三次突围》，《文艺研究》2019 年第 10 期。

本上就带有反美学的性质"①。他们在追求个性自由和思想解放的时代背景下，力图使美学走出政治功利主义的阴霾，因此对郭象试图调和名教与自然的用意缺乏"同情之了解"，对郭象美学也存在误判的嫌疑。

对郭象玄学的美学批判除了否定郭象思想本身的美学属性外，还有对郭象玄学之于现实人生和时代风气的恶劣影响的反思。台湾学者韦政通说："郭、向只是顺着他们认为的至理，一条鞭地推下去，完全忽视了人类的基本欲望和基本经验，形成了一种泛自然主义的论调，以自然平齐了一切，也消毁了一切。这种虚无的人生观，对现实人生产生的效果，是诱发人从现实世界游离出去，过一种梦游式的生活。"②他将郭象玄学视作西晋时期虚无主义价值观的精神源头，认为郭象玄学开启了士族社会的"梦游式的生活"。这样的批判观念在罗宗强先生的《玄学与魏晋士人心态》（1991）中展现得更加具体和深入。罗先生认为，郭象玄学"对于当时士人的心态与行为，无疑有着极大的适应性。一方面它既可以为口谈玄虚、为个人欲望的满足的合理性找到理论上的解释。既出世，又入世。要承担社会责任时，他是出世的；要满足个人欲望时，他是入世的。这两个方面，正是西晋士人兼而有之的人生品格。"③罗宗强先生对魏晋士风进行了透彻的剖析，并从魏晋玄学的演变逻辑中为之寻求思想根基。这在某种程度上是运用了马克思主义哲学中的"经济基础"与"上层建筑"的辩证关系，强调了思想（社会意识）与现实（社会存在）之间的反映论关系，却遗憾地忽略了哲学的反思性和批判性品格。葛晓音教授也主张郭象玄学"是为享有政治经济特权的士大夫不问俗物、优游终日的行为寻找理论根据"④。郭象玄学之于西晋士风，并非推波助澜或对之加以合理化，而是将之作为强烈的问题意识，旨在从玄学上克服西晋普遍的价值虚无主义风气，化解名教与自然、群治与个性之间的

---

① 李泽厚、刘纲纪主编：《中国美学史》第2卷上，中国社会科学出版社1987年版，第151页。
② 韦政通：《中国思想史》，台北：大林出版社1985年版，第686页。
③ 罗宗强：《玄学与魏晋士人心态》，浙江人民出版社1991年版，第261页。
④ 葛晓音：《东晋玄学自然观向山水审美观的转化——兼探支遁注〈逍遥游〉新义》，《中国社会科学》1992年第1期。

冲突。

值得指出的是，陈中伟在 1992 年发表了《陶渊明与郭象的玄学思想》一文，专门探讨郭象的独化论哲学对陶渊明人生观和诗歌风格的影响，可谓是研究和正面评价郭象美学的开风气之作。

**二　21 世纪以来的郭象美学研究**

21 世纪以来，郭象美学研究风气大开，出现了不少专题论文，分别就郭象的美学思想、郭象玄学的美学史意义、郭象玄学对六朝文艺的影响、郭象玄学对两晋人生美学的影响等论题进行多角度论析和深度探讨。

（一）郭象《庄子注》中的美学思想

关于郭象《庄子注》中所蕴含的美学思想，或者说郭象玄学中的美学意蕴问题，目前学界着重围绕郭象玄学中的几个关键概念和命题展开分析，发掘其中的美学因素。祁志祥认为，郭象继承了庄子以适性为美的思想，把适性作为审美体验和感受的前提。[①] 他正确地认识到了郭象对庄子美学再阐释的创造之处在于对人性问题的重新认识，但他把"无心"作为人性的基本内容，显然是一种误读。郭象实际上是在肯定人之"成心"的基础上才肯定个体的适性逍遥的。党西民则认为，郭象的独化论揭示了一种生命境界，为魏晋时期任性自得和清通超逸的人生美学补给了本体论证。[②] 刘运好教授的研究发现，郭象哲学体系中蕴含着一种完整而独特的本体论诗学。他认为，郭象以辨名析理的思辨方式，在否定以无为本的哲学本体论基础上，以庄子所提出的"迹"与"所以迹"的现象—本体哲学为逻辑基点，以"神器独化于玄冥之境"的经典诠释为理论核心，以客体的"自然""性分"、主体的"无为""坐忘"等哲学范畴为理论内涵，建构其本体论哲学体系；以"无心玄应"为审美发生，"寄言无言"为审美表现，"理至灭迹"为审美境界，"至乐无乐"为审

---

[①] 祁志祥：《郭象美学："任性"而"自得"》，《上海大学学报》（社会科学版）2006 年第 2 期。

[②] 参见党西民《郭象美学的本体论》，《江汉论坛》2010 年第 8 期。

美范例，建构了一种本体论诗学体系。① 该阐释囊括了郭象玄学的主要概念和命题，将西方形而上学方法与中国传统哲学思想相融贯，深入和系统地发掘和提炼了郭象思想中的美学内涵，造就了一套独具特色的美学话语。陈琰的博士学位论文《郭象〈庄子注〉美学思想研究》在这方面下了较大的功夫。他系统地从美学角度审视了独化、自生、玄冥、自性、逍遥等学说中的美学内涵，如分别把独化论看作一种审美直觉论，把"玄冥之境"理解为一种审美境界论等。② 他的观点提供了一个具有启发性的郭象美学研究的方法论问题，即如何界定郭象美学的内涵与边界，哪些内容属于美学的范畴，而哪些内容不宜作为美学来看待？朱光潜先生曾用"美学思想"指称美学学科形成之前的西方美学史的研究对象，以此区别于美学学科诞生之后的美学。这种做法对于处理中国古典美学问题具有示例作用。"美学"作为舶来学科是清季民初才在中国立住脚的，那么中国古典美学研究无疑是参照西方美学学科属性、研究对象与研究方法逐渐发展起来的一门学问。因此，西方哲学美学的传统对中国美学知识体系的发掘和整理也产生了十分重要的影响。尤其是在中国古典形而上学最发达的魏晋玄学阶段，从那些具有本体论意味的玄学命题中抽引和演绎出某种美学观念，似乎是顺理成章的。但是，把一种美学观念说成是某人所具有的，必须符合历史真实的原则，不能只凭靠逻辑推理。例如，陈琰认为，郭象把万物的独化"理解为审美经验中的意象呈现"，这是很可疑的。按照郭象的看法，物之独化是"外不资于道，内不由于己，掘然自得"的过程，与人的"审美经验"和灌注着主体意识的"意象"是风马牛不相及的两件事。事实上，郭象本人的美学思想集中在他对人性和人生问题的思考上，可以说是一种以适性逍遥观为核心的人生境界论美学。他的玄学一方面为这种人生境界论美学提供了一套完整的理论基础，另一方面则体现为郭象思想的美学影响，即对后世文艺观念和人生观念所产生的作用。

---

① 刘运好：《论"迹"与"所以迹"：郭象本体论诗学》，《苏州大学学报》（哲学社会科学版）2016 年第 1 期。

② 陈琰：《郭象〈庄子注〉美学思想研究》，博士学位论文，武汉大学，2010 年。

《逍遥游》是《庄子》中的重要篇目，集中体现了庄子本人的人生境界论的美学思想。郭象在《庄子注》中对《逍遥游》进行了创造性的阐释，改写了庄子的逍遥观念，从人性论的角度重新理解逍遥的内涵、主体以及实现方法。① 学界对此褒贬不一。马元龙教授认为，郭象的创造性阐释消解了庄子"逍遥"的全部神秘主义色彩和"外化内不化"的内在紧张，由此而为魏晋士人在精神和社会实践方面的逍遥放达提供了理论依据。② 叶蓓卿则极力否定郭象的新逍遥观的美学价值，指出适性逍遥"取消了精神层面上所有高等、低等的境界差别"，"化为见者有份的寻常与平庸。这既可以认作是生命境界上的一种自甘堕落，也可以说是处世哲学上的一次重大突破"。③ 这种观点代表了学界对郭象逍遥观念的一种常见的误解。作为西晋时期最重要的玄学家，郭象建构一种新的逍遥观念，实有其不得不然的现实情由。事实上，自东汉末期以来，在政治动荡、疾疫流行、征伐不断、生灵涂炭的环境下，《庄子》学悄然复兴，庄子的逍遥思想成为士大夫群体倾慕和追寻的人生境界。曹植、阮籍、嵇康等人纷纷作诗著文表达"逍遥芙蓉池""逍遥晏兰房"之类的理想，但这与他们在尘世生活中的悲剧命运形成了鲜明的对比。除此之外，到了西晋元康永嘉年间，在一种畸形的逍遥观念的引导下，士族心态和生活走向群体性堕落，煽起了一股价值虚无主义的风潮。逍遥几乎成为纵欲虚浮的代名词。这些情形归根结底是由于未能在理论上解决逍遥的现实可实践性问题，如何把逍遥观念从一种超越性的精神境界转换为一种实践性的人生境界，是魏晋时期的政治与人生课题，也是玄学所面临的基本问题。

（二）郭象玄学的美学影响

　　21 世纪以来的郭象美学研究在郭象玄学之于后世美学思想、审美心

---

　　① 庄子本人在《逍遥游》中并未涉及人性问题，在他看来，包括人性在内的一切物性都是有所待的，因而无法真正达到逍遥的境界。郭象则创造性地从人性或性分的角度谈论逍遥问题，提出"适性"概念，实现了对原有命题的重新阐释。

　　② 马元龙：《郭象玄学与魏晋风度》，《中州学刊》2000 年第 4 期。

　　③ 叶蓓卿：《论郭象的"适性逍遥"说》，方勇主编：《诸子学刊》第 3 辑，上海古籍出版社 2009 年版，第 303、304 页。

理和艺术观念的影响方面，取得了较为丰硕的成果。聂春华教授认为，郭象虽然没有明确地提出自己的美学思想或艺术理论，但他的独特的玄学思想对中国古典美学中的形上问题由道本体向心本体的转变起到了承上启下的作用，并促成了后世美学思想的某些重大变化，尤其是为封建士大夫美学奠定了思想基础。① 袁济喜教授《郭象与魏晋美学》一文阐述郭象玄学对魏晋美学的转捩作用，指出郭象玄学思想的美学效应主要体现在人格精神层面，是汉魏风骨向两晋南朝的世俗化转变中的关键力量，消解了汉魏之际的风骨之美，而开启了两晋之后轻道义而重自我的人格精神。他认为，郭象从个性化的角度置换了王弼"无"和"道"的核心范畴，从而开启了西晋对集体不负责的放诞士风。他说："郭象所以要千方百计地消解统一的价值标准，消解道德的公共性，消除崇高感，毫无疑问是当时人格精神濒于崩溃的西晋末年的士大夫形象的写照。"② 这种责难与上述罗宗强、叶蓓卿等人的观点如出一辙，均对郭象思想的美学价值持否定态度。这种批评似乎有失公允。郭象在《庄子注》中致力于以寄言出意的阐释方法去统合儒、道，并非是为自己和士族群体寻找遮丑的画皮，也不是要"彻底消灭是非界限与价值判断尺度"③，相反地，而是着眼于重建价值规范，弥合自然与名教之间的分裂。换句话说，郭象的玄学思想所要应对和克服的正是西晋士族群体的精神堕落和价值溃散状况，旨在为人生确立新的价值规范和行为法则。郭象思想的美学意义体现在东晋士族群体的宁静自得的审美精神。

近年来，对郭象玄学与魏晋风度或人生境界论美学之间的关系有了新的认识。余开亮教授正确地认识了郭象的适性逍遥的人生哲学与魏晋名士生存方式的莫大关联。首先，郭象的个性自足观念为东晋名士对自我生命价值的确认提供了理论基础；其次，郭象的适性称情的逍遥论成为东晋名士王子猷等人天机灵动的审美行为的思想源泉；再次，郭象对名教与自然关系的解说开启了东晋士人亦隐亦仕的人生模式，克服了群

---

① 聂春华：《郭象美学摭议》，《韶关学院学报》（社会科学版）2004 年第 2 期。
② 袁济喜：《郭象与魏晋美学》，《宝鸡文理学院学报》（社会科学版）2004 年第 4 期。
③ 袁济喜：《郭象与魏晋美学》，《宝鸡文理学院学报》（社会科学版）2004 年第 4 期。

己矛盾。① 除此之外,李昌舒教授的《郭象哲学与中国美学》、程丽芳博士的《郭象玄学与东晋士人的诗意化人生》《郭象逍遥新意与东晋朝隐之风》《玄学语境中的诗性人格建构——论郭象的玄学思想与东晋士人的诗性人格》等文均阐述了郭象玄学思想与命题对东晋士人人格与审美精神的重要意义。当代学者对郭象玄学与东晋美学关系的探讨,可以视为对宗白华先生《论〈世说新语〉与晋人的美》的进一步丰富和推进。宗白华先生在这篇文章中对晋人的艺术心灵和审美化人格不吝赞美之辞,但从他所援引的史料来看,其论述的对象以东晋人物为主。魏晋风度由西晋时期的荒诞风习向东晋风流的转换离不开郭象玄学的转关作用。但是,这种转换的完成绝不单是郭象的一己之功。或者说,郭象在《庄子注》中建构的玄学体系和人生理想形态只有在特定的历史和政治环境下才有可能走向实践。因此,只关注郭象思想与东晋士人审美精神的线性关联,难以真实地理解魏晋风度和人生境界论美学的实际状况。两晋政制形态的变化是引发士人心态转变的客观必要条件,东晋门阀政治是郭象玄学发生实际的美学影响的重要外在因素。笔者《逍遥与政治——郭象玄学与两晋审美趣味》一文梳理了郭象政治理念与东晋士族门阀政治的契合性,进而讨论了在此前提之下,郭象的适性观念何以影响东晋审美趣味的转变。②

郭象玄学与中古时期自然审美意识和山水艺术观念的关系,是近年来学界关注郭象美学问题的焦点之一。宗白华先生指出,中国古代山水之美的发现得益于晋人的艺术心灵。但它与中国道家自然主义哲学之间的关系尚未得到澄清,将老庄思想作为中国古代自然审美意识的源头仍旧是一种普遍的倾向。李昌舒教授《郭象哲学与山水自然的发现》一文则提出,庄子哲学不能直接导出山水自然的审美观念,庄子所讲的"自然"并非具象的经验的自然世界,而是一种自然而然、随其本然的精神境界。人们对山水自然的审美欣赏,除了主体方面的审美心胸之外,还

---

① 余开亮:《郭象哲学与魏晋美学思潮》,《郑州大学学报》(哲学社会科学版) 2017 年第 6 期。

② 拙文《逍遥与政治——郭象玄学与两晋审美趣味》,《暨南学报》(哲学社会科学版) 2020 年第 2 期。

要有"肉身",而"作为'肉身'的感性世界主要是从郭象哲学中导出",① 换句话说,郭象哲学发现了作为审美对象的感性的物。对于山水诗的成因,历来有不同的说法。萧驰教授《郭象玄学与山水诗之发生》一文一反前人所主张的山水诗承自汉赋的说法,提出山水诗所蕴含的自然生命的原发精神实际上始自郭象玄学。他具体地阐述了魏晋玄学对汉代繁琐宇宙秩序的瓦解,以及郭象玄学如何在跳脱汉代天人图式之藩篱的前提下,开显和张扬自然生命的原发精神,并认为这种精神是中国诗学传统中寓目辄书观念和山水诗创作的基础。② 与萧驰基于抒情传统的研究立场所强调的"自然生命的原发精神"有异,洪之渊教授虽仍把郭象玄学视为山水诗兴起的重要理据,但他讨论的是郭象的玄学理论,如物性论、相因说和玄冥说,对东晋诗人赏物模式与审美心理的内在联系。他提出,东晋自然审美的诸种特点,都可以在郭象的玄学思想中找到理据,郭象玄学建立了新的人与自然的关系模式,为山水诗的发生提供了重要的理论依据。③ 余开亮教授认为,中国古代的山水审美经验在两晋时期经历了从情感化山水观到玄化山水观的转变,而郭象哲学正是促成这一转变的深层理论根据。郭象的独化论和玄冥说构造了新型的自然观念和物我关系,为独立的自然审美意识奠定了思想基础。④ 上述成果基本上阐明了郭象玄学与山水审美意识和山水田园诗歌兴起之间的直接关系。但笔者认为,在这两者之间,还存在一种重要的间接关系或中介因素。山水审美意识的独立离不开士人生活方式的变化。迥异于东晋之前的士族群体与封建政治的剪不断理还乱的纠葛,东晋时期出现了一种崭新的人生模式,即出处双行。换句话说,汉魏时期的士人们所面临的自然与名教之间的严峻冲突,是魏晋玄学所要解决的重大现实问题,如何实现名教与自然的和解、同时也是群己矛盾的化解,是玄学家们进行理论探

---

① 李昌舒:《郭象哲学与山水自然的发现》,《复旦学报》(社会科学版) 2006 年第 2 期。
② 萧驰:《郭象玄学与山水诗之发生》,《汉学研究》2009 年第 3 期。
③ 洪之渊:《郭象玄学与东晋赏物模式的确立——兼及山水诗发生之理据问题》,《文学评论》2014 年第 5 期。
④ 余开亮:《郭象哲学与魏晋山水审美经验的嬗变——兼及晋宋之际的"诗运转关"说》,《中国人民大学学报》2018 年第 5 期。

索的实际需要。到了东晋,无论是在王羲之、谢安,还是戴逵、陶渊明身上,都明显地表现出一种和谐的精神,他们均能够从容地选择各自的人生道路,不再像嵇康和阮籍那样陷入痛苦的挣扎。这是他们能够"方寸湛然,故以玄对山水"①的现实条件。而东晋士族人生模式的改变与郭象玄学存在莫大的关联,准确地说,郭象玄学在很大程度上为东晋士族提供了人生观依据。

郭象玄学对中国古典诗学思想的影响研究是目前学界关注不多而成果相对薄弱的部分。加拿大林理彰教授较早地注意了这一问题。他在《郭象〈庄子〉注对六朝文学思想与文学理论的影响》一文中揭示了郭象玄学如何指引了孙绰、王羲之等玄言诗人的体物方式和自我超越路径。尽管林理彰承认《庄子注》的阅读与接受"贯穿整个六朝时期",但他对郭象之于南朝文论的影响显得十分消极。他指出,钟嵘没有提及郭象,而《文心雕龙》中虽有几处谈到了郭象,但"刘勰可能发现了郭象坚持的所有价值的完全相对性,以及事物的不受约束的自发性是不可接受的,并且也被刘勰佛教世界观所诅咒",郭象对《文心雕龙》的影响"稀微"。② 盖晓明则认为,刘勰不仅对郭象的玄学思想予以极高的评价,而且他的文学观念深受郭象适性理论的影响,《文心雕龙》中频繁出现的"自然"概念从不同层面构成了刘勰文学思想与郭象玄学的继承关系。③此外,郭象玄学思想与陶渊明诗学之间存在着极大的渊源关系,二人的思想倾向有很大的契合度。李昌舒《自然与自由——论陶渊明"自然说"与郭象哲学的关系》通过《形影神》组诗分析郭、陶二人的自然与自由思想,并把陶潜视为处于庄子与郭象之间的人物,相较于庄子而有人间性,相较于郭象则少了世俗性。④ 作者将问题复杂化了,郭象的"适性"

---

① 《世说新语·容止》篇第 24 条刘注引孙绰《庾亮碑文》。
② [加] 林理彰:《郭象〈庄子〉注对六朝文学思想与文学理论的影响》,童岭译,徐中玉、郭豫适主编:《中国文论的道与艺》古代文学理论研究第 28 辑,华东师范大学出版社 2009 年版,第 128—129 页。
③ 盖晓明:《论郭象玄学的"自然"概念对刘勰〈文心雕龙〉的影响》,《社会科学论坛》2011 年第 10 期。
④ 李昌舒:《自然与自由——论陶渊明"自然说"与郭象哲学的关系》,《江淮论坛》2005 年第 1 期。

思想具有较大的开放度。他虽主张兼顾名教与自然，显得未能免俗，但他并不反对纯任自然的"逍遥"。李希、廖宏昌《陶渊明诗学与郭象哲学之关系考》一文从陶渊明本真的性情人格、守拙自乐的生活与纵浪大化的生命观三个角度分析了陶渊明与郭象哲学的渊源关系，持论允至。①

综上所述，21 世纪以来，郭象美学研究在多个方面有所开拓、推进和深化，为魏晋南北朝美学乃至中国古典美学研究输送了新鲜的血液。与此同时，郭象美学还有待进一步发掘和研究，其中涉及的一些关键问题，如郭象美学与庄子美学之间的关系、郭象适性理论的内在结构、郭象玄学对中国古代人生境界论美学的作用、郭象美学对文艺观念的影响、郭象美学的现代价值等，仍有较大的研究价值和空间。

## 第三节　郭象适性美学的研究意义

道家哲学特别是庄子思想对中国古代的美学观念和文艺理论产生了深刻的影响，并且在现代美学视域下焕发出熠熠辉光，美学家们褒扬不已。李泽厚先生提出了"庄子的哲学是美学"②的观点，徐复观先生在《中国艺术精神》中也直言："庄子本无意于今所谓艺术；但顺庄子之心所流露而出者，自然是艺术精神，自然成就其艺术的人生；也由此而可以成就最高的艺术。"③《庄子》书中蕴藏着丰富的美学意蕴，这是毋庸赘言的。庄子的美学精神对中国古代的文学艺术发生了重大的影响，这也是事实的情况。但是，"庄子本无意于今所谓艺术"，书中的艺术精神得益于后人以艺术的眼光去看待、发现和阐释。20 世纪以来的现代学者，大多是站在现代学术的立场上回望《庄子》，对书中所蕴含的艺术精神加以现代视野的重新认知，将之与西方美学进行比较，如徐复观的《庄子的艺术精神》、叶维廉的《无言独化：道家美学论要》、刘绍瑾的《庄子与中国美学》等。这类研究固然为《庄子》美学注入了新的生机，使之

---

① 李希、廖宏昌：《陶渊明诗学与郭象哲学之关系考》，《求索》2010 年第 11 期。
② 李泽厚：《中国古代思想史论》，生活·读书·新知三联书店 2008 年版，第 186 页。
③ 徐复观：《中国艺术精神》，广西师范大学出版社 2007 年版，第 53 页。

具备了现代性的品格，能够参与到当下的美学建构中，然而，我们往往忽视了庄子思想的历史阐释和历时性演变。在研究古代的文学艺术时，学者们总是有意无意地忽略了《庄子》文本在不同时期受到的阐释和改造，以及这种阐释和改造对文学艺术观念产生的具体影响，往往直接地从《庄子》的本文中寻找艺术观念的思想依据。这就不可避免地会造成理解的错位。在涉及《庄子》与各类艺术观念之间的关系时，伽达默尔的"理解按其本性乃是一种效果历史事件"[①] 的阐释学命题应当成为一种自觉的方法论意识。它要求我们在理解一本著作或一种思想时，始终保持一种明晰的历史意识，而不是用一种本质化的心态去对待传世的文本而抹消其中的历史痕迹。因此，加强对《庄子》注本的研究将是十分有意义的，特别是在历史上的重大思潮中所发生的对《庄子》的改写，对士人心理和艺术观念的变化更是不能忽略。

在经过了秦汉四百余年的沉寂之后，《庄子》于魏晋之际大放异彩。在黑暗和混乱的社会环境中，士人们纷纷以庄子为师为范，向往他所描绘的自由逍遥的境界，在心态上和行为方式上逐步打破儒家道德观念和礼法制度的束缚，追求高远超迈的思想境界、独立不羁的人格精神和逍遥自在的生活方式。从玄学理论的发展来看，《庄子》作为"三玄"之一，自正始时期逐渐成为玄学理论建构的核心文本。玄学所面临的最主要论题之一，即自然与名教之辩基本上是围绕着对《庄子》思想的不同解读而展开的。除了围绕《庄子》所进行的论辩清谈外，这一时期还出现了大量的注解《庄子》的著作，据《世说新语》记载，释义者有数十家之多，唐陆德明《经典释文·序录》所载就有崔譔、向秀、司马彪、郭象、李颐等数家。其中，"惟子玄所注，特会庄生之旨，故为世所贵"[②]，郭象注是最具理论价值和影响力的。明代焦竑这样评价郭象的《庄子注》："旨味渊玄，花烂映发，自可与庄书并辔而驰，非独注书之冠也。嗣后解者数十家，如林凝独、陈详道、黄几复、吕惠卿、王元泽、

---

① ［德］伽达默尔：《诠释学Ⅰ：真理与方法》，洪汉鼎译，商务印书馆2013年版，第424页。

② （清）郭庆藩：《庄子集释》，中华书局2012年版，序言第5—6页。

林希逸、褚秀海、朱得之诸本，互有得失，然视子玄，奚啻盖壤?"① 把《庄子注》与《庄子》并列齐观，独具只眼。

郭象以"适性"逍遥改写了庄子式的"体道"逍遥，从而使"逍遥"获得了实践性品格，这更符合当时士人的现实需要。他的适性理论在士人群体中产生了很大的影响，这不仅表现在论辩时以郭象义理为独秀，更重要的是，它对士族文化性格的浸染和塑造，并通过其行为处世表现出来。郭象的适性理论是其美学思想的核心内容，它对个体价值的肯定以及个体自由实现方式的探索补充了中国古代严重缺少的为个体生命和自由呐喊的声音。郭象的适性美学是中国古代心性论美学的重要一环。通过对人性论的重新探索，郭象重置了人性的基本内涵，并在此基础上，阐明了新的群己关系、情性关系和人与自然的关系，描绘了一幅新的人生价值图景，开拓了中国古代人生境界论美学的新空间。适性理论对古代文学和艺术观念产生了重要影响，它为士人出处双行的人生模式提供了理论依据，是构成魏晋时期特有的人生境界论美学的重要因素，也给予文艺创作以审美心态上的启示，对文学艺术观念的转变具有很大的促进作用。

然而一直以来，学界对郭象的美学思想存在误解和偏见，如李泽厚与刘纲纪先生虽极力肯定《庄子》的美学价值，但同时也极力贬斥郭象哲学为"反美学"：

> 在哲学上，起来论证"名教中自有乐地"的，不是别人，就是玄学发展的最后阶段的代表人物郭象。郭象也讲"自然"，但他认为"名教"与"自然"是完全统一，没有什么矛盾存在的。按照"名教"行事就是合乎"自然"；反过来说，合乎"自然"也即是合乎"名教"。郭象完全抛弃了道家思想中那种批判的精神，同时也抛弃了魏晋玄学抨击"名教"，追求理想的自由人格的积极方面，而把玄学变成了为"名教"辩护的工具。……郭象反对对自由的人格理想的追求，这使他的玄学本身在根本上就带

---

① 《焦氏笔乘》卷2，《续修四库全书》第1129册，上海古籍出版社1995年版，第525页。

有反美学的性质。①

  两位先生批评郭象背离魏晋士人崇尚"自然"的自由原则，而将名教与自然完全统一，使"自然"再次沦为"名教"的附庸。这是本书不能苟同的观点。通过对郭象注文的分析，我们认为郭象在名教与自然的问题上的基本立场是调和其矛盾，并不是盲目地将"自然"等同于"名教"，而是在自然原则下承认名教的合理性，同时也在名教的立场上给自然留下一定的空间。本书秉持着历史主义的态度去分析和理解郭象美学及其价值，努力在尊重历史和事实的前提下寻求和遵循价值原则。事实上，任何思想都带有某种历史性的色彩，脱离郭象自身的历史性去评判他的思想，是"强越人以文冕"。在郭象的时代，自由和自然都已背离它本来应有的样子，在扭曲的自然观念下，西晋名士的自由变成了荒诞和堕落。挽救价值虚无主义的危机，对于郭象来说，是刻不容缓的时代课题。这是我们将要仔细辨析的问题。

---

① 李泽厚、刘纲纪主编：《中国美学史》第 2 卷上，中国社会科学出版社 1987 年版，第 151 页。

# 第一章

# 适性美学的理论资源

心性问题在中国古典美学史上始终占据着十分重要的位置，或可谓之为中国古典美学传统的发端处。《尚书·尧典》中记载了舜帝与乐师夔的一段对话。舜命夔主管音乐教育，以使胄子们养成"直而温，宽而栗，刚而无虐，简而无傲"的性情。这说明，自上古起，以培正性情为目的的美学和美育观念已经萌芽了。到了春秋时期，孔子虽罕言"性与天道"，却将"仁"视为人性的核心内涵，并明确地提出了"里仁为美"①的命题。在诗学观念上，他倡导的"思无邪"和"尽善尽美"之说，对后来的诗论和美学产生了深刻的影响。其后，孟子集中探讨人性论，把仁、义、礼、智等道德范畴统统纳入人性的基本内涵中，并在此基础上对美做出了界定，称"充实之谓美"。朱熹释之曰："力行其善，至于充满而积实，则美在其中而无待于外矣。"② 这里的"美"，迥异于西方哲学中的"美"的概念，既不是苏格拉底苦苦搜寻的作为抽象理念的美或鲍姆加登以 Aesthetica 命名的感性认识的科学，也不是康德所谓的判断力或黑格尔从艺术作品中找到的绝对理念的感性显现。孟子所谓的"美"，乃是基于道德自我完善的人生境界的提升，是内在心灵的充实和由内而外透发的人格魅力。它是中国古典美学的主流，后世的许多思想家和艺术家都继承和发扬了这样的美学传统。

与儒家不同，在先秦道家的两部主要经典《道德经》和《庄子》内

---

① 杨伯峻：《论语译注》，中华书局 2017 年版，第 48 页。
② （宋）朱熹：《四书章句集注》，中华书局 2012 年版，第 378 页。

篇中，"性"这个概念未曾出现，而在被认为是庄子后学所作的《庄子》外杂篇中，"性"成为一个高频词，而且相比于内篇而言，外杂篇与儒家思想的交锋更加激烈。如果不把《道德经》中的许多论述强行以现代的眼光去审视的话，美学思想在这部著作中并不是十分重要的主题。这样说并不是要否定《道德经》对中国古典美学的巨大影响，但这种影响似乎不是主要以话语传承的方式来实现的，而是将它对人生境遇的思考和它所包含的人生智慧心灵化、再转化为艺术实践来完成的。庄子亦如是。蒙培元说："庄子哲学的根本目的，是实现心灵的自由境界。"① 李泽厚认为，庄子哲学所关心的，是个体存在的身心问题。然而，正如荀子批评的那样，"蔽于天而不知人"的庄子哲学缺乏对人性问题的深切体察，这导致他的逍遥境界无法在人间得到实践的空间。

东汉末期，政治动荡，战乱不断，儒学衰微，伦教失序，思想界鼎故革新，玄学继起。魏晋玄学既是儒学本身穷而思变的自我更替过程，也是探索道家思想之可行性和有效性的尝试。庄学的兴盛乃是魏晋士人对"人应当如何生活"这一时代课题加以研究和解决的必然结果。

魏晋人生境界论美学经历了由竹林自然美学向郭象适性美学的形态嬗变，在其中起过渡作用的是西晋时期社会政治风气和士族群体的人生实践。西晋风习是魏晋风度完整链条上的重要一环，是魏晋人生境界论美学中以荒诞和丑为基本特征的独特阶段。在中国古典美学研究中，尤其是在对魏晋美学和魏晋风度的解读上，以西晋士族阶层为主体所形成的带有普遍性和典型性的人生态度、思想观念、价值取向和审美趣味常常被忽视或刻意排除出魏晋风度的应有内涵之外。随着嵇康与阮籍的相继离世，一个以苦闷幽愤、言行乖谲为基本特征的美学风貌告一段落，随之而来的是因盲目追慕和效仿老庄之学和竹林之风而开出的"恶之花"。西晋士族的生活方式和审美趣味呈现出价值虚无主义的典型症候，这是多种因素共同作用的结果。

历史上任何一位伟大的哲学家都是站在大地上思考的。郭象亦如是。他不是一个凌空蹈虚、不务实际的玄学家，他的玄学理论与魏晋时期的

---

① 蒙培元：《心灵超越与境界》，人民出版社1998年版，第208页。

社会政治状况及人的生存生活方式之间存在着紧密的关联。长期以来，郭象广受批评，被指责为西晋堕落士风的代言人。他的玄学观念被认为为西晋士族群体的荒诞行为提供了学理依据。这种认识一方面出于对郭象著作的误读，另一方面也与郭象的历史形象不无关系。① 实际上，作为一个真正的哲学家，郭象并不满足于充当别人的鼓吹手，而要表达自己独立的思考和见解。《庄子注》中蕴藏着深切的时代忧患意识，致力于从学理层面反思西晋混乱的社会政治状况和陷入价值虚无主义的人生观。在《庄子注》中，郭象建构了一套新的玄学理论体系，描绘了一种理想的政治形态，呼唤积极乐观的人生态度，并为之奠定了玄学理论基础。郭象以注解《庄子》的方式进行自己的玄学探索和理论建构，正是由于他看到了盲目地推崇《庄子》、效仿嵇、阮，所造成的思想扭曲和道德败坏。他试图通过重释"庄生之旨"来扭转时弊，化解名教生活与自然生

---

① 据现有文献记载，郭象至少在三个方面给人留下了奸恶的印象。一是他的《庄子注》存在学术不端的嫌疑，刘义庆说他抄袭了向秀的同名著作。二是因他阿附权贵，熏灼内外而受到当时名士圈的鄙夷，庾敳因此与之绝交。这两点本书在绪论中已经谈过。三是郭象撰文诋毁在荡阴之战中以身殉主的嵇绍。《太平御览》卷445引王隐《晋书》曰："河南郭象著文，称'嵇绍父死在非罪，曾无耿介，贪位死暗主，义不足多'。"与前两条材料一样，把这则记述作为真实无疑的史料不是明智的做法。由于这篇《论嵇绍文》未曾载录于史籍，郭象是否真的写过这样的文章尚且不能给出确切的答案。据《晋书·嵇绍传》记载，司马越曾在屯驻许都时专门拜谒嵇绍墓，"哭之悲恸，刊石立碑，又表赠官爵"，怀帝也"遣使册赠侍中、光禄大夫，加金章紫绶，进爵为侯，赐墓田一顷，客十户，祠以少牢"。假设郭象真的是诌事权贵的奸佞之徒，那他怎么会在两位当权者对嵇绍之死倍加隆誉的情况下对之严辞诋诃呢？且非薄嵇绍的忠义之举，与《庄子注》所倡导的"仁义之性"相悖，并不符合郭象的思想面貌。章太炎先生在《读郭象论嵇绍文》中虽肯定郭象曾作该文，但立意悬殊。他认为，郭象作为东海王主簿，在司马越和怀帝司马炽纷纷旌表嵇绍殉主之举时，"独奋笔无所忌。且举世而誉之，以为握节而死，国殇之雄。觝之者则为流俗甚疾，亦不恤焉。象则晋之清言者也，噩厉守正，迥远于儒。"参见《章太炎全集》（第八册），上海人民出版社2018年版，第143页。实际上，很多两晋史料需要审慎地辨识，由于当时选举制度看重人物品评，社会舆论起到了十分重要的作用，且派系纷争和思想冲突都很激烈，因此，对政敌"泼脏水"，使之污名化，是非常流行的操纵舆论的手段。例如王衍其人，同族王戎誉之为"瑶林琼树，自是风尘外物"，而《世说新语》却以讥讽的语气记载了他口不言钱的故事，更兼他的妻子郭氏贪鄙到无以复加的地步。又如和峤与王戎二人被人在李子上做文章，以见其悭吝，这些令人瞠目的故事极富感染力，极可能是政敌的恶意造谣诋毁。这类事情发生在郭象身上并不意外，他在西晋士族朋友圈中，不仅身份低微，而且在思想举止上与当时士族人物如王衍、庾敳等人格格不入，容易成为他人造谣中伤的对象。然而，由于史料不足征，这个观点仍带有很强的猜测性。鉴于郭象身世和德性状况的含混性，本书力求客观地以《庄子注》的文本为基本依据来阐述郭象的思想。

活的强烈冲突。他的著述目的在于理论上"通天地之统,序万物之性,达死生之变,而明内圣外王之道",进而在现实层面使"贪婪之人,进躁之士""揽其余芳,味其溢流,仿佛其音影"(《庄子序》),① 最终进入自得之场。

## 第一节 《庄子》学的兴盛与逍遥义的演变

学界通常把《庄子》学的兴起看作是竹林玄学之后的事,如缪钺先生说:"盖正始名士,只谈《老》《易》,而竹林名士则兼重《庄子》。"② 吴怡《逍遥的庄子》也说:"魏正始年间,何晏、王弼所推崇的都是老子,并没有重视庄子。直到竹林七贤等人出来后,庄子才取代了老子的地位。"③ 这种看法似乎并不可信。这从魏晋时期为《庄子》作注的情况中可以推断出来。根据《世说新语·文学》篇的记载,在向秀作《庄子注》之前,进行这项工作的已有数十家之多。刘孝标注引《向秀别传》说向秀"唯好《庄子》,聊应崔撰所注,以备遗忘"。可见,在阮籍、嵇康、向秀等人倾心于《庄子》之前,《庄子》已在士林中受到广泛的重视。

### 一 《庄子》与正始玄学清谈

在玄学方面,正始年间的何晏等人虽然并未像对待《道德经》《周

---

① (清)郭庆藩:《庄子集释》,中华书局2012年版,第3、4页。

② 缪钺:《清谈与魏晋政治》,《冰茧庵文史丛稿》,商务印书馆2019年版,第57页。日本学者青木正儿提出,早在王弼与何晏之前的明帝太和年间,傅嘏和荀粲等人就已开启魏晋清谈之风。对此余英时先生加以反驳,认为傅、荀二人的"善谈名理"和"尚玄远"均是汉末以来士大夫究心抽象原理的思想潮流的延续,二人并未语涉《老》《庄》。他说:"探求抽象原理,为汉晋间士大夫内心自觉之一般倾向,无论儒、道、名理以至文学艺术而皆然,则正始之音,其来有自……至于援引道家,正式建立玄学体系,则王弼、何晏实为吾国中古思想史上划时代之人物,他人不能夺其席也。"参见余英时《汉晋之际士之新自觉与新思潮》,《士与中国文化》,上海人民出版社1987年版,第374—375页。余氏驳青木正儿之论有理,清谈之起源早在汉末,而傅、荀不为称首,而谓王、何乃引据道家而建立玄学体系的划时代的人物,则又有可辨之处。实际上,在王、何以前,《老》《庄》已被士族群体广泛接受,并对他们的思想和人生产生了重要的影响。

③ 吴怡:《逍遥的庄子》,台北:三民书局2019年版,第22页。

易》那样，就《庄子》一书作专门著述，但《庄子》在清谈、玄学与诗歌中并未缺席。《三国志·魏书·管辂传》裴松之注引《管辂别传》曰："冀州裴使君才理清明，能释玄虚，每论《易》及老、庄之道，未尝不注精于严、瞿之徒也。"又《管辂别传》载裴徽言曰："吾数与平叔共说老、庄及《易》，常觉其辞妙于理，不能折之"，载刘邠言曰："数与何平叔论《易》及老、庄之道，至于精神遐流，与化周旋，清若金水，郁若山林，非君侣也。"《世说新语》刘注引《王弼别传》称他"十余岁便好《庄》《老》，通辩能言"，并被当时名士傅嘏赏识。裴徽、管辂、傅嘏、刘邠、何晏、王弼等人都是正始谈座上的执牛耳者，他们相互之间的清谈话题均涉及《庄子》。这就说明，《庄子》在正始时期已经成为早期玄学家阐发义理的重要文本依据。

现存正始玄学的最重要文献无疑是王弼的《老子道德经注》和《周易注》。而且，或许是受到了《汉书·艺文志》对先秦学术流派"九家十流"分类法的影响，王弼在《老子道德经注》中明显地运用了以《庄》解《老》的方法。其中非常突出的一点是，援用《庄子》外杂篇中的性论阐释《道德经》中的命题与学说。如《道德经》第二十九章曰："将欲取天下而为之，吾见其不得已。天下神器，不可为也。为者败之，执者失之。故物或行或随，或嘘或吹，或强或羸，或挫或隳。是以圣人去甚，去奢，去泰。"本章申明了老子无为而治的政治理念。王弼注曰："万物以自然为性，故可因而不可为也，可通而不可执也。物有常性，而造为之，故必败也。"又"圣人达自然之性，畅万物之情，故因而不为，顺而不施。除其所以迷，去其所以惑，故心不乱而物性自得也"。① 正如上文所说，《道德经》通篇未曾出现"性"这一概念，而此处王弼所说的"万物以自然为性，故可因而不可为"的观点，为老子的无为思想找到了恰当的理据，并被后人广泛认同，其思想来源实是《庄子》。《庄子》外篇和杂篇多处论述了"民有常性"（《马蹄》）、"无为也而后安其性命之情"（《在宥》）之类的观念，这为王弼注释《道德经》提供了话语资源。因此，在魏晋玄学的早期阶段，《庄子》并非没有受到重视，甚至成为建

---

① 楼宇烈：《老子道德经注校释》，中华书局 2008 年版，第 76、77 页。

构玄学理论的基石之一。

## 二 曹植诗文中的逍遥想象

相比于魏晋玄学,汉魏时期的文学作品更早地把《庄子》从沉睡四百年的历史中唤醒。在东汉末期战乱频仍、政治黑暗、朝不保夕的恶劣环境中,《庄子》成为抚慰诗人心灵的一剂良药。汉末文人赵壹是较早将《庄子》中的典故与思想引入文学作品,用于批判黑暗的社会现实的。他在《刺世疾邪赋》的结尾部分,假借秦客与鲁生的口吻做诗咏歌总括全赋的思想主旨,饱含辛辣的讽刺。其中"鲁生歌"的首句"势家多所宜,咳唾自成珠"巧妙地化用《庄子·秋水》篇中"子不见夫唾者乎?喷则大者如珠,小者如雾",用以揭露和讽刺东汉势族阶层的当权霸道行径。具有反叛意识的仲长统率先表达了弃儒向道的思想主张,声称要"叛散五经,灭弃风雅"而追求庄子"消摇一世之上,睥睨天地之间"的精神境界。① 其《见志诗》则直接把庄子遗弃世累、逍遥物外的思想境界显露无遗,表达了末世中的士人情志。如其一写道:

> 飞鸟遗迹,蝉蜕亡壳。
> 腾蛇弃鳞,神龙丧角。
> 至人能变,达士拔俗。
> 乘云无辔,骋风无足。
> 垂露成帷,张霄成幄。
> 沆瀣当餐,九阳代烛。
> 恒星艳珠,朝霞润玉。
> 六合之内,恣心所欲。
> 人事可遗,何为局促?②

这首诗继承和赞颂了庄子的逍遥观念,描述了自己理想中的生活境

---

① 《后汉书》第49卷《仲长统传》。
② 逯钦立辑校:《先秦汉魏晋南北朝诗》,中华书局1983年版,第205页。

界。他巧妙地利用《逍遥游》篇中的小大之辩，先是称述自然生物的自在超脱，如鸟儿没有行迹的自由飞翔，鸣蝉不为躯壳所拘，地上的腾蛇蜕皮飞升，水中的神龙去角升天，等等。继而想象庄子笔下的至人达士如何超越世俗社会的纠葛，对他们的生活场景充满了浪漫的想象。诗中发挥庄子所刻画的姑射山神人的形象，不仅用乘云、骋风、"沆瀣当餐"之类的动作或行为更加具体地勾勒了"不食五谷，吸风饮露，乘云气，御飞龙，而游乎四海之外"的至人境界，而且以"垂露成帷，张霄成幄""九阳代烛""恒星艳珠，朝霞润玉"等意象丰富和拓展了神人的居处状况，开创了魏晋游仙诗的先河。

如果说，赵壹和仲长统在诗歌中寄寓庄子式的批判现实和超越现实的情志与理想，仍带有某种偶然的色彩，那么，在曹植身上，庄子精神得到了更加充分的展现。曹植在济世理想破灭之后，主动地选择从《庄子》那里寻求精神困苦的解脱之道，他向往逍遥的人生境界、渴求从游仙的想象中获得精神慰藉。生于世道轮替的时代，受到儒家思想的濡染和曹操雄心抱负的熏陶，曹植在青年时代立志"勠力上国，流惠下民，建永世之业，流金石之功"（《与杨德祖书》）。然而，由于嗜酒浮诞，曹植逐渐引起曹操不满，遭疏远之后，又因涉争夺继承权之事而被曹丕猜忌和压制，陷入郁郁不得志且愁肠百结的境况之中。曹植因此试图从道家思想中获得解脱。他早年醉心老庄之学，曾作《七启》，塑造了"隐居大荒之庭，飞遁离俗，澄神定灵，轻禄傲贵，与物无营，耽虚好静"的玄微子形象，他"仰老、庄之遗风"，信奉"假灵龟以托喻，宁掉尾于涂中"的人生哲学。在遭受人生困厄之后，曹植屡屡在诗歌中吐露对庄子达观的生命态度和逍遥的精神境界的向往之情。但是，由于曹植在建安晚期以后过着近乎监禁的生活，既难以实现"皇佐扬天惠，四海无交兵"（《赠丁仪王粲诗》）的雄伟抱负，也无法真正地实现个体自由。他在《临观赋》中表达了自己此时进退失据的彷徨心态："进无路以效功，退无隐以营私。俯无鳞以游遁，仰无翼以翻飞"，只有庄子那种超然世外的精神追求才能给他带来些许心灵的慰藉。

困顿中的曹植渴望庄子的逍遥境界，这主要体现在他的诗歌创作中。游仙是曹植诗歌的主要题材之一。景蜀慧教授认为，中国古代的游仙诗大体分为三种情形：一种是道教徒对神仙世界的向往与赞美，带有信仰色彩；一种是借描写仙境来阐发玄理的哲学性质的游仙诗；另一种是恪守儒学传统，而在人生失意时通过想象美好的仙境抒发感慨、消解内心郁结之情。曹植的游仙诗，因彼时玄学风气尚未形成，而他本人怀有深切的儒学观念，故以"追随灵均，寄托感慨"① 为主调。诚然，曹植虽素习《庄子》，但他并未达到那种超脱尘世的人生境界，他像屈原那样虽遭放逐而仍心怀社稷，面临着理想与现实的严峻冲突。他不愿向庄子那样遁世远游，但依旧渴望个体自由，梦想着"逍遥八纮外，游目历遐荒"（《五游咏》），"乘蹻万里之外，去留随意所欲存"（《桂之树行》），突破监视之下极受限制的生活空间的约束。

庄子在《逍遥游》开篇以鲲鹏与蜩、鸠的鲜明而强烈的对比，凸显了大鹏海运而飞的辽阔境界，并反衬出小鸟跳跃一隅、自鸣得意的狭隘。对于鸟的自由及其境界，庄子本意是要加以否定的。在汉末魏晋的乱世之中，非但大鹏那种抟扶摇而上九万里的超逸辽阔之境遥不可即，就连小鸟的自由飞翔亦成为彼时文人墨客称羡的对象。在这一时期的文学作品中，羁鸟、孤鸟、归鸟成为常见的意象，它们被用来表达困身世网、难以逃脱的精神束缚和孤独无依的踌躇心态。曹植的诗文中多次出现这类意象和情感，或以孤鸟自喻，或以归鸟反衬，与《逍遥游》中"自喻适志"的小鸟形象形成了强烈的反差。如"不见篱间雀，见鹞自投罗"（《野田黄雀行》）、"薄幽林以屏处兮，荫重景之余光，狭单巢于弱条兮，惧冲风之难当"（《白鹤赋》）、"中有孤鸳鸯，哀鸣求匹俦"（《赠王粲》）、"飞鸟绕树翔，噭噭鸣索群"（《杂诗》"西北有织妇"）、"孤雁飞南游，过庭长哀吟"（《杂诗》"高台多悲风"），等等。特别是在《赠白马王彪》第四章中，曹植感物伤怀，连用寒蝉、归鸟和孤兽等意象，表达内心凄苦之情。"归鸟赴乔林，翩翩厉羽翼"一句用归鸟赴林的欢乐激越反衬自己离开洛阳远行他乡时的茫然无依之感。

### 三　阮籍的逍遥追求与反思

这类鸟的意象在王粲、刘桢、何晏、阮籍、嵇康、陆机等人的诗文

---

① 景蜀慧：《魏晋诗人与政治》，台北：文津出版社1991年版，第60页。

作品中反复出现。其中尤以何晏与阮籍的作品更具代表性。逯钦立《先秦汉魏晋南北朝诗》辑录何晏《言志诗》二首，其一曰：

> 鸿鹄比翼游，群飞戏太清。
> 常恐夭网罗，忧祸一旦并。
> 岂若集五湖，顺流唼浮萍。
> 逍遥放志意，何为怵惕惊？

何晏在这首诗中巧借《逍遥游》中的大鹏形象，根据自身所处的现实环境将庄子的本意加以转换，并继承司马迁《史记·陈涉世家》中的名句，以鸿鹄取代大鹏。鸿鹄在古代是志向远大的代名词，疑为贾谊所作《惜誓》称"黄鹄之一举兮，知山川之纡曲；再举兮，睹天地之圆方"，宛若大鹏视下之图景。何晏身居高位，曹爽与司马懿两个阵营的复杂斗争在正始末年变得波诡云谲、暗潮汹涌，使他直观地意识到鸿鹄并非不会遇到危险，因而时常有惧祸之心。何晏以鸿鹄代替大鹏，用意是很清楚的。他洞悉庄子的超世绝俗的逍遥境界难以被人世间的个体追随和实践，因而通过意象转换的方式把尘网中的人的出路接引到《庄子》的另一组概念上去。我们从"集五湖""唼浮萍"的表述不难联想到《庄子·养生主》中的泽雉或《秋水》篇的"曳尾于涂中"的野龟形象。这是魏晋士人以隐逸为逍遥的代表。

阮籍的《咏怀诗》（其八），与何晏的这首诗隐约存在互文关系。其诗曰：

> 灼灼西颓日，余光照我衣。
> 回风吹四壁，寒鸟相因依。
> 周周尚衔羽，蛩蛩亦念饥。
> 如何当路子，磬折忘所归。
> 岂为夸与名，憔悴使心悲。
> 宁与燕雀翔，不随黄鹄飞。
> 黄鹄游四海，中路将安归。

清代吴淇《六朝选诗定论》认为此诗是"为晋将代魏而作","灼灼"句以日暮比魏祚将革,"余光"句言己与魏尚有恩义未绝,"回风"句以岁暮比衰世,"寒鸟"句喻君子相率而退避……"磐折"句斥卑躬以取名誉者,然名誉终不可得,卒令心悲神衰。故君子宁从燕雀,不随黄鹄。"黄鹄游四海",比晋有代魏之势。"苟不随之则已耳,随之中路而不止,亦贾充之流也。随之中路而止,亦荀彧之流也。故随者必失归,失归者必在中路,是不可不早辨者,何也?大凡奸雄取天下,始必假仁假义,深藏厚貌,不惟天下之庸人随之,即豪杰之士亦所不免,而明哲之英,独能识之于谦恭下士之日,由其人之学问知所归也。"① 吴氏所论未免肢解诗意。荀彧之论与史实不符,当属讹误,而说"黄鹄"指代司马氏,则有曲解之嫌。笔者认为,这首《咏怀诗》不妨理解为阮籍就何晏其人其诗所发的感慨。② 何晏在诗中自喻为鸿鹄,在临危之际方才产生畏祸退避之心,而最终未能逃脱高平陵之变的厄运,此即嗣宗"中路将安归"感慨的来源。对于"宁与燕雀翔,不随黄鹄飞"一句,沈约说:"若

---

① (清)吴淇:《六朝选诗定论》,广陵书社2009年版,第154页。
② 《晋书》阮籍本传曰:"籍本有济世志,属魏晋之际,天下多故,名士少有全者,籍由是不与世事,遂酣饮为常。"高平陵之变对于阮籍的思想与人生轨迹是一大转折点,何晏等人因坐曹爽事而遭株连,对于阮籍来说,是一件极具震动效应的事。阮籍在其诗文中多次隐微地谈及何晏,除本书此处所引《咏怀诗》(其八)外,《鸠赋》的内容也与何晏的身世与性格基本合辙。有学者认为,《鸠赋》是为嵇康、吕安之事而作。林家骊则认为,该赋"不是实指某个人在现实社会中的尴尬处境,而是暗示了一代士人在魏晋易代之际的悲惨遭遇"(林家骊:《新译阮籍诗文集》,台北:三民书局2015年版,第59页)。然而,阮籍运用比兴手法,以寓言的形式寄托身世之悲,《鸠赋》中所描述的"鸠"的际遇与特征极具个性化色彩。从"遭金风之萧瑟,既颠覆而靡救""托君子之净室",又"值狂犬之暴怒,加楚害于微躯"的经历,以及"端妍姿以鉴饰,好威仪之如一"等性格描写,或可推知"鸠"的原型是何晏。何晏幼年遭难,祖父何进被太监张让杀害,后托身于曹操,得其鞠育。正始年间,何晏依附曹爽集团,在高平陵之变中被司马懿诛灭。其为人,具有《鸠赋》所称"抗华丽之艳溢""端妍姿以鉴饰"的特点。更有赋中"何飞翔之羡慕"一语明显与何晏《言志诗》之"鸿鹄比翼游"一语存在互文关系。此外,阮籍在《猕猴赋》中以讽寓方式辛辣地讽刺了世俗趋利干进之徒的丑陋行止,其中对猕猴形象"外察慧而内无度""性褊浅而干进""似巧言而伪真""耽嗜欲而眄视,有长卿之妍姿"之类的描述,与何晏本人史料中所记载的大体相符。该赋虽未必因何晏一人而发,但无疑其中有他的身影。另刘汝霖先生"疑双鸠即指曹爽兄弟",并举出三条证据:其一,狂犬屠害鸠鸟,时在嘉平,与高平陵之变时间相合;其二,古有爽鸠氏,故该赋以鸠之名影射曹爽事;其三,曹爽得到桓范报信后,踌躇不决,而后轻信司马懿,还洛阳,与赋中"陵桓山以徘徊,临旧乡而思人"句吻合。参见刘汝霖《汉晋学术编年》卷下,华东师范大学出版社2010年版,第522页。

斯人者，不念己之短翮，不随燕雀为侣而欲与黄鹄比游；黄鹄一举冲天，翱翔四海，短翮追而不逮，将安归乎？为其计者，宜与燕雀相随，不宜与黄鹄齐举。"① 此论得其真味。这句诗体现出阮籍与何晏的志趣差异，不同于后者立鸿鹄之志而中途畏悔，阮籍有时甘愿自比燕雀而自我韬晦，企图像庄子笔下的小鸟一样自适其适、偏安一隅。然而，这似乎只是某种特殊境况和心态下的自我劝解，阮籍终其一生都在出世与入世的矛盾之中痛苦纠缠。因此，在自比燕雀之外，他也曾坦言对"玄鹤"的倾慕："云间有玄鹤，抗志扬哀声。一飞冲青天，旷世不再鸣。岂与鹑鷃游，连翩戏中庭？"（《咏怀诗》其二十一）正如顾农所说，阮籍虽然"吸收了庄子的某些思想资料，但却不能归结为道家，他始终有些儒家入世的意思"②。

事实上，阮籍对《庄子》思想的接受经历了从追随、到反思、再到超越的过程。早年面对伏义之徒的指责，阮籍在《答伏义书》中化用《逍遥游》中的鲲鹏与蜩、鸠之喻来论证人的精神境界的高下之别。其文曰："鸾凤凌云汉以舞翼，鸠鷃悦蓬林以翱翔。螭浮八滨以濯鳞，鳖娱行潦而群逝。斯用情各从其好，以取乐焉。据此非彼，胡可齐乎？"显然，阮籍意欲服膺和遵从庄子的逍遥观念，告别和鄙夷世俗利禄之徒的狭隘生活世界。值得说明的是，阮籍在这段话中并未彻底否定"鸠鷃""鳖娱"的生活方式，而是肯定"各从其好"，在一定程度上将庄子的齐物思想融入其中，是郭象逍遥义的先声。

在之后所作的《大人先生传》中，阮籍面对严峻的儒道冲突，巧设"士君子"与"大人先生"之间的思想对话。这篇文章同样援用了《逍遥游》中的大鹏与小鸟的比较，提出"阳鸟游于尘外而鷦鷯戏于蓬艾，小大固不相及"的观点，表示对世俗生活方式的否定。但值得留意的是，此时阮籍并非自比为"大人先生"，而是把他塑造成一种理想境界。他所描绘的"大人先生"类似于庄子笔下的至人，能够"以万里为一步，以

---

① 转引自陈伯君《阮籍集校注》，中华书局 2015 年版，第 237 页。
② 顾农：《从"英雄"到"大人先生"——阮籍思想作风的变迁，兼谈七贤的共同梦想》，江建俊主编：《竹林风致之反思与视域拓延》，台北：里仁书局 2011 年版，第 29 页。

千岁为一朝；行不赴而居不处，求乎大道而无所寓"，是一种非人格化的超越性主体。这就意味着，他的思想难以被人践行，他的行为难以被人效仿。那么，生活在现实中的阮籍就陷入了两难的境地，既不愿与世俗礼法之士为伍，又无缘得道出世，高蹈尘外。如刘伶，虽取则于阮籍，嘲笑礼俗之人如虱处裈中，自己却也只能沉湎于酒、无用于事。因此，细寻《大人先生传》的对话结构和意蕴，不难发现，阮籍虽借大人先生之口在表面上痛快淋漓地奚落了士君子们，但其中也隐藏着阮籍本人的无奈与落寞。他既不认同运去势颓的礼法制度与名教生活，又难以抹消自己的人间性和现实性而从游于"大人先生"。阮籍用这样隐微的反讽手法表达了自己内心的矛盾与穷途。

  《达庄论》素来被看作是阮籍继承和阐述《庄子》思想的重要作品，这种看法值得做进一步辨析。[①] 王晓毅教授说："《达庄论》的内容是道家'先生'与儒家'缙绅'之间关于《庄子》与儒家思想异同的论辩。"[②]《达庄论》中的"先生"形象是否是庄子思想的化身，对于正确理解这篇文章的真实意旨十分关键。在文章中，"先生"自言其"堕崔巍之高"而述庄子之学，表明他是站在高于儒、道的思想立场上来阐述和评价庄子的。因此，文中除了从庄子的视角谈天地万物的自然法则之外，也不乏对庄子的直接批评，不仅明言"庄周之书何足道"，还从"清其质而浊其文，死生无变而未始有云"的至人法则审视庄子著述，对其"述道德之妙，叙无为之本，寓言以广之，假物以延之"的做法，虽表面上称他无意于与稷下学派争辩，但实际上仍是"别言"之一，终究未能达到"未始有云"的层次。可见，阮籍通过对庄子的深刻反思，把他重新归为战国时期彼此争鸣的诸子之一，并不用他的思想作为代替儒学的社

---

  ① 在《大人先生传》与《达庄论》的创作时间上，学界或认为这两篇文章出自同一时期，如丁冠之先生认为二者同属于高平陵之变以后的作品，代表了阮籍弃儒向道的思想转变；或认为《达庄论》早于《大人先生传》，二者分别作于高平陵政变前后，如王晓毅教授和顾农教授。笔者认为，《达庄论》的创作应略晚于《大人先生传》，两文对庄子思想的态度发生了较大的变化，在《达庄论》之后，阮籍放弃了对庄子的信奉和坚守，走向了新的思想阶段，开始了对屈原人生与思想的探索与追随。

  ② 王晓毅：《阮籍〈达庄论〉与汉魏之际庄学》，《史学月刊》2004年第2期。

会根本法则。阮籍对《庄子》的思考是庄学史上的重要一环,他揭开了以庄子之学运世的根本矛盾,为玄学在下一阶段将《庄子》加以转义和再造做了学理的准备。

综上所述,在郭象之前,魏晋士族文人对《庄子》和逍遥观念的探索与实践已经存在很长时间。尽管这些探索并未以著述或理论的形态表达出来,但它们构成了一条较为完整的学术线索和与现实问题紧密关联的问题意识,为郭象在《庄子注》中建构适性逍遥观念提供了不可或缺的理论资源和前进的阶梯。

## 第二节 名教与自然:两种生活方式的冲突

正始玄学和竹林玄学虽被作为玄学发展的两个不同阶段,但二者在时间上相差无几,其主要差异在于正始玄学援道释儒,致力于通过重新阐发《周易》《道德经》等经典,在学理层面重振儒学,可以名之为"接引法";而竹林玄学弃儒从道,用反讽的方式彰显儒学的真实内涵与真正价值,可以名之为"否定法"。

刘义庆《世说新语·文学》篇记载了王弼与裴徽论无的故事:

> 王辅嗣弱冠诣裴徽,徽问曰:"夫无者,诚万物之所资,圣人莫肯致言,而老子申之无已,何邪?"弼曰:"圣人体无,无又不可以训,故言必及有;老、庄未免于有,恒训其所不足。"

裴徽面对来访的青年才俊王弼,毫不客气地提出了一个刁钻的问题。圣人指的是孔子,"无"本是《道德经》中才有的哲学概念,孔子从未探讨过有无问题。正始年间,王弼接续老子"天下万物皆生于有,有生于无"的命题,提出"本无论",认为"天下之物,皆以有为生。有之所始,以无为本",[①] 得到当时思想界的普遍认同。但这个命题并不是由圣人孔子提出的。裴徽的提问,不仅要求王弼对这一学术问题本身加以解

---

① 楼宇烈:《老子道德经注校释》,中华书局2008年版,第110页。

释，还逼迫他评定孔子与老子智慧的高下。这是一个难题。倘若王弼直接肯定老子在这个问题上的卓越见识，就贬低了孔子。王弼的回答很巧妙，充满了思辨的智慧。所谓"无又不可以训"，实则道出了西方形而上学的根本迷误——本体是无法被理知和言说的。在王弼看来，圣人孔子正是因为洞悉这一真相，才不肯在"无"或"天道"等问题上喋喋不休，而老子和庄子尚未能领悟这一点，才在"无"的问题上饶舌。王弼的这番论辩透露了其玄学的根本宗旨——为儒学寻找学理的根基，从而遏止其衰弊之势。

王弼之所以要以此作为学术之宗旨，乃是着眼于现实的需要。圣人有情无情论是魏晋清谈的一个重要论题。对于这个论题，王弼曾明确反对何晏的圣人无情论，主张圣人有情论。他说："圣人茂于人者神明也，同于人者五情也，神明茂故能体冲和以通无，五情同故不能无哀乐以应物，然则圣人之情，应物而不累于物者也。今以其无累，便谓不复应物，失之多矣。"① 王弼赞成圣人有情论，意在肯定圣人的应世功能，建立圣人与常人的密切联系，强调圣人之于人间事务的主宰作用。换句话说，圣人情同黎庶，则能心系人间、体恤下民，同时以其超出常人的智慧超越情感本能，进行理性的治理。这其中包含了一种积极的价值论维度，是王弼与《道德经》的分殊所在。对于《道德经》第五章所说的"天地不仁，以万物为刍狗；圣人不仁，以百姓为刍狗"的观点，王弼虽在注中依其本意进行了阐说，但注文本身未必就是王弼的真实思想。杨立华教授说："在王弼本人那里，注释《老子》就是为了挖掘出老子的本意，理解、捕捉老子的思想，而不是要发挥所谓自己的哲学。"② 这种理解虽然不无王弼思想的痕迹，但对于二者的差异理当有清醒的意识。

竹林诸贤尽管也有《通老论》《达庄论》《释私论》《庄子注》等发挥道家经典的著述，但他们从根本上是将道家思想特别是《庄子》作为自己人生实践的理论依据，自觉地站在了儒家学说的对立面，并通过这种方式显露魏末晋初思想界最具锋芒的冲突，以此来召唤本真的儒学。

---

① 《三国志》卷28《钟会传》裴松之注引《王弼别传》。
② 杨立华：《中国哲学十五讲》，北京大学出版社2019年版，第78—79页。

竹林七贤不是一个思想统一的群体，他们的思想面貌和处世方式各有不同。其中，最能代表竹林玄学特色且影响最大的是嵇康和阮籍。汤用彤先生说他们"彻底反对'名教'，思想比较显着浪漫的色彩，完全表现一种《庄子》学的精神。"① 我们认为，像阮籍一样，嵇康并非完全服膺于《庄子》，他的思想与人生实践带有反讽的性质，正如鲁迅先生所指出的，"表面上毁坏礼教者，实则倒是承认礼教，太相信礼教"②，而他们做出的那些悖礼的举止或叛逆的言语，目的倒是要照见礼的本性或底色。

### 一　嵇康的名教观

嵇康最著名的玄学命题莫过于"越名教而任自然"。这在当时是个振聋发聩的声音，后世常常把它看作嵇康反对司马氏的政治宣言。嵇康二十岁时娶了曹操之子沛穆王曹林的女儿长乐亭主（一说康妻为曹林子之女），并因此做了中散大夫这个并无实际职权的闲官。不少人就此认定嵇康在曹魏晚期的政治角逐中，是站在曹氏一边的。例如，余英时先生认为，嵇康之所以不见容于司马氏而卒为其所杀，"根本原因则在于其为曹魏之姻戚，且有实际反抗司马氏之行动"③。唐长孺先生也说："嵇康为曹氏之婿，他对于司马氏的专政当然更加憎恶，因此他反抗司马氏所提倡的名教和阮籍相同，而不合作的态度更为明显，以致被杀。"④ 这类观点不免有臆断之嫌。这段婚姻关系与嵇康本人的思想倾向之间并无必然的实际关联。从历史上看，自曹丕掌权后，曹氏诸王遭到猜忌和辖制，丧失了人身自由和参与政事的权利，就连曹林本人都未曾在政坛有所作为，更何况是嵇康呢。从嵇康的履历看，他在一生中从未真正涉足庙堂，唯一一次主动地与政治圈子近距离接触，是在洛阳参与太学论辩，作《管蔡论》，声援高贵乡公曹髦。嵇康反对名教，为的不是一姓之江山，而是从自然之理着眼，思考人应有的生活方式。

---

① 汤用彤：《魏晋玄学论稿》（增订版），上海人民出版社2015年版，第105页。
② 鲁迅：《魏晋风度及文章与药及酒之关系》，《而已集》，人民文学出版社1973年版，第93—94页。
③ ［美］余英时：《士与中国文化》，上海人民出版社1987年版，第383页。
④ 唐长孺：《魏晋南北朝史论丛》，武汉大学出版社2013年版，第275页。

嵇康在《声无哀乐论》中曾谈到知识的方法问题，他说：

> 夫推类辨物，当先求之自然之理。理已定，然后借古义以明之耳。今未得之于心，而多恃前言以为谈证，自此以往，恐巧历不能纪。①

所谓"自然之理"，指的是不因人因时因事而移易的公理性认识，具有超历史、超派系、超地域的普遍性。嵇康认为，对某种事物的认识，必须以自然之理为根据和推理之前提，然后验诸经典论述，而不是直接把前人的观念作为万世不易的真理。这有助于破除儒家思想的教条化倾向，化解泥守礼法规范的工具化态度，从而导引出对乐论等孔颜学说的反思意识和批判精神。在学术转型时期，嵇康的思想世界灌注着怀疑与批判的哲学精神，他绝不盲从任何前人的思想学说或人生轨迹，要求重新审视那些被认为是真理的观念或被推崇为贤达明哲的人生，因此他的著作以论辩文居多。

嵇康所谓的"越名教而任自然"，是对君子应有的行事原则和生活方式的探讨，而非直接批评司马氏专擅朝政的行为。在《释私论》中，他写道：

> 夫称君子者，心无措乎是非，而行不违乎道者也。何以言之？夫气静神虚者，心不存于矜尚；体亮心达者，情不系于所欲。矜尚不存乎心，故能越名教而任自然；情不系于所欲，故能审贵贱而通物情。物情顺通，故大道无违；越名任心，故是非无措也。是故言君子，则以无措为主，以通物为美。

庄子在《齐物论》中说："未成乎心而有是非，是今日适越而昔至也。"这句话以及其对是非问题的辨析是嵇康此处思考人生问题的理论依据。嵇康赞成庄子消除成心的主张，认为是先在的是非观念导致了人们处世行为的虚伪诡诈或思维立场的偏激狭隘。他强调应当任心直往，不以既有的是非标准和概念名理为依据，以免遮蔽内心的真实态度，只有

---

① 戴明扬：《嵇康集校注》，中华书局2016年版，第349页。

做到"越名任心",才能超越外在的是非标准,按照自然的法则去行事。嵇康在此所面临的仍是情与礼的冲突问题。

东汉末期以来,儒家的名教观念和礼法规范逐渐变得教条化,情与礼的冲突变得日趋严峻。人应当如何生活,是遵照外在的礼法规范,还是听从自己内心的召唤,钟情还是崇礼,成为一个普遍的问题。在这个问题上,新学与旧学之间发生了多次较量。据《后汉书·戴良传》记载,戴良在母丧期间饮酒食肉,礼法之士以礼见责,戴良答道:"礼所以制情佚也。情苟不佚,何礼之论?"他揭开了情礼之辨的序幕,为阮籍和王戎树立了榜样。阮籍的诸多悖礼之举,难免没有刻意的成分。他在母丧期间,于司马昭宴会上饮酒食肉,遭到司隶校尉何曾的严厉批评。何曾认为,阮籍的做法违背了礼制,与司马氏提倡的以孝治天下相冲突,产生了极坏的社会影响,要求把他流放海外,以正风教。然而,阮籍虽未遵奉礼仪的规定,但对于母亲的去世,难掩内心的悲痛,以致呕血数升,精神萎顿。情挚而礼不备,阮籍以其亲身实践将魏晋之际的情礼冲突变得白热化。直到西晋年间,这一问题仍未得到妥善的解决。王戎名列竹林七贤,因浮虚事晋而被后人广为诟病,但毋庸讳言,在他身上确有竹林玄学的特色。这集中体现在他的钟情思想上。王戎提出了"情之所钟,正在我辈"的命题,为魏晋玄学和文艺观念注入了新的活力。在面对情与礼的冲突时,王戎均站在情感本位,不计礼法的要求。据《世说新语·德行》篇记载:

> 王戎、和峤同时遭大丧,俱以孝称。王鸡骨支床,和哭泣备礼。武帝谓刘仲雄曰:"卿数省王、和不?闻和哀苦过礼,使人忧之。"仲雄曰:"和峤虽备礼,神气不损;王戎虽不备礼,而哀毁骨立。臣以和峤生孝,王戎死孝。陛下不应忧峤,而应忧戎。"[①]

---

[①] 除此处所引关于孝礼的争执外,王戎也在处理父子与夫妻情感的问题上,体现出了魏晋玄学的思想观念和生活方式。详见《世说新语》伤逝篇第4则与惑溺篇第6则。另据杨勇先生考证,王戎居丧在其任吏部尚书时,而和峤之父死于魏时,未入晋,《世说新语》"谓二人同时居丧,失实"。参见杨勇《世说新语校笺》,中华书局2019年版,第21页。然而,据《晋书·和峤传》记载,和峤于太康末年因母忧去职,是和峤之父虽丧于魏,而其母之丧与王戎丧母大约同时,《世说》所载,与史未为不合。

刘孝标注引孙盛《晋阳秋》亦称和峤以礼法自持，处丧期间循规蹈矩，量米而食，按照仪礼的规定哭泣。相比之下，王戎虽不拘礼制，饮酒食肉，哀至而哭，却精神损消，容貌毁悴。和峤处丧不哀，把表面功夫做到了极致，其实已经丧失了礼的真精神。《礼记·檀弓上》载子路转述孔子语曰："丧礼，与其哀不足而礼有余也，不若礼不足而哀有余也。"[①] 在情与礼的先后顺序上，儒家向来是把情置于礼之先的。《论语·八佾》篇记载了孔子与子夏讨论《卫风·硕人》的著名对话。对于孔子所谓"绘事后素"，朱熹解释道："礼必以忠信为质，犹绘事必以粉素为先。"[②] 礼的规范以内在的情志和德性为基础，倘若缺乏真挚的情感和充实的德性，那么礼就只剩下一副空皮囊，以之约束人，难免有悖于情感之真挚、人性之自然。王戎与和峤的不同表现恰好与《庄子·渔父》篇中议论"何为真"的一段话相对应。其文曰："真者，精诚之至也。不精不诚，不能动人。故强哭者虽悲不哀。""处丧以哀，无问其礼矣。礼者，世俗之所为也；真者，所以受于天也，自然不可易也。"《庄子》借渔父之口表达了"法天贵真，不拘于俗"的人生态度和生活方式，在礼法教条化的魏晋时期，为崇尚老庄之学的士人提供了新的处事原则。这种"贵真"的观念，本是儒、道两家的共识。但当儒学逐渐脱落自然真实的内质，在汉末魏晋之际，只剩下朽烂的外壳作为统治者装点门面的招牌，道家思想便成为有识之士的新的精神依托和用以戳破礼法之士虚伪面目的利刃。

嵇康实际上并不真的排斥儒家忠义观念。甘露元年（公元256年），高贵乡公曹髦巡视太学，与诸儒讲论经典，特意谈到西周时期著名的"三监之乱"，要求太学博士对这一历史问题重新加以审视。《尚书·金縢》曰：

> 武王既丧，管叔及其群弟乃流言于国，曰："公将不利于孺子。"周公乃告二公曰："我之弗辟，我无以告我先王。"周公居东二年，则罪人斯得。[③]

---

[①] （清）孙希旦：《礼记集解》，中华书局1989年版，第202页。
[②] （宋）朱熹：《四书章句集注》，中华书局2012年版，第63页。
[③] （唐）孔颖达：《尚书正义》，上海古籍出版社2007年版，第499页。

周武王死后，成王年幼，周公摄政，引起管叔、蔡叔、霍叔的警惕和猜疑。他们认为周公有篡夺之嫌，于是联合武庚作乱。周公东征平叛，诛杀武庚、管叔，流放蔡叔，废霍叔为庶人。在曹髦太学讲论之前，王凌、李丰和毌丘俭之叛接连发生，并被司马氏一一平复。曹髦的用意显然是在借古讽今。而博士庾峻的对答显得含混其词，称"此皆先贤所疑，非臣寡见所能究论"①，并未正面回应曹髦。在此情形之下，嵇康撰写《管蔡论》，否定历史上把管、蔡二人视为乱臣贼子的说法，予以重新评价，称之为"服教殉义，忠诚自然"的淑善之人。明代张采说："周公摄政，管蔡流言；司马执政，淮南三叛。其事正对，叔夜盛称管蔡，所以讥切司马也。"②嵇康借议论古事讥切时政，从表面上看，是站在了曹魏政权一边，对司马氏的欲行篡夺进行揭露和批判。但此文正是嵇康主张"心无措乎是非"或"越名任心"的一次具体实践。他没有遵从经典论著对管、蔡罪名的认定，而是求之于"自然之理"，揣度他们发动叛乱的初衷。在他看来，管、蔡的忠诚是超出周、孔之名教之外的，是一种自然德性。

嵇康追求一种是非无措的自然的生活方式，他因此对世俗生活中的政治与党派纷争保持置身事外的态度。在经过高平陵政变等一系列的暴力行动获得实际的统治权力后，司马氏急需拉拢名士加入自己的行列作为增加统治合法性的砝码。嵇康作为当时名士群体的领袖人物，是他们极力争取的对象。司马氏集团曾经至少三次向嵇康伸出橄榄枝，而嵇康表现得相当倨傲。一次是钟会的拜访，《三国志》卷21《王粲传》裴松之注引《魏氏春秋》曰：

> 钟会为大将军所昵，闻康名而造之。会，名公子，以才能贵幸，乘肥衣轻，宾从如云。康方箕踞而锻，会至，不为之礼。康问会曰："何所闻而来？何所见而去？"会曰："有所闻而来，有所见而去。"会深衔之。

---

① 《三国志》卷4《三少帝纪》。
② 转引自崔富章《新译嵇中散集》，台北：三民书局2011年版，第317页。

钟会是钟繇之子,擅长辨名析理,在正始年间曾活跃于洛阳谈座之上。他早先撰成《才性四本论》,打算请嵇康指点,又怕嵇康予以驳难,因此犹豫再三之后,鼓起勇气,把论著从户外投进嵇康屋内,拔腿便跑(事见《世说新语·文学》篇)。然而,多年以后,钟会再次造访,绝非当初那样怀着仰慕与敬畏之情,而是顶着大将军司马昭的旗号,凭恃着当权者的威仪,具有某种使者或特派员的意味。嵇康却"不为之礼",一种蔑视的不合作态度从其言行中流露出来,因此遭到钟会的忌恨,埋下了祸根。

第二次是司马昭欲召辟嵇康,嵇康避之河东,前往汲郡山中求仙访道,三年而返。第三次是曾与嵇康契若金兰的山涛在由吏部选曹郎升任大将军从事中郎后荐举他担任前职,嵇康认为对方并非知己,竟要作书与之绝交!然而细推其意,实是对事不对人,并非真要与山涛绝交,① 否则嵇康也不会在将死之时对嵇绍说:"巨源在,汝不孤矣"② 的话了。嵇康不愿与司马氏为伍,所作《与山巨源绝交书》旨在表达这一决绝的态度。

有人认为,嵇康反对司马政权,是因为心存魏室。笔者认为,这种理解失之偏狭。在嵇康的思想中,的确存在一种二元对立的成分,但对立的双方绝不是当时的两个政治派系,而是两种存在本质差异的不同生活方式。一种是依循人之天性的自然生活,一种是仰赖礼法传统的名教生活,而曹魏政权和司马政权,在性质上都属于名教生活,是他无法容忍的。

嵇康对名教生活的抵制与否定集中体现在《与山巨源绝交书》中所列举的"必不堪者七,甚不可者二"中。其文曰:

> 人伦有礼,朝廷有法,自惟至熟,有必不堪者七,甚不可者二:喜卧晚起,而当关呼之不置,一不堪也;抱琴行吟,弋钓草野,而吏卒守之,不得妄动,二不堪也;危坐一时,痹不得摇,性复多虱,把搔无已,而当裹以章服,揖拜上官,三不堪也;素不便书,又不

---

① 徐公持《嵇康〈与山巨源绝交书〉非绝交之书论》对此析论甚详,见《中华文史论丛》2008年第3期。
② 《晋书》卷43《山涛传》。

喜作书，而人间多事，堆案盈机，不相酬答，则犯教伤义，欲自勉强，则不能久，四不堪也；不喜吊丧，而人道以此为重，已为未见恕者所怨，至欲见中伤者，虽瞿然自责，然性不可化，欲降心顺俗，则诡故不情，亦终不能获无咎无誉，如此，五不堪也；不喜俗人，而当与之共事，或宾客盈坐，鸣声聒耳，嚣尘臭处，千变百伎，在人目前，六不堪也；心不耐烦，而官事鞅掌，机务缠其心，世故繁其虑，七不堪也。又每非汤、武而薄周、孔，在人间不止，此事会显，世教所不容，此甚不可一也；刚肠疾恶，轻肆直言，遇事便发，此甚不可二也。以促中小心之性，统此九患，不有外难，当有内病。宁可久处人间邪？

陈寅恪先生说所谓"名教"，乃是"以名为教，即以官长君臣之义为教，亦即入世求仕者所宜奉行者也"。① 名教生活是一种基于社会共同习俗的生活方式，被权力阶层和清流舆论广泛认同的社会习俗成为规范和制约人的行为乃至思想的公共知识。这种习俗在产生之初未始不以自然为前提而具有合理性，但相习日久，未能适应社会历史与人自身发展的变化，渐渐脱离自然而流于刻板和教条。按照美国政治哲学家列奥·施特劳斯的看法，自然与习俗的根本性区别在于，后者总是把好的等同于祖传的，而前者却始终在对祖传法则的质疑中探寻始源之物。就像嵇康在《卜疑》中所写的那样，无论是王乔赤松、伊挚尚父，还是泰伯季札、老聃庄周，他都要加以审问，这是他自觉地探求人应有的生活方式。对于名教生活，嵇康站在自然的立场上予以否定。上述"七不堪"与"二不可"，条理分明地列叙名教生活的种种真实情状。身处体制之内的人必须遵从相关规则法令、礼仪制度的约束和管制，如要准时上班且不能逃班溜号（一、二不堪），要章服危坐并揖拜上官（三不堪），要处理政务、作书酬答（四、七不堪），要顺俗行丧葬之礼（五不堪），要与世俗之人共事应酬（六不堪），要尊崇圣贤与儒教（甚不可一）等。嵇康所列举的这些情形是名教社会中

---

① 陈寅恪：《陶渊明之思想与清谈之关系》，《金明馆丛稿初编》，生活·读书·新知三联书店2015年版，第203—204页。

实际存在的，即便是礼法之士也不能否定的事实。对于嵇康来说，名教本身就是撄累人的网罗，绝不仅仅是司马政权而已。嵇康对名教社会是近乎本能的拒抗，这是他的普遍态度，而不是抱着某种政治目的或企图与作为单体形态的司马政权对垒。司马氏之与魏氏政权，对嵇康来说，都是不可接受的。他以自然的立场否定了自己过名教生活的可能性。

## 二 嵇康的自然观

嵇康在《与山巨源绝交书》中表达了自己"每非汤、武，而薄周、孔"的激烈言论，鲁迅先生说："非薄了汤武周孔，在现时代是不要紧的，但在当时却关系非小。汤武是以武定天下的；周公是辅成王的；孔子是祖述尧舜，而尧舜是让天下的。嵇康都说不好，那么，教司马懿篡位的时候，怎么办才是好呢？没有办法。在这一点上，嵇康于司马氏的办事上有了直接的影响，因此就非死不可了。"① 嵇康并非一概否定名教生活的正当性。他对"仲尼兼爱，不羞执鞭；子文无欲卿相，而三登令尹"的济世之志和兼善之心还是尊重和赞许的。在他看来，人的一生可以走不同的路，唐尧与许由，一个是治世之君，一个是高隐之士，其间并不存在高下之别，衡量他们的生活方式是否正当的标准，在于"循性而动，各附所安"。嵇康在这封书信中多次申述这一观念，谓"性有所不堪，真不可强""人之相知，贵识其天性，因而济之"。

嵇康的"循性""因性""安性""济性"观念深受《庄子》影响。他自称以老子、庄周为师，崇尚自然无为的人生态度。在《难自然好学论》中，嵇康对张叔辽提出的"好学出于自然"的观点予以驳斥，阐述了他自己的自然观。文章说："六经以抑引为主，人性以从欲为欢。抑引则违其愿，从欲则得自然。然则自然之得，不由抑引之六经；全性之本，不须犯情之礼律。固仁义务于理伪，非养真之要术；廉让生于争夺，非自然之所出也。"很明显，嵇康在此继承和发扬了《庄子》把儒家仁义观念和教化思想作为自然之对立面的学说，认为人之自得和人性之保全无

---

① 鲁迅：《魏晋风度及文章与药及酒之关系》，《而已集》，人民文学出版社1973年版，第92—93页。

须六经与礼法的抑制或引导,其要在于从欲,即遵从个体自由意志,不受外在规范的制约,做到"感物而动,应事而作"(《难自然好学论》)。他所谓的"自然",指的是遵从天性,而且天性本身是不包含通过后天学习所获得了仁义等德性以及礼法观念的。嵇康的思想深受庄子后学中的"无君派"影响。刘笑敢教授认为,不同于庄子哲学所主张"天而不人",强调天之自然,"无君派所强调的主要不是外界之自然,不是天之自然,而是人性之自然"。① 对人性自然论的强调,割弃了先秦儒家心性论,存在一种鲜明的对立思维倾向。如嵇康在《与山巨源绝交书》中援用《庄子·秋水》篇中"惠子相梁"的典故以示自己与山涛的思想差异和境界高下。《庄子·秋水》篇写道:

> 惠子相梁,庄子往见之。或谓惠子曰:"庄子来,欲代子相。"于是惠子恐,搜于国中三日三夜。庄子往见之,曰:"南方有鸟,其名为鹓鶵,子知之乎?夫鹓鶵,发于南海而飞于北海,非梧桐不止,非练实不食,非醴泉不饮。于是鸱得腐鼠,鹓鶵过之,仰而视之曰'吓!'今子欲以子之梁国而吓我邪?"

惠施与庄子,正如山涛与嵇康,形同莫逆而思想趣旨各异。庄子以鹓鶵自喻,以"鸱得腐鼠"讥刺惠施追慕名利,辞新喻巧。嵇康征为己用,晓谕山涛及司马氏不可强扭人的天性,使之符合自己的权力意志和政治利益,借此申明"识其天性,因而济之"的论调。

《与山巨源绝交书》是嵇康的一封自白书,他慷慨陈词,表明自己的思想和志趣所在。这封信一方面成为嵇康之死的导火索,另一方面成为其后思想界不得不面对和予以解决的理论问题。在某种意义上,郭象的适性逍遥观念是和嵇康的自然人性论进行对话和论辩的结果。郭象乃是在扬弃嵇康所发明的"循性而动"命题的基础上建立自己的人生哲学和适性美学。

嵇康虽主张"人性以从欲为欢",但他并不赞成无限纵放个人的欲

---

① 刘笑敢:《庄子哲学及其演变》,中国人民大学出版社2010年版,第261页。

望,而是要求因性节情制欲。他极力反对世人耽于声色的嗜欲生活,提倡"修性以保神,安心以全身,爱憎不栖于情,忧喜不留于意,泊然无感,而体气和平"(《养生论》)。面对向秀"生之为乐,以恩爱相接,天理人伦,燕婉娱心,荣华悦志,服飨滋味,以宣五情,纳御声色,以达性气,此天理自然,人之所宜"(《难养生论》)的论调,嵇康一方面肯定人的基本需要和自然欲望及其满足的必要性,另一方面通过区分"性动"与"智用"来确立自然欲望的边界。他说:"今不使不室不食,但欲令室食得理耳。夫不虑而欲,性之动也。识而后感,智之用也。性动者,遇物而当,足则无余;智用者,从感而求,倦而不已。故世之所患,祸之所由,常在于智用,不在于性动。"(《答难养生论》)所谓"性动",指的是人性中自然产生的情感与欲望,它有别于因知识而发生的对情感欲望的刻意追逐。因此,对嵇康来说,修性养真是自然生活方式的基础,倘若混淆了天性与情欲的差别,自然将变成伪自然,就像西晋元康名士那样,堕入一种集体性的荒诞作风之中。

  嵇康追求依循天性的自然生活方式,这体现在他对生活空间的自觉选择上。将七贤冠以"竹林"之名,这本身就已暗含着他们远避庙堂的生活环境。嵇康的多数时间是在河内山阳度过的,这里地处洛阳北部,在今河南焦作境内云台山一带,隔绝尘寰,环境清幽。这是嵇康的理想的居处场景,是其诗意的栖居之地。从个体生命安顿的角度看,他明显地把遵从名教的世俗生活与依循天性的自然生活对立起来,从趋利避害的心理出发,选择自然山林作为自己的栖身之地和逍遥得以实现的空间环境。这从源头上说,仍然是《庄子》思想的延续。《养生主》篇中的泽雉形象为嵇康提供了一种自喻性话语:"泽雉虽饥,不愿园林。安能服御,劳形苦心。"(《兄秀才公穆入军赠诗十九首》其十九)嵇康以其人生实践探索庄子的逍遥境界在人间的可能性。罗宗强先生说:"嵇康的意义,就在于他把庄子的理想的人生境界人间化了,把它从纯哲学的境界,变为一种实有的境界,把它从道的境界,变成诗的境界。"[①] 但实际上,嵇康的人生实践所创构的境界形态并非实有的,而是因他的道教信仰而

---

① 罗宗强:《玄学与魏晋士人心态》,浙江人民出版社1991年版,第103—104页。

打上了宗教化的神仙想象的浪漫痕迹。

嵇康受神仙道教思想影响甚深,传说他曾经前往汲郡山中求仙访药,并追随隐士孙登,从游三年。① 对于神仙世界,嵇康有一种心向往之却求之不得的矛盾心态。他在《养生论》中虽然对神仙的存在持确信态度,却认为神仙秉受自然异气而成,否定了凡人通过修行成仙的可能性,同时称如果导养合理能够达到长生的效果。因此,对神仙境界的向往就成为嵇康企盼超越的人生境界的方向。在诗文中,他屡屡吐露与王乔、赤松等同游的愿望,"托好松乔,携手俱游"(《兄秀才公穆入军赠诗十九首》)、"思与王乔,乘云游八极"(《代秋胡歌诗》其六)、"宁与王乔赤松为侣乎?"(《卜疑》)而且,嵇康的诗歌所描绘的逍遥境界也蕴含浓厚的道教色彩:

逍遥游太清,携手长相随。(《兄秀才公穆入军赠诗十九首》)

受道王母,遂升紫庭。逍遥天衢,千载长生。(《秋胡行》其七)

遗物弃鄙累,逍遥游太和。(《答二郭三首》其二)

庄子在《逍遥游》篇虽刻画了邈姑射之山的神人形象,带有神仙色彩,但庄子理想的逍遥是以"无己""无功""无名"为基本特征的,是体道所达到的精神境界。而嵇康却在道教神仙思想的影响下,将之落实为神仙的居处场景,是把庄子的"逍遥"观予以神仙化。② 而且,如前所

---

① 《世说新语·栖逸》篇刘注引《文士传》曰:"嘉平中,汲县民共入山中,见一人,所居悬岩百仞,丛林郁茂,而神明甚察。自云'孙姓,登名,字公和'。康闻,乃从游三年。"

② 从文献的角度来看,今本《庄子》共33篇,这是郭象编订的结果。而在郭象之前,《庄子》的文本结构差别很大,崔譔注二十七篇,向秀注二十六篇(一作二十七篇,一作二十八篇),司马彪注五十二篇。根据日本高山寺旧钞卷子本《庄子·天下》篇末的一段话(王利器先生推断为郭象所作),"一曲之士,不能畅其弘旨,而妄窜奇说……岂所求庄子之意哉?故皆略而不存。今唯裁取其长,达致全乎大体者,为卅三篇者"。可知郭象对原本的《庄子》文本有删剪。那么,嵇康所接受的《庄子》内容当多于今本,其中多出部分的具体内容已不可知,其中是否含有神仙思想亦不可知。而嵇康受到道教影响则是事实,因此我们说嵇康将庄子的"逍遥"思想做了宗教化的改造。

述，嵇康承认仙凡之间存在不可逾越的界限，那么，仙化的逍遥之于嵇康，同样是不可达到的。更重要的一点是，嵇康的自然观因与名教政治发生了不可化解的激烈冲突，最终导致了他被杀的命运，这意味着庄子式的自由逍遥是难以实践的，无法成为士族阶层的群体性人生选择。

### 三 嵇康之死与向秀入洛

由于屡屡以倨傲的态度拒绝司马氏集团的征召或拉拢，而且公开撰文否定名教政治，嵇康不仅遭到了钟会等权贵阶层的忌恨，而且于司马氏的统治产生了直接的妨害。景元三年（公元262年），嵇康被杀于洛阳。

吕安事件是导致嵇康被杀的直接原因。《文选》卷16向秀《思旧赋》李善注引干宝《晋纪》曰："安，巽庶弟，俊才，妻美，巽使妇人醉而幸之。丑恶发露，巽病之，告安谤己。巽于钟会有宠，太祖遂徙安边郡。遗书与康：'昔李叟入秦，及关而叹'云云。太祖恶之，追收下狱。康理之，俱死。"① 又引《魏氏春秋》曰："康与东平吕昭子巽友，弟安亲善。会巽媱安妻徐氏，而诬安不孝，囚之。安引康为证，义不负心，保明其事。安亦至烈，有济世志。钟会劝大将军因此除之，杀安及康。"对于此事的具体经过，嵇康在《与吕长悌绝交书》中写得明白：

> 昔与足下年时相比，以故数面相亲，足下笃意，遂成大好，由是许足下以至交，虽出处殊途，而欢爱不衰也。及中间少知阿都，志力开悟，每喜足下家复有此弟。而阿都去年，向吾有言，诚忿足下，意欲发举，吾深抑之，亦自恃每谓足下不得迫之，故从吾言。间令足下，因其顺吾，与之顺亲。盖惜足下门户，欲令彼此无恙也。又足下许吾，终不系都，以子父交为誓，吾乃慨然感足下重言，慰解都，都遂释然，不复兴意。足下阴自阻疑，密表系都，先首服诬都，此为都故信吾，吾又非无言，何意足下苞藏祸心耶？都之含忍足下，实由吾言。今都获罪，吾为负之。吾之负都，由足下之负吾

---

① （南朝梁）萧统编，（唐）李善注：《文选》，上海古籍出版社1986年版，第734页。

也。怅然失图,复何言哉!

吕安与嵇康、向秀素来交好,且志趣相投,"并有拔俗之韵,其进止无不同,而造事、营生业亦不异"①。与山涛、阮籍相比,嵇康同此二人的交往更加密切,更加志同道合,以至于嵇康与吕安"每一相思,千里命驾"(《世说新语·简傲》)。从信的内容看,吕安曾将吕巽奸淫己妻徐氏之事告知嵇康,并打算告发吕巽,而嵇康主动从中调解,使吕巽立下重誓之后,吕安因此释然,不再追究。不料来年吕巽反而诬告吕安捶母不孝,吕安因此下狱并被判徙边。嵇康为之申辩,却遭钟会陷害致死。吕巽的诬告行为令嵇康深感惊愕和愤怒,于是作书与之绝交。这一事件也成为嵇康与吕安最终被杀的导火索。由于缺乏直接的证据,我们无法断定吕巽与吕安之间是否曾再次发生冲突,嵇康信中亦未曾有所交代。这似乎是一个由吕巽背信弃义导致的突发状况,而吕巽何以会做出这等举动?我们猜测,这或许是由钟会策划的一盘"引蛇出洞"的阴谋。

据史籍记载,钟会曾多次对当时的名士采用这等阴毒的手腕。《晋书·阮籍传》曰:"钟会数以时事问之,欲因其可否而致之罪。"后来,钟会又在征讨蜀汉时构陷邓艾,据《三国志》卷28钟会本传裴松之注引郭颁《世语》曰:"会善效人书,于剑阁要艾章表白事,皆易其言,令辞指悖傲,多自矜伐。"鉴于此,钟会利用吕氏兄弟不睦而巧做文章,胁迫或诱导吕巽诬告吕安,使刚肠嫉恶、遇事便发的嵇康牵涉其中,继而罗织罪名、阴谋陷害,对于此事是说得通的。嵇康被杀绝不仅仅因为为吕安辩解,钟会的陷害是更致命的因素。钟会力谏司马昭除掉嵇康,理由有二,一是嵇康欲助毌丘俭叛变,二是嵇康害时乱教,无不戳及司马昭的痛处。《晋书·嵇康传》记载:

(钟会)言于文帝曰:"嵇康,卧龙也,不可起。公无忧天下,顾以康为虑耳。"因谮"康欲助毌丘俭,赖山涛不听。昔齐戮华士,鲁诛少正卯,诚以害时乱教,故圣贤去之。康、安等言论放荡,非

---

① 《世说新语·言语》篇第18条刘注引《向秀别传》。

毁典谟，帝王者所不宜容。宜因衅除之，以淳风俗"。帝既昵听信会，遂并害之。

关于嵇康是否曾起意帮助毌丘俭叛乱，史传不详，唯《三国志》卷21《王粲传》裴松之注引《世语》言嵇康欲起兵响应毌丘俭在淮南发动叛乱，被山涛劝止。这条记载存在明显的不实之处。一方面，嵇康闲居幽处，无兵可起，即便支持毌丘俭，也只能为之声援鼓呼；另一方面，山涛心向晋室，彼时正受司马师信重，嵇康即便有参与叛乱的打算，也不会与山涛商量，引之为同志。另外，正如上节所论，嵇康所选择的生活方式与名教社会存在根本冲突，他岂会主动地参与其中？① 很明显，说嵇康欲助毌丘俭，是钟会的构陷策略。彼时，"淮南三叛"和李丰事件给司马氏政权造成的心理阴影尚未消散，而司马昭又因假手成济弑杀高贵乡公曹髦，面临严峻的舆论压力和内外冲突。钟会的话无疑会刺痛司马昭并引起他的担忧和联想，嵇康曾主动声援曹髦发起的太学论辩，并在太学生中享有很高的声望。这些情况无疑会给司马昭带来巨大的精神压力，导致他的猜忌，影响他的决断。

在以子虚乌有的叛乱诱导司马昭猜忌嵇康之后，钟会指出嵇康"言论放荡，非毁典谟"，动摇了政治根基，并引吕望诛杀华士和孔子诛少正卯两件圣贤故事，说明嵇康当诛。"齐戮华士"典出《韩非子·外储说》：

> 太公望东封于齐，齐东海上有居士曰狂矞、华士昆弟二人者，立议曰："吾不臣天子，不友诸侯，耕作而食之，掘井而饮之，吾无求于人也。无上之名，无君之禄，不事仕而事力。"太公望至于营丘，使执而杀之，以为首诛。周公旦从鲁闻之，发急传而问之曰：

---

① 侯外庐先生认为，嵇康不仅在思想上反对司马氏，而且在行为上有所表现。侯先生从嵇康"尚奇任侠"的个性和擅长锻铁的技艺两方面论证嵇康一方面具有不平常的社会关系，与当时豪俊关系紧密；另一方面在锻铁赠人背后隐含着"生产以外的特殊意义"。我们认为，如果以此来论证嵇康协助毌丘俭是实有其事，未免失之过深。锻铁技艺本身体现出了嵇康任侠的一面，但倘若嵇康欲以此来组织武装力量，似乎并不明智。参见侯外庐等《中国思想通史》第3卷，人民出版社1957年版，第147页。

"夫二子,贤者也,今日飨国而杀贤者,何也?"太公望曰:"……彼不臣天子者,是望不得而臣也;不友诸侯者,是望不得而使也;耕作而食之,掘井而饮之,无求于人者,是望不得以赏罚劝禁也。且无上名,虽知不为望用;不仰君禄,虽贤不为望功。不仕则不治,不任则不忠。且先王之所以使其臣民者,非爵禄则刑罚也。今四者不足以使之,则望当谁为君乎?"①

"鲁诛少正卯"事载《荀子·宥坐》篇:

孔子为鲁摄相,朝七日而诛少正卯。门人进问曰:"夫少正卯,鲁之闻人也,夫子为政而始诛之,得无失乎?"孔子曰:"居!吾语女其故。人有恶者五,而盗窃不与焉:一曰心达而险,二曰行辟而坚,三曰言伪而辩,四曰记丑而博,五曰顺非而泽。此五者有一于人,则不得免于君子之诛,而少正卯兼有之。故居处足以聚徒成群,言谈足饰邪营众,强足以反是独立,此小人之桀雄也,不可不诛也。"②

钟会引据的这两则典故为司马昭诛杀嵇康提供了两个充分的理由。前者涉及大一统时代的专制政治与个体自由的关系问题,吕望作为分封齐地的王侯难以容忍境内之人不接受自己统辖,强行挤占自由民的最后空间,在臣与不臣之间是生与死的距离。而在景元三年(公元262年),司马氏已在曹魏政权中取得绝对统治权,基本上完成了改朝换代的一系列动作,嵇康等自由派名士必定难以再闲居自处,来自洛阳的权力意志不容许他们的自由生存。后者则关系到司马氏的权力话语问题。嵇康作为当时的名士领袖,在士林和太学生中间拥有广泛的影响力——这是钟会以叛乱构陷嵇康能够打动司马昭的根源所在。就像古希腊时期苏格拉底因被控败坏青年而遭迫害一样,嵇康的异端思想对权力制约下的礼法观念是一种潜在的强有力的破坏力量,他对一切现存秩序和思想的反思

---

① (清)王先慎:《韩非子集解》,中华书局2018年版,第341页。
② (清)王先谦:《荀子集解》,中华书局2018年版,第615页。

与批判，动摇了名教社会的根基。孔子诛杀少正卯，并不是因为后者的实有罪恶，而是因为他具有"聚众成群""饰邪营众"的能力，这种能力对于政治生活是一种巨大的威胁。从某种意义上说，嵇康临刑之际，三千太学生为之求情的行为，无异于火上浇油，增加了司马昭除掉嵇康的决心。而且，从钟会所列举的理由来看，嵇康与吕安之死绝非因实有其罪，不过是两种生活方式相互冲突的必然结果，是政治权力对异己力量的清算与迫害，是维护政权稳定的必要之举。

嵇康之死具有十分重要的意义。第一，从群己关系的角度来说，嵇康之死昭示了个体独立的人格精神与政权的整体性要求对个体的同化、服从之间的尖锐矛盾，并以其被杀证明了个体独立性的难以维持。魏晋时期，随着士族阶层的个体自觉，汉代以来的那种以澄清天下为己志的济世精神逐渐分化，产生了一种典型的避世心态，把个体意识的实现与群体政治生活割裂开来，并从《庄子》那里获得思想资源，选择山林生活作为实现自我意志的方式，从而构成了仕与隐、自我与社会的尖锐对立和严峻冲突。但是，由于司马氏政权的合法性有赖于士族群体的加持，当扫除改朝换代在政治上和军事上的阻碍之后，嵇康等人对人格独立和思想自由的追求，便成为司马氏完成权力交替过程中的显眼的绊脚石。嵇康之死是一个具有标识性的符号，是司马政权统辖士林的象征。向秀是与嵇康、吕安怀有相同志趣的名士，在二人被杀之后，向秀进入洛阳，由此开启了士族文化的新的阶段。但这并不是说，群己矛盾就此化解，相反地，嵇康之死突显了群己矛盾的复杂性，司马氏的强制手段只不过是扬汤止沸。这一矛盾对西晋政权产生了巨大的破坏力。

第二，从文化传承来说，嵇康是《庄子》精神在魏晋之际重要的继承者和践行者，他虽然以自己的道教倾向对庄子的逍遥境界做了神仙化的改造，但仍是非人间形态的。他的死证明了这种逍遥的方式在现实中仍然不具有实践的可行性，仍需进一步地改造和转换。竹林诸贤以《庄子》为思想基础的人生实践是庄学融入中国传统文化精神的关键一步。嵇康、阮籍等人的名士风度经过后人广泛地接受、渲染和推阐，成为人生境界的典范，也成为中国古典美学的重要内容，这无疑是有《庄子》的功劳的。嵇康等人对《庄子》的继承与实践，不仅仅是形成了一代名士的风范，也推进了《庄子》的深层演变，使其能够在士人文化心理的建构中占有更重要的位置，也能够对传统的文学艺术等美学领域产生更深刻的作用。

嵇康常常在其作品中化用《庄子》文本中的语句和寓言典故等，这是对《庄子》的直接继承，如"郢人忽已逝，匠石寝不言"（《与阮德如一首》）、"羞庖人之独割，引尸祝以自助"（《与山巨源绝交书》）、"泽雉虽饥，不愿园林"等，而更重要的是其对庄子精神的继承。例如，《庄子·秋水》篇以"楚有神龟"的寓言揭示庄子本人拒绝入仕，"宁生而曳尾涂中"的人生态度。嵇康屡屡称引以示己志，称"庄周悼灵龟，越稷嗟王舆。至人存诸己，隐朴乐玄虚"（《答二郭三首》其三）、"泽雉穷野草，灵龟乐泥蟠"（《与阮德如一首》）。

嵇康向往着逍遥的境界，期待着与王子乔、赤松等仙人共游灵岳，逍遥太清。然而，这种逍遥只不过是美好的想象，无法真正实现。传说嵇康曾与神仙王烈游处，"烈尝得石髓如饴，即自服半，余半与康，皆凝而为石。又于石室中见一卷素书，遽呼康往取，辄不复见"[①]。事虽荒诞不经，但从中折射出嵇康与其理想生活境界的遥不可及。人的肉身性决定了其必然得生活于有限的时空当中，受到诸多的限制而无法达到"无待"的境界。这是不能改变的。嵇康之死充分地证明了这一点，他无法像神仙一般超越死亡，也无法脱离现实社会中的种种桎梏，无法摆脱司马氏政权对个体生命和自由意志的戕害。嵇康之死昭示了本然形态的庄子式的生活方式和逍遥境界难以在人间获得实践的空间，急需从理论上进行创造性转换。这成为关系士族群体的立身之本的时代课题，迫使后来者思考逍遥的另一种途径。

嵇康被杀之后，向秀失图，不得不改变其"箕山之志"，投靠司马氏政权。《世说新语·言语》篇曰：

> 嵇中散既被诛，向子期举郡计入洛，文王引进，问曰："闻君有箕山之志，何以在此？"对曰："巢、许狷介之士，不足多慕。"王大咨嗟。

---

[①]《晋书》卷49《嵇康传》。

同条刘孝标注引《向秀别传》曰：

  康被诛，秀遂失图。乃应岁举，到京师，诣大将军司马文王，文王问曰："闻君有箕山之志，何能自屈？"秀曰："常谓彼人不达尧意，本非所慕也。"一坐皆悦。

  嵇康、吕安被杀，向秀惧祸，因而改志。相传，箕山是巢父、许由的隐居之地。所谓箕山之志，指的是追随巢父、许由，向往隐遁不仕的生活。《逍遥游》篇讲述了尧与许由的故事。许由面对尧帝让天下之君的举动，丝毫不为所动，坚持自己独善其身的隐居生活。庄子对许由是持赞赏态度的，嵇康与向秀同样以许由自喻。然而，在嵇康死后，面对司马昭志得意满时的戏谑，向秀却否定了许由的思想观念与生活方式，目之为偏狭和孤介，反将他置于尧之下。向秀的违心之谈是在面临迫害压力下的无奈之举，为保全性命，只得"降心顺俗""诡故不情"。

  入洛之后，向秀曾前往其山阳旧居凭吊嵇康和吕安，并作《思旧赋》追怀三人昔日的宴游之好，吐露了自己内心的痛苦无奈。王晓毅教授《向秀评传》对此文已做充分阐解。[①] 其中，"托运遇于领会兮，寄余命于寸阴"一句是向秀对自己入仕以后命运的预判。司马彪说："领会言人运命如衣领之相交会，或合或开。"[②] 可以看出，向秀的命不由己或苟活于世的悲酸心境。这与其竹林名士的气度迥然不同，《世说新语·言语》篇刘注引《向秀别传》曰："（向秀）常与嵇康偶锻于洛邑，与吕安灌园于山阳，无虑家之有无，外物不足怫其心。""雅好老、庄之学"的向秀是竹林七贤中最后一位出山的名士，若不是司马氏集团将屠刀悬之于顶，他不至于改变其"箕山之志"和任自然的生活方式。入仕后的向秀虽担任了黄门侍郎、散骑常侍等职位，但他"在朝不任职，容迹而已"[③]，以阮籍式的策略以求容身，成为西晋政坛虚浮风气的先导。

---

[①] 参见王晓毅《嵇康评传》，南京大学出版社2006年版，第62—65页。
[②] （南朝梁）萧统编，（唐）李善注：《文选》，上海古籍出版社1986年版，第722页。
[③] 《晋书》卷49《向秀传》。

思想转变比身份转变困难得多，向秀带着他原有的思想观念和人生态度进入司马氏的政治圈，所带来的结果是消极的。向秀曾作《庄子注》，今已不存，张湛《列子注》中保存了部分内容，可依此对向秀的思想做简要分析。如《列子·天瑞注》引向秀注曰：

> 吾之生也，非吾之所生，则生自生耳。生生者岂有物哉？故不生也。吾之化也，非物之所化，则化自化耳。化化者岂有物哉？无物也，故不化焉。若使生物者亦生，化物者亦化，则与物俱化，亦奚异于物？明夫不生不化者，然后能为生化之本也。①

这段文字可以作为向秀宇宙论的总纲，与郭象论"物各自生"的一段文字很相像，但二者的理论内容却相差极大。在这里，向秀实际上是在探讨老子的论题，即"有生于无"。与之有所不同的是，老子认为"万物皆生于有"，而向秀却否定了"有"的生化功能。如其文，"吾"指代任何个体的物，物的生化并非物的所生者生化的结果，而是生化自行的结果。如果向秀言尽于此，则与郭象的自生概念相同，但他还提出了"生生者"的概念，即"无"。"无"不是具体的物，是不生不化的，是万物生化的根本。这就是说，向秀否定了"有"的生物功能，却保留了"无"作为万物生化的本根。②

以这种万物本源论思想为前提，向秀赞成世间的万事万物都应当遵循自然法则，名教理应合于自然。张湛注《列子·黄帝》篇引向秀《庄

---

① 杨伯峻：《列子集释》，中华书局1979年版，第4页。
② 王晓毅教授对这段材料做了另一种释义，他在《向秀评传》写道：文中的"吾之生也"与"吾之化也"的"吾"，是指宇宙本体，而非万物，全文仅仅在解释宇宙本体的性质。"非吾之所生"的"吾"，是同音错字，应为"物"，指万物（下文"非物之所化"是其证）。该文可意译为："宇宙本体的生成，不由外物，而是自生；既然没有使本体生成的外物，所以本体不存在生成过程（而是无始无终的永恒存在）。本体的变化，不由外物，而是自化；既然没有使本体变化的外物，所以不存在变化过程（而是没有变化的永恒存在）。如果宇宙本体这个万物的生成者和变化者，也与万物一起生成、变化，那么与万物有何区别呢？宇宙本体正是因为具有无生产变化的永恒性质，才成为万物生成变化的根源。"我们认为，以"吾"指代"宇宙本体"的解释太过牵强，文献中找不到同样的使用例证。而且，如果向秀是在解释宇宙本体的性质，那"生生者"的概念与宇宙本体自生之间就会产生矛盾。

《子注》的两段文字可资证明。其文曰：

> 萌然不动，亦不自止，与枯木同其不华，死灰均其寂魄，此至人无感之时也。夫至人其动也天，其静也地，其行也水流，其湛也渊嘿。渊嘿之与水流，天行之与地止，其于不为而自然一也。今季咸见其尸居而坐忘，即谓之将死；见其神动而天随，便谓之有生。苟无心而应感，则与变升降，以世为量，然后足为物主而顺时无极耳。①

> 变化颓靡，世事波流，无往不因，则为之非我。我虽不为，而与群俯仰。夫至人一也，然应世变而时动，故相者无所用其心。②

在这里，他指出，"不为而自然"是至人之道，并因此提出了无心应感、与变升降、以世为量、与群俯仰、无所用心的处世法则。这种观念为向秀入洛之后屈志求生，放弃独立人格精神而随波逐流提供了思想依据。

早在正始年间，向秀就曾针对养生问题与嵇康进行论辩，并作《难养生论》阐说自己的养生理念，其中蕴含了他的纵情思想。与嵇康倡导的"清虚静泰，少私寡欲"的养生观念不同，向秀肯定人的情感和欲望，称"口思五味，目思五色，感而思室，饥而求食，自然之理也"，认为正确的养生方法应该是顺随情感和欲望的需求。在他看来，"好荣恶辱，好逸恶劳"是人的自然本性，如果"绝而外之"，就无疑是对人性的泯灭，他强调人追求嗜欲的合理性。但是，人对情感和欲望的满足并不是没有节制的，他主张"求之以道义""节之以礼"。但在礼法崩坏、道义弗存的西晋社会，这种约束条件形同虚设。可以说，向秀的养生论为西晋士人的纵情任诞之风打开了方便之门。

---

① 杨伯峻：《列子集释》，中华书局1979年版，第72页。
② 杨伯峻：《列子集释》，中华书局1979年版，第76页。

## 第三节　西晋士族价值虚无主义的三副面孔

西晋士族的人生态度与社会风气并未随着司马氏的改朝换代而有所改善。公元265年，司马炎承父祖之志篡魏自代，建立西晋王朝。登祚之初，司马炎吸取魏亡的教训，励精图治，企图重建政治生活的儒学根基。为此，他听从傅玄等儒学之士的建议，颁布一系列的政策法令，敦儒教、黜浮华，尚俭约、去奢靡，激励品行，选贤任能。但是，由于西晋政权本身面临着政治伦理的悖论、权力结构的扭曲以及与时代思潮演变逻辑的严峻冲突，这些努力很快便付诸东流，就连司马炎本人都变成了促使权力斗争愈演愈烈、时代风气走向堕落、价值规范趋于瓦解的推手。西晋时代陷入了价值虚无主义的旋涡之中，西晋士族群体在"什么是对的"这个问题上丧失了思考能力和判断标准。他们随心所欲地面对政治和人生，在中国古代人生境界论美学史中书写了丑与荒诞的一幅长卷。

### 一　西晋政治的虚浮主义

价值虚无主义在本质上是指失去了价值准则，对是非问题和善恶问题无法做出正确的评判，人生因此失去方向。西晋的价值虚无主义最典型的例证是阮瞻（一作阮修）与王戎之间的一则著名对话。《晋书·阮瞻传》曰：

> （瞻）见司徒王戎，戎问曰："圣人贵名教，老、庄明自然，其旨同异？"瞻曰："将无同。"戎咨嗟良久，即命辟之。时人谓之"三语掾"。①

---

①　《世说新语·文学》篇中这段对话的双方是阮修和王衍。据龚斌先生考证，阮修约于永嘉二年（公元308年）在避乱南行途中遇害，然其时王衍尚未任太尉，他因此认为，"此条记太尉王衍问阮宣子事，与史实不合"。笔者认为，龚斌先生于此有失考之嫌。《世说新语》对人物的称谓，往往以其平生所任主要官衔为名，如称谢安作谢太傅，即便是记其东山事，仍是如此。在词条中，并不能从"太尉王夷甫"的称谓推测这段对话发生在王衍任太尉时。参见龚斌《世说新语校释》，上海古籍出版社2011年版，第401页。余嘉锡先生认为，《晋书》多从《世说新语》，而此条独不与之同，必有所考。另据杨勇先生《世说新语校笺》，《资治通鉴》《太平御览》均记为阮千里，当从其说。

名教与自然的关系问题，对于魏晋士人来说，是安身立命的根本问题，是决定人将向何处去的思想基础。自王弼提出有无本末之辨以来，这个问题一直是玄学的基本主题。虽然西晋元康年间相距嵇康与阮籍思想活跃的魏末不远，但士人的思想观念已经发生了很大的变化。嵇康所提出的名教生活与自然生活相对立的观念已经不合时宜。阮瞻对王戎的回答有些模棱两可的意味，似乎是认可二者相同，又似乎否认二者相同。鲁迅先生说："'将无同'三字，究竟怎样讲？有人说是'殆不同'的意思；有人说是'岂不同'的意思——总之是一种两可、飘渺恍惚之谈罢了。"[①] 也有学者从句法的角度分析"将无同"三个字，指出这个是反诘句，完整的表述是"将无同乎？"，其含义是明确地表示自然与名教旨同。[②] 这种解释似乎与对话情境有所暌违。倘若阮瞻对王戎所问以反诘语气给出一个肯定的回答，恐怕不会让提问者"咨嗟良久"。阮瞻带有禅家机锋色彩的回答在肯定与否定之间给予对方琢磨品味的空间，这才引起了王戎的兴趣，继而得到了王戎的认可，并因此为他授予官职。

阮瞻混淆名教与自然两种生活方式之间的界限，符合西晋士族的实际利益和人生趣味，为琅琊王氏等士族群体仕不事事的虚浮主义奠定了思想基础。西晋社会兴起一股朝隐之风，王康琚《反招隐诗》曰："小隐隐陵薮，大隐隐朝市。"他们似乎觉得，身处纷繁嚣嚷的政治中心而不动其心、不累于物比生活在山林之间更能体现出超逸绝俗的风度。关于西晋士人不婴世务、虚浮无为的普遍心态，后人多有评论。《文选·晋纪总论》李善注引干宝《晋纪》说："太康以来，天下共尚无为，贵谈《庄》《老》，少有说事。"这种心态的产生一方面是由于受到了竹林玄学的影

---

[①] 鲁迅：《中国小说史略》，人民文学出版社1973年版，第279页。
[②] 徐仁甫：《"将无同"别解》，《社会科学战线》1980年第3期。按："将无"是魏晋时期常用口语，其中"无"字不具有表示否定的实际意义，"将无"不符合"凡是否定形式的反诘句，它的意思必然是肯定的"这一条语法规则。《世说新语》及刘注中多次出现"将无"的句式。如《德行》第19则王戎称王祥"将无以德掩其言"，《任诞》篇第40则刘恢问谢安"安石将无伤"，《识鉴》篇第16则刘注引《孟嘉别传》载褚裒语"将无是乎？"，《雅量》篇第28则谢安泛海时语"将无归"，等等。在这些语例中，并不全是以反诘语气表达肯定的意思，如"安石将无伤"；而且比较"将无是乎？"与其他几则记述，可以看出，句尾是否有"乎"，语气和语意是有差别的，前者的疑问语气更强一些，而后者则更具陈述性，如王戎与谢安的话。

响。以嵇康和阮籍为代表的竹林七贤在思想上推崇以《道德经》和《庄子》为代表的道家学说，尤其是《庄子》，强调人的自然本性，大力批判和反对高居庙堂之上的政治生活。这种贵自然而轻名教的思想在当时广为流传，因此到了西晋便产生了这种身居高位而宅心事外的作风。另一方面的原因是西晋的政治环境动荡与荒诞，那些有抱负有才能的人，如张华和裴頠等人，虽努力奋进，怀有修齐治平的理想，其结果却是惨遭杀害。那些身怀利器之人毫无用武之地，极容易沦为权力斗争的牺牲品，因此就有一大批名士虽然身居其位，却不谋其政。王戎与王衍是这类人的典型代表。

王戎本人虽曾参与阮籍、嵇康等人的竹林之游，但他真正展开其人生历程是在西晋时期。据《晋书》本传记载，王戎不仅贪财吝啬，而且"无謇谔之节"，"自经典选，未尝进寒素，退虚名，但与时浮沉，户调门选而已。寻拜司徒，虽位总鼎司，而委事僚寀。间乘小马，从便门而出游，见者不知其三公也。故吏多至大官，道路相遇辄避之"。王戎身居台辅而虚浮无度，曾遭到傅咸弹劾，称他"不仰依尧舜典谟，而驱动浮华，亏败风俗，非徒无益，乃有大损"。① 尽管东晋戴逵以"王戎晦默于危乱之际，获免忧祸"② 为之回护，但这种丧失责任意识和担当精神，只关注个体生命安全和个人及家族私利的做法无疑产生了恶劣的影响，加剧了西晋社会的动荡和政权的颠殒，进一步破坏了名教生活的秩序规范。王戎有位分、有名分，却没有做到他的分内之事。他的行为既违背了儒家的人生哲学，也不符合老庄思想。钱锺书先生在《管锥编》中说：

> 盖晋人之于《老》《庄》二子，亦犹"六经注我"，名曰师法，实取利便；藉口有资，从心以撄，长恶转而逢恶，饰非进而煽非。晋人习尚未始萌发于老、庄，而老、庄确曾滋成其习尚。③

---

① 《晋书》卷43《王戎传》。
② 《世说新语·俭啬》篇第3条刘注引戴逵《竹林七贤论》。
③ 钱锺书：《管锥编》，生活·读书·新知三联书店2007年版，第1784页。

这段话准确地阐述了西晋士风与老庄思想之间的关系。换句话说，西晋士族在师法《道德经》与《庄子》的名义下做出了种种虚浮、荒诞甚至丑恶的行为，老庄思想为他们的狭隘自私、任诞无度提供了借口和思想依据，但"以老子、庄子为中心的道家，根本不曾有任情纵欲的思想"①，《道德经》和《庄子》本身并不含有这样的思想，而是西晋人对这两部经典，尤其是《庄子》进行了刻意的误读与曲解。在他们那里，自然变成了伪自然，依循天性变成了放纵欲望，群己冲突转换成了公私对立。王衍是其中的一个典型人物。

王衍同样以一种混淆名教与自然的态度虚浮其事。据《晋书》本传，他"常自比子贡"，又"妙善玄言，唯谈《老》《庄》为事"。他继承何晏、王弼的本无论，为自己遗弃世累、轻忽人事找到了根据。王弼《老子道德经注》第十六章曰："无之为物，水火不能侵，金石不能残，用之于心，则虎兕无所投其齿角，兵戈无所容其锋刃，何危殆之有乎？"这样的思想为王衍等人在西晋乱世中奉行自我保全的人生法则提供了最佳的理论基础。王衍在八王之乱期间，"志在苟免，无忠蹇之操"②，失去了向善的精神和对正当性的认识与坚守。因此，他在愍怀太子遭贾南风陷害时，惧怕祸及自身，遂强行要求女儿与之离婚。司马伦执政，张华、裴𫖮等人被杀，他又佯狂砍杀婢女以避祸。接着依次依附司马冏、司马颖、司马越等，甚至在被石勒抓住后，还恬不知耻地说自己"不预世事"，并劝其称尊号，以求自免。汤用彤先生指出，"遗世"是崇尚贵无论的动机之一。"遗世"一方面是轻忽人事，而"人事纷乱外，更有私欲为累。欲求忘累，故贵无"。③ 但与王戎一样，王衍虽然以世事为累，却私欲饕然。狡兔三窟的故事就源自于他。《晋书》本传曰："衍虽居宰辅之重，不以经国为念，而思自全之计。说东海王越曰：'中国已乱，当赖方伯，宜得文武兼资以任之。'乃以弟澄为荆州，族弟敦为青州。因谓澄、敦曰：'荆州有江、汉之固，青州有负海之险，卿二人在外，而吾留此，足以为

---

① 徐复观：《中国人性论史·先秦篇》，九州出版社 2014 年版，第 339 页。
② 《晋书》卷 43《王衍传》。
③ 汤用彤：《魏晋玄学论稿》（增订版），上海人民出版社 2015 年版，第 162 页。

三窟矣。'识者鄙之。"在门户利益与国家利益之间，王衍毅然选择了前者，而弃国家于不顾。他虽口不言钱，一副高蹈不俗的表情，但其妻郭氏却嗜财如命，正如王隐《晋书》所言："夷甫求富贵得富贵，资财山积，用不能消，安须问钱乎？"①

王戎、王衍、庾敳等人处名教世界，身当社稷之责，却以世务为羁绊，向往和贯行超脱远迈的自然生活，以老、庄为口实，轻仁贱义，弃生民于不顾，视道德为腐物，唯思自全之计，窃国帑公权为私利，实为时代之巨蠹，是西晋士风堕入虚无主义的基本表征之一。

## 二 西晋士族的拜金主义

嵇康尚自然，主张依循人的天性选择自己的人生道路和生活方式，反对以名教社会的礼法规范去限制和干预人的自由。嵇康的自然观是以辨析和区分天性与情欲为前提的。他说："知名位之伤德，故忽而不营，非欲而强禁也；识厚味之害性，故弃而弗顾，非贪而后抑也。外物以累心不存，神气以醇白独著，旷然无忧患，寂然无思虑。"（《养生论》）提出只有在保持精神的清虚静泰，少私寡欲，不逐物而动的情况下，人的纯真的本性才能彰显出来。就像阮籍，虽醉卧邻家酒肆美妇人身旁，却心思纯净，不起邪念、不动淫欲。这与刻意追逐欲望的做法别若天壤。所谓"食色，性也"，嵇康并非一味地否定人的欲望，他一方面肯定人之情欲的自然性与合理性，另一方面则极力排斥逐欲为欢的心理和行为。然而，西晋士族群体虽在名义上祖述庄子，效仿嵇、阮，追求自然的风度，但实际上不过是把他们当作文过饰非的工具和放纵欲望的幌子。或者说，西晋时期的自然观念发生了讹变，它不再是依循天性，而是混淆了性与情欲的差别，成为放纵欲望、追逐私利的假名。

罗宗强教授说："完全不加掩饰地醉心于钱财，表现出如此强烈的占有钱财的欲望，在中国士人的心态史中，西晋恐怕是历史上非常突出的一个时期。"② 对于这种拜金主义风潮，当时就有人作《钱神论》进行讥

---

① 《世说新语·规箴》篇第9条刘注引。
② 罗宗强：《玄学与魏晋士人心态》，浙江人民出版社1991年版，第213页。

讽。如成公绥道："路中纷纷，行人悠悠，载驰载驱，惟钱是求。朱衣素带，当途之士，爱我家兄，皆不能已。"① 鲁褒曰："京邑衣冠，疲劳讲肄，厌闻清谈，对之睡寐，见我家兄，莫不惊视。"② 这两篇作品分别写于武帝泰始时期和惠帝元康时期，日本学者福原启郎通过对比二者的文字异同，提出鲁褒之作是"以成公绥《钱神论》为核心的扩充"③，这也表示，西晋的拜金主义风潮在武帝时期就已十分严重。这是有史料可证的。

据《晋书·刘毅传》，司马炎曾自矜其功，问刘毅将他与汉代哪位帝王相比，刘毅直言"方之桓、灵"，并指斥司马炎卖官而钱入私门。身为帝王，司马炎尚且贪敛如此，不惜败坏政治风纪和社稷根基，遑论其他。再如和峤，曾在立嗣的问题上与晋武帝正面较量，表现出刚直的形象，事入《世说新语》"方正"篇，且以风格整肃见称于时，算是个有操行的人。但他"家产丰富，拟于王者，然性至吝，以是获讥于世，杜预以为峤有'钱癖'"。④《世说新语·俭啬》刘注引《语林》曰："峤诸弟往园中食李，而皆计核责钱。故峤妇弟王济伐之也。"贪财吝啬简直到了不近人情的地步，令人咋舌。

西晋士族的虚浮主义与拜金主义与西晋政权结构有关。司马氏荣登帝位，有赖于士族力量的扶持。司马氏与贾氏（贾逵、贾充父子等）、裴氏（裴楷、裴秀等）、荀氏（荀𫖮、荀勖等）、陈氏（陈群、陈骞等）、羊氏（羊祜、羊祜等）等家族在曹魏政权中原本是平等关系，司马懿及其子师、昭通过姻亲、乡里、交游、同僚、部属等关系"编织形成了庞大而错综复杂的权势网络"⑤。正是倚赖这些士族力量的支持，司马家族才得以篡魏立晋。这些士族因此经历了从魏臣到晋臣的身份转变，与司马家族的关系也从同僚、姻亲或乡里变成了君臣关系。司马炎要仰仗他

---

① （清）严可均辑：《全上古三代秦汉三国六朝文》，中华书局1958年版，第1798页。
② 《晋书》卷94《鲁褒传》载《钱神论》。
③ ［日］福原启郎：《魏晋政治社会史研究》，陆帅、刘萃峰、张紫毫译，江苏人民出版社2021年版，第294页。
④ 《晋书》卷45《和峤传》。
⑤ 参见仇鹿鸣《魏晋之际的政治权力与家族网络》，上海古籍出版社2015年版，第一章。

们的扶持和功绩，在仕晋之后，这些士族群体仍然拥有强大的力量，传统的君臣伦理失去了应有的等级秩序，皇帝缺乏专权裁制的能力。因此，司马炎对于他们的浮虚、贪婪、荒诞的行为难以令行禁止，只得采取纵容的态度。西晋政府将曹魏时期的屯田制改为户调制，并规定了世家豪族的占田数额。《晋书·食货志》记载了"其官品第一至于第九，各以贵贱占田"的数额及荫庇人口的数量。但实际上，"官品占田的规定，只是政府对于他的官员依品级高低应该给予的土地的规定，而不是各级官员所能够私有土地的限额"。①世家豪族一方面在官田之外大肆扩张私人占有的土地数量，如王戎"广收八方园田水碓，周遍天下"②，另一方面则违纪侵占官田，如《晋书·裴秀传》曰：

> 司隶校尉李憙复上言，骑都尉刘尚为尚书令裴秀占官稻田，求禁止秀。诏又以秀干翼朝政，有勋绩于王室，不可以小疵掩大德，使推正尚罪而解秀禁止焉。

闻喜裴氏是东汉以来的著姓势族，政治根基深厚。裴秀在高平陵之变后进入司马幕府，在司马氏的篡立过程中发挥了重要作用，是司马炎得以立祚御极的幕后推手，且一手创制西晋朝仪制度，功勋卓著。因此，司马炎对裴秀侵占官田的行为不能秉公处置，刑赏不明，政无法度。这种做法对于西晋的贪敛之风无疑起到了推波助澜的作用。实际上，司马炎本人在灭吴之后也变得私欲膨胀，损公肥私，纵欲无度。《晋书·后妃列传》曰："泰始九年，帝多简良家子女以充内职，自择其美者以绛纱系臂"，"平吴之后复纳孙皓宫人数千，自此掖庭殆将万人。而并宠者甚众，帝莫知所适，常乘羊车，恣其所之，至便宴寝。宫人乃取竹叶插户，以盐汁洒地，而引帝车"。这种对财富和女人的强烈的占有欲是一种畸形文化心理的表现。它折射出西晋统治阶层身上的扭曲的价值观，他们失去了对普遍的善与正当进行思考和实践的能力，人务其私、各逐其欲，生

---

① 何兹全：《魏晋南北朝史略》，上海人民出版社1958年版，第42页。
② 《晋书》卷43《王戎传》。

活奢靡，甚至出现了斗富竞奢的恶趣味。如《世说新语·汰侈》篇曰：

> 武帝尝降王武子家，武子供馔，并用琉璃器。婢子百余人，皆绫罗绔䌷，以手擎饮食。烝豚肥美，异于常味。帝怪而问之，答曰："以人乳饮豚。"帝甚不平，食未毕，便去。王、石所未知作。

王武子即王济，娶司马昭女儿常山公主。王济为了追求食物美味，竟然以人乳喂养家畜，这真是匪夷所思的荒诞之举，就连王恺、石崇都想不出这样的主意来。而且，王济的豪奢丝毫不避讳晋武帝，不仅不避讳，还特意肆无忌惮地向他炫耀。这充分表明，政治纲纪与社会风俗已经彻底崩坏，豪奢之风成为士族社会的基本习尚。这则材料中有意思的是晋武帝的态度，他并未因臣子的荒诞行为感到愤怒或忧虑，而是"甚不平"，这意味着，作为帝王，他没能从王济的行为中察觉出其政权中蕴含着的危机和时代价值观念的扭曲和堕落，反倒是为自己落于下风而生起气来。孟子说："上下交征利而国危矣。"（《孟子·梁惠王上》）王导曾对西晋政治加以批评道："自魏氏以来，迄于太康之际，公卿世族，豪侈相高，政教陵迟，不遵法度，群公卿士皆厌于安息，遂使奸人乘衅，有亏至道。"[①] 他把武帝时期士族阶层的贪婪奢靡之风看作其后八王之乱的祸基。元康时期，奢靡之风越演越烈。贾南风专恣朝政，乘其威权，贾谧"负其骄宠，奢侈逾度，室宇崇僭，器服珍丽，歌僮舞女，选极一时。开阁延宾，海内辐凑，贵游豪戚及浮竞之徒，莫不尽礼事之"[②]。西晋社会已然出现了严重的社会问题和价值危机。

福原启郎认为，西晋士族社会出现的拜金主义和奢靡风气，一方面是平吴之后西晋王公贵族攫取了大量的财富，同时经济得以繁荣，且政治出现松弛状态；另一方面士族群体在中央政权被边缘化，因权力落空而走向堕落，朝廷内部的权力斗争集中在后党与诸王之间，任恺、王戎、石崇等豪奢悭吝之徒"在政界的权力斗争中或败北，或旁观，或从属，

---

① 《晋书》卷65《王导传》。
② 《晋书》卷40《贾谧传》。

或被排挤,都并非权力的主体"①。这个观点值得进一步商榷。西晋士族群体的价值虚无主义难以归因于他们在权力核心受到排挤的结果,就连他们对待政治和权力本身的态度都具有价值虚无主义的特征。实际上,西晋士族风俗的集体性堕落与权力运行机制有密切联系。九品中正制在西晋时期已经失去了选贤任能的作用。士族身份本身成为进入仕途掌握政权的充分条件,因此无须以道德修养和才干来争取入仕的机会。正如左思《咏史》(其二)所形容的,"郁郁涧底松,离离山上苗,以彼径寸茎,荫此百尺条。世胄蹑高位,英俊沉下僚"。王沈《释时论》对西晋政治中的门阀状况进行了如实的揭露和批判。作者假托出于冱寒之谷(喻社会底层庶族寒门)欲登"煌煌之堂"(喻权力中枢部门),而求教东野丈人,借东野丈人之口说出了"百辟君子,奕世相生,公门有公,卿门有卿"的政治现实。② 这种畸形的刻板的阶级观念造成上层士族对寒门庶族身份的鄙夷。像石崇之流,为了不给人留下寒素的印象,便通过挥霍无度来彰显富贵通达。

西晋士族的贪财心理和肆意挥霍的生活风气在中国传统的思想观念里,无论是儒家的从孔颜乐处到孟子的"义利之辨",还是道家从老子"去甚、去奢、去泰"的圣人品格到庄子清虚静泰的养生之道,都找不到合理的根据。它是在特定的时代条件下,社会结构、政治形态与玄学思潮的讹变结果。

### 三 西晋士族的纵欲主义

在虚浮主义与拜金主义风潮之外,西晋士风的另一副基本面孔是纵欲主义。竹林名士如阮籍、阮咸、刘伶等人曾有过不少任性放达的举动,违背了礼教的规范,但他们的行为还是有节制的、有目的的。比方说,刘伶虽然不穿衣服,但也只是在自己家里才这样,并没有跑到大街上去耍流氓。阮咸虽然与自己姑姑的婢女私通,但那也是出于真情,并执意

---

① [日]福原启郎:《魏晋政治社会史研究》,陆帅、刘萃峰、张紫毫译,江苏人民出版社2021年版,第274页。
② (清)严可均辑:《全上古三代秦汉三国六朝文》,中华书局1958年版,第1974页。

把她娶到了家里。相比之下，西晋元康时期的一帮贵族子弟就很过分了，他们的放纵情欲已然到了泯灭人性、同于禽兽的境地。《世说新语·德行》篇刘注引王隐《晋书》曰：

> 魏末，阮籍嗜酒荒放，露头散发，裸袒箕踞。其后贵游子弟阮瞻、王澄、谢鲲、胡毋辅之之徒，皆祖述于籍，谓得大道之本。故去巾帻，脱衣服，露丑恶，同禽兽。甚者名之为通，次者名之为达也。

《晋书·五行志》曰："惠帝元康中，贵游子弟相与为散发裸身之饮，对弄婢妾，逆之者伤好，非之者负讥，希世之士耻不与焉。"从裸身散发到对弄婢妾，西晋士族跨出了非常惊人的一步，是从文明走向野蛮的一步。文明的要义在于，使人与禽兽相区别，禽兽没有理性，无法控制自己的本能，因而出现弱肉强食、优胜劣汰的自然生存状态。而人不一样，人要懂得运用自己的理智，控制自己的本能，形成一种良好的秩序和规范，使人类能够更好地生存。毫不客气地说，"散发裸身，对弄婢妾"是脱离了人的文明与理智的禽兽之举。这和整个魏晋时代所思考的人的觉醒是背道而驰的。然而，更加可悲的是，西晋元康贵游子弟的这种行为不仅非常普遍，而且已经容不得批评了，不受礼法、制度和舆论的任何约束，凡是对此加以批评和指责的，反而都受到了嘲讽或中伤。这种状况对于魏晋社会文化而言，无疑是一种伤害，需要有人对此进行哲学层面上的反思，从根本处重建社会的法则与秩序。

男宠盛行是西晋士族群体纵欲风气的典型表现。《晋书·五行志》曰："惠帝之世，京洛有人兼男女体，亦能两用人道，而性尤淫……自咸宁、太康之后，男宠大兴，甚于女色，士大夫莫不尚之，天下相仿效，或至夫妇离绝，多生怨旷。"不仅男子，当时的士女也普遍地生活放荡，破坏了传统的礼法秩序，出现了很多离谱荒诞的行为。葛洪在《抱朴子·外篇·疾谬》中写道："而今俗妇女，休其蚕织之业，废其玄纴之务，不绩其麻，市也婆娑。舍中馈之事，修周旋之好。更相从诣，之适亲戚，承星举火，不已于行。多将侍从，晔晔盈路，婢使吏卒，错杂如市，寻道亵谑，可憎可恶。或宿于他门，或冒夜而返。"① 其中尤以贾氏姊妹为著名。《晋书·惠贾皇后传》曰："后（贾南风）遂荒淫放恣，与太医令程据等乱彰内外。"据本传，贾后常夜会宫外俊美男子，曾有少年小吏贫夜被人牵引入宫，"见留数夕，共寝欢宴"。而据《世说新语·惑溺》篇记载，贾充少女贾午曾与其掾属韩寿私通，事发之后，贾充方"以女妻寿"。

　　对于此时社会风气的败坏状况，东晋学者曾予以反思和批评，如针对元康名士的故作放达的行为，戴逵说："若元康之人，可谓好遁迹而不求其本，故有捐本徇末之弊，舍实逐声之行，是犹美西施而学其颦眉，慕有道而折其巾角，所以为慕者，非其所以为美，徒贵貌似而已矣。夫紫之乱朱，以其似朱也。故乡原似中和，所以乱德；放者似达，所以乱道。然竹林之为放，有疾而为颦者也；元康之为放，无德而折巾者也。"② 顾炎武则把西晋乱亡归咎于煽起玄风的正始时期的何晏与王弼及竹林诸贤，他说："演说老、庄，王、何为开晋之始。以至国亡于上，教沦于下，羌戎互僭，君臣屡易，非林下诸贤之咎，而谁咎哉！"③

　　阮籍面对其时道德沦丧、礼法废弛的状况，以反讽的方式喊出"礼岂为我辈设"的口号，意在以一种否定的方式引起人们的注意，唤醒礼的真精神。孔子曰："人而不仁，如礼何？"④ 礼要以仁义等内在德行为基础，否则将会变得教条化和工具化，难以发挥约束人的欲望和行为的作用。因此，阮籍虽然放达，但当自己的儿子表示打算像他一样去"作达"时，阮籍明确地表示反对。阮籍洞晓破除礼法之后的社会后果，然而，他虽然能制止自己的儿子，却无法禁止在他死后的"模仿秀"。阮瞻、王澄等年轻一代的士族子弟混淆了人的真性与欲望的界限，把嗜欲当成了通达，在表面上效仿阮嗣宗的任性不羁，却未能真正洞悉他内心中积极的价值观。西晋元康名士可谓是"垮掉的一代"。戴逵的话指出了西晋士族放诞行为的症结所在——徒有形似而不得其本，重建士族阶层的道德观念，是克服其时价值虚无主义的必要工作。

---

① 杨明照：《抱朴子外篇校笺》上，中华书局1991年版，第616—618页。
② 《晋书》卷94《戴逵传》。
③ （清）顾炎武著，陈垣校注：《日知录校注》，安徽大学出版社2007年版，第721页。
④ 杨伯峻：《论语译注》，中华书局2009年版，第24页。

## 第四节　郭象之前的西晋士风反思与治理

东晋史家干宝在其《晋纪总论》准确地勾勒了西晋士族群相。他说：

> 学者以《庄》《老》为宗，而黜六经，谈者以虚薄为辩，而贱名俭，行身者以放浊为通，而狭节信，进仕者以苟得为贵，而鄙居正，当官者以望空为高，而笑勤恪。是以目三公以萧杌之称，标上议以虚谈之名。刘颂屡言治道，傅咸每纠邪正，皆谓之俗吏。其倚杖虚旷，依阿无心者，皆名重海内。若夫文王日昃不暇食，仲山甫夙夜匪懈者，盖共嗤点以为灰尘，而相诟病矣。由是毁誉乱于善恶之实，情慝奔于货欲之途，选者为人择官，官者为身择利。①

这段话呈现了西晋士族社会价值虚无主义危机的具体表现。一是在学术思想方面，崇老庄之学而抑儒家经典；二是在道德方面，弃忠信节义而主通达自然；三是在政治方面，尚浮华虚谈而贱勤恪正直；四是在舆论方面，善恶失据而毁誉不当；五是在社会生活方面，纵欲任诞，逐名嗜利。

自西晋立国之初起，一些有识之士就不断地对当时浮华虚诞的社会风气提出了严厉的批评和积极的反思。其中，既有基于传统儒学立场的批判，也有来自玄学风潮内部的矫正努力。

### 一　基于儒学立场的批判

庾峻为魏晋时期的硕儒之一。在曹魏正始、嘉平年间，玄学日益兴盛，士人崇尚老庄之学，庾峻因担忧儒道衰微而沉潜于儒家典籍的修习，并曾向高贵乡公曹髦传授《尚书》等。司马炎即帝位后，他官拜御史中丞、谏议大夫等。《晋书》本传称他"疾世浮华，不修名实，著论以非

---

① （南朝梁）萧统编，（唐）李善注：《文选》，上海古籍出版社2019年版，第2231—2232页。

之",并载录了他进谏武帝改革风教和政治用人政策的疏文。在这篇文章中,他明确地区分了朝廷之士和山林之士,二者性情不同,出处各异。朝廷之士能够辅佐君主实现统治与教化的目的,君臣一体;而山林之士虽然远离朝政,但因其德行高尚、寡欲退让,足以作为天下臣民的道德表率,使"在朝之士闻其风而悦之,将受爵者皆耻躬之不逮",对于整肃朝臣纲纪、形成谦廉正直的政治风气具有促进作用。庾峻认为,山林之士"节虽离世,而德合于主;行虽诡朝,而功同于政",应当给予他们一定的自由生活空间,使其或出或处,最终达到"廊庙多贤才,而野人亦不失为君子"的德政效果。庾峻以一种达观的态度和眼光看待出处问题,尝试建立士人阶层在两种生活方式上的二元共生结构,实际上否定司马氏强行拉拢阮籍、嵇康、向秀等竹林名士,使他们被迫放弃原本的自然主义的生活态度,进入名教社会和政治生活;同时,这也是对西晋政治虚浮主义的纠正。对于那些标榜自然、向往山林的朝廷之士,庾峻提出应当从其志愿。他说:"莫若听朝士时时从志,山林往往间出。无使人者不能复出,往者不能复反。然后出处交泰,提衡而立,时靡有争,天下可得而化矣。"① 对于西晋士族在政治上的浮华风气,庾峻从人才选拔与任用机制上着手,建议君主对尸位素餐、浮华无功的朝廷之士加以贬黜,以实现他们的"山林"理想,同时对处身山野而心怀庙堂的有志之士进行擢拔,希望如此则能够实现朝廷之士的更新,利于社稷。②

---

① 《晋书》卷50《庾峻传》。

② 汉末魏晋时期,浮华风气由来已久。汉末外戚与宦官专权,知识阶层在权力中枢中处于边缘地位,他们利用自身的知识和道德优势以清议的形式干预政治。然而,以政治批评为主要内容的汉末清议屡屡酿成党祸,受到当权者的警惕和摧残,又值社稷动荡,朝代更迭,士阶层多因积极的政治主张而罹祸,所以转而为消极,逐渐演变成浮华交会的风气。正如《后汉书》卷109《儒林传序》所说,"自是游学增盛,至三万余人,然章句渐疏,以浮华相尚"。唐长孺先生认为,曹魏时期,为抑制世家大族以清议为手段干涉政治和制衡中央权力,曹氏三祖(曹操、曹丕、曹叡)多次颁布政令,"破坏朋党交游及蔑视清议",其中突出的表现是曹操数次下达重才能、轻德行的选才诏令、杀孔融,曹叡时期的浮华案等。就连"尚通达"的曹丕也对浮华之风十分警惕,他在《典论》中论汉末"处士横议"说:"位成于私门,名定于横巷,由是户异议,人殊论,论无常检,事无定价,长爱恶,兴朋党。"参见唐长孺《九品中正制度试释》,《魏晋南北朝史论丛》,商务印书馆2010年版。由此可见,浮华风气对封建时代的政治统一性和意识形态权威性构成了严峻的威胁。但是,在西晋时期,浮华之风愈煽愈炽,且缺乏强有力的君权与行之有效的选举政策,难以遏止,终酿大祸。

但是，庾峻的设想与西晋的政治现实圆枘方凿，流于空想，难以落实。首先，西晋时期的自然观念已发生了讹变，那些追慕自然境界的士人普遍地以"仕隐"作为理想的生活方式，阮瞻的"将无同"符合并代表了这一时期的士人心态。名教与自然的差异，对于他们来说，不再是朝廷与山林的距离，而是以何种心态去面对人生和社会的问题。因此，改变士族的生活方式，关键在于重新认识名教与自然。其次，庾峻的设想以强有力的君主意志和权力为基础，但西晋诸帝，即便是司马炎本人，面对士族都缺乏严正的执法态度和崇高的威仪，不能有效抑制和规范士族的行为。再次，选举制度的改革要求分解和压制士族权力，但西晋时期已形成了士庶之间的种族式阶层对立，一时之间无法打破。事实上，直到中唐以后乃至宋代，中国中古时期的贵族制才真正结束。

即便是在玄学昌盛的魏晋时期，儒学仍是一股非常重要的学术传统和思想流派。李中华教授说："大体来说，汉魏之际代表新学思潮的玄学主要盛行于荆州和江东一带，而旧学则主要集中在关中、洛阳等地。曹操吞并荆州之后，荆州学风北传。后来东晋南迁，这种学风又随政权南移，而北方仍以旧学为主。"① 这说明一方面玄学在魏晋时期并未取得独尊地位，另一方面玄学一直伴随着权力中心的迁移而流转，也就是说，儒学在魏晋鼎革时期难以在政统中发挥实际作用，反倒是玄学思潮一直萦绕在核心政治势力周边。这是庾峻的儒学政治观念难以奏效的原因。除了庾峻之外，还有其他一些人同样致力于恢复儒学在政治上的作用与地位，以此来重建封建政治的根基。傅玄是其中的一位。

傅玄提出"儒学者，王教之首也"②，主张恢复儒家的仁义观念和礼乐制度在政治上的作用，力图改变"虚无放诞之论盈于朝野"的现状。西晋初创，傅玄受命依据儒家礼乐文化主持朝廷仪礼及用乐制度的创制工作，借此重整政治纲纪和社会风气，退虚鄙、惩不恪、敦风节。针对当时士族群体普遍的嗜利纵欲倾向，傅玄提出了"重俭""息欲"和"去私"的观念。他把上层统治者的节欲视为改变贪婪奢靡之风的起点，

---

① 李中华：《中国儒学史·魏晋南北朝卷》，北京大学出版社2011年版，第10页。
② 《晋书》卷47《傅玄传》。

劝诫司马炎学习夏禹的勤俭作风。他说："上之人不节其耳目之欲，殚生民之巧，以极天下之变，一首之饰，盈千金之价，婢妾之服，兼四海之珍。……上欲无节，众下肆情，淫奢并兴，而百姓受其殃毒矣。"① 他将对待私欲的态度作为区分圣人、贤人或正人、佞人的条件。"唯圣人无私欲，贤者能去私欲也。有见人之私欲，必以正道矫之者，正人之徒也；违正而从之者，佞人之徒也。自察其心，斯知佞正之分矣。"② 傅玄的议论对于西晋的社会风俗是有针对性的，他坚守儒学立场，从道德层面寻求矫正时弊的方法。但是，傅玄并未能真正动摇西晋士风价值虚无主义危机的思想根基，他站在玄学对立面的正统儒学论调极易被当成迂腐之谈而置若罔闻。

人性问题是中国古典人生境界论美学要处理的核心问题之一。儒家主张对人的情感和欲望加以外在的规范和约束。《礼记·曾子问》曰："君子礼以饰情。"礼乐观念从根本上乃是对自然状态下的人性进行社会化，使之符合政治属性，从而利于群居生活。与之不同的是，道家则尊重和肯定人性的自然状态，主张自然人性的素朴性，并将过度的情感和欲望看作是社会化的结果，因而要求剔除人性中的教化成分，回归其本原状态。但是在西晋时期，人们关于人性的看法呈现为一种由"将无同"观念所导致的混合状态。一方面，他们肯定人的情感与欲望的自然性，提出了诸如"情之所钟，正在我辈"的时代性口号，另一方面，他们有意无意地拒绝了回归本性之类的道家观念，把先秦儒家试图加以规范化的自然状态下的人性去形式化或去礼乐化，从而达到纵情嗜欲的目的。因此，改变西晋士族的生活方式以及由此形成的社会风俗，关键在于重新梳理名教与自然的关系，进而对人性的内涵加以重置。

## 二 玄学思潮的自我矫正

元康时期，士人阶层的浮华任诞作风愈演愈烈。当时多数热衷玄学的士人在老、庄的名义下虽身在名教之中，却抛弃了对名教的责任，他

---

① （清）严可均辑：《全上古三代秦汉三国六朝文》，中华书局1958年版，第1728页。
② （清）严可均辑：《全上古三代秦汉三国六朝文》，中华书局1958年版，第1735页。

们对物欲的追逐、对名望的渴求等却不曾止步。这也招致了名士集团内部的批评。

乐广与王衍齐名，在当时还算是一位比较有操守的玄学名士，《晋书·乐广传》称其"性冲约，有远识，寡嗜欲，与物无竞"。他曾批评王澄等贵族子弟的荒诞行为，提出了"名教中自有乐地"的著名命题。

西晋的贵游子弟效仿阮籍、刘伶等竹林名士的放达行为，后者常为人所称颂，而前者却招致诸多批评，原因何在？阮籍是大名士，其名士之风的最直接表现就是他诸种越礼放达行为，在西晋以名士姿态相高的士人环境中，阮籍这个受到司马文王袒护的大名士自然成为效仿的对象。可惜的是，他们只是从阮籍的行为表现上模仿，却不知道并体会阮籍之所以放达的原因。阮籍思想始终经历着儒家济世理想与道家自然观念的强烈冲撞，他生时饱受内心痛苦，对当时礼法的虚伪狡诈愤愤不平，但又无计可施，只能通过自身纯任本性的行为表达抗议，用这种否定的方式去彰显礼的真义。他虽然前卫地喊出"礼岂为我辈设？"的口号，但他是知礼的，他的行为是有意识地越礼、悖礼。更为难得的一点是，他清晰地意识到放达的行为方式不可泛滥。因此，当他的儿子阮浑表示要效仿他的任诞放达之风时，阮籍拒绝了。《世说新语·任诞》篇刘注引戴逵《竹林七贤论》曰：

> 籍之抑浑，盖以浑未识己之所以为达也。……，迨元康中，遂至放荡越礼。乐广讥之曰："名教中自有乐地，何至于此！"乐令之言有旨哉！谓彼非玄心，徒利其纵恣而已。

冯友兰先生说："达是一种精神境界，有了那种精神境界，自然就有达的言论行为，这是自然而然的。没有那种精神境界而要矫揉造作，这就是作达。达是不能作的。因为达的一个主要内容，就是顺自然，作达正是反自然。"① 阮浑未识阮籍的初心，元康之人更不识而更相仿效，只是为了在博得通达之名的同时放恣纵欲，作达如东施效颦，徒增其丑。

---

① 冯友兰：《中国哲学史新编》中卷，人民出版社2007年版，第415页。

乐广针对王澄等人的荒诞举止而强调"名教中自有乐地",这给了我们两点思考的启发:第一,他认为名士之风不一定非得通过越礼任诞的行为来体现;第二,从具体语境来看,乐广所说的"乐地"当是名士们追求的人生,而非儒士修齐治平的理想。同时,他又认定"名教"中存在此种"乐地",因此,我们可以推测这句话存在融汇名教与自然的思想倾向。但这只言片语的批评不是彻底的理论反思和思想重建,缺乏理论系统和实践功能,对于西晋价值虚无主义的社会风气作用有限。

为矫正时代的虚妄之弊而在理论上有所建树的,还有裴頠。裴頠,字逸民,出身于闻喜裴氏,是西晋元康时期的才俊之士。裴頠在贾后当政后,与张华、贾模等共执朝政。虽与贾南风存在表亲关系,"然雅望素隆,四海不谓之以亲戚进也,惟恐其不居位"[①]。面对贾后乱政败俗,裴頠曾与张华等人谋议废后,可见其忠正高廉的品行。裴頠是当时清谈界的翘楚之一,"时人谓为'言谈之林薮'"(《世说新语·赏誉》)。不过,裴頠的清谈并不像王衍那样,立虚无之谬论,假无为以成说,而是站在儒学的立场上,运用辨名析理的方法,申述治国理政之道。

裴頠的思想倾向于儒学,但在方法上具有玄学的特点。作为正统的儒家学者,他使用了玄学语言,并以此抗衡玄学思潮,"为儒学在理论上的深化并建立儒家的哲学形上学和本体论创造了条件,开辟了道路"[②]。实际上,裴頠不仅借鉴了玄学的论辩方法,也介入了玄学的基本论题。《三国志·魏书》卷23《裴潜传》裴松之注引陆机《惠帝起居注》曰:"頠理具渊博,赡于论难,著《崇有》《贵无》二论,以矫虚诞之弊。文辞精富,为世名论。"[③]《晋书》本传曰:"頠深患时俗放荡,不尊儒术,何晏、阮籍素有高名于世,口谈浮虚,不遵礼法,尸禄耽宠,仕不事事;至王衍之徒,声誉太盛,位高势重,不以事务自婴,遂相放效,风教陵迟,乃著《崇有》之论以释其蔽。"裴頠主动地参与有无之辨这一玄学基

---

① 《晋书》卷35《裴頠传》。
② 李中华:《中国儒学史·魏晋南北朝卷》,北京大学出版社2011年版,第105页。
③ 冯友兰先生认为,《惠帝起居注》的说法于理不通。因为裴頠是反对贵无论的,不会写《贵无论》。他揣测,文中"二"字或为"之"字之讹,"贵无"二字可能是后人妄加上去的。参见冯友兰《中国哲学史新编》中卷,人民出版社2007年版,第416—417页。

本论题，想要通过对贵无论的批判来瓦解西晋士人如王衍之徒的虚浮任诞之风的思想根基。这是一种新的致思路径，相比于从纯粹的儒学角度或政治立场进行抗辩或指责更能够切中其害。针对裴頠的两篇名文，"王衍之徒攻难交至，并莫能屈"①，足见裴頠从玄学内部的致思逻辑层面反思和矫正时弊的做法在理论上是有效的。但是，据余嘉锡《世说新语笺疏》引《群书治要》所载臧荣绪《晋书》曰："世虽知其言之益治，而莫能革也。"② 裴頠的理论抗辩并未能在实践上产生实际的效果，西晋风俗的变革有待一个新的历史契机。

《崇有论》的显著特点是，先在玄学的基本理论上提出"崇有论"，然后在这一基本理论的前提下对现实问题进行思考，批判放诞虚无的士族社会风俗，提出尊崇儒家道德观念和伦理秩序的合理性，用今天的话来说，是理论与实践相结合。

裴頠开宗明义地提出"夫总混群本，宗极之道也"③。与贵无派玄学家把"无"作为道的根本不同，他认为最根本的道就是世间万物本身，不存在脱离万物、独立存在的道。裴頠的思想带有很强的经验主义倾向。他说："形象著分，有生之体也。化感错综，理迹之原也。"这两句话指出，万物各有其体制形色及其本质规定性，它们是万物存在的根据，而且万物的变化消长以及物与物之间错综复杂的关系，或者说诸现象世界是探寻和认识世界最根本的理的出发点和着手处。裴頠一改玄学立论玄远、思想飘渺的倾向，着眼于经验世界，强调世界存在的现实性和实在性，主张"理"是"生而可寻"的，而非不着边际的，"有"是"理之所体"，否定脱离具体事物和经验的贵无论。针对《道德经》中"有生于无"的命题以及王弼等人据此发挥的本无论，他反驳说："夫至无者无以能生，故始生者自生也。自生而必体有，则有遗而生亏矣。生以有为已分，则虚无是有之所谓遗者也。"从经验上和内涵上消解了贵无派的核心概念。

---

① 《晋书》卷三十五《裴頠传》。
② 余嘉锡：《世说新语笺疏》，中华书局2007年版，第239页。
③ 《崇有论》引文出自《晋书》卷35《裴頠传》。

接着，裴頠列举了西晋荒诞士风的诸多表现。他说："是以立言藉于虚无，谓之玄妙；处官不亲所司，谓之雅远；奉身散其廉操，谓之旷达。故砥砺之风，弥以陵迟。放者因斯，或悖吉凶之礼，而忽容止之表，渎弃长幼之序，混漫贵贱之级。其甚者至于裸裎，言笑忘宜，以不惜为弘，士行又亏矣。"从何晏到王衍，贵无之风弥漫于魏晋士林，不仅是一种思想上的时尚，也成为他们的人生法则。他们在清谈场上用一些漂亮的辞句，说一些似是而非、不切实际的道理，赢得他人的赞许，刻意追求玄远高妙的风度。王戎、庾敳诸人，身居高位而宅心事外。王澄、谢鲲之徒，举止放荡，纵欲无度。石崇、王济等人，竞相豪奢，贪婪成蠹。有晋一代，礼制废弛，伦理失序，国无法度，士乏德行。裴頠对此洞若观火，并分析了这种习尚与贵无论的思想渊源及其政治危害：

> 故欲衍则速患，情佚则怨博，擅恣则兴攻，专利则延寇，可谓以厚生而失生者也。悠悠之徒，骇乎若兹之衅，而寻艰争所缘。察夫偏质有弊，而睹简损之善，遂阐贵无之议，而建贱有之论。贱有则必外形，外形则必遗制，遗制则必忽防，忽防则必忘礼。礼制弗存，则无以为政矣。

石崇说："士当令身名俱泰。"① 这样的立身法则成为他纵欲奢靡的通行证。裴頠专门分析了这类社会情状，指出纵欲之徒往往专擅近利、恣意而为，从而导致仇怨和贼寇，因过分看重生命而导致丧失生命。与之相反，那些尊崇贵无论的名士主张对人生做减法，因而"阐贵无之议，而建贱有之论"，轻蔑人世间的诸多追名逐利的行为，提倡"外形"，即遗弃和超脱各种外在事物的束缚和牵累，消灭欲望以及由此而来的名利之心。这样做的结果是"遗制"，学习《庄子》的外物思想，对各种法令制度和社会规范看得轻了，引不起他们的重视，结果就导致心理奔逸、随心所欲，对礼视而不见。但是，礼作为中国古代封建社会共同体的基础，是政治统治所仰赖的根基。礼的溃散，意味着政治的瓦解。裴頠的

---

① 《晋书》卷33《石崇传》。

论辩逻辑导向了对儒学的回归，他提出基于儒家的社会伦理观念的立身为政之道，强调"躬其力任"的有为精神，恪守儒家树立的人生法则，"居以仁顺，守以恭俭，率以忠信，行以敬让，志无盈求，事无过用，乃可济乎！"

裴𬱟的崇有理论遭到了以王衍为核心的名士群体的激烈反对，双方展开了多次论辩，"时人攻难之，莫能折"（《世说新语·文学》）。裴𬱟之论虽在清谈时独擅胜场，但在现实中却未能引起救疗的注意。《晋书》记载，王衍继承和发挥何晏与王弼的贵无论，"惟裴𬱟以为非，著论以讥之，而衍处之自若"[①]。理论上的胜利并未像裴𬱟期待的那样，改变西晋士族的风习，夯实名教政治的根基。永康元年（公元300年），司马伦篡政，矫诏诛灭贾南风，连带将张华与裴𬱟等人杀害，而王衍却佯狂斫婢得以自免。政治的混乱无序给虚无放诞的士风提供了足够的生存空间，而正直忠耿之士却无容身之地。西晋时期的政治与人生，双双陷入了堕落的旋涡之中。

---

[①]《晋书》卷43《王衍传》。

# 第 二 章

# 适性美学的理论体系

魏晋时期的人生困境和价值危机亟待在理论上得到解决。如何化解名教与自然两种生活方式之间的冲突，是破解这一难题的核心。在这个问题上，玄学经历了从"越名教而任自然"的阶段向"将无同"阶段的演变，郭象则接续这一演变的过程，把论题向前推进了一层，从人性论的角度重新审视和建构名教与自然的关系，揭示和回归名教生活的自然属性。

人性论是郭象从理论上解决现实问题的起点。他一方面以独化论为基础，确立了人性自然的基本原则，另一方面重置了人性的基本内涵，肯定了人性的独特性和有限性，把仁义、潜能等儒学因素纳入到自然人性中来，并继承嵇康等人的情性之辨，反对纵情嗜欲的人生态度。

郭象以人性的先在实体性为前提，改写了庄子的逍遥思想，提倡适性逍遥。这是郭象美学的核心主张。适性逍遥论一方面在如何对待人性的问题上持自然主义态度，《庄子注》中的"任性""因性""适性""足性""得性""安其天性"等与"灭性""失性""易性""伤性""矫拂其性"等形成对举，将因顺人的本性、满足人性的基本需求作为人的自由的基本条件。郭象的适性思想与《庄子》外杂篇、王弼、阮籍等人的相关论述存在渊源关系，但"适性逍遥"作为郭象美学的核心命题，具有完整自足的内涵，隐含着与前人的对话关系。

在《庄子注》中，适性逍遥常常被表述为"自得"。它是郭象美学思想的重要理论范畴。郭象为"自得"概念确立了本体论上的依据，视之为万物独化自生的应有之义。作为在现实中的可实践的逍遥义之对等概念，它以"适性"为基本方法。郭象从政治和生命两方面探讨了自得的条件。一方面，人的自得有待于"明王之功"；另一方面，自得者须处理好自身及其与外界的各种关系，提升精神修养，拒斥教化，克服"跂尚之心"等，从而创造并进入"自得之场"。

庄子的逍遥追求心灵自由，要求无所依待，以"无己"为条件，庄子提出了"心斋""坐忘""丧我"等精神修养方法。这些方法对于坚持人性本位的适性逍遥并不适用，郭象的逍遥思想追求身心俱适，要求得其所待，以"师其成心"为条件。郭象提出了"玄冥"的方法，认为"物冥其极""各冥其分""游外以冥内"是实现自得的精神修养方法。"玄冥论"是中国古典审美心理学的重要理论。

人性论、适性逍遥说、自得说和玄冥论构成了郭象适性美学的理论体系。

## 第一节 人性论

"天命之谓性"可以说是中国古代人性论中被普遍接受的命题。"天命，谓天所命生人者。"① 对"天"的不同释义导致儒道两家不同的人性观。儒家从伦理的角度把"天"作为有道德意志的主宰者，其人性论多做善恶的道德分析，如孟子说："仁义礼智，非由外铄我也，我固有之也"②；而道家则以自然言天，强调人性的自然法则。两汉思想家多沿袭儒家的道德观念谈人性，董仲舒将人性分为圣人之性、中民之性和斗筲之性三类，郑玄引入五行观念注《礼记·中庸》"天命之谓性"曰："木神则仁，金神则义，火神则礼，水神则信，土神则知。"③ 王充以元气论为基础立"人性有善有恶"之论，认为"人之善恶，共一元气。气有多少，故性有贤愚"。④ 魏晋时期有关人性论的探讨因曹操否定以道德标准评定人才，确立因才施用的人才观，以及由此引发的才性之辨而发生了

---

① （唐）孔颖达正义：《礼记正义》，上海古籍出版社1990年版，第877页。
② （清）焦循：《孟子正义》，中华书局1987年版，第757页。
③ （唐）孔颖达正义：《礼记正义》，上海古籍出版社1990年版，第877页。
④ 张宗祥：《论衡校注》，上海古籍出版社2010年版，第40页。

转折性变化。传统的以德言性的方式不再受到重视,道家的自然人性论则开始大行其道,王弼《老子道德经注》曰:"万物以自然为性,故可因而不可为也。"[①] 上文已经说过,嵇康就是抱着"循性而动,各附所安"的原则拒绝司马氏拉拢的。然而,在这方面思考和研究最为深入的当属郭象。他的"性分"概念是建构其思想体系的基础,凭借着对"性分"内涵的全面分析,他成功地从理论上化解了自然与名教的矛盾,为个体自由自得找到了可行的道路。

## 一 有限性和独特性

不同于庄子对人的个体有限性的否定,郭象肯定了人或物基于不同"性分"的有限性。何谓"性分"?郭象说:"物各有性,性各有极。"(《逍遥游注》,13)每一事物都有其独特的本性或个性,而事物的本性和个性也都有各自的界限或边际。一般来说,处于时间和空间维度中的任何事物都是有限的和有待的。在《逍遥游注》中,郭象肯定了鲲鹏与斥鴳在各自形态以及活动范围上的大小差异,认为"苟足于其性,则虽大鹏无以自贵于小鸟,小鸟无羡于天池,而荣愿有余矣"(《逍遥游注》,10),这是就空间维度来说的。从时间上,他对"彭祖乃今以久特闻,众人匹之,不亦悲乎"注曰:"夫年知不相及若此之悬也,比于众人之所悲,亦可悲矣。而众人未尝悲此者,以其性各有极也。苟知其极,则毫分不可相跂,天下又何所悲乎哉!夫物未尝以大欲小,而必以小羡大,故举小大之殊各有定分,非羡欲所及,则羡欲之累可以绝矣。"(《逍遥游注》,15)郭象认可了因"性各有极"造成的年知上的差别。

郭象一方面承认了现实中的个体有限性,另一方面对世界上的任意个体基于自性的独特性都给予了肯定。但是,郭象的"性分"概念造成了一些误解,因为他说"物各性然""性各有分,故知者守知以待终,而愚者抱愚以至死,岂有能中易其性者也!"(《齐物论注》,65)他的"物各性然"说意味着任何个体之所是都是各自本性中应得的,具有命定论的色彩。李泽厚、刘纲纪先生据此批判郭象哲学道:"在他看来,君统治

---

① 楼宇烈:《王弼集校释》,中华书局1980年版,第77页。

臣,贵统治贱,君子役使小人,小人伺候君子,这都是完全合乎'自然'的,不可动摇的。用他的话来说:'凡得真性,用其自用,虽复皂隶,犹不顾毁誉而自安其业'(《庄子·齐物论注》)。"① 从与李、刘两位先生不同的视角看待此问题,李昌舒教授认为,对个体自由的绝对肯定是郭象哲学的最终归宿,但其自由的法则却是顺应性之必然性的要求。他说:"在一定意义上可以说,理解了性之必然性,也就抓住了郭象哲学的根本。必然性意味着人生中的种种遭遇都是命中注定的,与人的主观意愿、主观努力无关。"② 取消了人的所有主观因素,那么逍遥岂不也成了空谈?成了阿Q式的精神胜利法?这是值得商榷的。实际上,郭象的人性论中具有发挥人的主观意志的内涵。

**二 习以成性**

两位学者产生上述看法的另一因素是郭象对性分做了不可更易性的规定,说"天性所受,各有本分,不可逃,亦不可加"(《养生主注》,134)。他认为性分是先天禀受的结果,具有命定性,后天的努力既无法改变,也无法增削。但是,郭象的思考并未到此为止,在确立性分的先天的不可更易性之后,他强调了后天习得的必要性。在注《达生》篇"操舟可学邪?"一段时,郭象说:"物虽有性,亦须数习而后能""习以成性,遂若自然"。(《达生注》,640)郭象认为,人先天地具有的"性之质"需要后天的培养和训练方能得以完善,"虽性可学成,然要当内有其质,若无主于中,则无以藏圣道也"(《天运注》,520)。王晓毅教授认为,郭象所谓的"性分",是"先天一次形成的,终生不可能有丝毫改变"。③ 这种看法与郭象"习以成性"的思想相矛盾。

"习以成性"的观点中暗含着郭象的另一层认识,以"操舟可学"为例。郭象认为,操舟这项技能能否学成的关键在于学操舟者的性分中是否具有获得该技能的资质或潜能,在有此资质或潜能的前提下,学操舟

---

① 李泽厚、刘纲纪:《中国美学史》第2卷,中国社会科学出版社1987年版,第151页。
② 李昌舒:《自然与自由——论郭象哲学之"性"》,《中国哲学史》2005年第3期。
③ 王晓毅:《郭象命运论及其意义》,《文史哲》2005年第6期。

者才能够经过勤奋的训练而获得此项技能。但是，从另一个角度来看，我们能否在勤奋的学习和训练之前就知道学操舟者是否具备这项资质呢？从经验上判断，我们认为是不能的。郭象也有这方面的论述，如他说："不知其然而自然者，非性如何？"（《则阳注》，873）即人性之中具备些什么样的质素，是不可预知的。那么，学操舟者只有在其经过训练之后从是否学会和精通该技能的这个结果上判断自己是否具备操舟的资质。如果将这一结论推置到郭象的理论中心——适性逍遥，即逍遥的方式在于各适己性，那么，由于性分的不可预知性，判断一个人是否逍遥的标准何在？只能从其行为的结果加以判断，即看行为主体是否在行为过程中遵循自己的自由意志以及是否获得积极的愉悦的感受。

这样看来，郭象的"性分"理论出现了一个大的矛盾，一方面他在学理层面上为性分确立了必然性原则，另一方面他又以其不可预知性从现实层面瓦解了性之必然性原则。这就为后人接受郭象的性分说，用以解释自己的行为提供了空间。李泽厚等人曾批评郭象的"安于其性"的说法，认为他有意将人束缚在封建统治者的权位之下。这一批评是基于对"安于其性"做了"安于其位"的理解的。这似乎并非郭象的本意，相反地，他的性分理论为人的自由实践做了理论上的铺垫。

郭象的性分说与美国人本主义心理学家亚伯拉罕·马斯洛的"类本能"概念具有一定的契合度。作为西方现代心理学第三思潮的代表人物，马斯洛既否定了以弗洛伊德为代表的本能论，也驳斥了行为主义心理学的反本能论，主张按程度的差异来考虑问题。他认为，随着种系逐渐上升，生物本能在其行为中的作用有一种逐步消失的倾向，低等动物的行为相对于高等动物更具有本能特征。他就此提出了"类本能"的概念，所谓类本能，指的是人类机体所具有的积极成长和自我实现的倾向或冲动。他将类本能设定为人类的独特本能，并根据临床经验得知，对这类本能需要的挫折会导致心理疾患，而基本需要的满足会导致各种各样的积极后果，产生有益的、良好的、健康的、自我实现的效应。

类本能和郭象的"性分"说存在很大的相似性。它们都是机体成长的内在驱动力。郭象说"物各性然"，马斯洛则常用"种子"来比喻类本能：

> 人按着他自己的本性，表明有指向越来越完善的存在、越来越多地完全实现其人性的压力。这一点与下述事实具有同样精确的自然科学的意义。一颗橡树籽可以说"迫切要求"成长为一颗橡树。①

从相反的方向来说，马斯洛以为对基本需要的挫折导致心理的疾病或者人格的分裂，这与郭象在损害性分所造成的后果上的观点是相似的。后者认为，"反其性而凌之则乱"（《在宥注》，406）。

马斯洛认为，人具有先天的遗传性的类本能需要，而需要的满足所要求的能力、认知等则有待于后天的习得。这与郭象"习以成性"的思想是一致的。他们都关注到了后天的培育对先天潜能的生成与完善作用。"类本能"是在马斯洛对本能论和文化决定论做了双重否定的基础上提出的，它是"残存的本能""不完全的本能"，即只具有本能的某些特征，只提出了满足基本需要的要求，而在满足基本需要的方法和能力等方面，本能是无法做具体的指导的，因而需要后天的学习和引导，从社会环境、文化等方面获得满足基本需要的各项能力。因此，类本能与后天的习得在人满足基本需要乃至达到自我实现的道路上是同样重要的。而郭象的人性论却与此不同，他坚信性分是先天的，是天之所授，性分中包含着人的各种潜能。这与他"习以成性"的说法是否有矛盾呢？其实不然，他说："虽性可学成，然要当内有其质"，即内在的"性之质"是性分养成的关键。在这里，后天的培育影响只是为性分的需求的显现及其潜能的开发提供了条件。而后天的文化、环境本身并不提供任何认知、能力等，人的自得则完全依赖于"性分"的保全及服从性分的内在要求。

## 三 仁义之性

刘笑敢教授把郭象的《庄子注》作为中国古典阐释传统中的"逆向诠释"的代表，郭象旨在建构自己的玄学理论体系，对于《庄子》的本来意思，并不忠实地予以阐发，反而常常用"六经注我"的方式加以曲

---

① ［美］亚伯拉罕·马斯洛：《存在心理学探索》，李文湉译，云南人民出版社1987年版，第144页。

解。尤其是在涉及儒家思想的地方，郭象不惜反着说。《庄子·天道》篇中有一段老聃与孔子关于仁义是否是人性内容的对话：

> 老聃曰："请问，仁义，人之性邪？"
> 孔子曰："然。君子不仁则不成，不义则不生。仁义，真人之性也，又将奚为矣？"
> 老聃曰："请问，何谓仁义？"
> 孔子曰："中心物恺，兼爱无私，此仁义之情也。"
> 老聃曰："意，几乎后言！夫兼爱，不亦迂乎！无私焉，乃私也。夫子若欲使天下无失其牧乎？则天地固有常矣，日月固有明矣，星辰固有列矣，禽兽固有群矣，树木固有立矣。夫子亦放德而行，循道而趋，已至矣；又何偈偈乎揭仁义，若击鼓而求亡子焉？意，夫子乱人之性也！"

在这段话中，庄子明确地表达了他的自然人性论的主张，反对将仁义纳入到人性的范畴之中，认为对仁义的提倡会扰乱人性的本然状态。然而，郭象却用寄言出意的注释方法对之做出了新的阐释。首先，他认为"中心物恺，兼爱无私"是"常人之所谓仁义者也，故寄孔、老以正之"（《天道注》，483）。其次，他定义了与"常人之所谓仁义者"不同的"至仁"，说"夫至仁者，无爱而直前也"。（《天道注》，483）再次，郭象对老聃所说的"无私焉，乃私耳"作注曰："世所谓无私者，释己而爱人。夫爱人者，欲人之爱己，此乃甚私，非忘公而公也。"（《天道注》，483）他指出，世人所谓的仁义实际上是抱着爱己的目的的，并非真正的"无私"。他在此提出"忘公而公"以证成他"无爱而直前"的"至仁"的说法。最后，郭象对"夫子乱人之性"作注曰："事至而爱，当义而止，斯忘仁义者也，常念之则乱真矣。"（《天道注》，484）这句话的前三分句是对"无爱而直前"的注解，突出"直前"和"忘公而公"；后一分句是对世之所谓仁义的再次批判，如果在认知上先有了仁义的观念，再依照这种观念法则去行事，就失去了事物的本然状态，正如他在《骈拇》之"小惑易方，大惑易性"所注："矜仁尚义，失其常然，以之死

地，乃大惑也。"(《骈拇注》，330)

郭象对仁义做此剖判，说明他有将仁义纳入人之性分的倾向。在对《骈拇》篇的如下一段文字作注时，郭象正式提出了"仁义自是人之情性"的命题。

> 凫胫虽短，续之则忧；鹤胫虽长，断之则悲。故性长非所断，性短非所续，无所去忧也。意仁义其非人情乎！彼仁人何其多忧也？

郭象在这里顺着《庄子》的本意，从野鸭和鹤的脖子虽有长短的不同，但均出于性之自然，故当任之，得出"知其性分非所断续而任之，则无所去忧而忧自去也"（《骈拇注》，325）的命题，由此引申到仁义与人的性分的关系，从而提出"夫仁义自是人之情性，但当任之耳"（《骈拇注》，325）的观点。接着，郭象假借着本文中"仁人多忧"的疑问加强了自己的观点，"恐仁义非人情而忧之者，真可谓多忧也"（《骈拇注》，325）。

至此，郭象成功地将仁义重新置入到了人的性分的内涵之中。值得注意的是，郭象的人性论是以自然为最高原则的："言自然则自然矣，人安能固有此自然哉？自然耳，故曰性。"（《山木注》，692）那么，仁义之性是否符合自然原则呢？他对此做出了更深层的辨析。

郭象使用"迹"与"所以迹"的论辩方法来阐释这一问题。在《骈拇》篇之"自虞氏招仁义以挠天下也，天下莫不奔命于仁义，是非以仁义易其性与？"一句的注释中，郭象说明了有虞氏任"至仁"之性于天下而能"与物无伤"，却不可避免地出现并留下了仁义之迹，后人纷纷追慕和效仿仁义之迹，因而造成了"弃我徇彼以失其常然"的混乱局面，"虽虞氏无易之之情，而天下之性固以易矣"。（《骈拇注》，331）郭象主张的仁义之性是前文所指出的"至仁"①，

---

① 郭象对"至仁"的描述颇类似于孟子所谓的"不忍人之心"："所以谓人皆有不忍人之心者，今人乍见孺子将入于井，皆有怵惕恻隐之心。非所以内交于孺子之父母也，非所以要誉于乡党朋友也，非恶其声而然也。"赵歧注曰："凡人暂见小孺子将入井，贤愚皆有惊骇之情，情发于中，非人为也，非恶有不仁之声名，故怵惕也。"（（清）焦循：《孟子正义》，中华书局1987年版，第233页。）"至仁"与"不忍人之心"都具有"非人为"的特征，是人内在向善倾向的表现。

而非"世之所谓仁义",他对后者是持否定态度的。"兼爱之迹可尚,则天下之目乱矣。以可尚之迹,蒿令有患而遂忧之,此为陷人于难而后拯之也。然今世正谓此为仁也。"(《骈拇注》,326)在他看来,以仁义之迹诱导和教化人民,相当于将人陷入道德感和人生观的矛盾旋涡之中,并以其作为解救之道。

将仁义纳入人的性分之中是郭象注《庄》的非常重要的策略和内容。西晋社会的浮华之风极盛,或如"八达"追慕竹林放达之风,行放诞妄为之事;或如石崇、何曾穷奢极欲,夸富矜名;或如王衍、庾敳等祖述老庄,崇尚虚谈,虽身居职要,却无事事之心;或如毕卓、张翰等及时行乐,遗落世事。总而言之,他们的人格中已经缺失了担当道义的品质,国家民族意识淡薄,玩忽职守、肆意践踏人的生命,① 这些基本伦理的沦丧将会造成极大的灾难!对名教的回归,对仁义等道德力量的唤醒已成为不得不为的时代要求。郭象在自然的大前提下使仁义重归人性,因而将名教的种子埋藏在人的本性之中,这就为名教与自然的统合,为名教之治的合法性和回归儒士身份奠定了基础。

**四 人性与潜能**

自为,是郭象《庄子注》中出现频率非常高的词汇,他常用"任(因、用)……自为"的短语形式,如"任天下之自为""任万物之自为""用天下之自为"等。何谓自为?郭象有一段辨说:

> 夫为为者不能为,而为自为耳……自为耳,不为也,不为也则为出于不为矣。为出于不为,故以不为为主。(《大宗师注》,229—230)

---

① 《晋书》卷98《王敦传》写道:"恺尝置酒,敦与导俱在坐,有女伎吹笛小失声韵,恺便驱杀之,一坐改容,敦神色自若。他日,又造恺,恺使美人行酒,以客饮不尽,辄杀之。酒至敦、导所,敦故不肯持,美人悲惧失色,而敦傲然不视。"《世说新语·汰侈》篇亦有载,只是宴客的主人变成了石崇,并记王敦回答王导劝解的一句话:"自杀伊家人,何预卿事!"可见彼时士人对生命的漠视态度。

这就是说,"自为"有别于出于异己目的的有为,而是顺遂天性的自然而为,它属于无为的范畴。郭象说:"自得此为,率性而动,故谓之无为也。"(《天道注》,470)他将自为的行为机制建立在人的性分基础上,认为率性而动即是自为,"性分各自为者,皆在至理中来,故不可免也"(《达生注》,630)。

郭象还论述了自为的有效性及必要性:

> 足能行而放之,手能执而任之,听耳之所闻,视目之所见,知止其所不知,能止其所不能,用其自用,为其自为,恣其性内而无纤芥于分外,此无为之至易也。无为而性命不全者,未之有也。(《人间世注》,190)

> 举其性内,则虽负万钧而不觉其重也;外物寄之,虽重不盈锱铢,有不胜任者矣。(《人间世注》,190)

在郭象任性之自为的理念中隐藏着一个重要的命题,即性分中包含着人的各项能力,适性的自为就是要合理地使用这些才能。郭象说:"不为而自能,所以为正也。故乘天地之正者,即是顺万物之性也。"(《逍遥游注》,23)适性观念蕴含着发挥人性中的潜能的思想。《庄子·马蹄》的开篇释"马之真性"为"蹄可以践霜雪,毛可以御风寒,龁草饮水,翘足而陆",并反对伯乐的治马之术。郭象不同意这样的看法,他认为,

> 马之真性,非辞鞍而恶乘,但无羡于荣华。(《马蹄注》,339)

> 夫善御者,将以尽其能也。尽能在于自任,而乃走作驰步,求其过能之用,故有不堪而多死焉。若乃任驽骥之力,适迟疾之分,虽则足迹接乎八荒之表,而众马之性全矣。而惑者闻任马之性,乃谓放而不乘;闻无为之风,遂云行不如卧,何其往而不返哉!斯失乎庄生之旨远矣。(《马蹄注》,341)

因任马的自然本性就是要合理地使用其性分中的能力，不是像伯乐那样"求其过能之用"，也不应采取"放而不乘"这种彻底的自然主义态度，割裂事物之间的必然联系。在这里，郭象指出要因任好马和劣马的不同性分，使其各尽其能，这才是对待马的正确方法。同时，他有感于时人崇尚虚谈、不务实事的浮华作风，批评他们错误的"无为"观念，主张"群才万品，各任其事而自当其责"。(《天道注》, 465)

郭象肯定每个人性分中的各种才能，他的自为概念中实际上包含着号召人施展这些才能的呼声。他说："时之所贤者为君，才不应世者为臣"(《齐物论注》, 64)，即评判一个人为君或为臣的标准在于他性分中的能力是否得到施展和应用，以及这些才能是否与时代和社会的需求相适应，而不是以其士族或庶族的阶级差别或在士人群体中的声望高低为权衡的。在这里，有必要区分性分与名分、位份的差异。在魏晋时期的人才选拔制度中，人物品评是考核人才和选举官员的重要途径，因此好名成为一种时代风气，这就难免造成相互标榜、名过其实的状况，同时也出现了政敌恶意诋毁造谣的现象。晋代史籍中常常出现同一个人物的大相径庭的两幅面孔。例如，王衍成为士林名流，与其族兄王戎的评价是分不开的。"瑶林琼树，自是风尘外物"的题目突出了王衍超脱高逸的名士气度，但在《世说新语》中也记载了衍妇郭氏令婢女路上担粪这样的丑事。王戎对待同族同党不吝赞美，对待政敌却乱泼脏水。《晋书·羊祜传》曰："祜贞悫无私，疾恶邪佞，荀勖、冯𬘘之徒甚忌之。从甥王衍尝诣祜陈事，辞甚俊辩。祜不然之，衍拂衣而起。祜顾谓宾客曰：'王夷甫方以盛名处大位，然败俗伤化，必此人也。'步阐之役，祜以军法将斩王戎，故戎、衍并憾之，每言论多毁祜。时人为之语曰：'二王当国，羊公无德。'"由此可见，魏晋时期的人物品评背后有政治利益的考量，并非都是从审美角度对人物风神的钦赏。由人物品评而来的名分名望也并不必然其实相副。郭象在考论人才任用问题时，看重的不是"名"，更不是"位"，而是"才"，是人性中的潜能。

## 五 性情之辨

在郭象的人性论中，性与情是必须加以区别的概念。

性与情的关系，是中国古代人性论的重要论题之一。就儒家而言，自孔子始，如何恰当地处理情与性的关系就成为儒家礼乐观念的核心关切。《论语》曰："富与贵，是人之所欲也。"《礼记》曰："饮食男女，人之大欲存焉。"然而，人的情感和欲望要有所节制，《礼记·乐记》曰："先王本之情性，稽之度数，制之礼义。"① 这是"缘情制礼"的观念。荀子《乐论》曰："民有好恶之情而无喜怒之应则乱。先王恶其乱也，故修其行，正其乐，而天下顺焉。"② 这是主张以音乐教化百姓的乐教思想。这种以人之情性为本的礼乐观念到了汉代以后发生了变化，董仲舒主张"损其欲而辍其情"③，朱熹高举"存天理，灭人欲"的旗帜，贬抑和轻视了情在人性中的应有地位和作用。以《庄子》为中心的道家学派则在性与情的关系问题上提出了更为复杂的观念。庄子在内篇中倡导"无情"说，外杂篇则在性情同一论的前提下主张"安其性命之情""反其性情"。《庄子》的情性论对魏晋玄学在这一论题上的讨论开辟了道路。

圣人有情无情的问题是魏晋玄学的一大论题。自何晏、王弼时起，这一问题就是清谈论辩的焦点之一，《三国志·魏书》卷28《钟会传》裴松之注引何劭《王弼别传》说：

> 何晏以为圣人无喜怒哀乐，其论甚精，钟会等述之。弼与不同，以为圣人茂于人者神明也，同于人者五情也。神明茂，故能体冲和以通无；五情同，故不能无哀乐以应物。然则圣人之情，应物而无累于物者也。今以其无累，便谓不复应物，失之多矣。

王弼以"应物不累于物"来解释圣人有情的观点与何晏所主张的"圣人无喜怒哀乐"针锋相对。汤用彤先生说："圣人象天本汉代之旧义，纯以自然释天则汉魏间益形著明之新义，合此二义而推得圣人无情之说。"④ 他指出，"圣人无情"论是汉魏时期的流行学说。汉代崇尚儒家

---

① （清）孙希旦：《礼记集解》，中华书局1989年版，第1000页。
② （清）王先谦：《荀子集解》，中华书局2018年版，第450页。
③ 苏舆：《春秋繁露义证》，中华书局2018年版，第288页。
④ 汤用彤：《魏晋玄学论稿》（增订版），上海人民出版社2015年版，第61页。

学说，提倡"圣人法天"，这里的"天"本是有道德意志的儒学概念。而到了汉魏时期，名家和老庄观念盛行，"天"的内涵也就随之发生了变化，由"意志"之天转变为"自然"之天。那么，"圣人法天"的结果就变成了"圣人无情"。但是，王弼却对"圣人无情"论进行了反驳。他首先从圣凡差别的区分入手，认为圣人自有不同凡人之处，这就是他的"神明"比常人更发达。所谓"神明"，是指他的脑力开发得更充分，更聪明，更有智慧。然而，圣人与常人也有相同的地方，那就是情感。人有情，圣人也有情。其次，王弼从功能角度阐述了圣凡异同之处的理由。只有"神明"更加发达，圣人才能够"体冲和以通无"。所谓"体冲和"，指的是保持内在的宁静平和，不会轻易地被外界干扰，因此才能"通无"；所谓"通无"，也就是"体无"，即"以无为本"；只有与人在情感上保持一致，圣人才能够"应物"，即应对世间万物的各种机变，对人世间的变化发展做出相应的反应。《三国志》裴松之注引《王弼别传》载王弼语曰："夫明足以寻极幽微，而不能去自然之性。颜子之量，孔父之所预在，然遇之不能无乐，丧之不能无哀。"这段话同样阐述了王弼的圣人有情论，并以颜回与孔子的事迹为证。《史记》卷67《仲尼弟子列传》曰："颜回年二十九，发尽白，蚤死。孔子哭之恸。"孔子被视为圣人，王弼以此为据，说孔圣人深知颜渊，可与颜渊相识时不能不感到快乐，颜渊死去的时候也不能不悲伤。作为圣人，孔子依旧充满了感情。再次，王弼对"圣人之情"予以定性。圣人虽然和常人一样充满感情，但圣人却能够"应物不累于物"，即不受外物或情感的牵累，不会使情感漫无节制、肆意泛滥，一发不可收拾。直至东晋，论辩仍在继续，《世说新语·文学》篇曰：

> 僧意在瓦官寺中，王苟子来，与共语，便使其唱理。意谓王曰："圣人有情不？"王曰："无。"重问曰："圣人如柱邪？"王曰："如筹算，虽无情，运之者有情。"僧意云："谁运圣人邪？"苟子不得答而去。

王苟子，即王修。王修的清谈功夫显然没能达到何晏和王弼那样精湛的地步，他把圣人比作筹算，虽新颖，却充满了逻辑缺陷，因此被僧意抓住把柄，不得不悻悻而去。但这则故事也反映出关于圣人之情的讨论一直处于争论当中。郭象说"至人无情，与众号耳"（《养生主注》，134）也是主张圣人无情论的。

玄学的这一论题仅限于圣人之情有无的问题，而不涉及常人。对于常人，他们似乎达成了有情的共识。《世说新语·伤逝》篇记载：

> 王戎丧儿万子，山简往省之，王悲不自胜。简曰："孩抱中物，何至于此？"王曰："圣人忘情，最下不及情；情之所钟，正在我辈。"简服其言，更为之恸。

但在如何对待人的情感的问题上，他们却出现了不同的意见，大体而言，可以分为性情派和纵情派，前者以王弼、嵇康、郭象为代表，后者以向秀和王澄等元康名士为代表。

王弼在《周易注》中提出了"性其情"的说法。《周易·乾》曰："乾元者，始而亨者也；利贞者，性情也。"王弼注曰："不为乾元，何能通物之始？不性其情，何能久行其正？是故始而亨者，必乾元也；利而正者，必性情也。"楼宇烈先生释曰："'性其情'，意为以性约束其情。"[①]南朝梁皇侃在《论语义疏》中对此做了细致的分析，他在解释"性相近也，习相远也"一句时说：

> 然性情之义，说者不同，且依一家旧释云："性者，生也；情者，成也。"性是生而有之，故曰生也；情是起欲动彰事，故曰成也。然性无善恶，而有浓薄；情是有欲之心，而有邪正。性既是全生，而有未涉乎用，非唯不可名为恶，亦不可目为善，故性无善恶也。所以知然者，夫善恶之名，恒就事而显，故老子曰："天下以知美之为美，斯恶已。以知善之为善，斯不善已。"此皆据事而谈。情有邪正者，情既是事，若逐欲流迁，其事则邪，若欲当于理，其事

---

① 楼宇烈：《王弼集校释》，中华书局1980年版，第225页。

则正，故情不得不有邪有正也。故《易》曰："利贞者，性情也。"王弼曰："不性其情，焉能久行其正？"此是情之正也。若心好流荡失真，此是情之邪也。若以情近性，故云性其情。情近性者，何妨是有欲？若逐欲迁，故云"远"也。若欲而不迁，故曰"近"。但近性者正，而即性非正，虽即性非正，而能使之正。①

皇侃先从性与情的内涵辨析说起，认为性无善恶而情有邪正，且情之邪在于逐欲流迁，情之正在于欲当于理。据此，他征用王弼"性其情"的说法，指出达到情之正就要以情近性，使情欲不迁。

嵇康撰《养生论》和《答难养生论》阐发自己的养生思想，以性节情是其中的关键。他认为人的情绪、欲望、智虑等如果不加节制，就会损害真性，不利于养生，"世人不察，惟五谷是见，声色是耽；目惑玄黄，耳务淫哇；滋味煎其府藏，醴醪鬻其肠胃，香芳腐其骨髓，喜怒悖其正气，思虑销其精神，哀乐殃其平粹。夫以蕞尔之躯，攻之者非一途；易竭之身，而外内受敌；身非木石，其能久乎？其自用甚者，饮食不节，以生百病；好色不倦，以致乏绝"（《养生论》）。但是，嵇康不是简单地否定所有的欲望，他对向秀说的"感而思室，饥而求食，自然之理也"（《难养生论》）深表赞同。他肯定对人的基本需要和自然欲望的满足，但不主张因智用产生过度的欲望，"今不使不室不食，但欲令室食得理耳。夫不虑而欲，性之动也。识而后感，智之用也。性动者，遇物而当，足则无余；智用者，从感而求，倦而不已。故世之所患，祸之由，常在于智用，不在于性动"（《答难养生论》）。为说明这一道理，他还举了个例子，即"今使瞽者遇室，则西施与嫫母同情"。西施是历史上有名的美人，而嫫母是历史上有名的丑女。但对于一个盲人来说，由于他无法从视觉感知上判断她们的美丑，阻止了他的智用因素的发挥，从满足其性欲上来说二者并无差别。在嵇康看来，人的很多欲望并非"性之动"的自然形成，而常常是智力导向的结果，如对美丑、贵贱、甘苦的判断。

纵情派在理论上的代表当为向秀。由于消解了礼教对人的情感的束

---

① （南朝梁）皇侃：《论语义疏》，中华书局2013年版，第445页。

缚，魏晋时期出现了很多钟情与深情的人和事，如荀粲、王戎及其妻、桓温、王廞、王徽之等。《世说新语·惑溺》篇曰：

  荀奉倩与妇至笃，冬月妇病热，乃出中庭自取冷还，以身熨之。妇亡，奉倩后少时亦卒。

  王安丰妇，常卿安丰。安丰曰："妇人卿婿，于礼为不敬，后勿复尔。"妇曰："亲卿爱卿，是以卿卿；我不卿卿，谁当卿卿！"遂恒听之。

《世说新语·任诞》篇曰：

  王长史登茅山，大恸哭曰："琅邪王伯舆，终当为情死。"

《世说新语·伤逝》篇曰：

  王子猷、子敬俱病笃，而子敬先亡。子猷问左右："何以都不闻消息？此已丧矣！"语时了不悲。便索舆来奔丧，都不哭。子敬素好琴，便径入坐灵床上，取子敬琴弹，弦既不调，掷地云："子敬！子敬！人琴俱亡。"因恸绝良久，月余亦卒。

宗白华先生说："晋人向外发现了自然，向内发现了自己的深情。"① 当他们一往情深地面对宇宙人生，便为这个世界赋予了一种情致化的诗意色彩，中国古典感物美学由此发轫。王献之说："从山阴道上行，山川自相映发，使人应接不暇。若秋冬之际，尤难为怀。"（《世说新语·言语》）冯友兰先生说："真正风流的人，有情而无我，他的情与万物的情

---

① 宗白华：《美学散步》，上海人民出版社1981年版，第215页。

有一种共鸣。他对于万物，都有一种深厚的同情。"① 这样的情，最富感人的力量。但是，晋人的情感并不总是能够超越自我的，也有一部分人因囿于自我而走向放纵情欲的道路。西晋名士豪奢如何曾"食日万钱，犹曰无下箸处"②，纵欲如元康贵游子弟散发裸身、对弄婢妾等行为都是情欲派的典型表现。

郭象显然是属于性情派的。他在《庄子注》中极力地否定情欲，不仅主张圣人无情，在对待现实世界的普通人的情感问题时，他也常常对纵情的做法加以反对。《庄子注》中写道：

> 偏情一往，则丑者更好而好者更丑。（《德充符注》，222）

> 夫好恶之情，非所以益生，只足以伤身，以其生之有分也。（《德充符注》，227）

然而，细加分析则可以看出他所否定的主要是由外在的追求所引起的人的过度的欲望和情感：

> 将驰骛于忧乐之境，虽楚戮未加而性情已困，庸非刑哉！（《养生主注》，134）

> 五脏之情，直自多方耳，而少者横复尚之，以至淫僻，而失至当于体中也。（《骈拇注》，319）

> 情欲之所荡，未尝不贱少而贵多也，见夫可贵而矫以尚之，则自多于本用而困其自然之性。（《骈拇注》，320）

---

① 冯友兰：《论风流》，骆玉明、肖能选编：《魏晋风度二十讲》，华夏出版社2009年版，第228页。
② 《晋书》卷33《何曾传》。

萑苇害黍稷，欲恶伤正性。(《则阳注》，892)

郭象同嵇康一样，是以安性、养性为基本的人生目标的，而人的跂尚之情、欲望之心则会于此不利。因此，他们都是坚持以性为本、以性统情的：

性动者，遇物而当足则忘余，斯德生也。(《达生注》，636)

民之所患，伪之所生，常在于知用，不在于性动也。(《达生注》，637)

在性与情欲的关系上，郭象受到了嵇康的深刻影响，甚至直接搬用了嵇康"智用"与"性动"这一对术语来界定人性的合理范围。

## 第二节 适性说

经典阐释是汉代以后中国古代思想延续和发展的重要方式。而且，对经典中的词汇或概念的再发现与再阐释是在述古的面目下达到古为今用的目的的有效方法。这在以古为范的传统观念下容易被人接受，但同时也可能会造成了某些理论概念在归属权上的纷争。一般而言，经典的原作者会偶然地选择某些语词用于思想的表述，而对于这个名词是否具有固定的理论内涵和鲜明的理论价值，他可能并没有明确的意识。在后世传播或注解过程中，经典文本或思想中的某些潜在概念会在时运交际的情况下进入后人的视野，并因此演化成一种概念或理论。对此，刘笑敢教授说："通过剖析哲学家的哲学范畴揭示哲学家的理论体系，这是研究哲学史的基本方法之一，也是哲学史研究走向科学化的基本途径之一，所以，我们在剖析庄子哲学体系时首先分析研究了庄子的主要哲学范畴。不过，在运用这一方法时也应注意从实际出发和掌握分寸，不要把古人可能的范畴当作确实有的范畴，把后人的范畴当作前人的范畴。"① "适性"即是如此，它不是庄子哲学本身的基本概念或命题，而是庄子后学不断引申和积累起来的，直到郭象才成为一个独立的范畴。所以，在对其理论内涵展开具体分析之前，我们需要从观念史的角度对它的归属权问题做一番辨析。

## 一 《庄子》内篇与适性

在被认为是庄子本人所作的今本《庄子》内篇中②，"性"的概念未曾出现过。荀子曾批评庄子学说"蔽于天而不知人"，这一点从内篇把"天"作为重要的哲学概念而从不谈"性"可以得到证明。庄子虽不谈"性"，但为了论述自己的"天道观"，不得不常常谈到"人"，并把"人"视为"天"的对立面，主张"无以人灭天，无以故灭命"（《秋水》）。《德充符》篇末记载了庄子与惠子之间的一段对话，足以说明庄子对待人性的看法。其文曰：

---

① 刘笑敢：《庄子哲学及其演变》，中国人民大学出版社 2010 年版，第 137 页。
② 徐复观先生从四个方面分析论证《内篇》出自庄子本人之手，而外杂篇有的系出于庄子之手，有的则是其学徒对庄子思想的解释、发挥及生平记录。首先，《内篇》不言"性"，而外杂篇多谈"性"；其次，外杂篇的阴阳学说较内篇更为成熟，内篇所论皆系早期阴阳观念；再次，内篇分列《诗》《书》《礼》《乐》等儒家经典，而外杂篇则常常以"六经"为名；最后，内篇文风"深厚奥折，瑰奇变化"，体现出庄子的立言风格。参见徐复观《中国人性论史·先秦篇》，九州出版社 2014 年版，第 328 页。刘笑敢教授在其著作《庄子哲学及其演变》中通过对《庄子》文本语词从单音节（主要是内篇的道、德、命、精、神等概念）到双音节（主要是出现在外杂篇的道德、性命、精神等概念）的变化分析，指出内篇的写作早于外杂篇，且更能够代表庄子本人的思想。这一结论具有较强的说服力，一般为学界所接受，张岱年、李泽厚和陈鼓应等先生都对其加以肯定。本书此部分内容将依据徐复观先生与刘笑敢教授的研究成果，从内篇、外杂篇及郭注三个层面来分析"适性"理论的归属权问题。当然，也有与刘笑敢教授不同的观点。任继愈先生认为，《庄子》外篇在写作之初没有统概全篇的题目，而是遵循先秦著作编排的一般体例，以开篇前两字为题，而内篇的题目是足以概括全篇内容的，并非以篇首文字为题，应晚于外篇。他因此认为，"内篇"是庄子后学的成果，不能代表庄子本人的思想。参见任继愈《中国哲学史论》，上海人民出版社 1986 年版。杨国荣教授认为，"关于《庄子》一书更合理的理解，是将其视为一个整体"，目前，《庄子》各篇在何时出于何人之手，以现有材料难以考定，"但它奠立于庄子，具有自身主导的哲学观念和基本的学术立场，这一点又显然不应有疑问"。因此，他主张把庄子看作《庄子》这部书的观念主体，把《庄子》看成是庄子的思想载体。参见杨国荣《庄子内篇释义》，中华书局 2021 年版，第 2 页。

惠子谓庄子曰："人故无情乎？"庄子曰："然。"惠子曰："人而无情，何以谓之人？"庄子曰："道与之貌，天与之形，恶得不谓之人？"惠子曰："既谓之人，恶得无情？"庄子曰："是非吾所谓情也。吾所谓无情者，言人之不以好恶内伤其身，常因自然而不益生也。"惠子曰："不益生，何以有其身？"庄子曰："道与之貌，天与之形，无以好恶内伤其身。今子外乎子之神，劳乎子之精，倚树而吟，据槁梧而瞑。天选子之形，子以坚白鸣。"

在先秦时期，"情"大体有三种用法和内涵，一是指情实，二是指情性，三是指情欲。而后两者往往是同质的，徐复观说："在先秦，情与性，是同质而常常可以互用的两个名词。在当时一般的说法，性与情，好像一株树生长的部位。根的地方是性，由根伸长上去的枝干是情；部位不同，而本质则一。"① "情"在内篇中出现了19次，其中多数属于第一种用法，但也有论及人的情感问题。在这段对话中，惠子的本意是与庄子讨论人的情性与情感问题，他对庄子的"无情"论提出驳难。而庄子一方面把惠子所谓的"情"的内涵引导到"情实"上，通过重申"道与之貌，天与之形"而肯定人的实在性；另一方面阐述自己的"无情论"是在情性或情欲问题上的自然主义观念，主张"不以好恶内伤其身"，即破除是非好恶对人的牵累，并以惠子本身为例，说明从事名辩活动、以智识损耗精神是一种"遁天之刑"。（《养生主》）即使庄子的"无情论"在目的论上具有正当性，但他的"人故无情"的观点从根本上说是与人性的事实相睽违的。

庄子在内篇中关于人的看法总体上是消极的，他在《人间世》篇借孔子与子贡之口提出了"畸于人而侔于天"的观念。他刻画了许多畸人形象，如王骀、申徒嘉、哀骀它、支离疏、闉跂支离无脤等，与其在形体上的畸形怪诞形成鲜明对比的是他们的德行的完善和才能的健全。庄子把人与天之间的差异绝对化、本质化了，在他看来，只有消解人性、或者是人的本质才能实现"与天为一"的境界。因此，庄子在《逍遥游》

---

① 徐复观：《中国人性论史·先秦篇》，九州出版社2014年版，第211页。

中将"无己"作为实现逍遥境界的前提条件,即便像列子和宋荣子那样从世俗生活中得到解脱的高人,仍因其在本性上对他者有所依傍而未能实现心灵的自由境界。

内篇不言"性",假定徐复观先生和刘笑敢教授的研究与推论属实,那就意味着,"适性"并非庄子本人的思想。然而,庄子的"安命"思想与"适性"具有一定的可比性。《人间世》说:"知其不可奈何而安之若命,德之至也。"① 庄子继承了老子的无为思想,并把它从政治原则变为人生法则,提倡安命无为的生活方式。对于命,庄子持客观必然主义的态度,认为人生命运和社会生活的诸种情态均是命定的,日本学者福永光司将之理解为"万物先天性的存在条件"②。《德充符》说:"死生存亡,穷达贫富,贤与不肖毁誉,饥渴寒暑,是事之变,命之行也。"与"适性"论相比,命定论的消极色彩更加浓厚,"完全抹杀了人的思想对行为的指导作用和决定作用,抹杀了人在一定范围内选择生活方向的主动权"③。如前所述,郭象的人性论肯定了仁义等德性内涵以及所蕴含的潜能,其"适性"思想并不是纯然被动的,而是包含了激发人生积极力量的成分。

从"顺适""安适"的义项来使用的"适"在内篇中凡三见。《齐物论》曰:

> 昔者庄周梦为胡蝶,栩栩然胡蝶也,自喻适志与!不知周也。

---

① 有学者认为,《庄子》内篇虽不言"性",但"德"就是"性",这两个概念是相同的。如徐复观说:"《庄子》一书的用词,以采取宽泛的用法时为多。因之,不仅在根本上,德与性是一个东西;并且在文字上,也常用在一个层次,而成为可以互用的。""若勉强说性与德的分别,则在人与物的身上内在化的道,稍微靠近抽象的道德方面来说,便是德;贴近具体的形的方面来说时,便是性。"参见徐复观《中国人性论史·先秦篇》,九州出版社2014年版,第341、339页。然而,"性"的具体性与"德"的抽象性之间虽存在渊源关系,但其间的差异不能轻忽和抹平。物性(包括人性)的个体差异性与庄子的齐物论是相互冲突的。物性的现实性与差异性本就是庄子哲学所面临的最大的逻辑隐患。这也就为郭象在人性论纷起的魏晋玄学时代重释《庄子》提供了学理空间。
② 转引自陈鼓应《庄子今注今译》,中华书局2009年版,第336页。
③ 刘笑敢:《庄子哲学及其演变》,中国人民大学出版社2010年版,第144页。

《大宗师》曰：

> 若狐不偕、务光、伯夷、叔齐、箕子、胥余、纪他、申徒狄，是役人之役，适人之适，而不自适其适者也。

> 造适不及笑，献笑不及排，安排而去化，乃入于寥天一。

其中，"若狐不偕"一段前人疑为别处错入，应当删去。①

在"庄周梦蝶"这则寓言中，当庄子梦见自己变为一只栩栩然而飞的蝴蝶时，他感到内心的愉悦。庄子用"适志"一词描述自在快乐的心理状态。第三则材料出于孔子回答颜回所问孟孙才守孝不哀不泣的话。庄子借孔子之口塑造了孟孙才达死生之变而与化俱化的真人形象后，以"造适不及笑，献笑不及排"作为真人应事的表征，"意谓适意的心境出现时，往往还来不及笑；从内心发出的笑声，出于自然，往往也来不及安排。说明适意与笑都是自然而然的，是不能自主的"。② 此处的"适"仍是对"适意"的心理状态的描述。由此可见，在最能代表庄子本人思想的《内篇》中，"适"只是偶然地被用来表达一种愉快的心理景况，并不是一个庄子着意的概念，更非一种理论形态。

## 二 《庄子》外杂篇的适性意识

庄子与孟子大约生活在同一个时期，《孟子》书中常谈到"性"，提出"性善论"，并与告子的"性无善恶论"发生争执，《庄子》内七篇却

---

① 陈鼓应先生《庄子今注今译》引闻一多先生的话说："案自本篇首至'天与人不相胜也，是之谓真人'，中间凡四言'古之真人'，两言'是之谓真人'，文意一贯，自为片段，惟此一百一字与上下词指不类，疑系错简。且'圣人之用兵也，亡国而不失人心'，宁得为庄子语，可疑者一也。务光事与许由同科，许由者《逍遥游》篇既拟之于圣人，此于务光乃反讥之为'役人之役，适人之适，而不自适其适者'，可疑者二也。……'利泽施于万世'，又见《天运》，'适人之适而不自适其适者也'，又见《骈拇》，并在外篇中。以彼例此，则此一百一字盖亦庄子后学之言，退之外篇可耳。"参见陈鼓应《庄子今注今译》，中华书局2009年版，第190页。

② 曹础基：《庄子浅注》，中华书局1982年版，第107页。

不言"性","性"是外杂篇中的常用概念。而且,外杂篇中的性论属于性自然论,与孟子的"性善论"及荀子的"性恶论"具有针锋相对的性质。例如,《骈拇》篇曰:"伯夷死名于首阳之下,盗跖死利于东陵之上,二人者,所死不同,其于残生伤性均也,奚必伯夷之是而盗跖之非乎!天下尽殉也。彼其所殉仁义也,则俗谓之君子;其所殉货财也,则俗谓之小人。其殉一也,则有君子焉,有小人焉;若其残生损性,则盗跖亦伯夷已,又恶取君子小人于其间哉?"与儒家从道德以及社会生活的正义性角度评判君子与小人不同,《庄子》则从人性自然论的立场来看待伯夷与盗跖的行为,认为二者都导致了残生损性的后果,并据此批评君子与小人之分的错误观念。

《庄子》外杂篇的性论根植于老庄哲学的"无"。《天地》篇曰:

> 泰初有无,无有无名;一之所起,有一而未形。物得以生,谓之德;未形者有分,且然无间,谓之命;留动而生物,物成生理,谓之形;形体保神,各有仪则,谓之性;性修反德,德至同于初。

这是道家学派的宇宙生成论。所谓"泰初",指的是没有任何实在物、任何现象或称谓的宇宙始源状态,老子谓之"无"或"道"。《道德经》第二十一章描绘"道"的存在状态,说:"道之为物,惟恍惟惚。惚兮恍兮,其中有象;恍兮惚兮,其中有物。窈兮冥兮,其中有精;其精甚真,其中有信。"这里用"有一而未形"来概括道所呈现出的浑然未分、周流不殆的气化状态。这种状态是道生万物的起点。陈鼓应教授释"一"为"'道'的创生活动中向下落实一层的未分状态"。[①] 余开亮教授则提出,气在道创化万物的过程中起到了不可替代的中介作用。[②] 所谓"德",实际上是从一个新的角度对"道"的认识和命名。道无形无名,却能化生万物,就其化生的功能而言,称之为"德"。张岱年先生说:

---

[①] 陈鼓应:《庄子今注今译》,中华书局2009年版,第336页。
[②] "气化论"是道家宇宙论的重要组成部分。《知北游》提出了"通天下一气"的命题,曰:"人之生,气之聚也。聚则为生,散则为死。若死生之徒,吾又何患?故万物一也。是其所美者为神奇,其所恶者为臭腐。臭腐复化为神奇,神奇复化为臭腐。故曰:'通天下一气耳。'"

"德是一物所得于道者。德是分，道是全。一物所得于道以成其体者为德。"① 换句话说，相比于"道"，"德"具有更鲜明的具体性特征，但仍是"未形"。它有点类似于柏拉图的"理念"，同时包含了整全的意义和万物分有的具体理念。"命"是生物过程中更加落实的一层，是"就赋予于物而言之"②，它包含和规定了物自身的先验性特征。"命"具体地呈现为两个层面的内容，一是形，一是性。形是物质属性，性是精神属性。形有其规制，即"生理"；性有常态，即"仪则"。无论是形体还是性体，都是"命"的具体的、实在的表现。因此，《庄子》外杂篇中的"性"，从宇宙生成论的角度看，具有先在性和自然性，性自命出，命归于道，故曰"性命非汝有，是天地之委顺也"（《知北游》）；从物的角度来看，性具有具体性和差异性，如《秋水》篇曰："梁丽可以冲城，而不可以窒穴，言殊器也；骐骥骅骝，一日而驰千里，捕鼠不如狸狌，言殊技也；鸱鸺夜撮蚤，察毫末，昼出瞋目而不见丘山，言殊性也。"这里的"殊器""殊技"都是"殊性"的具体表现。这就决定了《庄子》中的"修性"的方法。

《庄子》认为"性不可易"，反对用后天的道德与知识改变"性"的本来面目。《胠箧》篇曰："天下每每大乱，罪在于好知。故天下皆知求其所不知而莫知求其所已知者，皆知非其所不善而莫知非其已善者，是以大乱。故上悖日月之明，下烁山川之精，中堕四时之施；惴耎之虫，肖翘之物，莫不失其性。甚矣夫好知之乱天下也！"如前所述，外杂篇肯定"性"的先在性，《则阳》篇曰："不知其然，性也"，它超出了人的认知能力之外。《骈拇》篇是庄子后学中的无君派批判儒家政治学说的代表作。这篇文章从人性自然论的立场上否定儒家所主张的仁义教化，将之比作规矩绳墨。它说："夫待钩绳规矩而正者，是削其性者也；待绳约胶漆而固者，是侵其德者也；屈折礼乐，呴俞仁义，以慰天下之心者，此失其常然也。天下有常然。常然者，曲者不以钩，直者不以绳，圆者不以规，方者不以矩，附离不以胶漆，约束不以纆索。"《庄子》中的人

---

① 张岱年：《中国哲学大纲》，江苏教育出版社2005年版，第52页。
② 钟泰：《庄子发微》，上海古籍出版社2002年版，第261页。

性自然论反对儒家用仁义礼乐来对人加以约束和规训。庄子后学建立了以人性自然为基本原则的政治理念,主张以在宥天下取代治理天下。《在宥》篇曰:

> 闻在宥天下,不闻治天下也。在之也者,恐天下之淫其性也;宥之也者,恐天下之迁其德也。天下不淫其性,不迁其德,有治天下者哉?昔尧之治天下也,使天下欣欣焉人乐其性,是不恬也;桀之治天下也,使天下瘁瘁焉人苦其性,是不愉也。夫不恬不愉,非德也;非德也而可长久者,天下无之。

林希逸说:"在者,悠游自在之意。淫,乱也,静定则不淫矣。'宥'者,宽容自得之意。迁,为外物所迁移也。"① 李勉则认为,"任""在"二字形似,"在宥"应是"任宥"之误。② 任,意为放任、因任,无所拘囿。可见,《庄子》反对君主有为的治理术,把"天下不淫其性,不迁其德"视为最理想的社会状态,"故君子不得已而临莅天下,莫若无为。无为也,而后安其性命之情"。(《在宥》)

祁志祥教授认为,庄子具有适性为美的思想。③ 这个观点并不完全准确。首先,"性"是《庄子》外杂篇中的概念,而非庄子本人所有,实际上,由于"性"本身包含了对个体差异性的认可,在逻辑上就意味着对"成心"和"我"的肯定,这与内篇所主张的"无心""无己"及其"游"的心灵境界是相矛盾的。因此,"适性"难以说是庄子的观念。其次,《庄子》外杂篇只在反对以儒家为代表的道德政治及其治理术的时候强调"安其性命之情",尚未直接从美的角度对人性问题加以阐述。最后,"适性"作为一个组合词并未在《庄子》中出现,但值得指出的是,《庄子》外杂篇的确在某种程度上在审美感知的意义上使用"适"这个字。

"适"在《庄子》外杂篇中多次出现,其中具有较大理论价值的,在

---

① (宋)林希逸:《庄子鬳斋口义校注》,中华书局1997年版,第162页。
② 参阅陈鼓应《庄子今注今译》,中华书局2009年版,第294页。
③ 参见祁志祥《道家"适性为美"思想的生态美学意义》,《安徽师范大学学报》(人文社会科学版)2011年第5期。

《骈拇》和《达生》两篇。《骈拇》篇曰：

> 夫不自见而见彼，不自得而得彼者，是得人之得而不自得其得者也，适人之适而不自适其适者也。夫适人之适而不自适其适，虽盗跖与伯夷，是同为淫僻也。

《达生》篇曰：

> 工倕旋而盖规矩，指与物化而不以心稽，故其灵台一而不桎。忘足，履之适也；忘要，带之适也；忘是非，心之适也；不内变，不外从，事会之适也。始乎适而未尝不适者，忘适之适也。

这二段引文中的前一段是讲适人之适与自适其适的区判问题，后一段是说"忘适之适"的境界的。①

《骈拇》篇的一个重要主题就是"批评自三代以下，'奔命于仁义'、'招仁义以挠天下'；为了追逐仁义之名，弄得'残生伤性'"②。上述引文中的话也是对此问题而言的。《庄子》反对以仁义作为人性的基本内容，"夫属其性乎仁义者，虽通如曾史，非吾所谓臧也"。同时，指明了什么才是其所谓的"臧"："吾所谓臧者，非仁义之谓也，臧于其德而已矣；吾所谓臧者，非所谓仁义之谓也，任其性命之情而已矣。"（《骈拇》）对此，《庄子》又使用自见与见彼、自得与得人、自适与适人之适三组对立的词组来说明他所谓的"臧"，即自得、自适，也就是"任其性

---

① 朱良志先生在其著作《中国艺术的生命精神》中对此三种"适"的不同层次已经做了基于审美的生命愉悦的分析。他将"适人之适"规定为"具有生理和伦理倾向的一般愉悦"；将"自适其适"作为"摒却功利的自由愉悦"，认为是"彻底摆脱了理智欲望等的束缚，根绝成心俗见，守其志，葆其光，从而体露真常，臻于本我，主体为自己的生命发现而快适"；而"忘适之适"是"忘却愉悦的终极愉悦"，"实际上是物化之适，只要心与物化，就能感受到此番境界"。朱志良先生的分析重点在于借《庄子》中的概念来分析中国艺术的审美体验中的三种不同愉悦境界，且带有明显的受康德美学影响的痕迹。我们将就《庄子》文本中论及"适"的相关内容分析"适"在其外杂篇的具体内涵。

② 陈鼓应：《庄子今注今译》，中华书局2009年版，第253页。

命之情"。郭象与成玄英从舍己效人的角度来理解这一问题。郭象说："此舍己效人者，虽效之若人，而己已亡矣。"（《骈拇注》，336）成玄英说："夫舍己效人，得物丧我者，流俗之伪情也。"① 总的来说，人应当从企慕仁义的迷雾中走出，各安其性命之情，这才是自得其得、自适其适。

《骈拇》末段的这些议论已经初步具备了"适性"理论的雏形，但它对概念的内涵并未展开具体分析却戛然而止，"适性"作为一种理论形态需要进一步地完善。

《达生》篇已经着意于"适"的概念辨析，这则材料通过"履之适""带之适"以及"心之适"的条件即"忘"说明了消除知解活动是"适"的重要特征或标准。在它看来，"适"并不是主体所意识到的一种愉悦感，不是一种或兴奋或喜悦的心理状态的传达，而是一种无知觉状态。这与《大宗师》所说的"坐忘"的境界极为相似。循其大意，我们可以做出"适"和"适感"的区分，前者是主体所处的一种状态，如足之适等；后者指对这种状态的意识反射，即能够意识能够觉察出"足之适"。那么，"忘适之适"就不是一种超越"自适其适"的更高层次的"适"，而是对"适"的特征的概述，即适的状态是在没有意识到"适"时才存在的，因此毋宁说是一种审美的体验。

### 三　早期玄学的适性观念

汉代选官实行察举制，根据人物的德行高尚或经学造诣分别授予孝廉或秀才。东汉末年，宦官与外戚专权，读书人失去了在政治权力中枢的地位和作用，因而兴起了清议之风，品评人物，重在识才辨性。曹操为扼制势族对中央政权的抗衡力量，改变人才政策，颁布求贤令，奉行"唯才是用"的宗旨，激发才性之辨。正始年间，玄学兴起，王弼、阮籍、嵇康等人发挥道家学说并承续《庄子》外杂篇中的人性论，形成了与儒家人性论相对峙的一套话语。《道德经》通篇不言"性"，而王弼在其《老子道德经注》中将之作为老子政治哲学的核心概念，提出了"因性论"。阮籍与嵇康则师法《庄子》，把"安性""得性"作为人生实践

---

① （清）郭庆藩：《庄子集释》，中华书局2012年版，第335页。

的根本法则。这是郭象适性美学的雏形。

　　王弼是从社会治理术的角度来阐述他的"因性论"的。老子主张"无为而治",无为而治的学理基础是"道法自然"。他认为,世界上一切物的生灭变化只有遵循自然的法则,才能维持整体的和谐状态。君主若有意地施展其意志和知识进行社会治理,则会打破原本的和谐局面,从而引起纷争和伤害。这一整套的政治理念,蕴含着一个基本前提,即对人性存在事实的漠视。换句话说,君主治理术的诞生并非原始的整体和谐遭到破坏的原因,而是其结果。倘若老子是基于对人性的合理认知来建构他的政治哲学,那么"无为而治"就不是一种理想的乌托邦,而是痴人的呓语。从人性的角度来解读老子的政治学说,是王弼的主动选择。他注《道德经》第二十九章说:"万物以自然为性,故可因而不可为也,可通而不可执也。物有常性,而造为之,故必败也。""圣人达自然之性,畅万物之情,故因而不为,顺而不施。除其所以迷,去其所以惑,故心不乱而物性自得之也。"不难看出,王弼对物性的强调及其主张的"因而不为"的治理法则,是士阶层崛起之后对自身生存方式与利益的维护,是日益扩张的士族集团在封建时代寻求权力空间的理论发明。因此,《道德经》中"生而不有,为而不恃,长而不宰,是谓玄德"之类的观念得到王弼的肯定,称"不塞其原,则物自生""不禁其性,则物自济"。①王弼提倡基于本性的自我治理,反对君主滥用其威权和意志,反对刑法等国家机器,提倡"因物之性,不以形制物""因物之性,不假刑以理物"。余敦康先生说:"国之利器即国家内部的自我调节机制,其功能在于因物之性而使物各得其所,结构与功能的内在的统一,说明国家本身就是一个自然的生成。"② 实际上,国家机器与"因物之性"之间存在着巨大的张力,设置国家机器的目的是实现物性的社会化和规范化,有悖于因顺万物本性自由生长的自然原则。

　　取消国家机器的统治规范力量而纯任人性的自由发挥,在很多情况下,很难导向健康的生活方式和社会形态。《道德经》第十二章曰:

---

① 楼宇烈:《老子道德经注校释》,中华书局2008年版,第24页。
② 余敦康:《魏晋玄学史》,北京大学出版社2016年版,第193页。

"五色令人目盲，五音令人耳聋，五味令人口爽，驰骋畋猎，令人心发狂。"老子的本意是批评文明社会的物欲膨胀所导致的人的异化状况，"唤醒人要摒弃外界物欲生活的诱惑，而持守内心的安足，确保固有的天真"①。然而，王弼却做出了相反的解释，他说："夫耳、目、口、心，皆顺其性也。不以顺性命，反以伤自然，故曰盲、聋、爽、狂也。"② 他从自然的立场要求顺从人的感官需求，尽管与老子的本意南辕北辙，却与魏晋时期的士族心态合若符节，何晏、王衍等人在一定意义上成为了王弼"因性论"的实践者。

阮籍的性论随着他的思想转向经历了从儒家德性论到《庄子》的性自然论的变迁过程。《乐论》是阮籍早期思想的代表作，继承并发挥了先秦儒家的乐教思想。他说："夫乐者，天地之体，万物之性也。合其体，得其性，则和；离其体，失其性，则乖。昔者圣人之作乐也，将以顺天地之体，成万物之性也。"这段开篇点题的话实际上乃是取源于《礼记·乐记》中"乐者天地之和"的命题。这里的"得性"之说虽然在言说方式上与《庄子》外杂篇和王弼《老子注》有相同之处，但并未体现出明显的肯定自然人性论的意味。如果参照同属早期作品的《通易论》，就能看出阮籍曾对儒家的德性论及其教化观念抱以热忱，他不仅赞同"八卦居方以正性，蓍龟圆通以索情"的儒家易学观念，而且接受"立仁义以定性"③ 的德性教化思想，肯定君臣之制高卑定位的合法性。

在《大人先生传》中，阮籍的人性论发生了很大的变化，他从道家自然主义的视角来看待人性问题，赞同老子的远古社会素朴论，提出天地初辟之时，"万物并生，大者恬其性，细者静其形"。恬者，安也，《庄子·缮性》曰："以恬养志。""恬其性"与"正其性"存在本质的区别，前者把性看作是圆满自足的，能够自我生长、自我完善的主体，无须外在的调治，而后者则把性视为有必要加以教养从而使之得到健康发展的对象。这两种不同的人性观导致不同的政治观。阮籍《大人先生传》说：

---

① 陈鼓应：《老子注译及评介》，中华书局2009年版，第107页。
② 楼宇烈：《老子道德经注校释》，中华书局2008年版，第28页。
③ 陈伯君：《阮籍集校注》，中华书局2015年版，第131页。

"盖无君而庶物定，无臣而万事理，保身修性，不违其纪。惟兹若然，故能长久。"他继承庄子后学中的无君派观念，认为设君臣、制礼乐、崇仁义、别贵贱，废上古淳朴之道，最终导致了"殒性亡躯"的结局。

阮籍的人性论在《达庄论》中体现出了新的变化，在这里，他不再单纯地在儒、道两家之间选边站，而是对之进行批判性的审视，指出双方各自的不足之处。他说："彼六经之言，分处之教也；庄周之云，致意之辞也。大而临之，则至极无外；小而理之，则物有其制。夫守什伍之数，审左右之名，一曲之说也；循自然，性天地者，寥廓之谈也。"在他看来，儒家设教正名，固然有其偏狭之处，而庄子的自然主义哲学也未免过于缥缈，不着边际。他换了另一组范畴来论说儒道，一方面从事物自身的规定性角度来肯定儒家的"分处之教"，另一方面从庄子齐物论的角度提倡自然之道。他把儒道两家的矛盾看作审视问题之角度的小大之别，儒家的名教学说并不必然地违背自然原则，因为"物有其制"本身就是遵循自然的题中之义。除此之外，阮籍隐约意识到了"因性论"背后的个体主义的幽灵，他提出了一种可以称之为整体自然主义的人性论。《达庄论》以人体五官为喻，说："目视色而不顾耳之所闻，耳所听而不待心之所思，心奔欲而不适性之所安，故疾疢萌则生意尽，祸乱作则万物残矣。"这段话在20世纪80年代被更加生动地演绎成一段群口相声，其主旨大体是一致的。阮籍意在说明，处官司职不顾根本而各逐其私，必将造成祸害，或者说，"因性论"的合理性前提是不能割裂个体性与整体性的必然联系。阮籍对人性问题的思考和阐述对郭象的适性理论起到了先导作用。

**四 郭象玄学的适性理论**

如上所述，早在《庄子》外杂篇中就已出现了"适性"思想的雏形。早期玄学家如王弼和阮籍继而从人性论的角度思考政治哲学和人的生活方式问题。这些一方面为郭象建构崭新且完备的适性美学理论提供了话语资源，另一方面也是郭象致思过程中的隐含的对话对象。郭象的适性说与前人的任性、因性等观念存在本质区别。这是学界普遍地把适性观念归属于郭象的原因。

首先，郭象明确地提出了"适性逍遥"的观念，区别于庄子本人的逍遥观。在《逍遥游》中，庄子多方比譬，借鲲鹏、蜩鸠、大椿、螟蛉、彭祖、列子、宋荣子等，层层推进，旨在阐明逍遥的本意在于"乘天地之正，而御六气之辩，以游无穷"，这是一种无所依待的心灵境界，以"无己"为根本条件。庄子的逍遥观从根本上排斥人性的概念。这是因为，"无己"即便在审美心理上具有无目的的、去知解的意味，但不是人的生命常态。庄子的逍遥思想中混杂着一种身心分离的前提性假设，心灵固然可以借助想象遨游到无远弗届的空间去，但人的身体总是有所倚待的。作为时空中的实体，人总是面临着现实性的境遇。因此，正如王博教授所说，"心与形的对立，以及心对形的摆脱和超越，也就成为重要的问题"①。郭象的"适性逍遥"，旨趣与庄子迥异，它更具现实性，着眼于人的身心俱适的自由。在隐含的意义上，我们不妨说，嵇康是郭象重新思考和建构逍遥观念的引子。嵇康追求和践行庄子式的逍遥观念，却最终因与现实的格格不入而导致殒生丧命。郭象从人性角度重新理解逍遥义，他认为，逍遥的要义在于因顺本性、得其所待。《逍遥游注》曰："鲲鹏之实，吾所未详也。夫庄子之大意，在乎逍遥游放，无为自得。故极小大之致以明性分之适。"在他看来，庄子的鲲鹏寓言所要表达的是，生活空间的广狭乃是由其本性需求决定的，他说：

> 此皆明鹏之所以高飞者，翼大故耳。夫质小者所资不待大，则质大者所用不得小矣。故理有至分，物有定极，各足称事，其济一也。若乃失乎忘生之生而营生于至当之外，事不任力，动不称情，则虽垂天之翼不能无穷，决起而飞不能无困矣。（《逍遥游注》，8）

郭象从人性实体论的角度转换了庄子的语义。庄子在描绘大鹏展翅飞往南溟的阔大境界后，加以分析道："风之积也不厚，则其负大翼也无力。故九万里，则风斯在下矣。"庄子"以此表明鲲鹏事实上并未完全达到逍遥之境：其展翅高飞需要凭借一定的条件（'风之积'），而真正的

---

① 王博：《庄子哲学》，北京大学出版社2013年版，第159页。

'逍遥'应该是无所依傍的"。① 而郭象的阐释则旨在论证大鹏上腾九万里的条件正当性：只有这样的空间高度和广度才能满足大鹏的性分需要。郭象认为，大鹏能够在适当的空间条件下实现自己的凌霄之性，即可称之为逍遥。

其次，郭象所谓的"适性"，包括尽能。郭象继承了道家的无为观念，但他对"无为"的理解与老庄迥异。在他看来，无为，并不是什么都不做，像王衍等人那样仕不事事，"所谓无为之业，非拱默而已"（《大宗师注》，276），他把遵循本性要求的有所作为，视为真正的无为，称"性之所能，不得不为也；性所不能，不得强为"（《外物注》，930）。这显然与庄子的思想相差甚远。《秋水》篇曰："牛马四足，是谓天；落马首，穿牛鼻，是谓人。"郭象释之曰："人之生也，可不服牛乘马乎？服牛乘马，可不穿落之乎？牛马不辞穿落者，天命之固当也。苟当乎天命，则虽寄之人事，而本在乎天也。"（《秋水注》，589）对于天人关系，郭象的思考比庄子更具辩证色彩，他不是把天与人看作绝对对立的，而是把人的部分需要与行为也看作是自然的。以牛马为例，牛马成为人的工具，这是否符合天道呢？庄子认为不符合，因为落马首、穿牛鼻伤害了它们自身的完足性。郭象却认为符合自然，因为落马首、穿牛鼻是人的自然的能力和需要，也是牛马天命中理应承受的，虽然受到了人类的驯化，但在根本上仍不离天道，人类的驯化使它们的潜能得到了发挥。郭象肯定人性中的潜能，这与西晋士族的虚浮主义是相反的。他和裴頠的思想是一致的，意在通过纠正错误的无为观念来化解政治生活的危机。

再次，郭象的适性逍遥论旨在化解名教与自然的矛盾。名教与自然，作为中国古代士阶层最主要的两种生活方式，在魏晋时期面临严峻的冲突。如何处理名教与自然的矛盾，这是关系到士阶层安身立命的现实问题。郭象的《庄子注》旨在"明内圣外王之道"，致力于化解这两种生活方式之间的矛盾。学界通常把郭象的思想概述为"名教即自然"，也有人认为郭象据此为虚伪的名教政治做辩护。实际上，郭象对现存的名教体

---

① 杨国荣：《庄子内篇释义》，中华书局2021年版，第6页。

系非但不加以维护,反而给予了直截了当的否定。他说:"先王典礼,所以适时用也。时过而不弃,即为民妖,所以兴矫效之端也。"(《天运注》,515 页)他极力反对后世君主在政治治理上效法和模仿圣人之迹,将这种行为看作是教条主义的表现。郭象运用辨名析理的方法看待名教问题,称"圣迹既彰,则仁义不真而礼乐离性,徒得形表而已矣"(《马蹄注》,345)。由此来看,郭象似乎是一个嵇康式的反对名教的思想家。但是,正如冯友兰先生所说,对于名教,"郭象反对的是传统名教的那些教条,并不从根本上反对名教"①。他只不过是复原了孔子对名实关系的认识,名以实为本,礼以情性为本。《论语·八佾》篇曰:

> 林放问礼之本。子曰:"大哉问!礼,与其奢也,宁俭;丧,与其易也,宁戚。"

朱熹注曰:"凡物之理,必先有质而后有文,则质乃礼之本也。"并引范宁语说:"夫祭与其敬不足而礼有余也,不若礼不足而敬有余也,丧与其哀不足而礼有余也,不若礼不足而哀有余也。礼失之奢,丧失之易,皆不能反本,而随其末故也。礼奢而备,不若俭而不备之愈也;丧易而文,不若戚而不文之愈也。俭者物之质,戚者心之诚,故为礼之本。"② 礼作为传统名教生活的重要内容,是古代政治共同体得以维持的习俗基础。孔子认为,礼的根本在于人的情性与德行,如丧礼主哀,祭礼主敬。但是,后世的礼,质不存而文愈备,出现了严重的形式主义和教条主义。这正是郭象批判名教的地方。但他并不彻底否定名教,而是要求回归礼的本意。他说:"夫知礼意者,必游外以经内,守母以存子,称情而直往也。若乃矜乎名声,牵乎形制,则孝不任诚,慈不任实,父子兄弟,怀情相欺,岂礼之大意哉?"(《大宗师注》,272)所谓"经内""守母",指的是源自本性的真情实感;所谓"游外""存子",指的是表现于外在的行为与礼仪。前者是质与实,后者是文或名,前者是后者的

---

① 冯友兰:《中国哲学史新编》中卷,人民出版社 2007 年版,第 478 页。
② (宋)朱熹:《四书章句集注》,中华书局 2012 年版,第 62 页。

基础。可见，在郭象那里，名教生活要符合自然的原则，要以适性为前提。

## 第三节 自得说

郭象《庄子注》中共使用"自得"一词凡112次，是全书使用最多的概念之一，而且"自得"在郭象思想中有稳定的意义内涵。

### 一 自得的概念溯源

"自得"一词由来已久。孟子曰："君子深造之以道，欲其自得之也。"（《孟子·离娄下》）荀子曰："积善成德，而神明自得，圣心备焉。"（《荀子·劝学》）在先秦典籍中，"自得"除被用来作为体道的方法外，还用来表达人内心的满足、自得其乐的精神状态，如《庄子·让王》曰："日出而作，日入而息，逍遥于天地之间而心意自得。"这是善卷拒绝舜以天下相让的理由。《淮南子》延续了《庄子》从个体独善角度看待"自得"的观念，并把它概念化了。《原道训》篇曰："夫有天下者，岂必摄权持势，操杀生之柄而以行其号令邪？吾所谓有天下者，非谓此也，自得而已。自得，则天下亦得我矣。吾与天下相得，则常相有，已又焉有不得容其间者乎！所谓自得者，全其身者也。全其身，则与道为一矣。"① 这段话从天下与个体的关系角度来谈"自得"，认为"自得"就是要"全其身"而"遗天下"。而且，"自得"是建立在"得道"的基础上的，"吾独慷慨遗物而与道同出，是故有以自得之也"。保持人的内在精神的独立性和稳定性，摆脱外物的拘制，不随外在环境的变化而变化，也是自得的重要内涵："夫得道已定，而不待万物之推移也，非以一时之变化而定吾所以自得也。吾所谓得者，性命之情处其所安也。"② 从《庄子》到《淮南子》，"自得"从一个描述性的语词提升为概括性的概念，而且，后者以"性命之情处其所安"释"自

---

① 刘文典：《淮南鸿烈集解》，中华书局2013年版，第43页。
② 刘文典：《淮南鸿烈集解》，中华书局2013年版，第47页。

得",与郭象的"自得"概念有较大的相似度,当对郭象有某种启发或影响。①

"自得"在魏晋玄学中是被普遍使用的概念。王弼注《老子》第三十二章"譬道之在天下,犹川谷之与江海"曰:"川谷之与江海,非江海召之,不召不求而自归者也。行道于天下者,不令而自均,不求而自得,故曰'犹川谷之于江海'也。"嵇康诗曰:"目送归鸿,手挥五弦。俯仰自得,游心太玄。"(《四言赠兄秀才入军诗十九首》)这些用法与郭象的自得说是一脉相承的。

### 二 自得概念的内涵

在《逍遥游》篇前的注文中,郭象开解此篇的主题,曰:"夫小大虽殊,而放于自得之场,则物任其性,事称其能,各当其分,逍遥一也,岂容胜负于其间哉!"(《逍遥游注》,1)这句话中就出现了自得、适性(任其性)、逍遥三个关键词。它们之间存在什么关系呢?

首先,在郭象看来,"适性"是获得逍遥的路径或方法。郭象所主张的"逍遥"是以现实中的个体为主体的。如上文所言,现实的个体都是有限的,即"有待"的。那么,逍遥的实现必须建立在"有待"的条件的满足,"苟有待焉,则虽列子之轻妙,犹不能以无风而行,故必得其所待,然后逍遥耳"(《逍遥游注》,23)。由此,郭象提倡以"适性"作为实现逍遥的路径,因为"物各有性,性各有极",性分之中包含着个体逍遥的诸种需求。"适性"即是对这种需求的满足,"物各有宜,苟得其宜,安往而不逍遥也"。(《逍遥游注》,44)

其次,"自得"是逍遥的代名词。郭象认为,"苟足于其性,则虽大鹏无以自贵于小鸟,小鸟无羡于天池,而荣愿有余矣。故小大虽殊,逍

---

① 高诱注《淮南子》中对《原道训》篇的"吾独慷慨遗物而与道同出,是故有以自得之也"和"吾所谓有天下者,非谓此也,自得而已"两句中"自得"的释义均为"自得其天性",且于"乔木之下,空穴之中,足以适情"注曰:"唯处此中,夫自得者足以适其情性。"(参见《淮南鸿烈集解》,第41、43页)。这与郭象所主张的"适性而自得"有相通之处,但不尽相同。高诱所说是指得道之人能够保全其天性,并将此作为"适其情性"的先决条件。郭象的意思却正与之相反,他将"适性"作为"自得"的前提和方法,"自得"是郭象人生哲学所追求的目标。

遥一也"。小鸟在"足于其性"的条件下，与大鹏同样是逍遥的。在注"若夫知效一官，行比一乡，德合一君，而征一国者，其自视亦若此矣"时，他说："亦犹鸟之自得于一方也。"（《逍遥游注》，20）同样地，这种互换的称呼还出现在"尧让天下于许由"一段的注文中，曰："庖人尸祝，各安其所司；鸟兽万物，各足于所受；帝尧许由，各静其所遇；此乃天下之至实也。各得其实，又何所为乎哉？自得而已矣。故尧、许之行虽异，其于逍遥一也。"（《逍遥游注》，29）自得与逍遥，是对同一对象的不同指称。那么，郭象为何要以"自得"来代指"逍遥"呢？

"自得"和"逍遥"在概念上还是存在一些细微的差别的。一直以来，郭象解读《逍遥游》的立场和观点都受到后人的质疑，如郭庆藩就说："注谓小大虽殊，逍遥一也，似失庄子之旨。"郭氏又引《文选》之潘岳《秋兴赋》注中所引司马彪说："言逍遥无为者能游大道也。"① 即是说，庄子所谓的"逍遥"是能够与道合一的真人（或曰神人、至人等）才能够达到的境界，在庄子本人的观念里，大鹏、小鸟之流是不逍遥的。郭象明显地有意误读了庄子的逍遥观，这就造成了概念上的某种不对位。庄子的"逍遥"概念本身含有"无待"的特征，而郭象的"逍遥"却同时包含了"无待"和"有待"的双重内涵。② 郭象以"自得"指称个体的有待逍遥则在一定程度上弥补了这一缺陷。另外，"自得"概念本身所暗含的强调差异性的因素是"逍遥"所不具备的，这一点更符合郭象认

---

① （清）郭庆藩：《庄子集释》，中华书局2012年版，第2页。
② 我们认为，郭象本人是意识到了这种概念的差异的，而且，他还在注中有意地做出了区分。他对《刻意》篇首段对山谷之士、平世之士、朝廷之士、江海之士、道引之士所好不同的议论作注说："此数子者，所好不同，恣其所好，各之其方，亦所以为逍遥也。然此仅各自得，焉能靡所不树哉！"在这里，郭象认为"数子"的逍遥是"自得"一类的"逍遥"而不是"靡所不树"即无待的逍遥。在《逍遥游注》中，他分析大鹏与斥鷃的"逍遥"说："若夫逍遥而系于有方，则虽放之使游而有所穷矣，未能无待也。"经过《庄子注》中"逍遥"的用词情况的分析，笔者发现，凡在以"逍遥"指称"有待逍遥"时，郭象都会使用"知其极""安其分""得其宜"之类的表明其"有待者"身份的限定，以此来揭示个体逍遥居于其自性立场的相对性，如"各知其极，物安其分，逍遥者用其本步而游乎自得之场矣"。而在表达圣人、至人的逍遥或因其功而致万物皆得逍遥时，则没有此类限制，如"夫率自然之性，游无迹之涂者，放形骸于天地之间，寄精神于八方之表；是以无门无房，四达皇皇，逍遥六合，与化偕行也"（《知北游注》，738）。

同"适性"的多元化的理论品格。

郭象确立了"自得"在本体论上的渊源和地位。郭象"独化论"属于本体论层面的哲学话语,他否定"有"和"无"的生物功能而确定"物各自生"的理念。"自生"又被称为"自得此生",郭象说:"初者,未生而得生,得生之难,而犹上不资于无,下不待于知,突然而自得此生矣,又何营生于已生以失其自生哉!"(《天地注》,430)何谓"自生"?郭象解释道:"无既无矣,则不能生有;有之未生,又不能为生。然则生生者谁哉?块然而自生耳。自生耳,非我生也。我既不能生物,物亦不能生我,则我自然矣。……故物各自生而无所出焉,此天道也。""自生"即"独化",也就是在否定了以"无"或"有"作为万物本源的前提下,事物不依赖于任何外在条件或内在自我意识的自然生发。郭象的独化论为万物的自然与自由提供了理据,他声称,"造物者无主而物各自造,物各自造而无所待焉,此天地之正也"。对于"自得",郭象说:"凡得之者,外不资于道,内不由于己,掘然自得而独化也。"(《大宗师注》,256)"自得"意味着"自然而得",不借助于任何外在的或内在的条件。那么,以"独化"为基础的"自得"概念,根植于自然,或者说从本性上具有自然的品质。这与郭象所主张的以"各适己性"为逍遥的思想合辙同轨。

在注"物得以生,谓之德"时,他说:"夫无不能生物,而云物得以生,乃所以明物生之自得,任其自得,斯可谓德也。"(《天地注》,430)这句话从两个方面肯定了"自得"的本体意义:一是以"自得"言"自生",即物在生之始(所谓"初")就孕育了"自得"的品性,这也就确立了以"自得"为人生目标的合法性;二是以"自得"释"德","德"与"道"是道家哲学的核心范畴,"在庄子哲学中,道是世界之始之根,德是人性之初之本"[①],郭象的释义直接地将"自得"与人性的本原联系在一起,这不仅使"自得"加强为性分的内在要求,也为"适性"的逍遥方法找到了合理性依据。

《庄子·天下》篇论老聃、关尹一派的学术,曰:"建之以常无有,

---

① 刘笑敢:《庄子哲学及其演变》,中国人民大学出版社2010年版,第135页。

主之以太一。"也就是说，他们"建立常无、常有的学说，归本于最高的'太一'"。① 《吕氏春秋·大乐》篇曰："道也者，至精也。不可为形，不可为名。强为之，谓之'太一'。"② 依此之言，"太一"指的是道。但是，郭象对此做出了颇为新颖的解释，他说："自天地以及群物，皆各自得而已，不兼他饰，斯非主之以太一耶？"（《天下注》，1088）他将天地万物"皆各自得"作为"主之以太一"的内涵，是明确地把"自得"提升到本体论的高度上来了。

### 三 自得的实现方法

郭象从内外两个层面论述了进入人生自得境界的方法。从外在方面来说，郭象认为人之自得需要借助"明王之功"，贤明的君主以无为为基本原则的治理术为个体自得提供了必要的环境。从内在方面来说，人需要加强自己的心灵修养，一方面，想要实现自得的人要克服"跂尚之心"；另一方面，则要拒斥外来的教化。

"适性"是实现"自得"的基本条件，郭象认为，人们只要因顺其本性、满足性分内的诸种需求就能够达到"逍遥"的境界，"各知其极，物安其分，逍遥者用其本步而游乎自得之场矣"（《秋水注》，566）。而在社会生活中，人能够自由地施展其性分中的各种能力，这也是"自得"的表现，"万民不易彼我之所能，则天下之彼我静而自得矣"（《天道注》，466）。

然而，郭象也认识到，民之"自得"若仅仅依靠其自身力量是很难做到的，还需要明王之功：

> 天下若无明王，则莫能自得。令之自得，实明王之功也。然功在无为而还任天下。天下皆得自任，故似非明王之功。（《应帝王注》，303）

明王之功在于无为而能令天下之自为，因此万民皆能任其本性而自

---

① 陈鼓应：《庄子今注今译》，中华书局2009年版，第935、939页。
② 许维遹：《吕氏春秋集释》，中华书局2009年版，第111页。

得。"明王"是"自得"的重要保障。实际上，郭象在这里延续了嵇康的思想。嵇康在《答难养生论》中写道："圣人不得已而临天下，以万物为心，在宥群生，由身以道，与天下同于自得。穆然以无事为业，坦尔以天下为公，虽居君位，飨万国，恬若素士接宾客也。虽建龙旂，服华衮，忽若布衣之在身。故君臣相忘于上，蒸民家足于下。"然而二者之间同中有异，郭象所强调的"天下皆得自任"是实现民之自得的内在基础，而君主的无为和在宥的作用在于为之创造"自任"的条件。

在《在宥》篇"昔者黄帝始以仁义撄人之心"一段中，郭象指出三王以后天下衰微正是因为君主有为妄作，以仁义教化使人丧失真性而导致"莫能齐于自得"的结果。他说："斯迹（仁义之迹）也，遂撄天下之心，使奔驰不可止。故中知以下，莫不外饰其性以眩惑众人，恶直丑正，蕃徒相引。是以任真者失其据，而崇伪者窃其柄，于是主忧于上，民困于下矣。"（《在宥注》，385）

"古之真人"是明王的典范。在《田子方》篇，作者借仲尼之口描述了古之真人的形象：

> 仲尼闻之曰："古之真人，知者不得说，美人不得滥，盗人不得劫，伏戏黄帝不得友。死生亦大矣，而无变乎己，况爵禄乎！若然者，其神经乎大山而无介，入乎渊泉而不濡，处卑细而不惫，充满天地，既以与人，己愈有。"

郭象在此阐述其观点，曰："割肌肤以为天下者，彼我俱失也；使人人自得而已者，与人而不损于己也。其神明充满天地，故所在皆可，所在皆可，故不损己为物而放于自得之地也。"（《田子方注》，725）"圣人在上，非有为也，恣之使各自得而已耳。自得其为，则众务自适，群生自足。"（《天运注》，502—503）这是郭象为群生之"自得"而设计谋求的政治保障。

"自得"的实现除有赖于明王所提供的外部的政治保障外，更重要的是自得者自身的条件及行为。刘笑敢教授认为，"就逍遥的主体和过程来说，郭象的逍遥是万物自足其性、安于性命的结果，不需要特殊的修养，人人可以逍遥。对郭象来说，自足其性似乎主要是态度的转变，不需要其他的条件或努力"①。这种观点无疑将郭象的"逍遥"看得过于消极，与实际的情况显得不符合。郭象所说的"自得"的核心要义是顺适每一个体的性分，获取其才能得以施展的空间。由于人的性分的具体内容及其要求都是先天规定的、不可预知的，从某种程度上说，这也就是意味着满足自得者实现其自由意志的需求，基于性分的自为是实现"适性"逍遥的重要方式。仅仅是态度的转变是无法达到这一目标的，自得者需要寻求或创造"适性"的环境，即"自得之场"。

"自得之场"是郭象"适性"理论中的重要概念，指的是能够满足个体性分需求的场域。我们通过郭象对大鹏海运而飞的解说来分析这一概念，他说：

> 非冥海不足以运其身，非九万里不足以负其翼。此岂好奇哉？直以大物必自生于大处，大处亦必自生此大物，理固自然，不患其失，又何所厝心于其间哉？（《逍遥游注》，4）

> 夫翼大则难举，故抟扶摇而后能上，九万里乃足自胜耳。既有斯翼，岂得决然而起，数仞而下哉！此皆不得不然，非乐然也。（《逍遥游注》，5）

> 夫所以乃今将图南者，非其好高而慕远也，风不积则夭阏不通故耳。此大鹏之逍遥也。（《逍遥游注》，9）

对于大鹏而言，以海风发动作为起飞的动力，从北冥到南冥，飞至九万里的高空，这都是它体形巨大（不知其几千里也）、翅膀巨大（若垂天之云）的必然要求，是其性之必然。以此之故，大鹏的自得之场就需要如此广阔无垠的空间条件。对于个体而言，能够满足其性分要求的场

---

① 刘笑敢：《两种逍遥与两种自由》，《华中师范大学学报》（人文社会科学版）2007 年第 6 期。

域都是其自得的重要条件，正如成玄英疏《养生主》"泽雉十步一啄，百步一饮，不蕲畜乎樊中"，说："泽中之雉，任于野性，饮啄自在，放旷逍遥，岂欲入樊笼而求服养？譬养生之人，萧然嘉道，唯适情于林籁，岂企羡于荣华？"① 正是此意。

然而，对于人来说，"自得之场"的寻求并不如大鹏、泽雉那样自然和简单，人要面对来自外界和自身的各种复杂的情形，要善于处理各种复杂的关系。首先是来自统治力量的教化和刑罚。在《大宗师》篇，庄子虚构了一则意而子与许由的对话：

> 意而子见许由。许由曰："尧何以资汝？"
> 意而子曰："尧谓我：'汝必躬服仁义而明言是非。'"
> 许由曰："而奚来为轵？夫尧既已黥汝以仁义，而劓汝以是非矣，汝将何以游夫遥荡恣睢转徙之途乎？"

统治者教化其子民要躬服仁义，用今天的话来说，这其实就是意识形态教化的表现。而许由却清晰地看到了这种仁义教化对人的天性的戕害，使之不能达到逍遥的境界。在这里，郭象对许由反问的话作注，说："言其将以刑教自亏残，而不能复游夫自得之场，无系之途也。"（《大宗师注》，285）这句话固然包含为尧辩护的成分，但他却没有否认仁义之教戕伐性情的事实。而且，他将论述的焦点从仁义之教的实施者转移到受教者即万民，认为如果其"以刑教自亏残"则不能"复游夫自得之场"，这种话语焦点的转换中其实暗含着郭象对希望获得"自得"逍遥者主动摆脱或克服名教束缚的建议或要求。

其次是对人普遍存在的跂尚之心，郭象认为这也是妨碍人进入自得之场的弊病。他先从性分的角度否定跂尚之心的合理性，指出"物各有性，性各有极，皆如年知，岂跂尚之所及哉！"（《逍遥游注》，13）跂尚之心导致舍己效人的行为，郭象极力否定这种行为，他说："舍己效人而逐物于外者，求乎非常之名者也。"（《德充符注》，210）"此舍己效人者

---

① （清）郭庆藩：《庄子集释》，中华书局2012年版，第132页。

也，虽效之若人，而己已亡矣。"（《骈拇注》，336）

《列御寇》篇曰：

> 鲁哀公问乎颜阖曰："吾以仲尼为贞干，国其有瘳乎？"
> 曰："殆哉圾乎仲尼！方且饰羽而画，从事华辞，以支为旨，忍性以视民而不知不信，受乎心，宰乎神，夫何足以上民！彼宜女与？予颐与？误而可矣。今使民离实学伪，非所以视民也，为后世虑，不若休之。难治也。"

这段话的本意是借颜阖之口批评孔子之学，但郭象却巧妙地用来证成其反对跂尚的思想。原因在于，以仲尼为模范，"则遗高迹于万世，令饰竞于仁义而雕画其毛彩，百姓既危，至人亦无以为安也"（《列御寇注》，1045）。且"后世人君，将慕仲尼之遐轨，而遂忍性自矫伪以临民，上下相习，遂不自知也"（《列御寇注》，1046）。不仅如此，郭象还解释说，"今以上民，则后世百姓非直外形从之而已，乃以心神受而用之，不能复自得于体中也"（《列御寇注》，1046），即后世百姓不仅在外表上影从仲尼之迹，更糟糕的是，这种跂尚之心还进入了他们的精神意识层次，如此一来，人的自然本性就被蒙蔽了，也就无法"自得"了。因此，消泯跂尚之心以及舍己效人的行为，也是进入"自得之场"的关键环节。

由此可见，对于郭象自足其性的"逍遥"来说，主体所面临的并不仅仅是转变态度的问题，还需要大量的修养功夫来拒斥来自统治集团的思想教化以及排遣其跂尚之心等问题。而这两方面的问题也是阻碍人的性分自由发挥的关键因素，即"适性"的实现有待于主体以其修养功夫来化解它们。有学者认为，郭象所说的有待逍遥并不需要主体的工夫实践和精神境界的提升即可实现，更多的是一种从"性"上言的客观形态，而非主观的境界形态。[①] 这种说法完全抹杀了郭象适性逍遥观念的美学价值。事实上，郭象的"自得"，乃是人在面临群己冲突和人性内在矛盾时

---

① 暴庆刚：《境界形态与实然形态的双重涵摄：论郭象逍遥义的两个层次》，《人文杂志》2007年第3期。

的自我超越，是在一种积极的价值理想的引导下对人生境界的追求。

## 第四节　玄冥论

逍遥境界的实现依赖一定的主体心灵修养方法。庄子的逍遥要求身心了无挂碍，无所依待，以"无心""无名""无功"为条件，只有具备了心灵的修养功夫，才能进入逍遥之境。在《逍遥游》篇，庄子并未对修养问题做细致的阐述，而是用寓言的方式喻示"无名""无功""无己"的含义，并间接地说明俗世、俗人、俗见与逍遥境界的隔绝。[①]

庄子提出了多种精神修行的方法，如心斋、坐忘、以明等。这些方法决定了庄子式的超越境界难以在人间得到真正的实践。与庄子不同，郭象主张适性逍遥。在他看来，逍遥的要义在于人性的自我实现。为此，他提出了与庄子的心斋、坐忘等不同的心灵修行和认知方法——玄冥，或简称冥。

### 一　心斋与坐忘辨正

庄子的体道逍遥以"无己"为基础，《齐物论》开篇就借南郭子綦之口提出"吾丧我"的修行方法，并以天籁比"丧我"。相比而言，地籁有赖于孔窍，人籁有赖于丝竹，地籁和人籁都是凭借一定的物质客体才能产生的，这其中隐含了物我主客的二元关系。天籁则不同，"夫吹万不同，而使其自己也，咸其自取，怒者其谁邪！"（《齐物论》）。它不具有主体性特征，不做引发风声的"怒者"，能够听任风与孔窍、林木等自然相遇，从而形成各种不同的声音。其后，庄子用形象细腻的语言描述心理现象的千变万化：

> 大知闲闲，小知间间；大言炎炎，小言詹詹。其寐也魂交，其觉也形开，与接为构，日以心斗。缦者，窖者，密者。小恐惴惴，大恐缦缦。其发若机栝，其司是非之谓也；其留如诅盟，其守胜之谓也；其杀若秋冬，以言其日消也；其溺之所为之，不可使复之也；其厌也如缄，以言其老洫也；近死之心，莫使复阳也。喜怒哀乐，

---

[①] 参见陈引驰《无为与逍遥：庄子六章》，中华书局2016年版，第105—124页。

虑叹变慹，姚佚启态；乐出虚，蒸成菌。日夜相代乎前，而莫知其所萌。已乎，已乎！旦暮得此，其所由以生乎！

对于这段议论，明释憨山德清所言颇得庄子本意，曰："此一节形容举世古今之人，未明大道，未得无心。故矜其小知以为是，故其言若仁义、若是非，凡所出皆机心所发，人人执之，至死而不悟。言其人之形器，虽似众窍之不一，其音声亦众响之不同，但彼地籁无心，而人言有心，故后文云：'言非吹也'；因此各封己见，故有是非。"① 从庄子的语言中，我们可以看出，他对人"日以心斗"的生存状态的厌恶与担忧。因此，他致力于找到能够解救人的心灵滞塞，使"其所由以生"的方法。

为此，他首先指出造成人的上述生存状态的根由，是由成心而来的是非观念与认知方法。"未成乎心而有是非，是今日适越而昔至也。"庄子从彼是相对的角度来证明是非观的相对性，即"彼是方生之说"：

物无非彼，物无非是。自彼则不见，自知则知之。故曰彼出于是，是亦因彼。彼是方生之说也，虽然，方生方死，方死方生；方可方不可，方不可方可。因是因非，因非因是。（《齐物论》）

若以他者为参照的中心，则"物无非彼"；相反，若在他者的参照下，以自我为中心，则"物无非是"。以此来言是非，则存在以他者为主体和以自我为主体的差别，如果从他者的眼光来看，那么就容易不见自我之是；若从自我的角度来说，则我有所知。如此，人各"随其成心而师之"，则如儒墨那样"是其所非而非其所是"。庄子说："道隐于小成。"陈鼓应先生认为"小成"是"局部认识所得的成果"。② 而究其实，"小成"即"成心"，是囿于一隅的是非之心。紧接着，庄子对是非之有无加以追问，曰：

是亦彼也，彼亦是也。彼亦一是非，此亦一是非。果且有彼是乎

---

① 转引自陈鼓应《庄子今注今译》，中华书局2009年版，第49页。
② 陈鼓应：《庄子今注今译》，中华书局2009年版，第60页。

哉？果且无彼是乎哉？彼是莫得其偶，谓之道枢。枢始得其环中，以应无穷。是亦一无穷，非亦一无穷也。故曰莫若以明。（《齐物论》）

从一般的认知上来看，是非的存在是客观的，因为物我彼此的相对关系是人的认知产生的基础。庄子深明此理，因而提出"彼是莫得其偶，谓之道枢"。庄子认为，消解彼与是、物与我、他者与自我相对的观念，是入道的关键。

在这里，庄子从人类思维方法的根源处提出反思、质疑和重构，对以往的以自我为主体之成心而产生的是非观加以批判和否定，在他看来，这是导致上文引述的诸种人生情态异变的根源。在此基础上，他提出了"莫若以明"的认知方法，其关键就是"彼是莫得其偶"。① 但如何达到

---

① 关于"以明"的含义，各家说法不一。郭象以儒墨说法，曰："欲明无是无非，则莫若儒墨反覆相明。反覆相明，则所是者非是而所非者非非矣。"成玄英就此而论曰："世皆以他为非，用己为是。今欲翻非作是，翻是作非者，无过还用彼我，反覆相明。反覆相明，则所非者非我则无非，所是者非是则无是。无是则无非，故知是非皆虚妄耳。"所谓"反覆相明"，就是转换彼我的视角，由此来揭示由于视角的不同而导致的是非观念。然而，这并未脱离彼是相对的基本模式，应当不是庄子原意。郭庆藩从"儒墨互相是非"这一点上对郭象所持"夫有是有非者，儒墨之所是也；无是无非者，儒墨之所非也"的观点加以反驳，但他以"还以彼是之所明，互取以相证也"来解释"莫若以明"，实是郭象所说的"反覆相明"方法。相比于以上三位注者，今人的理解似乎更切合庄子本意。如唐君毅先生说："去成心而使人我意通之道，庄子即名之曰'以明'。"劳思光先生说得更明白些，"庄子认为儒墨各囿于成见。而欲破除彼等之成见，则唯有以虚静之心观照。"陈鼓应先生也将其释为"用明静之心去观照"。曹础基先生认为"明"即《道德经》"复命曰常，知常曰明"之"明"，"懂得追溯到根本的虚无之道那里去，就什么是非、真伪都解决了"。方东美先生的说法更具现代色彩，"所谓'莫若以明'，就是指一切哲学真理的诉说，都是相对的系统。在相对系统里，你不能够拿'此'来否定'彼'，也不能拿'彼'来否定'此'，却必须容忍、容纳、承认别人对于这一个问题，也同样的有权利和自由去表达，去形成一个理论。"方东美先生的解释属引申义，不是对庄子语境中的"莫若以明"的直接阐释。"以明"于《齐物论》篇凡三见，前两次虽提出了"莫若以明"的方法却并未对之作出解释。庄子于第三次解释曰："为是不用而寓诸庸，此之谓以明。"理解这句话的关键是找出"不用"的内容及弄清"庸"的含义。庄子说出这句话的具体语境仍是讨论成心与是非问题，他提出"是非之彰也，道之所以亏也。道之所以亏，爱之所以成。"即他将"道之亏"归罪于是非的显现和私好的形成，也就是成心的出现。结合庄子这段话的叙述结构，我们可以得知，"不用"的内容是"成心"。"为是不用而寓诸庸"一句另见"可乎可，不可乎不可"一段，全句为："凡物无成与毁，复通为一。唯达者知通为一，为是不用而寓诸庸。"（案：在此之后，有"庸也者，用也；用也者，通也；通也者，得也；适得而几矣"二十字，严灵峰先生以为"原系前人为'用'字作注，而混入正文者，兹删去"。陈鼓应先生在《庄子今注今译》中使用严说，却继承了以"用"解"庸"的释义，认为"寓诸庸"即寄寓于各物的功用上。）曹础基先生在其《庄子浅注》中释"庸"为"常"，说："'复命曰常'，因此常就是循环往复。寓诸庸，托付于循环往复的变化。'不用而寓诸庸'与上文'不由而照之于天'义同。"分析庄子使用"为是不用而寓诸庸"的两段话，我们能够看出，在他提出"寓诸庸"之前，他讨论了世界的分、成、毁或封、成、亏等问题。在庄子看来，造成世界或分（封）或成或毁（亏）的根源在于人的"成心"。因此可以推知，所谓"庸"即是指由人之成心所造成的世界或分或成或亏的状态之前的本原状态，亦即不用其成心的世界状态。因此，我们可以得到"以明"的含义，即消解人之成心，而将世界归付于其本原状态。

"以明"的境界呢？

"心斋"和"坐忘"对庄子提出的两种修行方法，二者有很大的相似性。

在《人间世》篇，庄子借孔子与颜回之口讨论"心斋"：

> 回曰："敢问心斋。"
> 仲尼曰："若一志，无听之以耳而听之以心，无听之以心而听之以气！听止于耳，心止于符。气也者，虚而待物者也。唯道集虚。虚者，心斋也。"

"心斋"就是要做到精神专一，排除耳目之用和心智之用，而以"气"应接万物。按照徐复观先生的解释，"心斋，是忘知的心的状态。他的忘知乃是解消掉分解性之知，以使心只有知觉的作用"①。何谓"气"？陈鼓应先生认为，"在这里，'气'当指心灵活动到达极纯精的境地。换言之，'气'即是高度修养境界的空灵明觉之心"②。徐复观先生的看法是，"此处的气，是对心斋的一种比拟的说法。心斋只有'待物'的知觉活动，而没有主动地去做分解性、概念性的活动，所以他便以气作比拟。心从实用与分解之知中解放出来，而仅有知觉的直观活动，这即是虚与静的心斋"③。徐、陈二位的观点实有一致性，都是将"气"作为"心"的一种超拔状态，不以自我为主体而从事对象化的分解性的认知行为。刘若愚先生在其《中国文学理论》中引郭绍虞先生的解释，认为"气"是"直觉的认知"，④ 说的就更加清楚了。

对此，我们仍须做进一步的思考，某一认知主体的"直觉的认知"中是否彻底摆脱"成心"的因素？答案是显而易见的，从此一认知主体来说，其认知活动尽管是"直觉"的，仍不免带有其个人的历史性印记，如个人的经验阅历、个性气质、知识结构等。从一般的角度来说，每一

---

① 徐复观：《中国艺术精神》，广西师范大学出版社2007年版，第56页。
② 陈鼓应：《庄子今注今译》，中华书局2009年版，第130页。
③ 徐复观：《中国艺术精神》，广西师范大学出版社2007年版，第56页。
④ ［美］刘若愚：《中国文学理论》，杜国清译，江苏教育出版社2006年版，第46页。

认知主体的直觉性认知都不会相同，而必然存在种种差异。这样就依旧不能消除对世界的分解性认知及其所造成的人的"姚佚启态"的异变现象。

庄子描述了"气"的特征，即"虚而待物者也"。虚者，虚空之谓也。若"气"是一种"知觉的直观活动""直觉的认知"，则不可谓之"虚"，而是"实"。王博教授说："心斋指的就是心完全虚静的状态，心里面没有任何东西。"① 如此说来，"心斋"在本质上不是任何一种认知行为，而是使"心斋"之主体停留在意识零度的状态，不思不虑、无知无识。② 庄子曰："人莫鉴于流水而鉴于止水，唯止能止众止。"（《德充符》）水的流动会产生波澜，人便不能以此为镜，照见自己；唯有静止的水面才能映照万物，显出其本来面目。庄子之"心斋"，实是要求心如止水、心若死灰。然而在古代，"心"被作为人的意识器官，就是以"思"为本能的，正如孟子所言，"心之官则思"。庄子的"心斋"方法与基本的事实是相悖的。

"坐忘"同样是在孔颜二人的对话中出现的：

> 颜回曰："回益矣。"仲尼曰："何谓也？"曰："回忘仁义矣。"曰："可矣，犹未也。"他日，复见，曰："回益矣。"曰："何谓也？"曰："回忘礼乐矣。"曰："可矣，犹未也。"他日，复见，曰："回益矣。"曰："何谓也？"曰："回坐忘矣。"仲尼蹴然曰："何谓坐忘？"颜回曰："堕肢体，黜聪明，离形去知，同于大通，此谓坐忘。"（《大宗师》）

---

① 王博：《庄子哲学》，北京大学出版社2013年版，第51页。
② 笔者认为，庄子在"无听之以耳而听之以心，无听之以心而听之以气"中对"听"的意义是有区辨的。"听之以耳"之"听"是其本义，即用耳朵接受声音；"听之以心"之"听"则是"听从、顺从"的意思；而"听之以气"之"听"则是用了"听凭、听任"之义。前两者都强调"听"之主体对所"听"的内容即客体的主导性，对声音的接受和对概念、意识的接受都是带有较强主体性的行为，而"听任""气"的变化、流动等则较少主体的介入，在"气"与"听"之主体间不存在明显的主客关系，气之动不因"我"而发生改变。

颜回的修养功夫经历了一个由外向内、由表及里的进阶过程。在庄子看来，仁义礼乐本非人生来固有的东西，而是后天经过教化得来的，而且都属于戕害人的自然本性的工具。因此，抛却仁义礼乐是消除成心、复归自然的必要过程。① 这只是表层的功夫，更重要的是在精神上达到"坐忘"的层次。

徐复观先生解释说："达到坐忘的历程，主要通过两条路。一是消解由生理而来的欲望，使欲望不给心以奴役，于是心便从欲望的要挟中解放出来。另一条路是与物相接时，不让心对物做知识的活动；不让由知识活动而来的是非判断给心以烦扰，于是心便从对知识无穷的追逐中得到解放，而增加精神的自由。"② "庄子的'堕肢体''离形'，实指的是摆脱由生理而来的欲望；'黜聪明''去知'，实指的是摆脱普通所谓的知识活动。"③ "黜聪明""去知"部分的内容实际上就是上文所论"心斋"的内涵。我们认为，"心斋"不仅要求摆脱普通的知识活动，由于人的意识总是带有对象性特征，它事实上要求消除人的任何认知行为，使思维处于无知无识的丧我状态。

有必要谈一谈"堕肢体"的问题，即人的生理欲望能否消解。本书的第一章引述过嵇康与向秀在养生问题上就此展开的辩论，二人都不否定人的正常生理欲望。他们的观点是非常中肯的。强行要求"堕肢体"，压抑欲望的正常需求，同样是戕伐人性的表现，这对于世人的常态生活来说，是很难做到的。诚然，人在进入审美心理体验的过程中，能够在一定程度上消解或中和片面的理性冲动或感性冲动，达到"离形去知"的境界，使人获得暂时的解脱。然而，这种审美体验并非人生的常态，特别是对普通的人们来说。对此，叔本华有清醒的认识，他说："一个为

---

① 从儒家的立场来说，仁义礼乐等范畴是儒家学说的基本内容，旨在建构人伦社会的种种规范及引导人形成基于人伦关系的道德修养与完善人格。它们是代表着传统中国的人伦关系及社会属性的核心内涵。对仁义等的抛却，从一定程度上说，是取消了人的社会属性。由此以观前文所述，我们也能够更清晰地理解郭象力图区分至仁之仁与仁义之迹的用意，即在《庄子》的语境中还原并保全人的社会性。

② 徐复观：《中国艺术精神》，广西师范大学出版社2007年版，第54页。

③ 徐复观：《中国艺术精神》，广西师范大学出版社2007年版，第54页。

情欲或是为贫困和忧虑所折磨的人,只要放怀一览大自然,也会这样突然地重新获得力量,又鼓舞起来而挺直了脊梁;这时情欲的狂澜,愿望和恐惧的迫促,〔由于〕欲求〔而产生〕的一切痛苦都立即在一种奇妙的方式之下平息下去了。原来我们在那一瞬间已摆脱了欲求而委心于纯粹无意志的认识,我们就好像进入了另一世界,在那儿,〔日常〕推动我们的意志因而强烈地震撼我们的东西都不存在了。……但是谁有这份力量能够长期地留在这领域之上呢?只要这纯粹被观赏的对象对于我们的意志,对于我们在人的任何一种关系再又进入我们的意识,这魔术就完了。我们又回到了根据律所支配的认识。"① 对于庄子来说,能够长期留在纯粹无意志领域的也只有圣人、至人而已,"心斋"和"坐忘"所要企及的"以明"境界,对于常人来说,是难以企及的。

  庄子以"心斋"和"坐忘"作为去除成心、达到"以明"境界,进而实现逍遥的方法。然而,"心斋"和"坐忘"均不具有在现实中实践的可能性。这是因为,"心斋"对人的意识活动的否定是与人的基本能力相悖的。人总是不免于对某物产生或此或彼的意识。庄子将世界的混乱归罪于人的成心,进而要求通过这种方法消解成心,这是不可能真正实现的。庄子似乎也意识到了他所提出的方法具有严重的缺陷,因而他将其寄言于少数的真人、圣人等非人间形象。如他在对待是非观念的矛盾冲突的解决上主张采用"两行"的办法,曰:"是以圣人和之以是非而休乎天钧,是之谓两行。"(《齐物论》)冯友兰先生解释说:"'天钧'谓万物自然之变化;'休乎天钧'即听万物之自然也。"② 这句话说的是圣人能够随任是非双方各自的发展,而不以自己的意志去干预它们,以顺任自然的态度对待它们,这就叫作"两行"。能够不发挥自己的主体性意志以对象化的方式对待万物,这是"以明"的关键。但能够这样做的,只有"圣人"罢了。再者,在《庄子》一书所塑造的众多形象中,能够做到"堕肢体"的要数南郭子綦为典型,他"隐机而坐,仰天而嘘,荅焉似丧

---

① [德]叔本华:《作为意志和表象的世界》,石冲白译,商务印书馆1982年版,第275—276页。

② 冯友兰:《中国哲学史》,生活·读书·新知三联书店2009年版,第263页。

其耦"，以致颜成子游以"形如槁木，心如死灰"形容他。而他也只是庄子的寓言人物而已。

由此看来，"心斋"和"坐忘"作为庄子进入体道逍遥的超越境界的方法，对于世界上的常人来说是不可行的，这就决定了其逍遥理想的实现只能局限于少数至人、神人、圣人、真人等非人间形象，只是一种想象的自由超越境界。因此，"坐忘"这个概念的实践意义在郭象的《庄子注》中被悄悄地弱化了。日本学者中野达分析了郭象处理《庄子》中的坐忘、丧我、心斋等精神修养的方法，他发现，郭象在解释"丧我"与"心斋"境界时，从未使用"坐忘"，这就造成了《庄子》的丧我的至人境界与《庄子注》中的圣人境界之间的差异。[①] 换句话说，郭象并不把"坐忘"当成他的人生境界修养的重要方式。但需要指出的是，我们并不由此全盘否定庄子的逍遥及其"心斋""坐忘"的方法，它们仍具有非常宝贵的美学价值。正如康中乾教授所言，"'坐忘'法的审美性质决定了它本来就是一种艺术创造之法，只有在艺术性创造、操作、实践中此种方法才能有效果和生效，即人的心念才能被真正有效地引导和规整而达到一种自由、超越、静谧的状态"[②]。在现代中国美学话语体系中，"心斋"和"坐忘"被充分地强调和诠释，其美学的价值意义逐渐彰显，这于庄子本人来说，确是意外的收获了。

## 二 玄冥与玄冥之境

"冥"的本义是"昏暗"，东汉许慎《说文解字》曰："幽也。从日从六，冖声。日数十，十六日月始亏幽也。"[③] 后引申为"幽深、深远"，如《道德经》第二十一章："道之为物，惟恍惟惚……窈兮冥兮，其中有精。"即以此形容"道"的存在状态。"冥"在《庄子》中多次被使用，或用来形容"道"的暗昧不明的存在特征，如"视乎冥冥，听乎无声。冥冥之中，独见晓焉；无声之中，独闻和焉"（《天地》）。或用来表示修

---

[①] ［日］中野达:《〈庄子〉郭象注中的坐忘》，牛中奇译，《宗教学研究》1991年第1期。
[②] 康中乾:《从庄子到郭象——〈庄子〉与〈庄子注〉比较研究》，人民出版社2013年版，第310页。
[③] （清）段玉裁:《说文解字注》，上海古籍出版社1981年版，第312页。

道之人精神虚寂的状态，如在《大宗师》篇南伯子葵问闻道的途径，女偶答道："闻诸副墨之子，副墨之子闻诸洛诵之孙，洛诵之孙闻之瞻明，瞻明闻之聂许，聂许闻之需役，需役闻之于讴，于讴闻之玄冥，玄冥闻之参寥，参寥闻之疑始。"还有以表示人心智的昏乱，如"夫夷节之为人也，无德而有知，不自许，以之神其交固，颠冥乎富贵之地"（《则阳》）。然而，从认识论上来使用"冥"，将之作为一种认知方式，《庄子》中是没有明确的例证的。郭象在《庄子注》中使用"冥"达80余次之多（除去作为"溟"的通假字），且在意义上具有高度的一致性。它是郭象哲学认识论方面的核心内容，与其"适性"理论有密切的联系，值得我们对之作细致地考察。

郭象在阐述其"独化论"时曾多次使用"玄冥"或"玄冥之境"的概念，如：

> 用其光其朴自成，是以神器独化于玄冥之境而源流深长也。（《庄子序》）

> 是以涉有物之域，虽复罔两，未有不独化于玄冥者也。（《齐物论注》，118）

> 卓尔独化，至于玄冥之境。（《大宗师注》，246）

对于"玄冥之境"的理解，学界没有达成一致的认识。任继愈先生认为，"玄冥"是一种神秘主义的世界观。① 楼宇烈先生提出，"玄冥之境"是抽象的彼岸世界图式。② 余敦康教授则将其理解为"整体性的和谐"。③ 这些解释似乎都没能落到实处，使人无法准确客观地把握它的真实意义。这是"玄冥"概念本身的模糊性造成的，玄、冥二字本身就带

---

① 任继愈主编：《中国哲学史》，人民出版社1996年版，第227页。
② 楼宇烈：《郭象哲学剖析》，《中国哲学》第1辑，生活·读书·新知三联书店1979年版，第186页。
③ 余敦康：《魏晋玄学史》，北京大学出版社2016年版，第378页。

有神秘的色彩，不易做出清晰的理解。除此之外，郭象将其与"独化论"结合，强化了这一概念的抽象性。郭象在提出"独化论"时，分别从"无"和"有"两方面否定了其具有生物功能的本体意义。"独化论"打破了人们以往的哲学观念，也带来了新的困惑——"独化"得以发生的条件是什么？某物独化自生而为此物，但在此物产生之前，独化却没有发生，那么"独化"到底是如何发生的呢？[①] 郭象为此提出了"玄冥"之说。他说："玄冥者，所以名无而非无也。"（《大宗师注》，262）这是说，"玄冥"可以用"无"来称呼但它又不是"虚无"，而是"有"。郭象将"玄冥"作为一种处于"无"和"有"之间的具有实体性的存在物。若要更透彻地理解"玄冥"的意义，我们还得认识郭象对宇宙创造生成过程的看法。在对《天地》篇"泰初有无"一段话作注时，郭象首先否定了"无"的本体意义，认为"无"即"无有，故无所名"。而且，在"物得以生"之前，存在着"一之所起，有一而未形"的阶段，郭象对此做了大段的说明：

> 一者，有之初，至妙者也，至妙，故未有物理之形耳。夫一之所起，起于至一，非起于无也。然庄子之所以屡称无于初者，何哉？初者，未生而得生，得生之难，而犹上不资于无，下不待于知，突然而自得此生矣，又何营生于已生以失其自生哉！（《天地注》，430）

这段话与郭象对"玄冥之境"的论述十分相似。"一"是"有之初"，亦即"未有物理之形"的"独化"之前的状态，故庄子以"无"称之，正好对应"名无而非无"的概括。而"初者"，又是"生"之始，即"未生而得生"，而且是"上不资于无，下不待于知"的自生，自生即独化也。由此可见，郭象的"玄冥"即是庄子所说的"一"，是生之初。

---

[①] 我们这一追问的方式是符合郭象本人的思维路径的。他在否定"有"的生物功能时也提出了类似的问题，即"夫有之未生，何以为生乎？"（《庚桑楚注》，797）这是对"有"之最初的生成条件进行追问。由此我们认为，郭象可能是沿着这一思路提出"玄冥之境"的概念的。

从性质上来说，它既不属于"无"，也不属于"有"，是介于"无"和"有"之间的临界状态。郭象将之称为"玄冥之境"，"境"指涉一种场域、环境，表明"玄冥"在身份上的虚有特征，而非指实性的存在。因此，"玄冥"也可以说成万物得以自生独化的场域环境，而不像以往的本体论中"有""无"那样，具有母体的性质。

如上所述，玄冥或玄冥之境在郭象哲学中是属于本体论范畴的概念，它与作为认识论的"冥"存在一定的渊源关系，但又有很大的差别。在郭象看来，人通常的对象化的认知方法只适用于现象世界，而不能用以认识"有之初"，即所谓"意尽形教，岂知我之独化于玄冥之竟哉！"。（《徐无鬼注》，856）为此他提出了"冥"的方法。在《逍遥游》篇之"尧治天下之民，平海内之政，往见四子藐姑射之山，汾水之阳，窅然丧其天下焉"一句的注文中，郭象指出，尧因"冥"故"未尝有天下也，故窅然丧之，而尝游心于绝冥之境，虽寄坐万物之上而未始不逍遥也"。（《逍遥游注》，38）可以说，"冥"是郭象的体认独化与玄冥之境的方法，也是实现"适性"逍遥的重要方法。

"冥"是郭象有明确意识提出的有别于主客二元式的新的思维方法，这能够从他的表述中看出来。其《庄子序》曰："夫心无为，则随感而应，应随其时，言唯谨尔。故与化为体，流万代而冥物，岂曾设对独构而游谈乎方外哉！"《齐物论注》中说："彼是相对，而圣人两顺之。故无心者与物冥，而未尝有对于天下也。"（《齐物论注》，73）"设对独构"与"有对于天下"都强调主体性，以某一意识主体为中心，将世界万物作为外在于此一主体的对象物或客体，并对之加以对象化的认知。这就是人们通常所使用的二元对立的思维方法。由于认知主体的差别，使用这种方法，容易导致是非纷争，即郭象所言"可于己者，即谓之可""不可于己者，即谓之不可"（《齐物论注》，76）。虽然如此，郭象并未像庄子那样企图消弭是非纷争的现象。他认识到了，对于天下人而言，"成心"和由此而来的是非观念都是客观存在的，是不能根除的。他说："夫心之足以制一身之用者，谓之成心。人自师其成心，则人各自有师矣。人各自有师，故付之而自当。"（《齐物论注》，67）又说："未成乎心，是非何由生哉？明夫是非者，群品之所不能无，故至人两顺之。"（《齐物论注》，67）郭象的这一观点可能会造成一种疑问，即有可能落入上文所引庄子描述的人间情态异变的状况。对此，郭象提出了"自是而不相非"的认知原则，即"物皆自是，故无非是；物皆相彼，故无非彼。无非彼，则天下无是矣；无非是，则天下无彼矣"（《齐物论注》，72）。然而，问题仍未得到根本解决，因为"彼是相对"，要做到"自是而不相彼"似乎是极困难的，"天下莫不自是而莫不相非，故一是一非，两行无穷"（《齐物论注》，74）。郭象是如何应对这个难题的？我们下文再做分析。

与"对"相对，郭象提出了"冥"的思维方法。何谓"冥"？郭象说：

无心者与物冥，而未尝有对于天下也。

常以纯素守乎至寂而不荡于外，则冥也。（《缮性注》，546）

凡得之不由于知，乃冥也。（《知北游注》，753）

与"对"的认知方式不同，他所说的"冥"强调无心、不知、不对、精神专一。总的来说，"冥"是一种超脱主客二元的认知模式而使物我处于同构关系中的思维方法。

"冥"是郭象精心创构并极力推崇的思维方式，虽与庄子同样地建基于对主体性认知方法的否定，但它有别于"心斋""坐忘"的方法。"冥"不仅与郭象的"独化论"哲学存在渊源关系，还对其适性逍遥的人生哲学起到至关重要的作用，是实现适性逍遥的关键的思维方法。

如前文，我们在论述郭象的"自得"说时所分析的，郭象的适性思想是建立在其圣人—常人的框架下的，圣人或明王为世间人的"自得"提供外部的保障，个体才得以各自因顺其本性获得逍遥。同样地，在论述"冥"的使用时，郭象也做了圣人与常人的区分。大致来说，圣人能做到"与物冥"，而常人只能"各冥其极"。

## 三　与物冥与冥其极

庄子认为，圣人能够采用"和之以是非而休乎天钧"的"两行"的办法对待人间的是非纷扰。郭象继承了庄子的这一思想，于注文中多次使用：

> 夫是非者，群品之所不能无，故至人两顺之。（《齐物论注》，67）

> 夫是非者，生于好辩而休乎天均，付之两行而息乎自正也。（《齐物论注》，114）

> 付之天均，恣之两行，则殊方异类，同焉皆得也。（《秋水注》，582）

圣人之所以能够使是非"恣之两行"，其关键在于"吾丧我"。试想，若圣人与凡人一样以我为主体而运思，必定同样地纠缠于是非之间，则就不可能运用"两行"的法则，正如郭象所言："有其己而临物，与物不冥矣。"（《人间世注》，190）"丧我"即是"无心"，郭象将之作为圣人、神人、至人的最主要特征，并屡屡言及，如：

> 神人者，无心而顺物者也。（《人间世注》，185）

> 夫无心而任乎自化者，应为帝王也。（《应帝王注》，293）

> 圣人无心，任世之自成。（《缮性注》，552）

> 是以至人无心而应物，唯变所适。（《外物注》，914）

郭象认为，圣人无心，因此能够顺任世间万物的自为、自化：

夫圣人之心，极两仪之至会，穷万物之妙数。故能体化合变，无往不可，旁礴万物，无物不然。世以乱故求我，我无心也。我苟无心，亦何为不应世哉！（《逍遥游注》，36）

人间之变故，世世异宜，唯无心而不自用者，为能随变所适而不荷其累也。（《人间世注》，137）

夫无心而应者，任彼耳，不强应也。（《人间世注》，154）

常无心而顺彼，故好与不好，所善所恶，与彼无二也。（《大宗师注》，245）

无心故至顺，至顺故能无所将迎而义冠于将迎也。（《知北游注》，762）

无心而顺物，在郭象看来，即是"与物冥"。"与物冥"亦可谓之"冥于物"，如上文所述，"冥"是超脱主体性认知而使物我处于同构关系中的思维方法，因此，顺任物之是非发展是该方法的重要表征。郭象对《知北游》篇之"与物化者，一不化者也"一句作注，曰："常无心，故一不化；一不化，乃能与物化耳。"并说："化与不化，皆任彼耳，斯无心也。"（《知北游注》，761）可见，"与物冥"是建立在无心基础上的圣人处世原则。

在郭象看来，圣人"与物冥"于世界万物的治理有重大的作用，是人之"自得"的重要保障。他说：

夫唯与物冥而循大变者，为能无待而常通，岂独自通而已哉！又顺有待者，使不失其所待，所待不失，则同于大通矣。（《逍遥游注》，23）

夫与物冥者，故群物之所不能离也。（《逍遥游注》，28）

> 神人无用于物，而物各得自用，归功名于群才，与物冥而无迹，故免人间之害，处常美之实，此支离其德者也。（《人间世注》，188）

> 故大人不明我以耀彼而任彼之自明，不德我以临人而付人之自得，故能弥贯万物而玄同彼我，泯然与天下为一而内外同福也。（《人间世注》，190—191）

> 与物冥者，天下之所不能远，奚但一国而已哉！（《德充符注》，195）

圣人"与物冥"为世间的有待者提供了因顺、满足其性分需求的条件，使之能够得其所待、各得自用，从而实现适性逍遥。但对圣人自己来说，"与物冥"只是其处世的基本原则。圣人能够这样做，关键在于其本质性的"我"的存在。郭象说："夫神全形具而体与物冥者，虽涉至变而未始非我，故荡然无蛮介于胸中也。"（《齐物论注》，102）故此，他用"游外以冥内"表述圣人的存在状态：

> 夫理有至极，外内相冥，未有极游外之致而不冥于内者也，未有能冥于内而不游于外者也。故圣人常游外以冥内，无心以顺有，故虽终日见形而神气无变，俯仰万机而淡然自若。（《大宗师注》，273）

> 夫与内冥者，游于外也。独能游外以冥内，任万物之自然，使天性各足而帝王道成，斯乃畸于人而侔于天也。（《大宗师注》，278）

所谓"游外"，即"与物冥"，指"任万物之自然，使天性各足"；所谓"冥内"，即"常以纯素守乎至寂而不荡于外"，亦即"虽终日见形而神气无变，俯仰万机而淡然自若"，也就是庄子所说的"其神凝"的状态。对于圣人来说，这二者是统一的。郭象所说的"冥内"实际上是要求圣人精神凝聚专注，要做到彻底的"无心"，即不起分别之智。

"无心"之于圣人，是庄子和郭象的共同要求。对于"无心"的理解，存在"没有是非之心"即"无知"和"不用是非之心"即"不用智"的差别。我们认为，后者是庄、郭二人"无心"说的正确释义。举例来说，《在宥》篇记载了一个寓言：云将向鸿蒙请教治世之术。鸿蒙一开始以"吾弗知"拒绝了云将的提问。三年以后，二人再次相见，云将仍向鸿蒙请教，鸿蒙便向云将指明了"治人之过"。鸿蒙对云将问题的回答，正是其拥有智慧、明晓是非的表现。另外，他又教云将以"心养"之术，让他做到"堕尔形体，黜尔聪明，伦与物忘"而最终达到"解心释神，莫然无魂"的境界，就是要让他"除去心机智巧"，以"吾弗知"的态度应对万物，也就是"不用智"。①

在"无心"的方法上，郭象提出了"双遣"法，即"既遣是非，又遣其遣。遣之又遣之以至于无遣，然后无遣无不遣而是非自去矣"。②（《齐物论注》，85）从中可以看出，圣人的"无心"状态是由"双遣"法得到的，经历了存在是非之心到超越是非之心的阶段，从而进入"冥"的境界。

郭象说："彼是相对，而圣人两顺之。"假设圣人对人间是非纷杂的现象没有清晰的认识，他又怎能做到"两顺之"？因此，"无心"对于圣人而言，并非对是非毫无认识，而是通晓人间的各种是非情态却能不依凭以自我为主体的是非观念以应对万物，能够以自然的眼光顺任人间是非的自由发展。

---

① 陈鼓应：《庄子今注今译》，中华书局2009年版，第312页。
② 康中乾教授对"双遣"法解释如下：要达于此，其法就是"双遣"，即先遣掉"是非"，这是先消解掉认识对象。按理说，当没有了认识对象时，作为认识主体的心也就失去了意义，"主客二分"的这种认识活动构架就被打断了。但实际上却不然。因为，当你遣"是""非"时，必有个执行"遣"的主体心在，只要有个心在执行着"遣"的任务，心就从根本上未从"主客二分"的构架中解放出来，心就未能将自己显露出来，这样的话"是""非"之根就终未被斩断。所以，有"一遣"尚不行，还需"二遣"，即把遣"是""非"的这个"遣"本身再遣掉，这实际上就是将执行"遣"活动的心本身显现出来，这就叫"遣其遣"。既将认识对象"遣"掉了，也将认识本身"遣"掉了，这就叫"遣之又遣之以至于无遣"，心无所遣了，它就处在了"无遣无不遣"的状态，这时的心就是无是无非、无思无虑，这就是"忘"。参见康中乾《从庄子到郭象——〈庄子〉与〈庄子注〉比较研究》，人民出版社2013年版，第330页。

与圣人的"与物冥"不同，世间人只能做到"各冥其极"，这是由人的性分的有限性决定的。"依据'性分说'，凡人的个性是有局限的，因此便有极限，郭象称之为'物极'，简称'极'，如'物各有性，性各有极'。"① 郭象常以"得其极""居其极"之类的言语表述个体的适性逍遥，如：

> 若乃物畅其性，各安其所安，无远迩幽深，付之自若，皆得其极，则彼无不当而我无不怡也。（《齐物论注》，95—96）

> 虽波流九变，治乱纷如，居其极者，常淡然自得，泊乎忘为也。（《应帝王注》，309）

人应当如何才能"得其极"即"适性"呢？在思维方法上，郭象仍坚持"冥"的办法，要做到"各冥其极"，简称"冥极"。郭象说："冥极者，任其至分而无毫铢之加。是故虽负万钧，苟当其所能，则忽然不知重之在身；虽应万机，泯然不觉事之在己。"（《养生主注》，121）又说："约之以至其分，故冥也。"（《秋水注》，575）结合前文对"适性"问题所做的分析，可以看出，"冥极"的意义正在于使人在其性分范围内实现"自得"，即适性逍遥。

郭象把在思维方法上的转变作为化解是非之争的途径，在他看来，这是"适性"能够实现的前提条件。

> 儒墨之辨，吾所不能同也；至于各冥其分，吾所不能异也。（《齐物论注》，72）

> 夫以形相对，则大山大于秋豪也。若各据其性分，物冥其极，则形大未为有余，形小不为不足。（《齐物论注》，87）

---

① 王晓毅：《郭象评传》，南京大学出版社 2006 年版，第 291 页。

儒墨之辨是站在各自的立场上"自是而非彼"的结果，也就是采用"对"的思维方法构成主客二元的思维架构，从而"彼是相对"的局面。如果沿着这一思路继续下去，郭象也表示"吾所不能同也"。但是，他却超脱于这种二元对立的思维模式之外，提倡用"冥"的方式来看待问题，对立的双方皆不从自我立场出发去否定对方的观点，而只是依从于本方的立场。同样地，泰山和秋毫在形体上存在客观的差别，但若从二者各自的本性上来讲，它们都是圆满自足的。这就是上文所说的"自是而不相非"的认知原则。这一原则得以成立的基础，不在于强行压制对对方的"非难"（倘若强行压制，仍非"不相非"），而是"冥极"所导向的率性直往的行为方式。

郭象对"冥极"与"用知"做出了区分，在《养生主》篇中之"吾生也有涯，而知也无涯"一句的注中，他说："所禀之分各有极也"，"夫举重携轻而神气自若，此力之所限也。而尚名好胜者，虽复绝膂，犹未足以慊其愿，此知之无涯也。故知之为名，生于失当而灭于冥极。"（《养生主注》，121）"知之无涯"表现为"尚名好胜"，郭象评为"失当"。所谓"尚名好胜"者，实出于"跂尚之心"。郭象之反对跂尚和"舍己效人"的行为已见前文。为应对"用知"的行为，他提出了"冥极"的办法，说：

> 当理无二，而张三条以政之，与事不冥也。（《人间世注》，150）

> 夫使耳目闭而自然得者，心知之用外矣。故将任性直通，无往不冥，尚无幽昧之责，而况人间之累乎！（《人间世注》，157）

"张三条以政之"，即条分缕析地分析问题，也就是"用知"，郭象认为这样做是"与事不冥"的表现。他主张"任性直通"，因此则能够"无往不冥"，消除人间的患累：

> 夫物有自然，理有至极。循而直往，则冥然自合，非所言也。（《齐物论注》，105）

> 冥然以所遇为命而不施心于其间，泯然与至当为一而无休戚于其中，虽事凡人，犹无往而不适，而况于君亲哉！（《人间世注》，162）

> 至理有极，但当冥之，则得其枢要也。（《徐无鬼注》，867）

郭象将"直往""直前"作为"适性"的行为模式：

> 理无不通，故当任所遇而直前耳。（《人间世注》，162）

> 任当而直前。（《德充符注》，227）

> 夫率性直往者，自然也。（《大宗师注》，286）

> 夫至仁者，无爱而直前也。（《天道注》，483）

总的来说，郭象以其"独化论"哲学为基础，认为"物各性然"，个体的生命发展过程是由即自然本性决定的，因而主张"各据其性分，物冥其极"，反对外向的跂尚之心与分别之知，肯定任性直往、直前的行为，并将其作为实现"适性"逍遥的正确途径。

第三章

# 适性美学的理论内涵

传统是一系列阐释事件缀合的产物。元典作为历史流传物，其内涵和价值是在阐释过程中不断地生成和演变的。郭象美学是道家美学传统中承上启下的重要节点，是庄子美学的完善、延续和拓展。如果说，人的完善是美学的价值核心，那么郭象就不只是庄子的门徒，更是超越者。他不仅延续了庄子的学说，并对之加以创造性转化，使之时代化、实践化和诗艺化。

庄子美学的时代化主要是说，郭象通过化解名教与自然的冲突，为儒道互补的人生美学铺平了道路。《庄子》书中的儒、道之间尖锐的思想冲突在魏末西晋演变成士阶层的人生困境和时代政治危机。郭象玄学旨在通过对庄子学说的改造和转化，以及对儒学的正本清源，找到二者相调和与互补的学理基础，从而实现群己和谐，肯定自然与名教两种生活方式的并行不悖。

庄子美学的实践化指的是，郭象克服了庄子逍遥思想中的身心不谐问题，他的适性逍遥以满足人的基本物质生活需要和精神自由为条件，不仅肯定了"心之适"，而且强调了"身之适"。这种身心俱适的逍遥观念主张人依循本性的"自为"，在一定程度上肯定了人的自由意志和行动，为中国古代士大夫阶层提供了一种可实践的逍遥精神。

庄子美学的诗艺化指的是，在物我关系方面，郭象通过消解"道""无"等形而上学范畴的实体内涵，将庄子基于"道"的立场的"物化"说或"以物观物"论转化为基于物性论和玄冥说的"以物观物"论，为自然审美意识的觉醒奠定了理论根据。同时，郭象的"成心"说为"以我观物"提供了合理依据。观物过程中的"无我"到"有我"的演变逻辑为中国古代诗歌和艺术中的意象创造开辟了道路。

## 第一节 儒道互补的人生美学

### 一 "儒道互补"说的提出与反思

李泽厚先生在《美的历程》中提出了中国美学的"儒道互补"说。李先生是从人生美学和文艺美学两个方面来说的。在人生美学方面，他认为，儒、道两家虽然在表面上看来是离异而对立，一个主张入世，乐观进取，一个主张出世，退避隐遁，但它们实际上是互相补充协调的，为后世的士大夫们提供了"兼济天下"和"独善其身"的两条人生道路，而且使"身在江湖"而"心存魏阙"成为中国古代知识分子的常态心理和艺术理念。在文艺方面，儒家强调的是艺术服务于社会政教的实用功能，而道家则强调人与对象的超功利的审美关系和审美态度，它们因此分别在文艺的主题内容和创作规律方面形成了相互补充的共生关系。[①] 在之后的《华夏美学》中，李泽厚先生进一步申述"儒道互补"说，并将马克思主义美学中的"自然的人化"和"人的自然化"这对范畴用于说明儒、道之间的辩证统一，认为以庄子为代表的道家提出了"人的自然化"的命题，而孔门仁学的礼乐传统旨在实现"自然的人化"，并因此提炼出以儒家为主、道家为辅的古代美学心理结构。对于那些深受孔门儒学思想浸润的士大夫们来说，老庄道家只是他们在济世理想破灭之后找到的"幻想的避难所和精神上的慰安处而已"，他们的生活、思想乃至情感主体基本上仍然是儒家的。[②] 因此，庄子的美学价值主要地体现在文艺方面，李泽厚先生说："庄子那种齐物我、一死生、超利害、忘真幻的人生态度和哲学思想，用在现实生活中，显然很难行得通、也很少有人真正采取这种态度；但把它用在美学和文艺上，却非常恰当和有效。事实也正是这样，信奉儒学或经由儒学培育的历代知识分子，尽管很少在人

---

① 参见李泽厚《美的历程》，天津社会科学院出版社2001年版，第80—89页。
② 李泽厚：《华夏美学》，广西师范大学出版社2001年版，第121页。

生道路上真正实行庄子那一套，但在文艺创作和审美欣赏中，在私人生活的某些方面中，在对待和观赏大自然山水花鸟中，却吸收、采用和实行了庄子。《庄子》本身对他们就是一部陶情冶性的美学作品。总起来看，庄子是被儒家吸收进来用在审美方面了。庄子帮助了儒家美学建立起对人生、自然和艺术的真正的审美态度。"①

此外，牟钟鉴教授和韩国学者林秀茂也指出了儒道互补是中国古代士大夫阶层的基本价值取向和生活方式。"在对待政治和生活的态度上，中国知识分子的主流一方面受儒家哲学的影响，有较强的历史使命感和社会责任心，采取入世的积极的态度，以天下为己任；另一方面又受老庄道家哲学的影响，必要时采取超然和通达的态度，顺应自然而不刻意强求，能够安于平淡和自得。这种两重素质使得士君子的生命富有弹性，他们用儒家进去，用道家调节，形成人文主义和自然主义交融的风格，可以适应顺境和逆境的转换。"②

"儒道互补"说准确地概括了中国古典美学的主要脉络之一。在魏晋以后，士大夫阶层的思想倾向、人格特质、人生道路、审美趣味和艺术风格的确在总体上呈现出儒道互补的特色。在此之前的先秦两汉时代，儒道两家并立而显隐有别，但难以称得上是互补的。这种互补的关系并不是从一开始就出现了的，而是经历了一个漫长而复杂的发展演变过程。如前所述，在玄学早期，尤其是在阮籍和嵇康的身上，儒家和道家的关系不仅不是互补的，还存在严峻的对立冲突。嵇康自称以老子和庄子为师，激烈地否定以周公和孔子为代表的儒家学说和礼乐传统，造成了名教与自然之间的普遍矛盾。如果用李泽厚先生的话说，那就是在"自然的人化"和"人的自然化"的问题上，儒、道两家变得水火不容了。为了化解这种矛盾，使名教与自然的两种生活方式能够和谐共存，玄学必得做一些正本清源的工作：一方面要破儒家之弊，另一方面要实道家之虚。儒家之弊，在于伪饰，要弃伪从真，就得返本溯源；道家的问题在于玄虚，脱离实际，因此得把庄子的境界从天上拉回到地上。

---

① 李泽厚：《华夏美学》，广西师范大学出版社 2001 年版，第 124 页。
② 牟钟鉴、林秀茂：《论儒道互补》，《中国哲学史》1998 年第 4 期。

## 二 适性美学的"儒道互补"内涵

郭象玄学旨在化解名教与自然的冲突,他用注《庄》的形式来阐明自己的"内圣外王之道",跨出了儒道互补的关键一步,而他的适性美学则奠定了中国古典人生美学中"儒道互补"模式的理论基础。

从汉末以来,死生问题和群己冲突就一直困扰着士人,如何在乱世中、在强权统治的压迫下和波诡云谲的政治斗争中实现个体生命的安顿成为重要的时代问题。王粲的登楼舒望、曹植的游仙问道、阮籍的借酒浇愁、嵇康的亢志立节,包括西晋士人的任诞妄为都可以看作是因这个问题无解的悲歌。在前人的理论探索和人生实践的基础上,郭象创构了独化论哲学,为这一问题的解决提供了理论支撑:

> 世或谓罔两待景,景待形,形待造物者。请问:夫造物者,有耶无耶?无也?则胡能造物哉?有也?则不足以物众形。故明众形之自物而后始可与言造物耳。是以涉有物之域,虽复罔两,未有不独化于玄冥者也。故造物者无主,而物各自造,物各自造而无所待焉,此天地之正也。(《齐物论注》,117—118)

独化论的核心是肯定"事物都是独立自足的生生化化的,而此事物之如此地独立自足的生生化化,彼事物之如彼地独立自足的生生化化,都是由它们的'自性'决定的,不是由什么外在的造物主或'本体之无'等等所决定的"[①]。这就从本体论层面肯定了事物的个体价值和独立性。

个体并不是捆绑在名教机器上的零件,它拥有自己的独特价值,有权按照自己的本性选择属于自己的生活空间。基于此,郭象在君民关系上反对采用"以一正万"的统治策略,而提倡"使天下各得其正"。《庄子·骈拇》篇曰:

> 是故骈于明者,乱五色,淫文章,青黄黼黻之煌煌非乎?而离

---

[①] 汤一介:《郭象与魏晋玄学》,北京大学出版社2009年版,第288页。

朱是已。多于聪者，乱五声，淫六律，金石丝竹黄钟大吕之声非乎？而师旷是已。枝于仁者，擢德塞性以收名声，使天下簧鼓以奉不及之法非乎？而曾史是已。骈于辩者，累瓦结绳窜句，游心于坚白同异之间，而敝跬誉无用之言非乎？而杨墨是已。故此皆多骈旁枝之道，非天下之至正也。

这段话的本意是否定离朱、师旷、曾史、杨墨等人的"多骈旁枝"，认为"非天下之至正"。而郭象却说："此数子皆师其天性，直自多骈旁枝，各自是一家之正。然以一正万，则万不正矣。故至正者不以己正天下，使天下各得其正而已。"（《骈拇注》，323）他还说："各正性命而自蒙己德，则不以此冒彼也。若以此冒彼，安得不失其性哉？"（《缮性注》，550）郭象以独化论为基础，提出了他的物性论（包括人性论），主张世间万物皆由独化自生而来，先天地具备了自己的本性，且其本性中含有自我生长和自我完善的内驱力，适性即自得。统治者以名教为治理手段，强调礼法对人的约束和塑造作用，这正是郭象所谓的"以一正万"。他要求自正而反对"以一正万"的根据在于物性的独特性，个体性分的不同必然要求满足不同的人生价值的需求，如果强行使用同一标准来要求不同个体，其结果照郭象看来一定是对本性的损害，即所谓"物离性以从其上而性命丧矣"（《天下注》，1066）。郭象以为"民如野鹿"，"放而自得也"。（《天地注》，451）对于统治者而言，"因其性而任之则治，反其性而凌之则乱"（《在宥注》，406），"乱莫大于逆物而伤性也"（《天下注》，1075）。

郭象从这样的自然人性论的角度出发，对儒家学说予以重新审视，亲自在思想层面运用了他的"捐迹反一"方法。所谓"捐迹"，指的是否定和抛弃被后世奉若神明的"六经"；所谓"反一"，指的是回到儒学的原初语境，还原人性与礼义的本来关系，回到各适其性、同于自得的状态。

第一，"夫六经，先王之陈迹也"。

自西汉武帝"罢黜百家，独尊儒术"以后，裁判人的行为合法与否的标准就在于是否遵从儒家伦理原则，"春秋决狱"的审判原则明显地体现了这一点。到了魏晋时期，这一做法引起了士族阶层的普遍质疑。嵇康作《释私论》，提出"越名任心"的行事原则就是针对以儒家伦理规范为行为准则的反叛。郭象也对以"六经"为准则的行为规范进行了反思。《天运》中有一段孔子与老聃关于"六经"的对话，其文曰：

> 孔子谓老聃曰："丘治《诗》《书》《礼》《乐》《易》《春秋》六经，自以为久矣，孰知其故矣；以奸者七十二君，论先王之道而明周、召之迹，一君无所钩用。甚矣夫！人之难说也，道之难明邪？"老子曰："幸矣子之不遇治世之君也！夫六经，先王之陈迹也，岂其所以迹哉！今子之所言，犹迹也。夫迹，履之所出，而迹岂履哉！"

孔子向老聃抱怨他向各诸侯君王推销他的"六经"之道而不被重用和礼遇，老聃却为君主不用孔子之所谓"道"而感到庆幸，他用"履"与"迹"做比喻，将"六经"看作古代圣王留下的脚印，而不是用来走路的鞋子，因此主张遗弃"六经"。郭象借此议论道："所以迹者，真性也。夫任物之真性者，其迹则六经也。"并说："今之人事，则以自然为履，六经为迹。"（《天运注》，534）意思是说，今人的行为应当以"任物之真性"的自然法则为准，"六经"只不过是古代圣王"顺万物之性"而行事的结果罢了，不值得作为万世不易的成法。在听从了老聃的点拨之后，孔子明白了"不与化为人，安能化人"的道理。郭象注曰："夫与化为人者，任其自化者也。若播六经以说则疏也。"（《天运注》，535）可见，把"六经"作为人的行为规范是与"适性"的人生态度和方法相背离的，他对儒学之士"播六经以说"的做法提出了批评。在这个问题上，郭象实际上是继承了嵇康的观点。但嵇康的阐述更加激烈，尖锐地揭示了"六经"与人性的矛盾："六经以抑引为主，人性以从欲为欢；抑引则违其愿，从欲则得自然。然则自然之得，不由抑引之六经；全性之本，不须犯情之礼律。"（《难自然好学论》）在魏晋时期，士人对于旧的礼法规范和社会习俗已不堪忍受，他们的独立个性和自由精神要求冲破礼俗的束缚。《世说新语·任诞》篇记载：

> 阮步兵丧母，裴令公往吊之。阮方醉，散发坐床，箕踞不哭。裴至，下席于地，哭吊喭毕，便去。或问裴："凡吊，主人哭，客乃为礼，阮既不哭，君何为哭？"裴曰："阮方外之人，故不崇礼制；我辈俗中人，故以仪轨自居。"时人叹为两得其中。

儒家经典等对礼有着严格且细致的规范，遍及生活的各个方面。例如，《论语·为政》篇曰：

> 孟懿子问孝，子曰："无违。"樊迟御，子告之曰："孟孙问孝于我，我对曰'无违'。"樊迟曰："何谓也？"子曰："生，事之以礼；死，葬之以礼，祭之以礼。"

在孔子所处的时代，周代的礼仪制度逐渐废弛，孔子因而主张克己复礼，希望借此恢复社会秩序，但他依然把人的真性情作为礼的内在支撑，主张"礼，与其奢也，宁俭；丧，与其易也，宁戚。"[①] 但是在魏晋时期，礼法制度已经变得僵化和空心化了，成为统治集团修饰门面的一块幌子。在这样的情况下，《庄子》对儒家仁义礼乐的批判受到了广泛的推崇。《庄子·渔父》篇说："处丧以哀，无问其礼矣。礼者，世俗之所为也；真者，所以受于天也，自然不可易也。故圣人法天贵真，不拘于俗。愚者反此。不能法天而恤于人，不知贵真，禄禄而受变于俗，故不足。"像阮籍这样在母丧期间不守礼制的现象比较普遍。阮籍对于他的母亲，感情不可谓不深挚笃诚。据载，在其母下葬临别之时，阮籍痛哭哀号，吐血以至废顿良久，足见他对母亲去世的悲痛之情。然而，这种真挚的情感与丧礼的条条框框之间非但不能画等号，而且双方存在着自然与矫饰的根本区别，礼法的外在约束压抑和扭曲了人的自然之性。这在崇尚自然的生活方式的魏晋士族群体是不可接受的。郭象虽然致力于社会公共秩序的重建和重塑名教生活的合法性，但他不得不面对礼俗与人

---

① 杨伯峻：《论语译注》，中华书局2009年版，第24页。

性相矛盾的现实。只有站在自然人性论的立场上，他才能真正实现对士族心态的调整。

第二，"各以得性为是，失性为非"。

郭象否定了以"六经"作为人的行事准则，就要重建这样的准则，重新确立判断是非对错的价值标准。《秋水》篇通过北海若之口讲了一段有关是非辩证关系的话：

> 昔者尧、舜让而帝，之哙让而绝；汤武争而王，白公争而灭。由此观之，争让之礼，尧桀之行，贵贱有时，未可以为常也。梁丽可以冲城，而不可以窒穴，言殊器也；骐骥骅骝，一日而驰千里，捕鼠不如狸狌，言殊技也；鸱鸺夜撮蚤，察毫末，昼出瞋目而不见丘山，言殊性也。故曰，盖师是而无非，师治而无乱乎？是未明天地之理，万物之情者也。

这段话与《齐物论》的旨趣相同，意在辨明是非及其价值判断的相对性。文章通过几组例证试图说明，认为"师是而无非"是"未明天地之理"的表现。也就是说，彼之蜜糖，我之砒霜，既往的他者的成功经验并不能够成为当下的我的摹本。然而，郭象从个体主体性的角度对这段话做出了另一种解释。他对文中所言"殊器""殊技""殊性"的现象加以辩解说："就其殊而任之，则万物莫不当也。"（《秋水注》，581）不同种属的事物或个体具有不同的本性和才能，如果能顺任这种差异，使之依从其各自的不同性分，那么世间所有的人或物都能够各得其所安。郭象对北海若提出的结论做出了恰恰相反的解释：

> 夫天地之理，万物之情，以得我为是，失我为非，适性为治，失和为乱。然物无定极，我无常适，殊性异便，是非无主。若以我之所是，则彼不得非，此知我而不见彼者耳。故以道观者，于是非无当也，付之天均，恣之两行，则殊方异类，同焉皆得也。（《秋水注》，582）

首先，郭象在这里提出了"以得我为是，失我为非，适性为治，失和为乱"的价值判断的基本原则。其次，他又对是非的主体性做出辨析，认为"是非无主"。这是对《秋水》篇所说的"师是而无非"之"是"的反驳，《秋水》中的"是"是以一方行为的结果来论定的，是有主体的，如以尧舜禅让为是、以汤武争而王为是。而郭象的观点是，"殊性异便"，即不同个体的性分有所不同，因此它们各自的是非标准也不同。即是说，郭象的是非观带有自为主体性的特征，不以他者的是非为是非；庄子却认为所有的是非都有限定的主体为根据，若以此是非观来判断其他主体的行为，则容易出现谬误。再次，在确定了自为主体性的是非观之后，郭象肯定了"我之所是，彼不得非"的价值判断标准，这一点典型地体现出郭象立足于个体的人生价值观，带有明显的个体主体性特征。最后，郭象从自然观上要求对彼此不同的是非观采取"付之天均，恣之两行"的态度，如此才能"殊方异类，同焉皆得"。

以是否顺适人的本性作为判断是非的价值标准，实际上是回到了儒家思想的起点。人性论一直是儒学话语系统的基础，孔子将仁作为礼乐文化的前提，认为制礼作乐要依循仁的本性，因而高呼"人而不仁，如礼何？人而不仁，如乐何？"（《论语·八佾》）。孟子主性善论，认为人皆有"四端之心"，"仁义礼智，非由外铄我也，我固有之也"。在他看来，"礼"不只是外在的规范，而是人性的基本内容之一。荀子主"性恶论"，更加看重礼乐教化的作用。郭象的适性理论，在人性的性质问题上，看法接近于孔子和孟子，把仁义作为人性的基本内涵之一，并与荀子相反，认为礼乐教化损害了人性的自然状态。这种自然人性论主张人的本性具有自我实现的内驱力，就像种子一样能够自然地生长。郭象在人性论上对儒家学说和道家学说的综合，为儒道互补的人生法则找到了学理依据。

第三，"尧、许之行虽异，其于逍遥一也"。

仕与隐，是中国古代知识阶层最主要的两条人生道路。尽管儒家思想并不独取入仕这一条人生道路，其本身也为出世提供了思想依据。比如，孔子说："道不行，乘桴浮于海。"（《论语·公冶长》）孟子也说："穷则独善其身，达则兼济天下。"（《孟子·尽心上》）但似乎对于他们来说，出世只不过是退而求其次，是在人生理想破灭后不得已的选择。相比之下，道家对待出世的态度更加积极，其主张出世远遁，为了凸显出世者超越名利的高超境界，因此，"让王"成为《庄子》中的一个重要主题。《逍遥游》篇说：

> 尧让天下于许由，曰："日月出矣而爝火不息，其于光也，不亦难乎！时雨降矣而犹浸灌，其于泽也，不亦劳乎！夫子立而天下治，而我犹尸之，吾自视缺然，请致天下。"许由曰："子治天下，天下既已治也。而我犹代子，吾将为名乎？名者，实之宾也。吾将为宾乎？鹪鹩巢于深林，不过一枝；偃鼠饮河，不过满腹。归休乎君，予无所用天下为！庖人虽不治庖，尸祝不越樽俎而代之矣。"

庄子用这则寓言来阐明"圣人无名"的内涵。这里的"圣人"，指的是许由。许由在《天地》篇被称为"尧之师"，是上古时期的高士，他为了拒绝"尧让天下"的行为，隐居在箕山。因此，后世用"箕山之志"来表示隐逸高栖的情怀。曹丕《与吴质书》曰："伟长独怀文抱质，恬淡寡欲，有箕山之志，可谓彬彬君子者也。"① 许由作为中国古代的一种人格典范，是庄子树立起来的。在庄子眼中，许由不慕名利，志趣高迈，甘淡泊而自守，视天下为外物，其思想境界和人生道路与尧相比，有云泥之别。尧是儒家理想的古代圣王，是治世的典范。然而，《庄子》中的尧却因推行仁义之教而导致天下人失去了本性，因而是一个世俗的、追求功业和名利的人。

《庄子》一书对尧和许由的形象塑造彰显了道家对待入世和出世的价值取向。二人形象的对比和反差在魏晋时期加大和强化了名教与自然的矛盾，正如本书第一章所述，向秀在司马昭面前对其"箕山之志"的追悔和自戕，意味着两种生活方式的相互排斥。这是郭象必须要面对和解决的现实问题。

郭象对这则寓言的阐释，可谓苦心孤诣。为了弥合入世与出世的矛

---

① （清）严可均辑：《全上古三代秦汉三国六朝文》，中华书局1958年版，第1089页。

盾，他必须重新塑造尧与许由的形象。首先，他要使尧摆脱"股无胈，胫无毛"①的疲敝形象，使他符合自己的新圣人观。郭象说："圣人虽在庙堂之上，然其心无异于山林之中，世岂识之哉！徒见其戴黄屋，佩玉玺，便谓足以缨绂其心矣；见其历山川，同民事，便谓足以憔悴其神矣。岂知至至者之不亏哉！"（《逍遥游注》，32）所谓"至至者"，即圣人，既能身居庙堂，又能做到无己而神凝，因为圣人并不需要施展自己的权力和意志去治理国家，而是要顺任万物按照其本性自然地发展。因此，对于许由的"子治天下"这句话，郭象郑重其事地予以辩驳，称"夫能令天下治，不治天下者也。故尧以不治治之，非治之而治者也。今许由方明既治，则无所代之，而治实由尧，故有子治之言，宜忘言以寻其所况"（《逍遥游注》，27）。他采用寄言出意的方式强行把庄子语意中的"治天下"转换为"不治天下"，使尧的形象符合道家的无为思想。但他同时也对"无为"观念进行了创造性转化，说"若谓拱默乎山林之中，而后得称无为者，此庄老之谈所以见弃于当涂"（《逍遥游注》，27），这就否定了道家的出世观念，间接地贬低了许由的高逸形象。随后，郭象直接用类似心理分析的方法对许由做了新的认识和评价。他说：

> 夫自任者对物，而顺物者与物无对，故尧无对于天下，而许由与稷、契为匹矣。何以言其然邪？夫与物冥者，故群物之所不能离也。是以无心玄应，唯感之从，泛乎若不系之舟，东西之非己也，故无行而不与百姓共者，亦无往而不为天下之君矣。以此为君，若天之自高，实君之德也。若独亢然立乎高山之顶，非夫人之有情于自守，守一家之偏尚，何得专此！此故俗中之一物，而为尧之外臣耳。若以外臣代乎内主，斯有为君之名而无任君之实也。（《逍遥游注》，28）

所谓"自任者"，指的是许由，他关于名实问题的说法和"无所用天

---

① 《庄子·在宥》篇说："昔者黄帝始以仁义撄人之心，尧、舜于是乎股无胈，胫无毛，以养天下之形，愁其五藏以为仁义，矜其血气以规法度。"

下"的表态，在郭象看来，属于将自我与外物（"天下"）相对立的表现。这说明，在许由身上，存在着某种以自我为中心的主体意识，这种意识使他把"天下"作为他者隔绝在自身之外，即所谓"独亢然立乎高山之顶"。有了这样的心理，自然在境界上就低了一级。而"顺物者"和"与物冥者"，指的是尧，他虽有"让天下"的举动，但郭象认为这是心怀天下、"无对于天下"的表现，因而能够"无行而不与百姓共""无往而不为天下之君"。换句话说，在郭象眼中，尧具有了民胞物与的天下情怀，作为圣人，他不仅能顺适己性，而且能够顺万物之性，成为天下人得以自适的保障。因此，尧的人生境界高于许由。

牟宗三先生对此章注文有一段精彩的分析，他说：

> 独立高山，虽可显无以为本，而不能顺物无对，则滞于无而无亦成有。尧虽治天下，而"以不治治之"（如以无为为之），则无心而成化。是则圆境必在尧而不在许由也。《论语》子曰："大哉尧之为君也！巍巍乎唯天为大，唯尧则之；荡荡乎民无能名焉，巍巍乎其有成功也，焕乎其有文章。"又曰："无为而治者其舜也与？夫何为哉？恭己正南面而已矣。"又曰："巍巍乎舜禹之有天下也而不与焉。"此是儒圣之赞语，向、郭注《庄》即本此而明圆境在尧也。①

郭象对尧与许由这两位儒家和道家分别认同的圣人形象的再阐释，用意是明显的。通过重塑二人的形象，转换他们的境界高下，郭象为入世的人生选择找到了坚实的依据，化解了名教与自然的冲突。尽管郭象把尧的境界看得高于许由，但并未彻底否定许由的人生选择和生活方式。他说："尧、许之行虽异，其于逍遥一也。"这种出处两行的处世态度，就像本书第四章所要探讨的那样，为士人自由选择各自的人生道路奠定了理论基础。他们或进取、或退隐，均能遵从自己的自由意志，适性而为。

---

① 《牟宗三全集》卷22《圆善论》，台北：联经出版事业股份有限公司2003年版，第283—284页。

## 第二节 身心俱适的逍遥精神

适性自得的人生状态蕴含着一种美的风范。在《庄子注》中，郭象屡用旷然、泊然、渊然、淡然、萌然、冥然、漠然、泯然、闷然、浩然、汛然、泛然、豁然等描述一个人进入逍遥境界时的自由、洒脱、安宁或适意的神采，如："渊然自若，未始失其静默也。"（《应帝王注》，309）"淡然自得，泊乎忘为。"（《应帝王注》，309）"晏然无矜，而体与变俱也。"（《山木注》，692）"旷然清虚，正己而已，而物邪自消。"（《田子方注》，700）"敖然自放，所遇而安，了无功名。"（《知北游注》，741）郭象建构了一种新的逍遥观念。

### 一 庄子逍遥思想的身心分离问题

在郭象以前，人们对于"逍遥"的向往和追求是以庄子所描述的绝尘高蹈的神人境界为目标的。这种无待的逍遥境界在庄子的笔下十分高妙："藐姑射之山，有神人居焉，肌肤若冰雪，绰约若处子。不食五谷，吸风饮露。乘云气，御飞龙，而游乎四海之外。其神凝，使物不疵疠而年谷熟。"然而，对于生活在现实世界中的普通人来说，却是遥不可期的。人是生物性实体，不食五谷何以为生？人身居海内，受地球重力控制，怎能乘云气而游于四海之外？人是历史性实体，受到其生活经验、知识修养和社会习俗的束缚，如何达到无己而神凝的精神状态呢？可见，对于一般人来说，庄子所描绘的逍遥境界，除了在审美心理层面得到了局部的验证之外，是不具有实践性品格的。正如刘笑敢教授所言，"庄子之逍遥游是精神的悠游自得的体验，是忘却世俗世界、包括个人身体之存在的超越的精神境界"[①]。庄子所谓的"逍遥游"，不是身体的自由行动，而是心灵的恣意驰骋，即"游心"，是在精神上"游乎尘垢之外"。（《齐物论》）因此，后世追求逍遥的主要方式大约有两种：一是想象，二

---

① 刘笑敢：《诠释与定向——中国哲学研究方法之探究》，商务印书馆2009年版，第181页。

是信仰。前者通过书写以艺术的方式呈现；后者通过修道以宗教的形式存在。这两种方式都以主观的自由想象为主要特征，即便身体受困于现实，仍能"精骛八极，心游万仞"（陆机《文赋》）。而尤以两者相结合的游仙诗最能体现魏晋文人对逍遥的体认，以曹植的《远游篇》为例：

> 远游临四海，俯仰观洪波。
> 大鱼若曲陵，乘浪相经过。
> 灵鳌戴方丈，神岳俨嵯峨。
> 仙人翔其隅，玉女戏其阿。
> 琼蕊可疗饥，仰首漱朝霞。
> 昆仑本吾宅，中州非我家。
> 将归谒东父，一举超流沙。
> 鼓翼舞时风，长啸激清歌。
> 金石固易弊，日月同光华。
> 齐年与天地，万乘安足多。

在诗的前半部分，曹植想象着自己远游至海上，看到洪波巨浪中的鲸鱼像蜿蜒曲折的山陵一般搏浪前行，看到海中的灵鳌驮负着的传说中的方丈山巍峨高耸、直入云端，看到仙人玉女们或在山隅间清闲自在地飞翔，或者山凹处自由快乐地游戏，他们饥食琼蕊、渴饮朝霞，一片吉祥美好的景象。在诗的后半部，诗人又想象着自己鼓翼凭风、清歌长啸，超流沙而归昆仑的旅程，企望能够与天地同寿、与日月同光。"诗人受伤的不安的灵魂，在游仙中得到了抚慰。诗中大量运用神话传说，以丰富的想象求得精神的满足。"[①] 然而，仅仅存在于想象中的自由并不能彻底解决诗人在现实中所遭受的人生苦难和精神危机，本身就是不自由的体现。阮籍《大人先生传》所描述的"大人先生"居处环境的高妙境界无法解脱阮籍现实生活中的压抑和苦闷；嵇康"遗物弃鄙累，逍遥游太和；结友集灵岳，弹琴登清歌"（《答二郭三首》其二）的神仙想象也代替不

---

① 钟来茵：《中古仙道诗精华》，江苏文艺出版社1994年版，第23页。

了他因与司马氏矛盾而产生的生命悲剧。章启群教授认为,《庄子》的最高境界是"绝对逍遥"的境界,是一般人无法达到的。"这无论如何不是审美的或艺术的境界。《庄子》精神与中国艺术精神之间,还有一个中介,这就是魏晋玄学,更具体来说,就是郭象的哲学。"① 庄子式的逍遥观念,肯定和褒扬的是心灵的自由,而非身体的自由,身心分离是庄子哲学在人生美学问题上遭遇的主要问题。

## 二 适性逍遥理论的身心俱适追求

郭象的适性逍遥思想解决了庄子的逍遥观中的身心分离问题。在他看来,形与神之于逍遥是同等重要的,片面地追求精神的安适而否定身体机能的需要及其满足,不是真正的"自得"。他强调形体的重要性,认为"生理已自足于形貌之中,但任之则身存"(《德充符注》,227)。且说:"心神奔驰于内,耳目竭丧于外,处身不适而与物不冥矣。"(《人间世注》,157)身体如果不能安适,人就无法达到"冥"的境界,亦即所谓"亲其形者,自得于身中而已"(《至乐注》,609)。身体与精神的双重"自得"即是意味着人生命的安顿和自由的实现。

他在《逍遥游注》中,以物性论为基础,把庄子因身体的有待性而否定的物之逍遥,转变为物的基本生理需要和精神需要得以满足而肯定的物之自得。《逍遥游》虽描绘了鲲鹏高举南飞时令人歆羡的宏阔境界,但因为其起飞不得不依赖海运的外力帮助——"风之积也不厚,则其负大翼也无力",庄子并不认为它是真正逍遥的。郭象的阐释转换了"海风"与"高飞"之间的逻辑关联,把庄子的否定性条件句"要不是……就不能……"变成了肯定性因果句"正因为……所以才……"。同样认为海风是鲲鹏高翔的前提条件,但郭象与庄子对待这一事实的价值评判却是相反的。郭象说:"非冥海不足以运其身,非九万里不足以负其翼。此岂好奇哉?直以大物必自生于大处,大处亦必自生此大物,理固自然。"(《逍遥游注》,4)在他看来,"海运"和九万里的空间环境为鲲鹏提供

---

① 章启群:《论魏晋自然观——中国艺术自觉的哲学考察》,北京大学出版社2000年版,第132页。

了"自得之场",满足"其翼若垂天之云"的本来生理的自然需要,使之能够展翅高翔。郭象把身体视为本性的有机组成部分,适性意味着使身体的机能得到应用和施展。他说:"鹏之所以高飞者,翼大故耳。夫质小者所资不待大,则质大者所用不得小矣。故理有至分,物有定极,各足称事,其济一也。若乃失乎忘生之生而营生于至当之外,事不任力,动不称情,则虽垂天之翼不能无穷,决起之飞不能无困矣。"(《逍遥游注》,8)他把鲲鹏翅膀的硕大看作是其得以高飞远逝的基本条件,对待身体及其有待性所持的态度,与庄子相比,显然更为积极,也更具现实合理性。郭象的适性逍遥主张正视身体的有待性,认为只有满足了基本生理需要,才能实现自得。因此,他并不把"适千里者,三月聚粮"当作不自由的表现,而是强调"所适弥远,而聚粮弥多",即人的逍遥要以基本物质生产需要的满足为基础。这与西方人本主义心理学相通,心理学家马斯洛提出的需要层次理论主张,人的高层次需要是以基本需要的满足为条件的,自我实现("自得")作为人的最高需要建立在生存需要得到满足的基础上。

郭象把有待逍遥称之为"自得",自得不仅要求身体机能的发挥和基本生理需求的满足,而且要求精神的安宁畅达。郭象主张身心协调的逍遥观念,这体现在他对"成心"的肯定上。庄子站在道本论的立场上否定"成心"以及由此而来的是非观。《庄子·齐物论》曰:

> 夫随其成心而师之,谁独且无师乎?奚必知代而心自取者有之?愚者与有焉。未成乎心而有是非,是今日适越而昔至也。

成玄英说:"域情滞著,执一家之偏见者,谓之成心。"① 把"成心"理解为"偏见",有一定的合理性,但这里的"偏见"并非认知主体的主观成见,不是一个人刻意地对某事物基于前在立场的偏狭理解。成心意味着认知标准的主观性,怀有成心的人总是以自我为中心来判断事物的价值,但成心源自人的生存处境的历史性,是客观存在的,不以主体意志为转移的。对此,《齐物论》中的一段话可以证明:"民湿寝则腰疾偏

---

① (清)郭庆藩:《庄子集释》,中华书局2012年版,第67页。

死，鳅然乎哉？木处则惴慄恂惧，猿猴然乎哉？三者孰知正处？民食刍豢，麋鹿食荐，蝍蛆甘带，鸱鸦耆鼠，四者孰知正味？猿猵狙以为雌，麋与鹿交，鳅与鱼游。毛嫱、丽姬，人之所美也；鱼见之深入，鸟见之高飞，麋鹿见之决骤。四者孰知天下之正色哉？自我观之，仁义之端，是非之途，樊然殽乱，吾恶能知其辩？"麋鹿、猿猴、泥鳅、鸱鸦，各有各的本性和生存环境，这决定了它们对待事物的不同理解和价值取向。人也是一样，在人看来美貌无比的毛嫱、西施，在麋鹿和鱼的眼中，与怪物无异。庄子认为，正是成心的存在造成了认知和价值评价的相对性，导致了世间物论纷纭、各个思想学派之间彼此攻讦的状况。他说：

既使我与若辩矣，若胜我，我不若胜，若果是也，我果非也邪？我胜若，若不我胜，我果是也，若果非也邪？其或是也，其或非也邪？其俱是也，其俱非也邪？我与若不能相知也，则人固受其黮暗。吾谁使正之？使同乎若者正之？既与若同矣，恶能正之？使同乎我者正之？既同乎我矣，恶能正之？使异乎我与若者正之？既异乎我与若矣，恶能正之？使同乎我与若者正之，既同乎我与若矣，恶能正之？然则我与若与人俱不能相知也，而待彼也邪？（《齐物论》）

依庄子本意，成心不仅是导致是非纷争的根源，而且有碍于对是非问题的认识和化解，因而是要加以否定的。他似乎认为，只要消解了人的成心，是非纷争自然就能化解了。但是，正如他自己所说，"人固受其黮暗"，成心是与生俱来、自然生成的。人的认知是经验性的，受到一定的地域、文化、宗教、习俗等历史因素的陶染和制约，因而难以超验地认识绝对真理。庄子否定"成心"，意味着排斥认知活动的经验性和认知主体的历史性，这从根本上违背了人性的事实，就像无法消除麋鹿、猿猴、鸱鸦与泥鳅的种属差异，也不能用自己的手拽着自己的头发离开地球，否则就违背了自然规律。

除了成心，庄子也用"蓬之心""偏心"等表达同样的意思。《逍遥游》篇讲述了一个关于惠施的寓言：

惠子谓庄子曰:"魏王贻我大瓠之种,我树之成而实五石,以盛水浆,其坚不能自举也。剖之以为瓢,则瓠落无所容。非不呺然大也,吾为其无用而掊之。"庄子曰:"夫子固拙于用大矣。宋人有善为不龟手之药者,世世以洴澼絖为事。客闻之,请买其方百金。聚族而谋曰:'我世世为洴澼絖,不过数金。今一朝而鬻技百金,请与之。'客得之,以说吴王。越有难,吴王使之将。冬与越人水战,大败越人,裂地而封之。能不龟手,一也;或以封,或不免于洴澼絖,则所用之异也。今子有五石之瓠,何不虑以为大樽而浮乎江湖,而忧其瓠落无所容?则夫子犹有蓬之心也夫!"

惠施是战国时期名家的代表人物,与庄子既是好友,也是论敌。惠施对大瓠无计可施,是因为他的思想认知受到了世俗见解的蒙蔽。把葫芦对剖做成水瓢,这是日常经验的做法,也是从实用性角度思考问题的结果。然而,一个重达数百斤的葫芦显然是不适合制作水瓢的,惠施无奈,只得把它打碎了。在庄子看来,惠施的心理和行为与蜩与学鸠这样的小鸟别无二致,都太固执于自我的世界了,把自己的是非观念作为判断事物价值的标准。这就是他所谓的"随其成心而师之"。相比而言,庄子看问题的角度显得更为客观,能够根据事物本身的性质和特征,还原它的本来状态和功能。在对待不龟手之药的问题上,世代以漂洗为业的宋人只看到这种技艺对"我"有什么用处,即免于长期接触冷水导致双手皲裂,而客却能够认识到不龟手本身的好处,扩大它的应用范围。同样是面对大葫芦,庄子摆脱了实用心理的牵绊,给出了更为潇洒快意的答案——制作成腰舟浮游于江湖之上,逍遥自在。庄子因此批评惠施的心灵就像被茅草阻塞了一般(所谓"蓬之心"),囿于个人的经验世界,而无法跳出自我的狭隘视野。然而,客买来不龟手之药,将之用于服务战争,虽比从事漂洗工作的宋人获利更多,但又何尝不是体现了另一种"成心"呢?客仍未能摆脱认知的经验性和自身的历史性。庄子建议惠施把大瓠制作成大樽,以此浮于江湖,看似超脱不羁,摆脱了通常的实用工具心理,但这种设想显然仍是以人的乘桴而游的共同生活经验为基础的。

郭象从性本论的立场出发，把"师其成心"作为人之自得的必然要求。他说："夫心之足以制一身之用者，谓之成心。人自师其成心，则人各自有师矣。人各自有师，故付之而自当。"（《齐物论注》，67）他承认"成心"的客观性，肯定它的价值，主张"成心"是每个人都自然具备的，而且对因"师其成心"导致的认识和价值观念的多样性，也不持否定的态度。在他看来，如果每个人都能依顺自己的"成心"，那么每个人都能"自得"。他所谓的"自得"，指的是"自蒙己德"，是顺适己性的结果，不受外在的是非标准的局限。

值得说明的是，郭象肯定人的成心，不是要肆意放纵人的主观意识，使其情志无节制地流荡开去。郭象注"奚必知代而心自取者有之？愚者与有焉"一句说："夫以成代不成，非知也，心自得耳。故愚者亦师其成心，未肯用其所谓短而舍其所谓长者也。"（《齐物论注》，67）陈鼓应先生释"代"为"自然变化之相代"，① 将此句译为"何必一定要了解自然变化之理而心有见地的人？就是愚人也是同样有的"②。这样的解释符合庄子原意。郭象在此将"代"解为"代替"，所谓"以成代不成"就是"以成心取代非成心"。这是什么意思呢？紧接着的对愚者"师其成心"的说明与此一句形成了互释关系，愚者师其成心，不愿用其短处而舍弃其擅长的。短处和长处的划分标准是什么？"非知也"，而是性分之内外，因为"举其性内，则虽负万钧而不觉其重也；外物寄之，虽重不盈锱铢，有不胜任者矣"。（《人间世注》，190）就是说，所谓"成心"则是建立在性分的基础上的，是由个体性分中生发出来的，是人依循其本性，从属己的生存处境和生活经验出发，对自我意志和行为做出的选择。

郭象的"师其成心"的观念蕴含了对个体自由意志的肯定，对他而言，适性逍遥并非被动地接受命运的安排，或纯粹精神上的自我麻痹。汤一介先生认为，郭象的逍遥思想的核心命题是"认识了必然就是自由"，其必然性是在无限的可能性中实现的，因此也就是说它是纯偶然

---

① 陈鼓应：《庄子今注今译》，中华书局2009年版，第59页。
② 陈鼓应：《庄子今注今译》，中华书局2009年版，第61页。

的，碰上的。而其所谓"逍遥"，当然也只能是一种主观的精神境界。①刘梁剑教授认为，郭象在高扬个体精神自由的同时，教导"安分守己"，其中包含了晋人精神中"逸气"与"乡愿"相伴的双重面向。一方面，安分即逍遥，任性即安分，"任性"之"任"直接等同于"安分"之"安"，由此而来的逍遥只能是虚假的自由，或者说是在顺从现存秩序时所体验到的自由。另一方面，在郭象那里，"分"或"性分"来自命，安分的前提是知命。然而，因为没有具体的知命方法，知命演变成了认命。顺应习俗，服从权威，无条件接受现有秩序，全然放弃改变现存外部秩序的要求，乐于舒舒服服地躺在"性分"所蔽护的安乐窝里做着自欺欺人的甜美的梦。② 这种批评与郭象的逍遥观念存在一定的差距，无论是命运的必然性还是外在秩序的必然性，都在郭象对"成心"的张扬中得到了一定的克服。

　　郭象对待命运问题的态度与庄子的"安命论"有所不同。庄子主张"知其不可奈何而安之若命"，把社会生活和人生遭遇的必然性绝对化了，"完全抹杀了人的思想对行为的指导作用和决定作用，抹杀了人在一定范围内选择生活方向的主动权"。③ 郭象虽也主张人的命运有必然性，但他的可贵之处在于，肯定人在面临命运问题时基于本性的个人决断和行为。在"性"与"命"的关系上，他一方面把"命"作为"性"的前提，主张"安乎命之所遇"（《秋水注》，588），另一方面却又不止于此，而把任性的"自为"当成"安命"的表现，称"直各任其自为，则性命安矣"（《在宥注》，379）。面对人的命运和际遇，郭象并不像庄子那样一味地主张"无为"，而是要发挥人性中的潜能因素，予以积极地应对，做出合理的行动。如前所述，郭象的人性论一方面具有先天必然性，另一方面又是潜在的和不可预知的。在这种情况下，人的行为是否属于因性的自为，抑或是超出性分之外的有为，其判断的标准只能在行为主体是否在行为的过程中达到了"适性"的要求，亦即是否对个体主体产生了

---

① 汤一介：《郭象与魏晋玄学》，北京大学出版社2016年版，第177页。
② 刘梁剑：《郭象"物"观念与晋人的逸气及乡愿》，《陕西师范大学学报》（哲学社会科学版）2017年第1期。
③ 刘笑敢：《庄子哲学及其演变》，中国人民大学出版社2010年版，第144页。

积极的影响，个体是否得到了精神的满足或身心的安顿。基于此，则个体的行为空间就被极大地拓展了，其自主能力和独立性也空前地得到了提升。郭象说："天地虽大，万物虽多，然吾之所遇适在于是，则虽天地神明，国家圣贤，绝力至知而弗能违也。故凡所不遇，弗能遇也，其所遇，弗能不遇也；凡所不为，弗能为也，其所为，弗能不为也；故付之而自当矣。"（《德充符注》，218）可见，郭象虽知命，却并不任由命运摆布，他把因性而为当成了人的运命的一部分，强调凡有所遇，皆有所为。这实际上是在某种程度上肯定了人的意志和行动的自由。

值得注意的是，郭象的适性逍遥除了要求"身之适"和"心之适"的协调之外，还注重谋求实现身心俱适的外部环境，尤其是政治环境。正如本书第二章第三节介绍的，郭象把"明王之功"视为人实现自得的重要保障。为此，他在政治结构上谋求君权与士权关系的调整，扩大士阶层的"自得之场"。他剖析了君权存在的必要性及其作用，"千人聚，不以一人为主，不乱则散。故多贤不可以多君，无贤不可以无君，此天人之道，必至之宜"（《人间世注》，161）。这个观点类似于霍布斯与卢梭的政治学说的混合物，一方面把一切人反对一切人的普遍敌对状态（"不乱则散"）作为君主合法性的根据，另一方面又把君主权力看作士族公共意志的载体，否定君主的绝对权力，扩张士族群体的相对权力。为此，他以"圣人"的标准要求君主，防止其权力意志的自由发挥，对于君主来说，应做到"在上而任万物之自为"，亦即"君位无为而委百官，百官有所司而君不与焉。二者俱以不为而自得，则君道逸，臣道劳，劳逸之际，不可同日而论之也"。（《在宥注》，408）这样做的目的就在于上文所说的"使天下各得其正"。如此一来，居官任职的士人就可以各司其职、各居其任、各尽其能。对于那些不愿入仕的山林之士，又该当如何呢？郭象是尊重他们各安其性的权利的。例如，在《秋水》篇庄子钓于濮水一段，郭象注曰："性各有所安也。"（《秋水注》，604）郭象的这一设想在东晋时期获得了实践的机会。东晋形成了门阀士族政治的形态，士族权利与君权形成了相抗衡的局势。在此条件下，琅琊王氏、高平郗氏、谯国桓氏、陈郡谢氏、颍川庾氏、太原王氏等世家大族先后主持政局，其族内子弟也多风流之士，士人"自得"的理想部分地变为了现实。

## 第三节　物我冥一的审美体验

　　庄子的逍遥境界是常人难以企及的，不能在实际生活中得到有效运用，却在审美领域产生了积极的效果，鲲鹏意象和游仙想象在中国古典文艺中屡见不鲜，齐物思想与心斋观念也对古人的审美心理具有重要的启发作用。刘绍瑾教授提出，只有从审美的角度去把握庄子，才能理解庄子思想何以对中国美学、文论和批评产生了如此深刻的影响。他主张从"审美中的自由"来理解庄子的逍遥观，"在庄子看来，现实人间有其关系、限制处，而进入自由状态——审美境界，则遗其关系、限制处，达到物我同一的极致。正是在这种审美意义的自由上，庄子的人生境界从'有待'进入'无待'，由相对（对待）达到绝对（至一）"①。从审美的角度看庄子，这一方面是继承和汲取了中国古典艺术资源和精神传统，另一方面融入了现代西方美学的视野，尤其是受到以康德为代表的美感分析和现象学的纯粹直观方法的洗礼。诚如徐复观先生说的那样，"老子乃至庄子，在他们思想起步的地方，根本没有艺术的意欲，更不曾以某种具体艺术作为他们追求的对象"②。因此，虽然庄子思想与现代美学存在精神上的契合或相似，但二者并不完全是一回事，就本节所论的审美体验来说，用康德对美的分析来论证庄子的"以物观物"③思想，只能得到片面的认识。

---

　　① 刘绍瑾：《庄子与中国美学》，广东高等教育出版社1989年版，第6页。
　　② 徐复观：《中国艺术精神》，广西师范大学出版社2007年版，第37页。
　　③ 在《庄子》及郭象注中，没有"以物观物"的说法。这一说法最早是由北宋理学家邵雍提出的，但学界公认其思想的源头在道家，尤其是庄子那里。参见刘绍瑾《庄子与中国美学》，广东高等教育出版社1989年版，第84页；闫月珍《作为道家传统的以物观物与中国诗学的美感经验》，《浙江学刊》2005年第1期。也有学者把庄子的观物方式及其审美体验称之为"物化"，将之作为中国古代审美创造理论的核心范畴。参见刘若愚《中国文学理论》，杜国清译，江苏教育出版社2006年版，第44—47页；朱良志《中国古代美学中的"物化"观》，《中州学刊》1990年第2期；胡经之、李健《中国古典文艺学》，光明日报出版社2006年版，第九章。

## 一 目的论分析法辨正

庄子和郭象都主张消除人的是非之心（"知"）和跂尚之心（"欲"），但二人使用的方法有区别，庄子提倡"丧我"和"以明"，以"心斋"和"坐忘"为方法，郭象主张"适性"或"自得"，以玄冥为方法，要求人"与物冥""各冥其极"。如果从美学的角度来看这一问题，这两种方法都容易使人联想到康德《判断力批判》中对美与知识概念及事物的有用性的剥离，将"心斋"或"玄冥"对"是非之心"和"跂尚之心"的否定等同于审美判断的无目的的和目的性概念。

康德说："关于美的判断只要混杂有丝毫的利害在内，就会是很有偏心的，而不是纯粹的鉴赏判断了。我们必须对事物的实存没有丝毫倾向性，而是在这方面完全抱无所谓的态度。"[1] 他认为美是在对审美对象的表象的静观中产生的，符合无目的的合目的性原则。因此，康德在审美判断中排除了客观的内在和外在的合目的性，只要求其在形式上的合目的性。康德用"内在的合目的性"是指对象的完善性，即"一件事物应当在概念上符合于该事物的目的"。[2] 概念是属于知性范畴的内容，美与概念无关，与对事物具体内容的知识无关。

郭象，乃至庄子本人，在讨论是非问题时所预设的语境是不同认知主体站在不同立场上的是非之辩，是自我与他者的对立，而非同一主体对某对象在认知上的正确或错误。这就与康德在审美判断上对内在合目的性的否定不同，康德认为概念性知识有碍于主体的审美鉴赏，审美判断与概念无关，在审美活动中应当中止知性思维。庄子和郭象却旨在终止不同主体间的是非之争，因为这样的基于不同认识立场和价值标准的纷争无法获得真正的知识。为此，庄子继承老子的绝圣去智观念，要求终止思维过程，归于混沌的状态。而郭象并不同意这样的观点，他坚持自我立场的认知，提出了"自是而不相非"的认知原则，肯定差异共存。同样地，郭象认为"美恶无主"，主张"虽所美不同，而同有所美。各美

---

[1] ［德］康德：《判断力批判》，邓晓芒译，人民出版社2002年版，第39页。
[2] 蒋孔阳：《德国古典美学》，商务印书馆1980年版，第78页。

其所美，则万物一美也。"（《德充符注》，197）这样的观点是与郭象的适性思想一脉相承的，却与康德的共通感概念相悖。

人的欲望主要包括两个方面：一是感官欲望，以生理快感的满足为内容，属于感性冲动；二是社会欲望，以道德名利的实现为内容，属于理性冲动。对于这两种欲望，庄子与郭象虽都予以否定，却有程度的差异。庄子较为激烈，持无情论，赞赏子琴张、孟子反以及孟孙才那样临丧不哀的做法，也极力批判儒家的仁义学说。郭象相对温和，以性分内外作为欲望取舍的界限，对于本性之内的欲望，他认为是合理的，应该保留，而那些本性之外的欲望，包括因用智而产生的生理性欲望和追逐名利的社会性欲望，他认为是不合理的，容易毁伤人的本性，"外物加之虽小，而伤性已大也"（《天运注》，524），应该抹杀。他所谓的"跂尚之心"，指的就是不安于性分之内，而希慕其本性范围以外的东西。郭象反对跂尚的观念和行为，说："夫外不可求而求之，譬犹以圆学方，以鱼慕鸟耳。虽希翼鸾凤，拟规日月，此愈近彼，愈远实，学弥得而性弥失。"（《齐物论注》，93）他因而主张以"冥极"的方法来消弭人的"跂尚之心"："若乃忘其所贵而保其素分，则与性无多而异方俱全矣。"（《骈拇注》，320）"知其小而不能自大，则理分有素，跂尚之情无为乎其间。"（《秋水注》，562）"忘其所贵而保其素分"与"知其小而不能自大"都是"冥极"的意思。

康德在辨析美的内涵时，区分了三种不同特性的愉悦，一是感官上的快适，二是被尊敬被赞成的善，三是审美的愉悦。前两者都是与利害结合着的，不是康德所谓的"美"的范畴，他规定美的愉悦是不带任何利害的。这就容易使人将之与庄、郭对欲望的否定做类比，得出道家思想符合康德美学的结论。其实，二者之间存在显著的差别。庄子的"坐忘"要求"堕肢体，黜聪明，离形去知"的最终目的是"同于大通"，并未保留一个审美的主体，也未肯定审美心理的愉悦。叶朗先生认为，庄子的"心斋"和"坐忘""突出强调审美观照和审美创造的主体必须超脱利害观念，则可以看作是审美心胸的真正的发现（在某种意义上也可以看作是审美主体的发现）"。[①] 然而，不可否认的是，由"坐忘"所

---

① 叶朗：《中国美学史大纲》，上海人民出版社1985年版，第119页。

开启的道的境界抹消了经验世界中美与丑的分别，由道观物，只觉得"通天下一气耳"（《知北游》），回到了"道未始有封"的原初状态，庄子把它看作"真知"，哪里还有一个对审美对象之表象的静观的愉悦呢？这并不是说，庄子的思想中没有美的观念。他所向往和赞许的，是充塞于天地之间的大美，是符合天道的至乐，与康德所辨析的"美"并不是一回事。

郭象虽反对"跂尚之心"，但并未完全否定人的生理欲求，而是以性分为标准，肯定人的正常需要，并以满足该需求作为"适性"逍遥的条件。同样地，他虽然否定效法圣人、矜尚仁义的心理和行为，但仍将仁义视为人之情性，肯定"无爱而直前"的"至仁"行为。因此，无论是庄子还是郭象，都不能用康德的美感分析做出恰如其分的解释。康德对人的知、情、意的剖判，与庄子和郭象关于人性问题及知识活动的看法，有不同的思想背景。康德美学是其先验哲学的组成部分，"从他的哲学体系出发，根据他的哲学体系的需要，把主观的合目的性当成美学研究主要的出发点"①。这与庄子、郭象迥异，他们是从现实人生问题出发，对人在现世的生命安顿和自由问题予以反思和解答。

## 二 "以物观物"的开启与定型

《庄子》中虽然没有对美的独立论说，但其中蕴含着丰富的美学精神，对中国古代审美经验和文艺思想产生了深远影响。刘若愚先生说："《庄子》对中国人的艺术感受性的影响，比其他任何一本书都深远，这种说法绝非夸大。此书虽然不是关于艺术或文学，而是关于哲学的，可是却启示了若干个世纪的诗人、艺术家和批评家，从静观自然而达到与道合一的忘我境界这种观念中获得灵感。"② 所谓"从静观自然而达到与道合一的忘我境界"，指的是"以物观物"的审美体验方式，或简称"物化"。"物化"说是庄子在《齐物论》中借"庄周梦蝶"的寓言提出的：

---

① 蒋孔阳：《德国古典美学》，商务印书馆1980年版，第70页。
② ［美］刘若愚：《中国文学理论》，杜国清译，江苏教育出版社2006年版，第45页。

> 昔者庄周梦为胡蝶，栩栩然胡蝶也，自喻适志与！不知周也。俄然觉，则蘧蘧然周也。不知周之梦为胡蝶与，胡蝶之梦为周与？周与胡蝶，则必有分矣。此之谓物化。

"物化"的核心意旨是"齐物我"，①"庄周梦蝶"与"蝶梦庄周"的困惑引起了庄子对物我关系的反思和重建，他破除了"我"的主体性认知视界和"观物"立场，消解了物我之间的界限，建立了一种和谐互融的主体间性，"突破经验世界中各种分而视之的考察方式，形成超越划界的立场，达到物我交融的境界"②。

庄子哲学的物我关系论开启了中国古典美学中的物我冥一的审美体验方式。然而，"开启"并不是"完成"或"定型"，这种审美体验方式只有经过了玄学的过渡和催化才化解了内部的矛盾并在艺术创造中得到落实。之所以这样说，是因为庄子有一种将"以物观物"和"以道观物"相混合的趋向。这两种观物方式所得到的结果是有本质差异的。以道观物的结果是抽象的同一性，抹消了事物之间的差异性和具体性，如庄子所说，"莛与楹，厉与西施，恢诡谲怪，道通为一"。庄子主张和赞许的是"以道观物"，消解事物之间的贵贱、大小、长短、高低之类的差别，回到"未始有物"的始源性的混沌状态。审美意味着对物之具体性的感知，庄子却说："自其异者视之，肝胆楚越也；自其同者视之，万物皆一也。夫若然者，且不知耳目之所宜，而游心乎德之和。"（《德充符》）这是一种先验性的同一性理念，不利于审美心理的发生。当然，除了以道观物外，《庄子》中也有以物观物的一面。例如，在《秋水》篇末的"濠梁之辩"中，庄子打破惠子基于主客关系论的逻辑思维，体认到鯈鱼出游从容的愉悦心理。《达生》篇所描述的"梓庆制鐻"的过程："臣将为鐻，未尝敢以耗气也，必齐以静心。齐三日，而不敢怀庆赏爵禄；齐五日，不敢怀非誉巧拙；齐七日，辄然忘吾有四枝形体也。当是时也，

---

① 陈少明教授认为，庄子的"齐物论"包含三种意思，一是齐"物论"，二是齐万物，三是齐物我。参见陈少明《"齐物"三义——〈庄子·齐物论〉主题分析》，《中国哲学史》2001年第4期。

② 杨国荣：《庄子内篇释义》，中华书局2021年版，第111页。

无公朝,其巧专而外骨消;然后入山林,观天性;形躯至矣,然后成见镰,然后加手焉;不然则已。"这则寓言常被用来论证庄子的美学意蕴和艺术精神,其中最核心的就是"物化"心理或以物观物、以天合天的审美体验。

与以道观物相反,以物观物的要义在于,肯定物之自在性和具体性,目击而道存,见山是山、见水是水,甚至连观物者自身都成了物象的一部分。王文生教授说:"以物观物要求物象的自然呈现,或以最近似自然本身的方式去表现自然现象。这就使得中国诗歌从表面看来,似乎没有严格的逻辑、层次和秩序,也不以'自我'为中心,而任凭物象与物象在时空里自由并存。'千山鸟飞绝,万径人踪灭。孤舟蓑笠翁,独钓寒江雪。''枯藤老树昏鸦,小桥流水人家,古道西风瘦马,夕阳西下,断肠人在天涯。'诗中所写的一切不象是作者眼中所见,也不是钓者和断肠人所感。在这里,作者不是掌握自然调色板的中心;钓者、断肠人也只是大千景物中的一个物象。自然以其最纯粹的客观形态出现,物象仿佛是互不依因地点式平列在画面上。只是由于读者浏览全景使物象同时呈现于心中之后,才感到景外有象,言外有意。"①

但是,庄子的"以物观物"却有内在的矛盾。这个矛盾体现在两个方面:一是在主体方面,作为观物之前提或心理准备的"心斋"把主体意识消解地过于彻底,使之难以在面对物象时做出真正的审美心理反应。庄子论"心斋"说:"唯道集虚。""道"非"物",心斋的目标在体道,与道合一,而不在于"观物"。对于"观物"来说,即便是以物观物,任由自然物象的自由兴现,也少不了一个观者的视角及其与物相冥的心理。因此,在一定程度上保留主体意识,是"以物观物"得以发生的必要条件,正像梓庆虽"以天合天",却仍保留了他作为工匠的专业眼光("其巧专")。同样地,在梦蝶寓言中,"在以物眼观人时,真正看人的还是庄子,只不过他换了一个角度。庄周梦蝶的故事所描述的蝶梦庄周,蝶的身上所灌注的仍是庄子的主体意识。这一点无可置疑。如果混同物与主

---

① 王文生:《比较研究,发现自我——试论中国古代文论的民族特点》,《社会科学战线》1986年第1期。

体,无论如何也解释不通庄周梦蝶的寓言故事,也无法体味中国传统天人合一的哲学境界"①。二是在物的方面,庄子哲学过于强调物之共性、共相,而缺乏对物之殊性、殊相的重视。庄子的"齐物"论,从物的构成角度主张齐之以气,气之聚散决定了物之生灭,从物的本体角度主张齐之以道,道周遍万物,无所不在。但是,对于物在现象层面,如大小、轻重、明暗、厚薄、香臭等可感知的形性内容——这是物我冥一的审美体验的出发点,庄子是持否定态度的。通过一再重审物际的相对性和易变性,庄子走向了重道而轻物的形而上学。

郭象玄学对庄子思想的改写或转化,使以物观物的审美体验落到了实处。首先,郭象解构了"道""天""无"之类的形而上学范畴,在独化论的基础上,把物本身作为宇宙的第一因。与庄子以道与物、天与人、无与有等对立范畴为二元结构的哲学体系不同,郭象否定了道、天、无等超验概念的实体内涵和价值。对他而言,"道"不过是一种称谓,用来表示物的独化自生和适性自得的状态。他说:"道,无能也。此言得之于道,乃所以明其自得耳。自得耳,道不能使之得也;我之未得,又不能为得也。然则凡得之者,外不资于道,内不由于己,掘然自得而独化也。"(《大宗师注》,256)郭象主张,形形色色的万物构成了宇宙天地,宇宙在物之外,别无他物,不存在一个作为万物之共相的"道"。他的"独化"论主张物自生说,这就为"物"赋予了实在性和本体性,为观物即道奠定了学理基础。东晋士族阶层将谈玄与品物相结合,在自然赏会中感悟玄理——这是玄言诗向山水诗过渡的中介,正是在这种思想氛围中形成的。

其次,郭象的"玄冥论"从审美主体角度为建立审美性的物我关系做了必要的修正。如本书第二章所分析的,"玄冥"是适性逍遥得以实现的基本思维方式。它的基本意思是"无对",包括两个层面:一是"与物冥",这是对圣人来说的,要做到"无心而应物,唯变所适",即顺任万物自然的变化,采取不干预或宰制的态度;二是"各冥其极",这是对常人来说的,要做到各适己性、各称其能、各当其分,循性而动,杜绝是

---

① 胡经之、李健:《中国古典文艺学》,光明日报出版社2006年版,第252—253页。

否之心和羡欲之情,即排除"知"和"欲"的干扰。"玄冥"论与"心斋"说的本质差异在于,后者要求"丧我",抹消一切主体意识,而前者主张回归"真我",保留了基于人性的自由意志。这就为观物和写物创造了必要条件。值得注意的是,郭象从圣人—常人的生存论立场建构的玄冥论的双重结构在物我审美关系的新语境下是经过了倒转才发生作用的。也就是说,在物我关系中,作为审美主体的"我"同时具备两种"玄冥"心理思维,先是"各冥其极",回归审美主体的自然本性,保持自我精神的宁静平和,不受知识活动和欲望的侵扰,再是"与物冥",起于静观自然物象,以客观冲淡的态度和眼光仰观俯察,后逐渐进入与物俱化的状态,做到"无心玄应,唯感之从","物萦亦萦",才能"万物归怀",最终达到物我冥一的审美境界。承庄子之后,郭象玄学是物我冥一的审美体验方式的定型阶段,并为自然审美意识的觉醒奠定了学理基础。这一点本书第四章将做详细探讨。

### 三 "以我观物"与"以物观物"的融汇

在以道观物和以物观物之外,还有另一种物我关系模式,那就是以我观物。关于"以我观物"与"以物观物"的区别,叶维廉先生在《无言独化:道家美学论要》中从思维方式和心理机制层面做了区分,他说:

> 在前者,以自我来解释"非我"的大世界,观者不断地以概念观念加诸具体现象的事物上,设法使物象撮合意念;在后者,自我融入浑一的宇宙现象里,化作眼前无尽演化生成的事物整体的推动里,去"想",就是去应和万物素朴的自由兴现。前者"倾向于"用分析性、演绎性、推论性的文字(或语态),用直线追寻、用因果律的时间观,由此端达到彼端地推进使意义明确地界定。后者"倾向于"将多层透视下多层联系的物象和它们并发性的兴发以戏剧的方式呈演出来,不将之套入先定的思维系统和结构里。如此,道家的美学,顾名思义,自然可以消除类分和解说的要求,而道家对万物

原貌兴发的肯定，自然也可以避免西方诗中主轴的比喻和形而上学。①

叶维廉先生对"以我观物"和"以物观物"的分析明显地嵌套了西方两种主要的思维方式，把"以我观物"对应主客二元模式的逻辑思维，把"以物观物"对应直觉和想象。但是，这似乎背离了中国古代艺术思维的基本事实和经验。"以我观物"并不是"用分析性、演绎性、推论性的文字或语态，用直线追寻、用因果律的时间观，由此端达到彼端地推进使意义明确地界定"。相比之下，王国维先生对"以我观物"和"以物观物"的区分更加切合实际。在他那里，"以我观物"和"以物观物"并不是逻辑与非逻辑的区别，而是由情感的浓烈与平淡造成的。"以我观物"是在一种强烈的情感冲动中所产生的移情效果，同样是直观的和诗意的，而非逻辑的和分析的，如杜甫的"感时花溅泪，恨别鸟惊心"，并没有建立起"花"与"泪"或者"鸟"与"恨"的因果关联，二者的关系不是分析或推论的，而仍是直观的和想象的；"以物观物"则是在情感平和状态下静观自然，不以强烈的主观意志宰制物象，任由其自由客观地兴现，如杜甫的"细雨鱼儿出，微风燕子斜"。朱光潜先生则从移情说对王国维先生的"有我之境"和"无我之境"的区分做了对位调整。他说：

> 他所谓"以我观物，故物皆着我之色彩"，就是"移情作用"，"泪眼问花花不语"一例可证。移情作用就是凝神注视，物我两忘的结果，叔本华所谓"消失自我"。所以王氏所谓"有我之境"其实是"无我之境"（即忘我之境）。他的"无我之境"的实例为"采菊东篱下，悠然见南山"，"寒波澹澹起，白鸟悠悠下"，都是诗人在冷静中所回味出来的妙境（所谓"于静中得之"），没有经过移情作用，所以是"有我之境"。与其说"有我之境"与"无我之境"，似不如说"同物之境"和"超物之境"，因为严格地说，诗在任何境界中都

---

① 《叶维廉文集》第 2 卷，安徽教育出版社 2002 年版，第 133 页。

必须有我，都必须为自我性格、情趣和经验的返照。①

王国维先生和朱光潜先生对"有我之境"和"无我之境"的理解是互反的，之所以如此，正是因为对"以我观物"和"以物观物"这两种物我关系模式的认识相互对立。朱光潜先生认为，审美移情心理的发生前提是"忘我"，其结果是"物皆着我之色彩"，即物象成为主体情感意志的具象化表现；而"以物观物"的前提是"冷静"，是主体的情感意志从物象中抽离，从而静观和客观地再现物态。朱光潜先生基于移情说的阐述体现出了中西美学在思维方式上的基本差异。这种差异却揭示了"以我观物"和"以物观物"之间的相通性或交互性，它们并不是截然分离和相互对立的。

对于"以我观物"，庄子是持明确的否定态度的。他认为，"我"的立场和视角总是偏狭的，就像《秋水》篇中的河伯那样，在百川汇集之时自我矜夸"天下之美为尽在己"，北海若却说："井蛙不可以语于海者，拘于虚也；夏虫不可以语于冰者，笃于时也；曲士不可以语于道者，束于教也。"当然，他是从知识层面而不是从审美层面来说的。与庄子不同，郭象并不一概否定"以物观物"，他肯定"成心"，意味着对"我"的重视。然而，这并不是说郭象主张自我中心主义的认知方法，采取予取予夺的对待方式。他认为，"无心于物，故不夺物宜"（《大宗师注》，236），"以己制物，则物失其真"（《应帝王注》，297）。这里所说的本来意思不是人与自然的关系，而是君主治理臣民的方法，但对审美上的物我关系具有启发意义。不能否认"我"在"观物"过程中的存在和作用，朱良志教授说："物化心理中主体最大限度地向客体的彼岸靠近，最终与客体泯然相契。但这并不意味着审美主体的消失，它就存在于对象之中。"② 无我何以观物？这里有必要把"观物"的过程予以分解。

观物大体包括观照、观感和观摄三个连续的阶段。在观照阶段，主体处于无我的状态，保持内在精神的凝定专一，因顺物象的自然形态与

---

① 朱光潜：《诗论》，广西师范大学出版社2021年版，第44页。
② 朱良志：《中国古代美学中的"物化"观》，《中州学刊》1990年第2期。

动态,心与物化、物我合一。在观感阶段,物态如形、色、相、味的变化唤起了"我"的经验,使"我"进入审美体验的感兴状态,这是由物及我、感物兴情的过程。在观摄阶段,"我"从审美体验状态进入了艺术创造构思的思维状态,开始对物象加以再次体察、分辨、选择、取象等,形成相对固定和完整的审美意象,这是由我及物、托物寓情的过程。以王文生教授上文所引马致远小令《秋思》为例,诗中并列出现的意象,看似随机自然,寓目辄书,没有经过"我"的主观加工,但事实上并非如此,意象的选择、排列都是诗人精心酝酿构思过的,甚至考虑到了音节的组合变化。因此,即便是以物观物,也并不能完全排除"我"的主观活动,这是审美的特色,也是艺术与自然的区别。刘勰说:"写气图貌,既随物以宛转;属采附声,亦与心而徘徊。"(《文心雕龙·物色》)既不单独强调以物观物,也不片面主张以我观物,而是把二者调和起来,用以物观物的方式审美,用以我观物的方式写美,这才形成了中国古典美学中物我冥一的审美特色。

# 第 四 章

# 适性美学与东晋人生美学

　　大抵南朝皆旷达，可怜东晋最风流。东晋士风迥异于西晋，在汉魏六朝时期别具一格。徐公持先生说："西晋士大夫逞繁炫富纵诞逸乐，东晋士大夫则以优游闲适生活为目标。"① 东晋名士在他们的人生实践中谱写了魏晋风度的另一种审美形态，他们的宁静自得、风流自赏的精神风貌体现了一种适性和谐之美。这种新的审美形态在很大程度上与郭象的玄学思想，尤其是适性逍遥的人生美学，存在深刻而紧密的关联。王导、桓温、王羲之、谢安、孙绰、支道林、王徽之、戴逵、陶渊明等人的思想著述、政治理念或人生实践均在某种程度上体现出了适性美学的特点。傅刚教授认为，东晋名士玄学化的人生实践除了清谈之外，还有山水游赏、诗酒唱和以及游仙栖隐等，都是"对向、郭玄学的体验和发挥"②，

---

① 徐公持：《魏晋文学史》，人民文学出版社 1999 年版，第 523 页。
② 傅刚：《魏晋南北朝诗歌史论》，商务印书馆 2017 年版，第 243 页。对于郭象玄学与两晋士风或魏晋风度之间的关系，学术界有不同的看法。李泽厚先生把"人的觉醒"视为魏晋风度的基本主题，并因此肯定以正始玄学和竹林玄学为代表的贵无论思想，强调嵇、阮等人的自由意志和批判精神，而把郭象树为魏晋风度的反面典型，称他"极为片面地发展了庄学中最庸俗虚伪的一面，完全失去了庄学中抨击现实揭露黑暗的批判精神，失去了像嵇康阮籍那种反抗性的进步意义"，成为"纯粹的混世主义、滑头哲学"。参见李泽厚《中国古代思想史论》，天津社会科学院出版社 2008 年版，第 158 页。罗宗强教授认为，西晋士人的生活理想、生活方式、生活情趣都可以用郭象的玄学来证明其合理性，郭象的适性思想为西晋士人的纵欲豪奢和不婴世务找到了理论上的解释。详见罗宗强《玄学与魏晋士人心态》，浙江人民出版社 1991 年版，第三章第三节。余开亮教授提出，郭象适性理论中的个体生命意识是对晋人个人生命风度的理论概括，但由于把人的生命根据奠基于个体的自动本性而非能动心性，缺乏生命精神的超越维度，因此在群己冲突的现实社会中，难免沦为"一种桃花源式的憧憬"。参见余开亮《郭象本性论与晋人个体生命意识》，《中州学刊》2016 年第 5 期。傅刚先生则认为，真正的魏晋风度的实现是郭象玄学的实践带来的。他说："当向秀、郭象建立了'独化'玄学理论，便取消了名教与自然间的对立状态，从而将嵇、阮籍的合于庄子绝对自由精神的理想人格与现实人生结合起来，培养出一种徘徊于真、俗之间的人生态度，即魏晋风度。"参见上引书，第 150 页。我们认为，魏晋风度经历了两百余年的发展，在竹林七贤、元康名士与东晋胜流之间，不宜以一种本质主义的态度加以评判，而应当视之为不同的审美形态，并注意魏晋玄学的演变在不同审美形态的逻辑嬗变过程中所发挥的作用。

充分肯定了郭象玄学对东晋士族生活方式的影响，但不可否认的是，除了郭象外，东晋的玄学活动还有其他的理论支撑，如佛学和道教，也有不少人直接援用王、何或嵇、阮一派的思想观念。

　　作为魏晋玄学的重要代表人物，郭象在当时产生了广泛而深远的影响。其《庄子注》在西晋以后成为通行本，在东晋玄学名士的思想和著述中留下了鲜明且深重的印记。在解决名教与自然之辨这一玄学主要论题上，郭象站在自然的立场上统合儒道，其理论建构与东晋的社会政治形态具有一致性，也与东晋士族阶层的利益诉求及文化心理有相契之处。这就奠定了郭象思想在东晋的传播与接受的基础。郭象适性理论对东晋人生境界美学的作用得益于东晋特殊的政制结构。东晋门阀政治及其规范下的施政理念与郭象的政治哲学相吻合，君权与士权相互制衡的政治生态客观上符合郭象的圣人观和君臣关系论，并激发了士族阶层的用世之心和担当意识。士族对名教生活的回归与他们对自然的向往并行不悖。他们既不再在名教与自然之间施加是非之争，也不再混淆二者之间的界限，而是奉行玄礼双修、儒道互补的人生准则。士大夫阶层的出处双行的人生道路由此开辟，兼济之志与独善之心取得了和谐与平衡。

　　玄学对东晋士人生活的影响丝毫不亚于西晋时期，而且影响的范围更加广泛。《文心雕龙·时序》篇说："自中朝贵玄，江左称盛，因谈余气，流成文体。是以世极迍邅，而辞意夷泰，诗必柱下之旨归，赋乃漆园之义疏。"从以口头论辩为主的清谈活动，到玄言诗创作的兴盛，以及与之相关的山水游赏，东晋的玄学活动逐渐演化出审美的属性。

## 第一节　《庄子注》在东晋的接受情况

　　尽管东晋没有出现郭象《庄子注》一类的专门阐释性著作，但相比于前代，《庄子》在东晋士族阶层的传播和影响更加深远，是玄学名士们发挥和探讨玄理的主要文本依据。

### 一　清谈中的《庄子》及郭注

《庄子》是东晋清谈论题的主要来源，《世说新语·文学》篇详细地记载了一段清谈佳话：

> 支道林、许、谢盛德，共集王家。谢顾谓诸人："今日可谓彦会，时既不可留，此集固亦难常。当共言咏，以写其怀。"许便问主人有《庄子》不？正得《渔父》一篇。谢看题，便各使四坐通。支道林先通，作七百许语，叙致精丽，才藻奇拔，众咸称善。于是四坐各言怀毕。谢问曰："卿等尽不？"皆曰："今日之言，少不自竭。"谢后粗难，因自叙其意，作万余语，才峰秀逸。既自难干，加意气拟托，萧然自得，四坐莫不厌心。支谓谢曰："君一往奔诣，故复自佳耳。"

支道林、许询、谢安、王濛均是东晋中期的名士领袖，是魏晋清谈的魁首。这是一场高手如林、大咖云集的清谈盛会。这则材料提供了东晋清谈的几个重要信息。首先，清谈在东晋士族生活中变得日常化了，成为名士们宴会雅集的必要活动。《晋书》谢安本传记载他在寓居会稽时，与王羲之、许询、支道林等人"出则渔弋山水，入则言咏属文"，这与王羲之《兰亭集序》说的"或取诸怀抱，悟言一室之内；或因寄所托，放浪形骸之外"一样，描绘了东晋士人所向往的生活方式的主要内容。其中，"言咏"和"悟言"都是指清谈。

其次，《庄子》是清谈话题的主要来源，是东晋玄理的渊薮。在这则材料中，谢安甫一提出清谈的建议，许询便向主人索问《庄子》，而且从清谈的过程来看，尽管这场清谈是当场即兴发挥，但在场的所有参与者均各言其怀且"少不自竭"。这表明，《庄子》在清谈场上是很受欢迎的，而且东晋名士对它非常熟悉，都有各自的见解。发生在支道林与王羲之之间的一则故事同样说明了这一点。据《世说新语》记载，在王羲之任职会稽内史时，支道林由孙绰引荐，想要结识王羲之。但王羲之相当倨傲，轻蔑地对待前来造访的支道林，不与之交谈。后来，在王羲之出门之际，支道林请求与之清谈，"因论庄子《逍遥游》，支作数千言，才藻新奇，花烂映发"，结果王羲之被对方新颖华丽的辞藻和精微奥妙的思想所吸引，以至"留连不能已"。对于支道林来说，这次清谈带有一定的挑战对方和自我证明的意味,因此在清谈主题的选择上必定是比较慎重的,既要展现自己的水平,又要引起对方的兴趣。他的选择暗示了《庄子》在东晋名士心目中的地位,对《庄子》中玄理的悟解能力是获得他人认可的必要条件。谢安谈《渔父》,即兴作万余语,支道林论《逍遥游》,顷刻吐数千言,而且前者才峰秀逸,后者才藻新奇。这是《庄子》在东晋时期玄学艺术化的体现。

东晋清谈中所接受和发挥的《庄子》思想在很大程度上直接源自郭象的《庄子注》。陆德明说:"唯子玄所注特会庄生之旨,故为世所贵。"① 支道林对逍遥义的重新阐释就是以反驳郭象的适性逍遥论为起点的。

支道林曾对郭象的"适性逍遥"提出驳难,《高僧传·支遁传》曰:

> 遁尝在白马寺与刘系之等谈《庄子·逍遥篇》,云:"各适性以为逍遥。"遁曰:"不然,夫桀、跖以残害为性,若适性为得者,彼亦逍遥矣。"于是退而注《逍遥篇》。群儒旧学,莫不叹服。

桀指暴君夏桀,跖指巨盗盗跖,二者生性残暴酷虐。支道林以夏桀、盗跖为据指责郭象的适性理论,认为它缺乏正当的价值论思维,肯定了夏桀和盗跖那样消极的适性行为。那么,他的责难是否触及了郭象的理论硬伤了呢?实际上并非如此。在《胠箧注》中,郭象针对盗之为盗的问题做了清晰的说明。在他看来,盗跖兴起的原因在于迷失了本性,企图效法圣人,"人无贵贱,事无真伪,苟效圣法,则天下吞声而暗服之,斯乃盗跖之所至赖而以成其大盗者也"(《胠箧注》,357)。因此,郭象认为止盗的方法是"绝其所尚而守其素朴,弃其禁令而代以寡欲,此所以掊击圣人而我素朴自全,纵舍盗贼而彼奸自息也"(《胠箧注》,358)。

---

① 吴承仕:《经典释文序录疏证》,中华书局1984年版,第161页。陆德明的话符合史实,当有文献依据。刘义庆《世说新语》的记载导致了后世对向秀与郭象在《庄子注》的著作权问题上的分歧,近世不少学者认为,今本《庄子注》乃二人的共有成果,故常常署名"向、郭"。实际上,这个问题在唐代已有清晰的辨识。向、郭二注在唐代以前均行于世,如张湛《列子注》等著作在引述时把向注与郭注都标注得很清楚,唐代成玄英的《庄子疏》也以郭象注本为基础。因此,刘义庆的说法不被房玄龄等所接受,《晋书》另立他论。

所谓"守其素朴",就是使之复归本性,任性而行。郭象主张人性本身具有向善的趋向,作恶是本性遭到毁坏后的行为。这与人本主义心理学家马斯洛的类本能学说不谋而合。马斯洛通过实验观察得出结论:"类本能倾向是好的、值得人们期望的,是健康的而不是邪恶的。"① 他从对动物的攻击行为的分析中得知,在动物身上,如同在人身上一样,攻击行为能够通过多种方式,由许多情境激发起来,并非出于本性的凶残好斗。与人类具有亲缘关系的类人猿的进攻行为很少是原发性的,而更多是派生性、反应性和功能性的,是针对一种动机整体、社会力量整体和直接的情境决定因素所做出的合理的、可以理解的反应。他继而将目光转向儿童,通过实验和观察的事实表明,当儿童感到不安全的时候,当他在安全需要、爱的需要、归属需要和自尊需要受到根本性阻碍和威胁的时候,他就会更多地表现出自私、仇恨、攻击性和破坏性来。这意味着,儿童的敌意都是反应性、手段性或防御性的,而不是本能性的。在他看来,渴求卓越、真、美、公正等,同样是人类的本性需要,它们非但不是邪恶的或有罪的,反而是人的自我实现的内在动力。

支道林对郭象适性逍遥思想的驳难见《世说新语·文学》篇:"《庄子·逍遥篇》旧是难处,诸名贤所可钻味,而不能拔理于郭、向之外。支道林在白马寺中,将冯太常共语,因及《逍遥》。支卓然标新理于二家之表,立异义于众贤之外,皆是诸名贤寻味之所不得。后遂用支理。"同条刘孝标注曰:

> 支氏《逍遥论》曰:"夫逍遥者,明至人之心也。庄生建言大道,而寄指鹏、鷃。鹏以营生之路旷,故失适于体外;鷃以在近而笑远,有矜伐于心内。至人乘天正而高兴,游无穷于放浪,物物而不物于物,则遥然不我得;玄感不为,不疾而速,则逍然靡不适。此所以为逍遥也。若夫有欲当其所足,足于所足,快然有似天真。犹饥者一饱,渴者一盈,岂忘蒸尝于糗粮,绝觞爵于醪醴哉?苟非至足,岂所以逍遥乎?"

---

① [美]马斯洛:《动机与人格》,许金声等译,华夏出版社1987年版,第100页。

汤用彤先生认为，支道林的逍遥新义实际上并未超出郭象立论的范围。他说：

> 至若《世说》载支公通《逍遥游》，卓然标新理于二家之表。似若支与向、郭立义悬殊，此则亦不尽然。盖向、郭谓万物大小虽差，而各安其性，则同为逍遥。然向、郭均言逍遥虽同，而分有待与无待。有待者必得其所待，然后逍遥。无待者则与物冥而循大变。不惟无待，而且能顺有待，而使其不失其所待。有待者，芸芸众生。无待者，至人神人。有待者自足。无待者至足。支公新义，以为至足乃能逍遥。实就二家之说，去其有待而存其无待。郭注论逍遥，本有"至足者不亏"之言（至足本作至至，今从释文改）。支公曰，"至人乘天正于高兴，游无穷于放浪"，亦不过引申至足不亏之义耳。①

此论诚然。支遁的逍遥新义实际上回到了庄子本意，从圣凡之分的角度界定逍遥，把逍遥的主体指向在物质和精神上无所待的至人，反对芸芸众生不具备超然境界的以自我满足为条件的逍遥。支道林的观念大致出于两点理由：一是以"桀跖以残害为性"反驳"适性逍遥"，这一点上文已做分析；二是将"适性"坐实为口腹之欲的满足，以此表明由"适性"而来的逍遥是偏狭和庸俗的，缺少至人的高妙境界。支遁的解释与郭象适性理论的原意不合，人生的自得、精神的满足和愉悦是其"适性"思想的重点，而不止于"饥者一饱，渴者一盈"的基本生理需求的满足。

支道林虽然反驳了郭象的逍遥观念，却模仿和继承了郭象的立论方法。从这段话的表述方式上，我们就能够体察出支遁受郭象影响的痕迹。支遁否定大鹏、斥鷃的逍遥，不是从庄子有待无待的角度出发，而是以郭象"外内相冥"的原则为准。大鹏不能逍遥的原因在于"营生之路旷"而"失适于体外"，对于这一点，支遁的解释远不及郭象基于大鹏因自身条件的限制（性分）而对生存环境有所要求的说法合理，他对大鹏"失适于体外"而不能逍遥的判断是缺乏理据的。在斥鷃方面，支道林对

---

① 汤用彤：《魏晋玄学论稿》（增订版），上海人民出版社2015年版，第46页。

"笑"的把握却比郭象更胜一筹,后者关注于"鸟之自得于一方",而没能细致体会"斥鴳笑之"的心理内涵。支遁则指出斥鴳"有矜伐于心内"而不能逍遥,这是中的之论。按照支道林的观点,鹏与鴳,无论是"失适于体外",还是"有矜伐于心内",都是不逍遥的。真正的逍遥应当内外俱适,这就是他所说的"乘天正而高兴,游无穷于放浪,物物而不物于物"和"玄感不为,不疾而速"。前者是对庄子"乘天地之正,而御六气之辩,以游无穷"的同义转述,后者是对郭象"无心玄应,唯感之从"即"冥"的继承。总体来看,这两方面的表述正是郭象圣人"游外以冥内"的内涵。可见,支遁的逍遥义只针对圣人来说,即圣人是符合逍遥的本义的。而这一点又是与庄子、郭象一脉相承的。

## 二 郭象玄学与佛教心无宗

与支道林对郭象适性逍遥思想的否定中的继承不同,作为东晋佛学"六家七宗"之一的"心无宗"直接接续了郭象的"无心以顺有"的圣人应世观念。吉藏《中观论疏》曰:

> 温法师用心无义。心无者,无心于万物,万物未尝无。此释意云:经中说诸法空者,欲令心体虚妄不执,故言无耳。不空外物,即万物之境不空。①

"心无宗"以"心空而犹存物有"为基本主张,不否定外部世界的客观存在,所强调的是在应对万物之时,内心要保持澄净虚空,认为只要无心于万物,便能够达到空无之境。汤用彤先生在《魏晋玄学流别论略》中将"心无义"列为玄学主要派别之一,认为其学说主张"空心而不空色,与流行学相径庭,故甚可异"。② 实际上,这与郭象"游外以冥内,无心以顺有"的圣人处世法则存在一致性。而且,鉴于当时佛学是以格义方式融入中国的,我们推测,"心无宗"的格义原型也许就是郭象玄

---

① 转引自冯友兰《中国哲学史》下,生活·读书·新知三联书店2009年版,第170页。
② 汤用彤:《魏晋玄学论稿》(增订版),上海人民出版社2015年版,第47页。

学。"心无宗"违背了佛教的万法皆空的基本精神,因而被视为邪说,在当时遭到了其他宗派的围剿。慧皎《高僧传》曰:

> 时沙门道恒,颇有才力,常执心无义,大行荆土。汰曰:"此是邪说,应须破之。"乃大集名僧,令弟子昙一难之。据经引理,析驳纷纭。恒仗其口辩,不肯受屈,日色既暮,明旦更集。慧远就席,设难数番,关责锋起。恒自觉义途差异,神色微动,麈尾扣案,未即有答。远曰:"不疾而速,杼轴何为。"座者皆笑矣。心无之义,于此而息。①

尽管心无义在佛理论辩中屈于下风,但在东晋士林却有广泛的影响,不仅盛行于荆州一带,而且得到了江东名士胜流的推崇。《世说新语·假谲》篇记载道:

> 愍度道人始欲过江,与一伧道人为侣,谋曰:"用旧义在江东,恐不办得食。"便共立"心无义"。既而此道人不成渡,愍度果讲义积年。后有伧人来,先道人寄语云:"为我致意愍度,无义那可立?治此计,权救饥尔!无为遂负如来也。"

支愍度在江东讲论"心无义"数年,且以此作为"得食""救饥"的手段,可见这一套佛学理论是比较受江东士林肯定的。这说明,"心无义"符合东晋士族群体的思想旨趣,这种理论与他们的阶级利益和精神需求都是相契合的。这也间接地表明了郭象玄学对于东晋士族玄学趣味的影响。

## 三 郭象玄学与《列子注》

张湛的《列子注》是东晋时期为数不多的思想较为系统和完整的玄学著作。张氏在序言中归纳《列子》的主要思想说:"其书大略明群有以至虚为宗,万品以终灭为验;神惠以凝寂常全,想念以著物自丧;生觉与化梦等情,巨细不限一域;穷达无假智力,治身贵于肆任;顺性则所

---

① (南朝梁)慧皎撰,汤用彤校注:《高僧传》,中华书局1992年版,第192—193页。

之皆适，水火可蹈；忘怀则无幽不照。此其旨也。然所明往往与佛经相参，大归同于老、庄。"① 这些思想内涵，与其说是《列子》本身固有的，倒不如说是张湛注赋予其中的。张湛在注文中广泛地吸纳了向秀与郭象《庄子注》的文本、概念、方法和学说。现仅就它与郭象玄学的关系做简要的论述。

首先，在本体论问题上，张湛对有无问题的看法徘徊于向秀与郭象之间，一方面援引向秀的观点主张"本无论"，另一方面延续郭象的思想提出"至虚说"。其《天瑞》篇"夫有形者生于无形"注曰：

> 谓之生者，则不无；无者，则不生。故有无之不相生，理既然矣，则有何由而生？忽尔而自生。忽尔而自生，而不知其所以生；不知所以，生（疑衍——笔者注）则本同于无。本同于无，而非无也。

自生自化，是向秀与郭象的共同主张，其主要差别在于，向秀保留了一个作为"生化之本"的"无"的实体概念，而郭象消解了"无"的概念实体意义，并走向了"独化论"。在上述引文中，张湛对"无"的理解有自相矛盾之处，既继承郭象"无既无矣，则不能生有"的观念，主张"无者，则不生"，又以向秀为依据，提出"不知所以生"的物之自生"本同于无"，回到了"本无论"。

尽管张湛对郭象的"独化论"持一种似是而非的态度，但他依旧无法彻底摆脱郭象玄学的深刻影响。郭象由"独化论"推导出来的"相因说"在《列子注》中得到了积极的肯定。张湛说："夫生者自生，形者自形，明者自明，忽然自尔，固无所因假也。"且以郭象对形、影、罔两关系的阐述为据论形影关系："夫有形必有影，有声必有响，此自然而并生，俱出而俱没，岂有相资前后之差哉？郭象注《庄子》论之详矣。"②

---

① 杨伯峻：《列子集释》，中华书局2013年版，第292页。
② 杨伯峻：《列子集释》，中华书局2013年版，第18—19页。

其次，张湛从郭象的"玄冥论"推演出"虚"的学说。同郭象一样，张湛从认识论的角度提出"虚"的概念。他说："凡贵名之所以生，必谓去彼而取此，是我而非物。今有无两忘，万异冥一，故谓之虚。虚既虚矣，贵贱之名，将何所生？"① 在他看来，"虚"是是非双遣，彼我两忘，贵贱齐均，万异冥一的心灵凝寂状态。达到"虚"的精神境界，须以"玄冥"及其双遣法为条件，而且与郭象基于凡圣之别区别"物冥其极"与"与物冥"类似，张湛也从"虚"的概念分别引申出"太虚"与"虚静"的观念。关于"太虚"，《汤问》篇注曰："夫含万物者天地，容天地者太虚也。"又说："天地笼罩三光，包罗四海，大则大矣；然形器之物，会有限极。穷其限极，非虚如何？计天地在太虚之中，则如有如无耳。"② 张湛似乎是从宇宙的物理空间角度说明"太虚"的内涵，实则不然，其真实意图是要强调这一境界的廓大与高妙。至于"虚静"，张湛说："夫虚静之理，非心虑之表，形骸之外；求而得之，即我之性。内安诸己，则自然真全矣。故物所以全者，皆由虚静，故得其所安；所以败者，皆由动求，故失其所处。"③ 在这里，张湛以郭象的适性理论为基础，对庄子的"虚静"说做了新的阐释。他提出，所谓"虚静"，并非庄子式地超越于"心虑之表，形骸之外"，而是要"即我之性"，使"内安诸己"，也就是要通过各"冥其极"而实现适性自得。

再次，张湛肯定和继承了郭象的适性理论，并以之调理《列子》的纵欲主义思想。张湛在对《杨朱》篇的注释中，吐露了不少任情纵欲的论调，如谓"好逸恶劳，物之常性。故当生之所乐者，厚味、美服、好色、音声而已耳。而复不能肆性情之所安，耳目之所娱，以仁义为关键，用礼教为衿带，自枯槁于当年，求余名于后世者，是不达乎生生之趣也"。在"子产相郑"一节中，张湛亦对朝、穆二人纵情于酒色而不受礼义约束的思想和行为加以肯定，称"若夫刻意从俗，违性顺物，失当身之暂乐，怀长愁于一世，虽支体具存，实邻于死者"。这类发挥杨朱纵欲观念的论述实际上回

---

① 杨伯峻：《列子集释》，中华书局2013年版，第29—30页。
② 杨伯峻：《列子集释》，中华书局2013年版，第157页。
③ 杨伯峻：《列子集释》，中华书局2013年版，第30页。

到了向秀在《难养生论》中所表达的人生观，貌似迎合了元康名士的人生态度。然而，张湛本人对于杨朱的思想并不认同。他辩解道："此一篇辞义太迳挺抑抗，不似君子之音气。然其旨欲去自拘束者之累，故有过逸之言者耳。"① 他认为这段话缺乏君子之风，像是利禄之徒的言语，并且提出作者是为了使人摆脱自我拘束、返回自然状态才说了这样矫枉过正的话。由此看来，张湛对于这类低劣的人性论和纵欲观念并不支持。他所赞成的，是郭象的适性思想。他的性本论根源于郭象的人性论，如：

> 生各有性，性各有所宜者也。（《列子·天瑞注》）

> 万品万形，万性万情，各安所适，任无不执，则钧于全足，不愿相易也。（《列子·汤问注》）

> 禀生之质谓之性，得性之极谓之和；故应理处顺，则所适常通；任情背道，则遇物斯滞。（《列子·黄帝注》）

> 至纯至真，即我之性分，非求之于外。（《列子·黄帝注》）

尽管张湛《列子注》带有明显的杂糅性质，没有针对适性问题进行详细的理论阐述，也缺乏具有独创性的思想成果，但他对郭象玄学的整体性吸纳还是有迹可循的。这再次说明了郭象《庄子注》对东晋思想界的广泛而深刻的影响。

## 四 郭象玄学与东晋儒学复兴

在玄、佛盛行的东晋时期，儒家思想并未在士族阶层的思想意识中缺席。王仲荦先生说："尽管玄学思想和佛教思想有了蓬勃的发展，但不能认为儒家思想就此完全衰歇了，经学从此一蹶不振了，因为儒家思想对于巩固封建社会的伦常秩序来讲，是最合适统治阶级的需要的，他既

---

① 杨伯峻：《列子集释》，中华书局 2013 年版，第 239 页。

没有玄学思想带有的那种消极因素，又不像佛教那样存在分割民户影响国家租调收入和兵源的危险，所以统治阶级还是要发展儒家思想的。"① 在士族当权的东晋门阀社会里，儒家思想在官方意识形态中有逐步上升的趋向。在此背景下，继竹林玄学和元康玄学之后，东晋士族开启了第三轮"孔庄之辩"，为封建秩序的重建奠定理论基础。王坦之的《废庄论》扛起了弃道返儒的旗帜。

王坦之，字文度，出身于太原王氏，是东晋中期与谢安齐名的重要政治人物。二人曾协力粉碎了桓温的篡位企图，但王坦之与谢安的立身行事却有不同的思想基础。据《晋书》记载，谢安耽于声律，在国事颓唐之际仍不废伎乐，王坦之予以严正的批评和劝谏。对于谢安"称情义，无所不可为"而不屑于"洁轨迹，崇世教"的自白，王坦之谓其"恐非大雅中庸"，可见其儒学本色。② 从家学来看，王氏自其高祖王昶起就有习玄的传统。《三国志·魏志·王昶传》记载他诫子的话说："遵儒者之教，履道家之言。"其曾祖王湛、祖父王承和父亲王述都有较高的玄学造诣和清谈才能。尤其是王承，在西晋时就被王衍比作乐广一类的人物，渡江之后又与卫玠并列为中兴名士第一。这种家学修养自然是王坦之自幼习染的，他本人同样具备很突出的名士气息。《世说新语·赏誉》篇第126条刘孝标注引檀道鸾《续晋阳秋》说："时人为一代盛誉者，语曰：'大才槃槃谢家安，江东独步王文度，盛德日新郗嘉宾。'"王坦之也擅长清谈，但并不属于当时的清谈名士圈，而是一个"局外人"。《世说新语·排调》篇曰：

> 王文度在西州，与林法师讲，韩、孙诸人并在坐。林公理每欲小屈，孙兴公曰："法师今日如着弊絮在荆棘中，触地挂阂。"

支道林是东晋的著名清谈家，"寻微之功，不减辅嗣"（《世说新语·赏誉》），然而在与王坦之论辩时，却常常理屈，未能专擅胜场。《世说新语·轻诋》篇曰：

---

① 王仲荦：《魏晋南北朝史》，上海人民出版社1998年版，第875—876页。
② 《晋书》卷75《王坦之传》。

王北中郎不为林公所知，乃著论《沙门不得为高士论》，大略云："高士必在于纵心调畅，沙门虽云俗外，反更束于教，非情性自得之谓也。"

东晋僧徒名士化是普遍现象，支道林是其中最突出的一个。王坦之《沙门不得为高士论》对这一现象加以诋诃，认为沙门僧徒拘于释教，与追求任情恣意、自得自由的高士形象大异其趣。这篇文章乃是对支道林等人辛辣的讽刺。这也激起了支道林的反唇相讥，《世说新语·轻诋》篇曰：

王中郎与林公绝不相得。王谓林公诡辩，林公道王云："著腻颜帢，缝布单衣，挟《左传》，逐郑康成车后，问是何物尘垢囊！"

支道林把王坦之描绘成一副寒酸窘迫、穷困潦倒的儒生形象，带有很强的偏见色彩，与王坦之的实际形象相去悬远。这意味着东晋名士群体对他的排斥态度。① 然而，支道林说他"逐郑康成车后"似非无稽之谈，《晋书》本传载其因"时俗放荡，不敦儒教"而著《废庄论》，推崇"孔颜之学"，称"孔父非不体远，以体远故用近；颜子岂不具德，以德备故膺教"。② 他在文中批评《庄子》"独构之唱，唱虚而莫和；无感之作，义偏而用寡"，认为庄子学说虚而不实，不切合实际经验，因而思想偏狭，缺乏应用性。相比之下，儒家学派遵循人性的特点，制定礼仪，施行教化，从而养成良好的社会风俗。"先王知人情之难肆，惧违行以致讼，悼司彻之贻悔，审襫带之所缘，故陶铸群生，谋之未兆，每摄其契，而为节焉。使夫敦礼以崇化，日用以成俗，诚存而邪忘，利损而竞息，成功遂事，百姓皆曰我自然。"在这里，虽然王坦之持崇儒非玄的思想立

---

① 谢安对王坦之亦不相友善，《世说新语·赏誉》篇第128条曰："谢太傅道安北：'见之乃不使人厌，然出户去，不复使人思。'"安北，即王坦之。刘孝标注引王坦之苦谏谢安一事，认为谢安因王坦之好直言，故不思。笔者认为，谢安对待王坦之的态度并不是由切谏一事引起的，而是由二人的思想观念和处事方式的差异导致的，王坦之的儒学立场是他不被谢安等玄学名士礼遇的根本原因。

② （清）严可均：《全上古三代秦汉三国六朝文》，中华书局1958年版，第1624页。

场，但终究是把"人性"作为儒家道德学说和礼法规范的前提，把"自然"作为审定其思想合法性的依据，其中隐含着玄学的基本要求。这也是他视孔、老为一体，主张玄同彼我的原因。王坦之将时俗放荡归咎于《庄子》，认为"庄生作而风俗颓"，使得"礼与浮云俱征，伪与利荡并肆，人以克己为耻，士以无措为通，时无履德之誉，俗有蹈义之愆"。而究其原因，他认为，在于庄子思想违背人性事实，将本属于极少数道德完备者超越习俗藩篱的自由扩大化，引得众人纷纷效仿，从而造成道德的衰弊和社会共同体的瓦解。"天下之善人少，不善人多"是"庄子利天下也少，害天下也多"的根本原因。有学者认为，王坦之的《废庄论》是东晋玄礼双修、儒道综合的学术风气的结果，目的在于"回归正始玄学会通孔、老的立场"①。这种说法有一定的合理性，但正始玄学与王坦之的废庄思想实有本质上的差异。正如唐长孺先生所说，以王弼、何晏为代表的正始玄学援道入儒，倡导无为，旨在"发挥老子无为而治的主张，指导怎样作一个最高统治者，这种政治主张随着门阀的发展与巩固，实质上是要削弱君权，放任世家大族享受其特权"②，而王坦之的孔老玄同则恰好相反，属于正道隆儒，以此达到推行刑名之治、巩固皇权统治的作用。据史书记载，王坦之在临终之际，"与谢安、桓冲书，惟以国家为忧，言不及私"③。王氏死于宁康三年（公元375年），正值谢安与桓冲的权力角逐的关键时期，这封书信的具体内容虽不得而知，但想必是为了协调门户关系，借以维系晋室政权吧？

## 第二节　门阀政治与东晋士族文化性格

西晋末年，八王乱起，北方少数民族趁机侵扰中原，造成五胡乱华的混乱局面。北方的世家大族仓皇之中，避乱江左，西晋政权也已到了岌岌可危的地步。在这种情形下，受司马越之命率先南渡的司马睿得以

---

① 周大兴：《王坦之〈废庄论〉的反庄思想：从玄学与反玄学、庄学与反庄学的互动谈起》，台北：《中国文哲研究集刊》2001年第3卷第18期。
② 唐长孺：《魏晋南北朝史论丛》，武汉大学出版社2013年版，第270页。
③ （宋）司马光等撰，（元）胡三省音注：《资治通鉴》，中华书局1987年版，第3268页。

在王导的辅佐下独立经营江左，并建立东晋政权。

从出身看，琅琊王司马睿是司马懿第五子司马伷之孙，世袭琅琊王位，与作为皇室正统的武、惠、怀、愍一系关系渐疏，在王室中既无威望，也无实力，一直处在东海王司马越的庇荫之下。他本不具备重续晋祚的资格和能力，只有依靠门阀士族的支持才得以在江左立足。而从东晋的建立及稳固来看，琅琊王氏等门阀士族发挥了关键的作用，王导操持国政，王敦手握兵权，占据了实际的统治地位，以致出现了"王与马共天下"的局面。东晋一代是中国历史上典型的门阀政治时期。所谓的"门阀政治"，按照田余庆教授的观点，"是指士族与皇权的共治，是一种在特定条件下出现的皇权政治的变态"。①

自此以后，皇权与士权共治的政治结构延续了上百年。其间虽出现士权或皇权企图独霸的危机，但均在其他士族势力的合力反击下化解。以王敦的两次举兵为例，他先是以"清君侧"为名打击助长皇室权力的刘隗、刁协等，得到了士族的普遍支持，取得了胜利；其第二次起兵则意在消灭司马政权而自领江左，这遭到了士族集团的共同反对，以失败告终。继琅琊王氏之后，颍川庾氏、谯国桓氏、陈郡谢氏、太原王氏等相继与司马氏共理朝政，士族取得了实际的统治权力。士权的扩张使得皇权受到极大的限制，这就客观地压缩了司马氏的权力空间，在军事、政治、经济、文化等方面，士族均占据优势地位。而且，士族之间呈现出相互制衡的局势，一家独霸的情况难以形成。东晋一朝，凡有权臣当政，就有别的士族豪门倾向于皇权，联合掣肘；皇权一旦崛起，也会遭到士族集团的共同抵制，因此形成了相对稳定的格局。

## 一　荆扬之争与士族文化性格

从军事上来讲，这种相互制衡的局面体现为"荆扬之争"。东晋偏安江左，面临北方政权的军事威胁，处于长江中游的荆州地区是屯兵抵御北方政权的军事重镇。因此，荆州地区成为士族势力盘踞的根基，出镇荆州的方伯往往是富有雄心和胆略的英豪，并且呈现出家族世袭的特点。

---

① 田余庆：《东晋门阀政治》，北京大学出版社1996年版，自序。

何充曾支持桓温取代庾氏出镇荆州，说："荆楚国之西门，户口百万，北带强胡，西邻劲蜀，经略险阻，周旋万里，得贤则中原可立，势弱则社稷同忧。"① 自东晋初期开始，荆州地区的军事力量一直被士族所把持。南宋洪迈在《容斋随笔》中写道："（东晋）方伯之任莫重于荆、徐，荆州为国西门，刺史常督七八州事，力雄强，分天下半。自渡江迄于太元八十余年，荷阃寄者王敦、陶侃、庾氏之亮、翼，桓氏之温、豁、冲、石民而已，非终于其军不辄易。"② 这种军事部署既是东晋门阀政治中士族得以抗衡皇权的重要倚仗，也是威胁和打破相互制衡的权力结构的主要因素。权臣王敦和桓温都曾借长江中游的军事和地理优势一再威逼建康，以图篡夺。掌控东晋政权的侨四姓士族中，只有陈郡谢氏没有将势力范围渗透到这一地区，但也并非没有动议。据《晋书》记载，太元九年（公元384年），担任荆州刺史的桓冲去世，谢玄因在淝水之战中功勋卓著，可趁此机会取代桓氏占据荆州，只不过因谢安此时已筹划北伐，并独领扬州、江州、荆州、徐州、豫州等十五州军事都督，因担心家族权势过盛而遭到朝廷猜忌，本着士权均衡的考虑，"乃以桓石民为荆州，改桓伊于中流，石虔为豫州。既以三桓据三州，彼此无怨，各得所任"③。谢安的人事安排旨在不打破东晋荆州与扬州相互制衡的局面，已掌握北府兵的谢氏家族倘若真的独领荆州，无疑会像此前的桓冲一样，导致皇室和其他士族的不安和一致反对。④

荆州地区既是防御中原和西蜀的战略要地，又是制衡皇权以维持门阀政治的决定性因素。那些经略荆州的世家大族是影响东晋命运的肱股臂膀，在他们的文化性格中，对于社稷和名教的责任意识和担当精神占有十分重要的位置，因此他们对西晋元康时期盛行的虚浮作风十分鄙夷。

---

① 《晋书》卷77《何充传》。
② （宋）洪迈撰，孔凡礼点校：《容斋随笔》，中华书局2005年版，第104—105页。
③ 《晋书》卷79《谢安传》。
④ 桓温病逝后，桓氏家族继续掌控着东晋实权，桓冲担任扬州刺史，与谢安等人共同辅政，而荆州刺史之职则由桓豁把持。因此，谢安联合崇德太后、王坦之、王彪之等皇室力量和在朝门阀，逐步蚕食桓冲的军政权力，迫使桓冲出让扬州刺史而改任徐州，后又解其徐州刺史，代之以太原王蕴，直至太元二年（公元377年）桓豁去世，桓冲继任荆州刺史，最终将其势力范围挤出长江下游，重回荆扬之争的军事格局。

《世说新语·轻诋》篇说：

> 桓公入洛，过淮、泗，践北境，与诸僚属登平乘楼，眺瞩中原，慨然曰："遂使神州陆沈，百年丘墟，王夷甫诸人，不得不任其责！"袁虎率尔对曰："运自有废兴，岂必诸人之过？"桓公懔然作色，顾谓四坐曰："诸君颇闻刘景升不？有大牛重千斤，啖刍豆十倍于常牛，负重致远，曾不若一羸牸。魏武入荆州，烹以飨士卒，于时莫不称快。"意以况袁。四坐既骇，袁亦失色。

桓温北伐是东晋历史上的重要事件，史学界对此评价不一。素来认为桓温以北伐的名义扩张军权，意在篡政，但是也有学者提出，北伐是民族精神的体现，是恢复国家统一的努力。永和十二年（公元356年），桓温自江陵北上，开始第二次北伐，击败了羌族酋长姚襄，一举收复洛阳。他将西晋的灭亡归咎于王衍等人，受到随行的名士袁宏的反驳。袁宏认为，社稷兴废是自然运命的结果，而非王衍等人的过错。桓温则引述曹操宰杀刘表大牛的故事，严厉地斥责这种虚浮其事的态度，对食厚禄而不堪负重致远，缺乏经世才干又徒有虚名之辈进行郑重的批评。

与桓温对待王衍和袁宏的态度一样，时任荆州刺史的庾翼也怀抱着"澄清天下之志"而对杜乂、殷浩等人十分不满，声言要将其"束之高阁"。《世说新语·豪爽》篇第7条刘注引《汉晋春秋》曰：

> 翼风仪美劭，才能丰赡，少有经纬大略。及继兄亮居方州之任，有匡维内外，扫荡群凶之志。是时，杜乂、殷浩诸人盛名冠世，翼未之贵也。常曰："此辈宜束之高阁，俟天下清定，然后议其所任耳！"其意气如此。唯与桓温友善，相期以宁济宇宙之事。

殷浩是东晋玄谈名士，因不膺世务而被庾翼轻蔑，声言要将之束之高阁。庾翼所不满的，实际上是以王衍为代表的身居高位而竞相浮华，未能履行名教职责，反倒以高士自居的群体。他说："王夷甫，先朝风流士也，然吾薄其立名非真，而始终莫取。若以道非虞夏，自当超然独往，而不能谋始,大合声誉,极致名位,正当抑扬名教,以静乱源。而乃高谈庄老,说空终日,虽云谈道,实长华竞。"① 在庾翼、桓温等看来,身在其位,当谋其政,不可因谈废务、尸禄位而博高名。这显然是一种与西晋追求身名俱泰迥然不同的另一种价值观和士族风气。

但是,这并不意味着庾、桓等人彻底地回归了名教生活,完全抛弃了玄学清谈和自然的生活方式。他们在肩负社稷重任和践履民族道义的同时,依旧追求名士的风度,享受清谈的乐趣,向往自然的生活。《世说新语·容止》篇曰:

> 庾太尉在武昌,秋夜气佳景清,佐吏殷浩、王胡之之徒登南楼理咏,音调始道,闻函道中有屐声甚厉,定是庾公。俄而率左右十许人步来,诸贤欲起避之,公徐云:"诸君少住,老子于此处兴复不浅。"因便据胡床与诸人咏谑,竟坐甚得任乐。后王逸少下,与丞相言及此事,丞相曰:"元规尔时风范不得不小颓。"右军答曰:"唯丘壑独存。"

庾亮是东晋朝堂上颇有儒生风范的人物,就个人而言,他比较注重修身,史称他"风格峻整,动由礼节"②。就政治而言,他"欲以风轨格致,绳御四海"③,因此被视为"从容廊庙,使百僚准则"(《世说新语·品藻》)的理政干才,不同于萧条方外、寄情高远的玄学人物。然而,他同样具备深厚的玄学修养和清谈才能。在这则故事中,当殷浩等人见庾亮到来而欲退避之时,庾亮说他"于此处兴复不浅",主动地加入了清谈活动之中,且"竟坐甚得任乐"。庾亮的清谈才能还得到了王敦与谢安的赞赏,前者称他"贤于裴颜远矣"④,后者则认为"庾公自没于林公"(《世说新语·品藻》)。儒学和玄学这两种倾向在庾亮的身上并未表现出分裂或矛盾的迹象,集体纲纪与个体自由并行不悖。同样的情形也出现在桓温那里,据《世说新语》记载,他不仅在多个场合参加了清谈雅聚,而且在

---

① 《晋书》卷77《殷浩传》。
② 《晋书》卷73《庾亮传》。
③ 《世说新语·假谲》篇第8条刘注引《晋阳秋》。
④ 《晋书》卷73《庾亮传》。

出镇荆州时，还聚拢了一大批玄学名士充当府佐幕僚，还把玄学义理运用到政治实践中，成为"王导玄学政治的继承者"①。

## 二 闷闷之政与察察之政

在政治上，东晋门阀政治的维系是国家政策周旋于"闷闷之政"和"察察之政"的基础。《道德经》第五十八章曰："其政闷闷，其民淳淳。其政察察，其民缺缺。"王弼注曰：

> 言善治政者，无形、无名、无事、无政可举。闷闷然卒至于大治。故曰"其政闷闷"也。其民无所争竞，宽大淳淳，故曰"其民淳淳"也。立刑名，明赏罚，以检奸伪，故曰"其政察察"也。殊类分析，民怀争竞，故曰"其民缺缺"。

魏晋玄学并不是一套空洞玄虚的思想游戏，而是与崛起的士族阶层的人生态度、生活方式、政治立场等紧密相关的。唐长孺先生指出，正统玄学家承袭道家学说，发挥无为而治的思想，"实质上是要削弱君权，放任世家大族享受其特权"②。东晋一朝，皇纲不振，帝室拱默，士族当权。东晋门阀政治抬高了士族阶层的政治地位，扩张了他们的政治和经济利益。皇权的衰弱和士族阶层之间的相互制衡使得老子所主张的"闷闷之政"在东晋获得了极大的实践空间。在登祚之初的一份诏书中，司马睿就立下了"我清净而人自正"③的执政原则，旨在使建基于门户利益之上的飘摇政权得以稳固。例如，对待吴姓世族义兴周玘的反叛，司马睿在平定之后因忌惮周氏宗族的强盛，"故不穷治，抚之如旧"④。东晋皇室对待士族的态度大抵如此，王敦与桓温死后，其家族势力依旧得到了保存和延续。对于掌握实际权力的人来说，情况同样是如此，为了维持士族之间的利益均衡，王导、谢安等人都大抵采取清静无为的政策。《世说新语·箴规》篇曰：

---

① 参见林校生《桓温与玄学》，《中国史研究》1998 年第 4 期。
② 唐长孺：《魏晋南北朝史论丛》，武汉大学出版社 2013 年版，第 270 页。
③ 《晋书》卷 6《元帝纪》。
④ 《晋书》卷 58《周处传》。

> 王丞相为扬州，遣八部从事之职。顾和时为下传还，同时俱见。诸从事各奏两千石官长得失，至和独无言。王问顾曰："卿何所闻？"答曰："明公作辅，宁使网漏吞舟，何缘采听风闻，以为察察之政？"丞相咨嗟称佳，诸从事自视缺然也。

扬州是东晋朝廷的王畿之地，王导身为宰辅兼领扬州刺史，应当加强皇权，建立强有力的中央统治权威。然而，浸淫日久的玄学思想使其面对以顾和为代表的士族豪门割据地方权力的局面时，选择采取"网漏吞舟"式的容忍和放任态度。《晋书》卷83史臣论曰："爰在中兴，玄风滋扇，溺王纲于拱默，挠国步于清虚，骨鲠謇谔之风盖亦微矣。"东晋士风的形成与这种政治形态关系密切。

东晋时，从中原地区南下的流民大多依附于士族豪门，士族豪门藉此荫庇人口以为佃客和部曲，扩张门户利益。《世说新语·政事》篇第23条刘注引《续晋阳秋》曰：

> 自中原丧乱，民离本域，江左造创，豪族并兼，或客寓流离，名籍不立。太元中，外御强氐，蒐简民实，三吴颇加澄检，正其里伍。其中时有山湖遁逸，往来都邑者。后将军安方接客，时人有于坐言宜纠舍藏之失者。安每以厚德化物，去其烦细。又以强寇入境，不宜加动人情。乃答之云："卿所忧，在于客耳！然不尔，何以为京都？"言者有惭色。

为了避免激化社会矛盾造成内乱，采取道家的无为思想，不轻易触动世族的门户利益，这是东晋门阀士族社会的必要选择。即使是执政态度更加刚直的桓温，也曾"欲以德被江、汉，耻以威刑肃物"（《世说新语·政事》）。相比之下，庾氏兄弟是诸执政中主要倾向于坚持奉行法家路线的。《晋书·庾亮传》曰："王导辅政，以宽和得众；亮任法裁物，颇以此失人心。"《世说新语·政事》篇刘注引《殷羡言行》曰："王公薨后，庾冰代相，网密刑峻。"庾冰曾当面对王导的放任政策表示不满。《世说新语·政事》篇曰：

丞相尝夏月至石头看庾公，庾公正料事。丞相云："暑，可小简之。"庾公曰："公之遗事，天下亦未以为允。"

庾冰对王导的批评有其合理之处。王导的宽简政策虽然赢得了士族阶层的普遍赞同，但在现实生活中，一味地实行"闷闷之政"未必能像王弼所说的"至于大治"且"民无所争竞"，反而会使士族豪强更加肆无忌惮地自我扩张，从而进一步威胁和削弱皇权，最终导致门阀政治的解体。庾氏兄弟的"察察之政"通过咸和土断和清查户籍等措施起到了限制士族和加强皇权的作用，从而维护了士族与皇权的动态平衡。在此之后，谢安、桓冲、王彪之等人也多次以抑制士族的方式强化皇权，甚至不惜折损本家族的势力。这是否意味着一种脱离玄学而奉行儒法的政治思想呢？并非如此。在东晋，儒道兼综是士族阶层的主流思想，是魏晋玄学在解决了名教与自然之争后的新的实践形态。从维持君道无为而臣道有为的玄学基本政治原则着眼，那些特定条件下的加强皇权的举措，其目的在于延续士族的共治。① 郭象所说的"千人聚，不以一人为主，不乱则散"或许是东晋士族不断地调整士权与君权关系的指导思想。

---

① 王心扬教授认为，儒家的忠君思想在晋室南渡之后不断加强，并在东晋后期体现为谢安、王彪之等人将皇权王命置于家族利益之上的做法。参见王心扬《东晋士族的双重政治性格》，中华书局 2021 年版。他将清谈名士不恪守其职，不以王务婴心的做派视为门阀政治的必然结果，带有较为明显的儒道对立倾向，未能准确地把握东晋以儒道兼综为主流的政治思想及其玄学理论基础，因而在总体上把门阀政治看得过于消极，认为在门阀政治体系中，士族豪门往往沉迷于玄学清谈，不婴世务，而且在执政方略上表现为纵容士族，维护门户利益，并一贯地限制和削弱皇权。这种把皇权和士权进行绝对对立的认识并不符合实际。东晋门阀政治在本质上是一种皇室与士族的共治，皇权与士权的动态平衡是维持这种共治局面的前提。它的政治基础是玄学尤其是郭象所阐明的君臣关系。在近百年的历史中，皇权与士权不断发生摩擦，甚至刀兵相向，却维持了整体的平衡状态。诸如王敦、桓温、桓玄等凭恃军事力量以士权威胁皇权，乃至出现了擅行废立或废晋立楚的事件，最终都被其他士族力量联合皇权及时制止。而皇室的集权政策如元帝利用刁协等人制衡和削弱琅琊王氏，或司马道子对士族集团的打压等，都受到了士族集团的反制。如王心扬所说，东晋士族的确存在"为家族计"和"为家国计"的双重利益考量，并且在不同的历史条件下做出了不同的选择。但是，王导所推行的"愦愦之政"和"网漏吞舟"式的宽简政策并非门阀政治的唯一基本原则，在特殊情况下，为了维护士权和皇权的平衡，有必要对士族利益加以裁制。倘若一味地宽纵士族，那么势必危及皇权，最终导致门阀政治的解体。从这个角度来说，谢安晚年的静退并不全是为了巩固皇权，而是以自我折损的方式重回权力的平衡。

### 三 儒道兼综与出处双行

儒道兼综既是魏晋玄学走向名教与自然相统一的必然结果，也是符合东晋士族阶层经济和政治利益的自觉文化选择。如前所述，名教与自然的矛盾集中体现为嵇康和阮籍的理论思考和人生实践，他们对自然生活方式的向往和追求与统治集团对集体纲纪和君主意志的强调背道而驰，而西晋政权的意识形态悖论瓦解了名教生活的根基，从而造成了严重的价值虚无主义。在这样的背景下，郭象以明内圣外王之道为宗旨注解《庄子》，试图在理论上化解自然与名教的矛盾。为此，他以"独化论"为基础建构了一整套政治哲学和人生哲学，奠定了东晋门阀政治体制下士族生活的思想基础。东晋名士在对待自然与名教的问题上，大抵不再像嵇康那样持是此而非彼的对立态度。袁宏在《七贤序》中对嵇康、阮籍和山涛的评价表现出东晋士族阶层在名教与自然之辨上的普遍立场。他说："阮公怀杰之量，不移于俗，然获免者，岂不以虚中莘节，动无过则乎？中散遣外之情，最为高绝，不免世祸，将举体秀异，直致自高，故伤之者也。山公中怀体默，易可因任，平施不挠，在众乐同，游刃一世，不亦可乎？"[①] 袁宏对阮籍和山涛的思想取向和人生道路表示肯定，对嵇康则略含微词。之所以如此，是因为在他看来，阮籍和山涛都恰当地处理了名教与自然之间的关系，因而能"获免"和"游刃一世"，而嵇康却因越名教而任自然而"不免世祸"。可见，主张名教与自然两种生活方式的和谐共存，是东晋士族的普遍追求。例如，《世说新语·品藻》篇说：

> 明帝问谢鲲："君自谓何如庾亮？"答曰："端委庙堂，使百僚准则，臣不如亮。一丘一壑，自谓过之。"

谢鲲面对明帝之问，既肯定了庾亮致力于名教之治的生活方式，又表明了自己任情自然的人生态度。像谢鲲这样，在自然生活与政治生活

---

① （清）严可均：《全上古三代秦汉三国六朝文》，中华书局1958年版，第1786页。

之间两行其是的观念在东晋是很普遍的，不仅向往自然宅情玄远的名士不再菲薄名教，就连世务膺心的名教中人也能达观地看待自己。《世说新语·政事》篇说：

> 王、刘与林公共看何骠骑，骠骑看文书，不顾之。王谓何曰："我今故与林公来相看，望君摆拨常务，应对玄言，那得方低头看此邪？"何曰："我不看此，卿等何以得存？"诸人以为佳。

骠骑即何充，王导之后东晋的主要执政之一，是成帝与康帝时期节制庾氏专权的重要人物，《晋书》本传称他"强力有器局，临朝正色，以社稷为己任"。从这则故事来看，无论是王濛、刘惔与支道林，还是何充本人，都承认和赞同名教生活乃是玄学名士应对玄言、萧条方外的必要支撑，没有君臣共治的门阀政治和对各种政务的用心处理为依托，士族阶层的自然生活也就无法存在下去。

自然与名教在东晋的统一，除了两类人的相互肯定和依傍外，在必要的情况下，倾心于自然者也会转变为名教的拥护者和捍卫者。如上所引谢鲲，自谓心存丘壑，放达不羁，在西晋时就名列"八达"之一，曾遭到礼法之士卞壶痛斥道："悖礼伤教，罪莫斯甚！中朝倾覆，实由于此。"① 据《晋书》卷49《谢鲲传》记载，在王敦举兵叛乱之时，数次犯颜相谏，劝说王敦"朝天子，使君臣释然"，以过人的胆识和气节维护君臣秩序。

自然与名教的统一落实到士人阶层的人生实践上，体现玄礼双修和出处两行。唐长孺先生说："东晋以后名教与自然的关系已有较一致的结论，所以在学术上的表现便是玄礼双修，而这也正是以门阀为基础的士大夫利用礼制以巩固家族为基础的政治组织，以玄学证明其所享受的特权出于自然。当时著名玄学家往往深通礼制，礼学专家也往往兼注三玄。"② 值得指出的是，东晋礼学的复兴，并非单纯地回归和遵守先前

---

① 《晋书》卷70《卞壶传》。
② 唐长孺：《魏晋南北朝史论丛》，武汉大学出版社2013年版，第282页。

的礼仪制度，奉之为圭臬，而是要"缘情制礼"，即以人的自然本性和情感为本位，革除旧的礼法制度，建立新的礼仪规范。余英时先生说："在魏晋这一大变乱的时代中，尤其是晋室南渡以后，士大夫阶层在政治、社会以及家族秩序各方面遭遇到许多特殊而复杂的问题。维持秩序离不开礼制，而问题的特殊性和复杂性又远非汉代以来的传统礼学所能应付得了的。在礼文不完备和条例的解释不统一的双重困难之下，礼学专家只能斟酌个别的情况随时制订新礼，或赋予旧礼以新的意义。因此，'变通'成为这个时代礼学方法论上的一个最重要的原则。"① 通过礼制的革新来消弭情礼之间的冲突，使名教与自然合而为一的方法，与郭象在《庄子注》中关于"礼"与"情"的论述甚为相像。以性情为中心，在适性的前提下制定新的礼法规范，是郭象以自然统合名教的内在要求。在这一点上，东晋士族的情礼兼具的观念与郭象的思想相吻合。

永嘉末，士族因仓皇避乱江左而多与父母乖离，不通音讯，生死未知，因而在婚姻与仕宦方面面临礼制上的困难。《晋书·谢尚传》曰：

> 时有遭乱与父母乖离，议者或以进仕理王事，婚姻继百世，于理非嫌。尚议曰："典礼之兴，皆因循情理，开通弘胜。如运有屯夷，要当断之以大义。夫无后之罪，三千所不过，今婚姻将以继百世，崇宗绪，此固不可塞也。然至于天属生离之哀，父子乖绝之痛，痛之深者，莫深于兹。夫以一体之小患，犹或忘思虑，损听察，况于抱伤心之巨痛，怀忉怛之至戚，方寸既乱，岂能综理时务哉？有心之人，绝不冒荣苟进。冒荣苟进之畴，必非所求之旨，徒开偷薄之门而长流弊之路。"

谢尚提出"典礼之兴，皆因循情理"的命题，认为各种礼仪规范和典章制度都应以情理为根据来制定，主张调和情与礼的关系，反对纵情废礼，也不提倡以情殉礼，强调情感理性在辨识和执行礼仪制度时的主

---

① ［美］余英时：《士与中国文化》，上海人民出版社1987年版，第432页。

导性作用。这是东晋士族群体的普遍要求和行事准则。

李充作《学箴》，立意在于"引道家之弘旨，会世教之适当"，其序曰：

> 老子云："绝仁弃义，家复孝慈。"岂仁义之道绝，然后孝慈乃生哉？盖患乎情仁义者寡，而利仁义者众也。道德丧而仁义彰，仁义彰而名利作，礼教之弊，直在兹也。先王以道德之不行，故以仁义化之，行仁义之不笃，故以礼律检之；检之弥繁，而伪亦愈广，老庄是乃明无为之益，塞争欲之门。……圣教救其末，老庄明其本，本末之途殊，而为教一也。人之迷也，其日久矣。见形者众，及道者鲜，不睹千仞之门，而逐适物之迹，逐迹逾笃，离本愈远。遂使华端与薄俗俱兴，妙绪与淳风并绝，所以圣人长潜，而迹未尝灭矣。惧后进惑其如此，将越礼弃学而希无为之风，见义教之杀而不观其隆矣，略言所怀，以补其阙。①

李充认为，儒道两家虽本末殊途却有相同的旨归，即救治世教之弊。儒家提倡仁义学说和礼乐文化，目的在于形成敦厚的习俗风气和良好的社会秩序，这与道家提倡无为以息争竞之心，是一致的。李充的这段话同样受到了郭象玄学思想的直接影响。把儒道二家看作体用本末的关系，在郭象那里已发其端，这种本末不离、体用不二的观念是郭象统合儒道的思想产物，而且他的"逐迹离本"之说直接继承了郭象的"迹"与"所以迹"的辩证思维。李充将"越礼弃学而希无为之风"视为错误的社会风潮，通过明辨"情仁义"与"利仁义"，重新树立礼学义教的根本。

戴逵从名实关系的角度论证道家与儒家在情礼问题上的一致性，他说："儒家尚誉者，本以兴贤也，既失其本，则有色取之行。怀情丧真，以容貌相欺，其弊必至于末伪。道家去名者，欲以笃实也，苟失其本，又有越检之行。情礼俱亏，则仰咏兼忘，其弊必至于本薄。夫伪薄者，

---

① （清）严可均：《全上古三代秦汉三国六朝文》，中华书局1958年版，第1766页。

非二本之失，而为弊者必托二本以自通。"① 他认为，儒家思想的本意是名实统一，名以实为本，情为礼之质，末流在于失去了礼的内在肌理而徒具其形式，道家则主张去名以返本，通过批评名教来彰显德性的淳真，其末流则在于捐本徇末、舍实逐声，缺乏淳真的德性与笃实的情感，徒有越检悖礼的放达之举，因而导致情礼俱亏。戴逵是东晋时期的重要隐士之一，他的身上体现出了东晋士人儒道兼综的文化性格和玄学风气的崭新面貌，《晋书》本传称其"常以礼度自处，深以放达为非道"，与《庄子》及皇甫谧《高士传》中所描述的隐士形象存在很大的区别。许尤娜在《魏晋隐逸思想及其美学涵义》一书中提出，皇甫谧的《高士传》将隐逸传统的根源追溯至道家，传中的隐逸人物多为《庄子》中的寓言形象，它不但为后世的隐逸传记，提供了可资借鉴的范例，而且具有某种"使人对隐逸产生信心，并起而服膺"的"奇理玛斯"（charismatic）效应。② 在皇甫谧的眼中，隐逸者必须将个体生命与个性自由放置在优先地位，不入仕途，不慕名利，不以身殉义，在面临群己矛盾时毫不犹豫地选择个人立场和维护个体利益。如"子州支父"章曰：

> 子州支父者，尧时人也。尧以天下让许由。许由不受，又让于子州支父。子州支父曰："以我为天子犹之可也。虽然，我适有幽忧之病，方且治之，未暇治天下也。"③

子州支父虽具备治理天下的能力，却因自身的"幽忧之病"而无暇顾及天下。这则故事出自《庄子·让王》篇，篇中还有一句点题的话——"夫天下至重也，而不以害其生，又况他物乎？"在中国古代的隐逸传统中，"尊己重生"是很重要的内涵。但戴逵显然并非这种类型的隐士，《晋书》本传称其"高尚其操，依仁游艺，洁己贞鲜，学弘儒业"，

---

① 《晋书》卷94《戴逵传》。
② 参见许尤娜《魏晋隐逸思想及其美学涵义》，台北：文津出版社2001年版，第37—39页。
③ （晋）皇甫谧著，（清）任渭长、沙英绘，刘晓艺撰文：《高士传》，上海古籍出版社2014年版，第50页。

并曾撰文批评西晋元康名士名不副实的东施效颦式的放达作派，这都表明他属于恬淡自守、安贫乐道的栖隐，并未割裂群己的联系。

## 第三节　适性逍遥与东晋士族人生美学

"适性"观念在《庄子》中萌芽，在正始玄学时期已现雏形。王弼在《老子注》中频繁地强调"因物之性"，反对"以形制物""执平以割物"，对名教纲纪礼法等节制人之情性的外在规范持拒斥态度。嵇康在《与山巨源绝交书》中提出"循性而动，各附所安"的主张与阮籍《达庄论》中所说的"心奔欲而不适性之所安"等都隐含着将"适性"作为自由之途的思想。然而，他们在自然与名教相对立的语境下所理解的人性与郭象的人性论存在根本差异。嵇康等人任自然以为逍遥的观念因与名教社会发生剧烈冲突而告失败。嵇康之死与向秀入洛昭示了这一点。西晋之世，自然观念发生变化，任自然的处世法则由嵇康等人所坚持的遵循天性转而变成放纵私欲，造成荒诞浮虚的士族风气。在对人性内涵进行结构性重置的基础上，郭象的适性逍遥思想展现出新的面貌。它不仅肯定和尊重个体生命和个性价值，而且激发奋发有为的人生态度，对群体政治产生积极作用，同时对放纵私欲的偏执行为有所限制。尤其是在东晋独特的政治体制下，郭象的适性逍遥观念促进了东晋审美趣味的产生。

### 一　两种生活方式的和谐共生

如何对待出处问题是魏晋玄学中名教与自然之辨的一个具体表现。东晋士族阶层普遍地不再以割裂的态度和眼光看待入世和出世。葛洪说："盖君子藏器以有待也，蓄德以有为也非其时不见也，非其君不事也，穷达任所值，出处无所系。其静也，则为逸民之宗；其动也，则为元凯之表。或运思于立言，或铭勋乎国器。殊途同归，其致一焉。"[1] 这种"穷达任所值，出处无所系"的达观态度在东晋士族身上得到了很好的体现，

---

[1] 杨明照：《抱朴子外篇校笺》上，中华书局1991年版，第480—481页。

他们退则清谈游咏,自得其乐,进则甘为社稷肱股,与西晋士族的仕不事事的虚浮主义迥异。葛洪还提出了"朝隐"的概念,认为修道与治世并不存在必然的冲突,"古人多得道而匡世,修之于朝隐,盖有余力故也。何必修于山林,尽废生民之事,然后乃成乎?"①。这种"朝隐"的观念实际上取则于郭象"游外以冥内"的圣人观,是谢安等人人生法则的注脚。此外,孙绰称庾亮"雅好所托,常在尘垢之外,虽柔心应世,蠖屈其迹,而方寸湛然"②,认为庾亮实现了群己的和谐,一方面能够"端委庙堂",另一方面能够"方寸湛然",保持心灵的玄远,是一种值得称许的人生境界。

如上节所述,东晋门阀政治激发了士族阶层参与政治生活的积极性,同时,郭象的人性论通过召回仁义内涵和肯定人的潜能为他们提供了自然与名教和解的理论根据。东晋士人得以在仕与隐、庙堂与山林两种生活之间自由地选择,时人亦不再厚此非彼。据《世说新语·栖逸》篇记载,东晋戴逵戴逯兄弟二人,一个"厉操东山",终生隐遁不仕,一个却"欲建'式遏之功'",怀抱卫国雄心,谢安问戴逯何以二人的志向有这么大的差异。戴答道:"下官'不堪其忧',家弟'不改其乐'。"他巧用《论语》中孔子称赞颜回的话来表示他们兄弟各自的人生志趣,或仕或隐,各得其所。这方面的事例还有很多,如《世说新语·品藻》篇说:

> 明帝问周伯仁:"卿自谓何如庾元规?"对曰:"萧条方外,亮不如臣;从容廊庙,臣不如亮。"

周颉面对司马绍的问题,像前面引文中的谢鲲一样,不卑不亢,既指出庾亮的优点,也看到了自己的长处,既肯定自己的自然风度,又赞赏庾亮的政治生涯。在肯定他者的同时,也确信自我价值,这是东晋士人具备成熟的人格的表现。而且,在皇帝面前,坦然地表明自己崇尚玄远和纵情丘壑的人生志趣,从某种程度上说,他们已成为"自得"者,

---

① 王明:《抱朴子内篇校释》,中华书局1985年版,第148页。
② 《世说新语·容止》篇第24条刘注引孙绰《庾亮碑文》。

成为自我实现的人。他们的回答表明，自然与名教在东晋不再是对立的。相比嵇康将入仕的山涛比喻为庄子笔下的嗜臭腐的鸱鸮，周𫖮和谢鲲的观念无疑是一种巨大的转变。在东晋，庙堂与山林不再是对立的、不相容的。无论从容廊庙还是萧条方外，士人对自己人生道路的选择，都并非自我抑制的，而是顺适本性的。

## 二 尊重个体价值，欣赏个性之美

个性张扬是魏晋风度的集中体现，从东汉末年起，许多极富个性的人物涌现了出来，他们或行为怪诞，或语出惊人，或思想通脱，打破了纲纪伦理和习俗礼法的绳围。宗白华先生提出，晋人"多半超脱礼法观点直接欣赏人格个性之美，尊重个性价值"[①]，固是确论。然而，同样是张扬个性，欣赏人格之美，在不同的时代间存在一定的差异。我们认为，真正的尊重个性价值，需要一种深厚通达的思想基础和宽松自由的政治环境，像孔融获罪于曹操，嵇康被杀于典午，向秀失图而入洛，张翰惧祸而归乡，王戎醉心于财货，王衍虚浮于社稷，虽然都体现出了个性的一面，但终因与政教相暌离而未能得到真正的尊重。东晋门阀政治为士族阶层的个性发展提供了优渥的土壤。他们不仅能够欣赏他人的个性风采，也能够对自我充满信心，肯定自我价值，而不受名位和权势的压迫，也不愿希效他人。《世说新语·品藻》篇对此多有记载，如：

> 桓公少与殷侯齐名，常有竞心。桓问殷："卿何如我？"殷云："我与我周旋久，宁作我。"

殷浩是东晋风流名士，擅长清谈。面对桓温之问，他的回答体现出了其作为东晋清谈名胜的高妙的语言艺术。"我与我周旋久"一句出现了两个"我"，隐含着殷浩对自己经常有所审视，这样的反躬自省是一种自我意识的体现，表明殷浩这个人物是他自主选择和建构的结果。而后半句的"宁做我"显得有些模棱两可，一方面凸显出了殷浩对于自我的肯

---

[①] 宗白华：《美学散步》，上海人民出版社1981年版，第209页。

定,不愿因名位和权势而屈从他人,另一方面则回避了对桓温的正面回答,没有说殷浩不如桓温,或桓温不如殷浩,既不谦逊,也不傲慢,是很得体且富有智慧的。

又如,《世说新语·简傲》篇说:

> 王子猷尝行过吴中,见一士大夫家极有好竹。主已知子猷当往,乃洒扫施设,在听事坐相待。王肩舆径造竹下,讽啸良久。主已失望,犹冀还当通,遂直欲出门。主人大不堪,便令左右闭门不听出。王更以此赏主人,乃留坐,尽欢而去。

主人因知慕名已久的大名士王徽之前来自家观竹,本想热情迎候,不料王氏径直到园中去看竹,不与主人相交接。主人直待"令左右闭门不听出",才获得王徽之赏识。这说明,东晋名士是不喜逢迎,他们更欣赏自然的态度和真实有个性的行为。

东晋名士的个性和价值是独特的,每一个人都有自己的风格,更重要的是,他们能欣赏这种人格与个性的差异之美。《世说新语·品藻》篇曰:

> 抚军问孙兴公:"刘真长何如?"曰:"清蔚简令。""王仲祖何如?"曰:"温润恬和。""桓温何如?"曰:"高爽迈出。""谢仁祖何如?"曰:"清令易达。""阮思旷何如?"曰:"弘润通长。""袁羊何如?"曰:"洮洮清便。""殷洪远何如?"曰:"远有致思。""卿自谓何如?"曰:"下官才能所经,悉不如诸贤;至于斟酌时宜,笼罩当世,亦多所不及。然以不才,时复托怀玄胜,远咏《老》《庄》,萧条高寄,不与时务经怀,自谓此心无所与让也。"

从孙绰对刘惔、王濛、桓温、谢尚、阮裕、袁乔、殷融等人的品评可以看出,东晋士人各具性情和特长,能够以一种和而不同的态度欣赏不同的风度,肯定他人的个性之美。孙绰对自己也进行了如实的评价,没有故作谦词,没有自视过高,也没有暗于自见,坦然地承认自己缺乏政治才干,并对自己崇尚老庄、托怀玄远、宅心事外的精神取向充满了自信。这是东晋人主体性自觉的表现，也是他们人生美学的基本精神。《庄子·刻意》篇首章描绘了山谷之士、平士之世、朝廷之士、江海之士和道引之士五种人格形态，他们或主非世、或主教化、或主治功、或主隐逸、或主修道养生，志趣各异。郭象注曰："此数子者，所好不同，恣其所好，各之其方，亦所以为逍遥也。然此仅各自得，焉能靡所不树哉？若夫使万物各得其分而不自失者，故当付之无所执为也。"（《刻意注》，537）郭象的适性逍遥思想为东晋士人张扬个性之美、尊重个体人格奠定了理论基础。郭象的"独化论"从根本上肯定了个体的独立性和独特性。"夫天地之理，万物之情，以得我为是，失我为非，适性为治，失和为乱。然物无定极，我无常适，殊性异便，是非无主。若以我之所是，则彼不得非，此知我而不见彼者耳。故以道观者，于是非无当也，付之天均，恣之两行，则殊方异类，同焉皆得也。"（《秋水注》，582）这种尊重个体差异的适性逍遥观念深为东晋人所领悟，他们能够以同样的态度对待一切生物。《世说新语·言语》篇说：

> 支公好鹤，住剡东岇山。有人遗其双鹤，少时翅长欲飞。支意惜之，乃铩其翮。鹤轩翥不复能飞，乃反顾翅，垂头。视之，如有懊丧意。林曰："既有凌霄之姿，何肯为人作耳目近玩？"养令翮成，置使飞去。

"支遁放鹤"的故事体现了东晋人追求自然适性的人生态度。鹤自有凌霄之性，支道林起初因存私有之心，便铩其翮，使之不能复飞。这是支道林以自我为中心的行为表现。等到发现鹤被剪去羽翅后所表现的懊丧，支道林方才醒悟应当顺任鹤的本性，不应因一己之心扼杀其凌霄之志，于是等到羽翅再次长成，就把它们放飞了。这是支道林解除主体意识，顺任鹤的本性，任其自为的表现。宗白华先生说："晋人酷爱自己精神的自由，才能推己及物，有这意义伟大的动作。这种精神上的真自由、真解放，才能把我们的胸襟像一朵花似地展开，接受宇宙和人生的全景，了解它的意义，体会它的深沉的境地，近代哲学上所谓'生命情调''宇宙意识'，遂在晋人这超脱的胸襟里萌发起来。"①

《晋书·王羲之传》记载了王羲之的一段故事，曰：

> （羲之）性爱鹅，会稽有孤居姥养一鹅，善鸣，求市未能得，遂携亲友命驾就观。姥闻羲之将至，烹以待之，羲之叹惜弥日。又山阴有一道士，养好鹅。羲之往观焉，意甚悦，固求市之。道士云："为写《道德经》，当举群相赠耳。"羲之欣然写毕，笼鹅而归，甚以为乐。其任率如此。

在会稽孤姥眼中，鹅仅仅是供人食用的家禽，可以用来招待王羲之。而在王羲之眼中，这只鹅却具有美的价值。孤姥的实用心理反衬出了王羲之作为名士的风流之美。山阴道士深知王羲之书法的成就，他将鹅作为一种交易品，也只留意它的交换价值；王羲之却沉浸在对鹅的欢喜中，没有意识到交易是否等价，便欣然作书。不把金钱或者实用价值作为衡量和评价事物好坏的尺度，却以感官和精神上的愉悦作为行动的指引，这是一种审美的态度。王羲之的行为是率性任性的，是其纯真性情的展露，也是美的。

### 三 宁静内敛的审美趣味和艺术化生活

东晋士人普遍追求适意的人生，他们不像西晋人那样具有强烈的物欲，追求穷奢极欲的生活，或故作放达、任诞不羁。相比之下，东晋的士人变得内敛，变得宁静了。他们更注重内在精神的自由愉悦，更加真实地表现自我。他们做到了真正的适性或任性。王徽之可谓是东晋士人在适性方面的一个典型，《世说新语》中记载了许多有关他的故事，最广为流传的当属"雪夜访戴"了：

> 王子猷居山阴，夜大雪，眠觉，开室，命酌酒，四望皎然。因起仿偟，咏左思《招隐诗》，忽忆戴安道。时戴在剡，即便夜乘小船

---

① 宗白华：《美学散步》，上海人民出版社1981年版，第216页。

就之。经宿方至，造门不前而返。人问其故，王曰："吾本乘兴而行，兴尽而返，何必见戴？"（《世说新语·任诞》）

这则故事历来被视为中国古代文人雅趣的典范。王子猷雪夜眠觉，饮酒咏诗，驾舟访友，却在临门之际兴尽而返，一种任性自适的洒脱不羁跃出纸面，被后人赏会。这一反常行为何以获得了这样突出的审美效果呢？或许是因为，王子猷行为的非社会化特征割断了中国传统文化对人际关系的常规想象，从人际依托和交互的关系回归了自我自适的自由空间。骆玉明教授说："一个实在的生命依据俗世的规则而行动，其所言所行多虚伪矫饰，与内心的向往欲求彼此冲突。"① 戴逵的隐士身份暗含着王子猷行为的正当性依据，中国古代的隐逸文化受道家思想的影响往往追求返璞归真的自性圆满。这不禁让人想到庄子，"相濡以沫，不如相忘于江湖"，戴氏与王氏皆士族，绝不至于落入相濡以沫的境地，但二人之间适当的距离反倒增加了自由的空间。也不妨说，临门而不入是对传统礼俗世界的疏离，礼是对人与人相处方式的规范，礼是一种约定俗成的规则，魏晋时期常有因悖礼之举而引起世俗纠纷的故事，但王子猷的行为方式恰恰避免了交往以及由此而来的礼节羁绊，但与"悖礼"不同，他的行为更像是"越礼"，即不与礼俗发生直接冲突，因而具有超脱世俗、乘兴自任的风度。王子猷的行为全然出自当下的自我意志，而不为过去或未来所拘制，其表现符合郭象"率性直往"的行为法则。

西晋荒诞士风随衣冠南渡而在江东尚有余绪。据《晋书》卷49《光逸传》记载，谢鲲、胡毋辅之、桓彝等人初至江东，便"散发裸裎，闭室酣饮"。《世说新语·任诞》篇第25则刘注引邓粲《晋纪》曰：

> 王导与周顗及朝士诣尚书纪瞻观伎。瞻有爱妾，能为新声。顗于众中欲通其妾，露其丑秽，颜无怍色。

这一方面是由于积久成习的士族风气一时难以改变，另一方面也与

---

① 骆玉明：《世说新语精读》，复旦大学出版社2012年版，第70页。

中原政权倾覆、江左新朝未安的彷徨悲观情绪有关。及至东晋政权建立，士族获得参政权力，士人风气才为之一变。唐长孺先生说："东晋以后名教与自然的结合，基本上已经解决，但放逸之风，特别是不问世务的风气却在士大夫间始终存在。"① 这既是玄学影响的结果，也是士族社会的固有特征。但从总的倾向看，在一代渡江名士渐渐零落后，东晋士族的后起之秀呈现出新的风貌。他们不像西晋人那样具有强烈的物欲，追求奢靡的生活，或做出放荡悖礼的行为。那些放达傲诞的行为往往受到抑制和指责。《晋书》本传称郭璞性轻易，不修威仪，嗜酒好色，时或过度，著作郎干宝常诫之曰："此非适性之道也。"可见纵情任达已非东晋所认可的人生态度和生活方式。《世说新语·简傲》篇曰：

谢万在兄前，欲起索便器。于时阮思旷在坐曰："新出门户，笃而无礼！"

思旷即阮裕，为阮籍族弟，东晋玄学名士之一，因修礼而得到时人的推重。《世说新语·品藻》篇第30条刘注引《中兴书》曰："裕以人不须广学，正应以礼让为先，故终日颓然，无所修综，而物自宗之。"他对谢万的批评表明，任诞废礼的作风并不被东晋士族群体所接受。

相比之下，东晋人变得内敛和宁静了，他们更注重内在精神的自由愉悦，更加真实地表现自我，追求自得自适的人生境界，他们的审美趣味变得纯粹，很少出现其父辈或祖辈那样张扬乖戾的风格。朱良志先生将中国古代的审美愉悦划分为三个层次，即适人之适、自适其适和忘适之适。如果说，西晋一代的审美趣味的基本取向是适人之适，即"带有生理倾向的愉悦观"② 的话，那么东晋时期的审美趣味则走向自适其适的阶段，即摆脱了外在功利、理智和欲望束缚的自由愉悦的审美境界。

东晋人的生活方式相比之前发生了很大的变化，而且呈现出艺术化的特征。相比于饮酒纵欲的放达表现，他们更倾向于山水游赏，在江左

---

① 唐长孺：《魏晋南北朝史论丛》，武汉大学出版社2013年版，第281页。
② 朱良志：《中国艺术的生命精神》，安徽教育出版社2006年版，第330页。

的明山秀水中仰观俯察，寓目娱情。在地理环境上，会稽作为东晋疆域的腹地，不仅山川锦绣，而且远离作为政治和军事中心的荆扬地区，成为士族群体寄情老庄、托怀玄胜、山水游赏和居处的理想场所。[①] 据《世说新语·任诞》篇刘注引《中兴书》所载，孙统"诞任不羁，家于会稽，性好山水。及求鄞县，遗心细务，纵意游肆，名阜盛川，靡不历览"。统弟孙绰同为玄学名士，擅长五言诗，与许询并列。他"寓居会稽，游放山水，十有余年，乃作《遂初赋》以致其意"。《世说新语·言语》篇说："孙绰赋《遂初》，筑室畎川，自言见止足之分。"同条刘孝标注引《遂初赋序》曰："余少慕老庄之道，仰其风流久矣……乃经始东山，建五亩之宅，带长阜，倚茂林，孰与坐华幕击钟鼓者同年而语其乐哉！"孙绰既"少慕老庄之道"，乃建宅于茂林长阜之间，并作"遂初"之赋，以为"止足之分"，将自然游赏作为人生的自得之途，用满足性分的基本需要作为栖隐山林的理由。这种观念在东晋以后是很普遍的。

东晋时期的清谈活动也更加重视自我才情的展现，流露出醇美的艺术趣味，体现出鲜明的适性精神。在《世说新语·文学》篇第55条所记述的清谈故事中，谢安希望以清谈来抒发各自的怀抱，这一提议得到了所有在场者的赞同。这是一种将清谈艺术化的倾向。在中国古代，抒发怀抱一向被视为艺术的基本功能。诗歌、音乐甚至书法和绘画都强调导泄人情、抒发性灵的功能。正如刘勰所说，"吐纳文艺，务在节宣"（《文心雕龙·养气》），"申写郁滞"是从事文艺创作活动的基本追求，而"微言洗心"（谢安《与王胡之诗》）则是东晋清谈家们的共识。

以清谈的方式达到审美愉悦，是多层次艺术手段的聚合。在这场大腕云集的清谈中，先是支道林以精湛的玄理和奇拔的辞采为观者带来了理趣和诗情的双重满足，接着是谢安带有表演性的出场，以他高雅的气度、非凡的意态和华丽的辞藻，使人沉浸在他的美的表现之中。作为清谈的提议者，谢安在众人叙理之后，才压轴出场。他的出场很值得玩味。他先是询问别人的谈论是否都已结束，这一询问正与此前他看题之后的发言相呼应，暗示此次清谈的第一阶段接近尾声，许询、王濛、支道林

---

[①] 参见罗宗强《玄学与魏晋士人心态》，浙江人民出版社1991年版，第306—309页。

等人都完成了他们的言咏。在得到众人的回答后，谢安方才对第一阶段的发言提出粗略的驳难。在"少不自竭"与"粗难"之间形成了一种无形的张力，预示着本次清谈的高潮即将来临，谢安将作为核心人物正式登场。他的陈述达"万余语"，显然遮掩了支道林"七百许语"的光辉，通过对比凸显了谢安理辞的高妙与新颖。然而，使"四坐莫不厌心"的并不只是他在玄理和文辞上的卓越，而是他清谈时的精神状态——"意气拟托，萧然自得"。清谈中的谢安仿佛成了渔父的化身，在精神上演绎了那种"法天贵真，不拘于俗"的真言妙谛。他的"萧然自得"无疑是渔父形象的再现。正是这种具象化的渔父精神和《庄子》思想使观者得到了巨大的精神满足。

王羲之《兰亭集序》说："或取诸怀抱，悟言一室之内"，东晋的清谈在论辩玄理的同时，把自我个性的舒展和精神的满足看得同样重要。正由于此，不少场合中的清谈活动最终都在参与者的兴致高涨中收尾，而不顾及谁胜谁负或者玄理讨论的结果如何。如《世说新语·文学》篇第40条：

> 支道林、许掾诸人共在会稽王斋头。支为法师，许为都讲。支通一义，四坐莫不厌心。许送一难，众人莫不抃舞。但共嗟咏二家之美，不辩其理之所在。

这场清谈由东晋最擅此道的两大名士支遁和许询分别担纲主、客两角。清谈的结果却出人意料，尽管所有观者都很尽兴，甚至有人不自觉地手舞足蹈起来，但几乎没有人在意和辨识他们所谈的玄理究竟如何。使他们"厌心"和"抃舞"的，不是支、许二人对玄奥义理鞭辟入里的阐发，而是他们在论辩时所呈现的状态，是言语和举止间所表现出来的美的风度。

同样的情形还出现在王导与殷浩的清谈中。《世说新语·文学》篇第22条曰：

> 殷中军为庾公长史，下都，王丞相为之集，桓公、王长史、王

蓝田、谢镇西并在。丞相自起解帐带麈尾，语殷曰："身今日当与君共谈析理。"既共清言，遂达三更。丞相与殷共相往反，其余诸贤，略无所关。既彼我相尽，丞相乃叹曰："向来语，乃竟未知理源所归，至于辞喻不相负。正始之音，正当尔耳！"明旦，桓宣武语人曰："昨夜听殷、王清言甚佳，仁祖亦不寂寞，我亦时复造心，顾看两王掾，辄翣如生母狗馨。"

这场清谈进行到了三更时分，却"未知理源所归"，足见"析理"并非王导与殷浩论辩的主要目的。他们是要通过清谈来娱情悦兴，王导因此以"辞喻不相负"而比之于正始之音，足见他对于这次清谈是非常满意的。除他之外，桓温等虽未能直接参与其中，却也从中得到了精神上的满足。钱穆先生认为，东晋士族"以清谈为社交应酬之用"，"各标风致，互骋才锋，实非思想上研核真理探索精微之态度，而仅为日常人生活中一种游戏而已"。① 诚如所言，东晋清谈的确出现了一种脱离现实、无关政教的游戏化倾向，这种倾向是清谈艺术化的表现。

## 第四节 谢安：魏晋风度的理想形态

谢安是魏晋风度的理想形态，是中国古代士大夫阶层普遍倾慕和向往的人格精神的典范。他的人生道路实现了出处的自由转换，兼取栖隐和事功，因此成为诗文频繁咏唱的对象。李白在《梁园吟》里高唱："东山高卧时起来，欲济苍生未应晚。"《永王东巡歌》咏叹："但用东山谢安石，为君谈笑静胡沙。"王维《送张五归山》追慕道："东山有茅屋，幸为扫荆扉。当亦谢官去，岂令心事违。"白居易《题谢公东山障子》亦感怀："鹰饥受绁从难退，鹤老乘轩亦不还。唯有风流谢安石，拂衣携妓入东山。"韩偓《有瞩》褒扬："安石本怀经济意，何妨一起为苍生。"辛弃疾词《太常引》称赞："功业后来看，似江左，风流谢安。"袁枚《谢太傅祠》亦云："一笑翩然载酒行，东山女妓亦

---

① 钱穆：《中国学术思想史论丛》三，安徽教育出版社2004年版，第175页。

苍生。能支江左偏安局，难遣中年以后情。"等等。可以说，谢安的历史形象为后世文人提供了理想的人格形象和人生形态。无论是高卧东山，萧条方外，还是经心尘务，雅望事功，谢安作为风流宰相在中国古代文化史上提供了一种具有审美意蕴的生活方式。高华平教授说："谢安的人格之所以被人推许为真正的'风流'，其原因就在于其较成功地克服了思想中的儒与道、名教与自然的内在矛盾与对立，而较好实现了魏晋玄学人格美理想中的'内圣'与'外王'的和谐统一。在谢安看来，道家的自然与儒家的名教既非是对立的，理想的'圣人'人格中'内圣'的道德修养与'外王'的济宁事功也并不是可以分为两截的，二者本来是完整统一的人格的两个方面，彼此不可偏废。"① 这正确地认识了谢安的文化心理，指出了谢安儒道兼综的思想属性。这种文化心理和思想属性与魏晋玄学尤其是经过郭象重新阐释的庄子思想之间存在深刻的关联，值得做进一步阐论。

## 一　达观：栎不辞社，周不骇吏

谢安的一生经历了截然不同的两个阶段。前半生他寓居会稽，高卧东山，屡辞召辟，与王羲之、许询、支遁等名士相处，"出则渔弋山水，入则言咏属文，无处世意"。面对扬州刺史庾冰和吏部尚书范汪等人的征召，他要么就而旋返，要么直接拒绝，以至有人奏请将他"禁锢终身"。然而对于出处问题，谢安并不像嵇康那样持一种绝然的对立态度。据《世说新语》记载，谢安妻刘氏眼见宗族子弟皆已身居高位，声名显赫，唯独谢安以布衣身份栖迟山林，于是戏谑地对他说："大丈夫不正应当如此吗？"谢安则掩着口鼻小声说道："但恐不免耳！"他入仕与否，以及在什么时候采取何种方式入仕，都是经过审慎的考虑的。

谢安的出处转变引起时人的讥讽，《世说新语·排调》篇曰：

　　谢公在东山，朝命屡降而不动。后出为桓宣武司马，将发新亭，

---

① 高华平：《评东晋的风流宰相——谢安》，《南京理工大学学报》（社会科学版）2004年第1期。

朝士咸出瞻送。高灵时为中丞，亦往相祖。先时，多少饮酒，因倚如醉，戏曰："卿屡违朝旨，高卧东山，诸人每相与言：'安石不肯出，将如苍生何？'今亦苍生将如卿何？"谢笑而不答。

谢公始有东山之志，后严命屡臻，势不获已，始就桓公司马。于时人有饷桓公药草，中有"远志"。公取以问谢："此药又名'小草'，何一物而有二称？"谢未即答。时郝隆在坐，应声答曰："此甚易解：处则为远志，出则为小草。"谢甚有愧色。桓公目谢而笑曰："郝参军此过（或作通）乃不恶，亦极有会。"

在桓温、郝隆和高灵等人看来，谢安由屡违朝命高卧东山到出仕为官是自我折节、自降高标的行为，将面对士林的嘲笑。然而，谢安如何看待自己的人生转向呢？上述两则材料，一是说他"甚有愧色"，一是说他"笑而不答"。这是两种不同的态度，前者意味着谢安对自己的折节从俗的行为感到羞愧，即认可了别人的嘲弄，后者则意味着他以一种更优越的心理对待别人对自己的嘲戏，对他人的浅薄保持沉默。那么，哪一种反应是真实的呢？这个问题要从谢安对待出处问题的看法中找答案。

《世说新语·言语》篇第70条写道：

王右军与谢太傅共登冶城。谢悠然远想，有高世之志。王谓谢曰："夏禹勤王，手足胼胝；文王旰食，日不暇给。今四郊多垒，宜人人自效。而虚谈废务，浮文妨要，恐非当今所宜。"谢答曰："秦任商鞅，二世而亡，岂清言致患邪？"

对于谢安与王羲之共登冶城一事，清代姚鼐认为属于妄作。其《惜抱轩笔记》说："《晋书·谢安传》载安登石头远想，羲之规之。按逸少誓墓之后，未尝更入都，而安之仕进，在逸少去官后。安在官而有远想遗事之过，逸少安得规之？此事出于《世说》，则《世说》之妄也。"[1]

---

[1] 转引自余嘉锡《世说新语笺疏》，中华书局2007年版，第155页。

程炎震则认为，此事不在谢安执政时。他说："王、谢冶城之语，《晋书》载于安石执政时，诚误。《晋略》列传二十七《谢安传》，作'咸康中，庾冰强致之。会羲之亦为庾亮长史，入都，共登冶城'云云。其自注曰：'安执政，羲之已殁。'递推上年，惟是时二人共在京师。考庾冰为扬州，传不记其年。据本纪，当是咸康五年，王导薨后。其明年正月一日，庾亮亦薨。如周说，则王、谢相遇必于是年矣。然是年安石方二十岁，传云弱冠诣王濛，为所赏。中经司徒府辟，又除佐著作郎。恐庾冰强致，非当年事。右军长安石十七岁，方佐剧府，鞅掌不遑。下都游憩，事或有之，无缘对未经世任之少年，而责以自效也。吾意是永和二三年间右军为护军时事。安石虽累避征辟，而其兄仁祖方镇历阳，容有下都之事，且年事既长，不能无意于当世，故右军有此言耳。过此以往，则右军入东，不至京师矣。"① 程氏提出了王、谢二人共登冶城的两种可能，一是清代周济《晋略》所说的咸康五年（公元339年），王羲之身为庾亮长史，入都，与谢安共登冶城；二是永和年间，王羲之任护军将军时，谢安因从兄谢尚任豫州刺史、镇历阳而得以入都，与羲之共登冶城。其说诚是。然而程炎震因谢安年少且未经世任而断言羲之不应"责以自效"，似乎并不稳妥。据史籍所载，谢安幼时"风神秀彻""神识沉敏，风宇条畅"，受到了桓彝、王导等人的赞誉。而且在二十岁时，谢安已展露出出色的清谈才能，得到了王濛的充分肯定，称"此客亹亹，为来逼人"。可见他已具备较为成熟和完备的玄学思想，这一点从下文所叙及的青年谢安与王胡之的诗歌酬答中亦可见一斑。

王羲之以大禹治水、文王理政之事鼓励谢安，劝其不要沉湎于清谈浮文，以免荒废政务和机要大事。可见在他看来，名教与自然之间已经不存在不可逾越的界限，当宗族或国家处于危难之中，他们理应挺身而出。这与"薄汤、武而非周、孔"的嵇康以及主张"士当身名俱泰"的石崇迥异。谢安的回答明确地展现出他对待出处问题的达观态度，"清谈误国"之说在谢安这里是不成立的，高世之志与济世之功是可以共存的，希心玄远并不妨碍究心于政务。这与郭象所阐述的"内圣外王之道"和

---

① 转引自余嘉锡《世说新语笺疏》，中华书局2007年版，第154页。

"游外以冥内"的圣人观是一致的。郭注《大宗师》篇"彼,游方之外者也;而丘,游方之内者也"句曰:"夫理有至极,外内相冥,未有极游外之致而不冥于内者也,未有能冥于内而不游于外者也。故圣人常游外以冥内,无心以顺有,故虽终日见形而神气无变,俯仰万机而淡然自若。夫见形而不及神者,天下之常累也。是故睹其与群物并行,则莫能谓之遗物而离人矣;睹其体化而应务,则莫能谓之坐忘而自得矣。"(《大宗师注》,273)所谓"见形而不及神者,天下之常累",不正是郝隆与高灵等人讥讽谢安出仕的用心吗?谢安在玄学修养与经世济物之间的并行不悖,也是对郭象玄学思想的具体实践。

实际上,早在谢安出仕之前,他就对出处关系做出了正确的辨析。在今传世的谢安诗歌中,有六首《与王胡之诗》。王胡之,字修龄,出身于琅琊王氏,为东晋玄学名士。他虽较谢安年长十余岁,但二人交往密切。《世说新语·赏誉》篇第25条刘注引《王胡之别传》曰:"胡之常遗世务,以高尚为情,与谢安相善也。"谢安对王胡之的玄学造诣予以大力肯定,称"司州造胜遍诀"(《世说新语·赏誉》)。王胡之死于永和五年(公元349年),谢安时年30岁,正处于东山时期。二人以四言玄言诗相互赠答,所探讨的一个核心主题就是出处问题。在王胡之的《答谢安诗》中频繁地阐论自己在这个问题上的见解,如"人间诚难,通由达识。才照经纶,能泯同异。钝神幽疾,宜处无事。遇物以器,各自得意"。"巢、由坦步,稷、契王佐。太公奇拔,首阳空饿。各乘其道,两无二过。"在这里,"遇物以器,各自得意"明显地含有适性精神,主张因任各人的才能("器")而或出或处,是郭象"随所遇而任之"的"才全论"(《德充符》"何谓才全"章注)的体现。而王胡之以"各乘其道,两无二过"的通达态度看待巢父、许由与稷、契的不同人生道路,显然也是受到了郭象注《逍遥游》"尧让天下于许由"章"尧许之行虽异,其于逍遥一也"的影响。

在写给王胡之的诗中,谢安也表达了融汇名教与自然的思想。其诗曰:

  余与仁友,不涂不筍(即筍字——逯钦立注)。

> 默非岩穴，语无滞事。
> 栎不辞社，周不骇吏。
> 纷动嚚嚣，领之在识。
> 会感者圆，妙得者意。
> 我鉴其同，物睹其异。①

首句开门见山地表明自己与王胡之的出处观念迥异于庄子。《庄子·秋水》篇说：

> 庄子钓于濮水。楚王使大夫二人往先焉，曰："愿以境内累矣！"庄子持竿不顾，曰："吾闻楚有神龟，死已三千岁矣，王巾笥而藏之庙堂之上。此龟者，宁其死为留骨而贵乎？宁其生而曳尾于涂中乎？"二大夫曰："宁生而曳尾涂中。"庄子曰："往矣！吾将曳尾于涂中。"

这则寓言表明了庄子对待出处问题的态度，他以生死之别看待出处的差异，宁愿生活穷困潦倒，也不愿接受楚王的征召。这种对立的态度在嵇康那里再次出现。而到了谢安这里，却发生了巨大的转变，他既不愿像楚国的神龟那样被巾笥包裹着陈列在庙堂里，也不愿做在污泥中甩尾巴的野龟。对他来说，这两种人生态度都是不理想的，是难以接受的。次句"默非岩穴"打破了仕隐之间的分界，突破了仕则庙堂、隐则山林的固有观念，认为保持人的精神凝定幽静不一定要避世远居或采取岩居穴处的方式。郭象早有此论，他说："所谓无为之业，非拱默而已；所谓尘垢之外，非伏于山林也。"（《大宗师注》，276）"语无滞事"句对当时得到广泛认同的清谈误国之说加以反驳，如同上述王、谢二人共登冶城的对话一样，谢安认为名士之间的清谈活动并不妨碍政务的处理。第三句则征引《庄子·人间世》中栎社树的寓言和庄周本人担任楚国漆园吏的故事来论证上述观念。谢安对栎社寓言的理解与庄子的本意并不相同。

---

① 逯钦立辑：《先秦汉魏晋南北朝诗》，中华书局1983年版，第905页。

庄子旨在说明无用而全生，否定"以其能而苦其生"的经世观念，而栎树之所以要充当神社，庄子认为目的在于"以为不知己者诟厉"，以此作为全生之法，倘若栎树不做社祠，则会因无用而被砍伐。谢安在此引用"栎不辞社"的用意却在论证出处的协同性，或许是为了回应王胡之"遇物以器"的观念，其着眼点不在"无用而全生"，而是肯定栎之为社的正当性。这一点源自郭象对这则寓言的理解。郭象对栎树为社的解释是"社自来寄耳，非此木求之为社也"（《人间世注》，180），言下之意是，栎树因其高大而具备做神社的潜能，因而自然地被当成神社来使用。这种观念是对适性理论的具有应用。接下来，谢安展开议论，认为世事纷动，变化不居，这是客观的情形，然而在人的精神层面，是喧扰不宁，还是凝定幽翳，关键就在于人的识鉴能力，唯有神识沉敏的人方能见解圆通，体会到奥妙无穷的玄理。谢安肯定自己已经明白了自然与名教的相通之处，能够打破对立、辩证地看待出处问题，而别的人还只看到它们的差异。

在东晋，像谢安这样打破出处界限的名士不在少数，在生活方式上选择由出世而入世的也不乏其人。据《世说新语·文学》篇，谢万曾作《八贤论》，分别对渔父与屈原、季主与贾谊、楚老与龚胜、孙登与嵇康八位人物加以对比品论，"其旨以处者为优，出者为劣"。这种观念受到了孙绰的驳难，他提出了"体玄识远者，出处同归"①的命题。这种思想与谢安在诗中所表达的意思是一致的。对于东晋玄学名士来说，体悟玄理已不再受到地理空间和生活方式的影响，出与处均不妨碍他们追求玄远的文化趣味。他们甚至能够从儒家经典中品味出玄学的内涵。《世说新语·言语》篇记载，桓温与刘惔一起听讲《礼记》时说："时有入心处，便觉咫尺玄门。"谢安也在与弟子谈论《毛诗》时，称《大雅·抑》之"吁谟定命，远猷辰告"一句具有"雅人深致"（《世说新语·文学》）。朱熹《诗集传》曰："大谋，谓不为一身之谋，而有天下之虑也。"② 谢安对这个极具儒家经世精神的诗句的赞赏，透露出他对自身形象建构的

---

① 《世说新语·文学》篇第91条刘注引。
② （宋）朱熹：《诗集传》，中华书局2018年版，第312页。

自觉意识——一个兼雅望事功和高蹈超逸于一身的通达之士。这是谢氏子弟引以为豪的家族门风。谢灵运《述祖德诗》曰："达人贵自我，高情属天云。兼抱济物性，而不缨垢氛。"既注重自我实现，怀有逍遥尘外的高世之志，又兼具安顿社稷、拯救黎元的济世之心，这种儒道兼综的文化性格和寻求群己和谐的人生理想是魏晋玄学思想不断自我超越和建构的最终实践形态。

《世说新语·排调》篇第26条刘注引《妇人集》曰：

> 桓玄问王凝之妻谢氏曰："太傅东山二十余年，遂复不终，其理云何？"谢答曰："亡叔太傅先正以无用为心，显隐为优劣，始末正当动静之异耳。"

李天华先生认为，"正"当作"不"，[①] 其说可从。谢氏即谢道韫。她面对桓玄之问，为其叔父谢安的出处转换辩解，称谢安不怀用世之心，不以显达或隐幽为优劣，其前后半生的行止只有动静的差异。以"动静"言"出处"，是郭象玄学的重要内容之一。郭象提倡"率性而动，动不过分"（《人间世注》，190），"动静行止，居必然之极"（《大宗师注》，241），主张人的行为要遵循人性的内在要求。他否定把对功名权势等利害问题的权衡作为出处的理由，称"尽死生之理，应内外之宜者，动而以天行，非知之匹也"（《大宗师注》，280）。在他看来，动静或出处的首要原则是无心，"夫至人，其动也天，其静也地，其行也水流，其止也渊默"（《应帝王注》，306）。他主张人应该应时而动，要根据时会与否选择出处，他说："以不失会为择耳，斯人无择也，任其天行而时动者也。"（《德充符注》，202）总而言之，无论动静或出处，都要顺应天理，遵从性分，"事以理接，能否自任，应动而动，无所辞让"（《在宥注》，407）。这无疑为谢安的人生选择和行为方式提供了玄学上的根据，也正是谢道韫所说的"动静之异"的理论来源。

---

① 李天华：《世说新语新校》，岳麓书社2004年版，第449页。

## 二 渊雅：为君谈笑静胡沙

谢安的出处转换虽有动静之异，但其中不变的是他宁静自守、适性自得的玄学文化性格。他十分注重培养和塑造自己的渊雅之性，常常展现出从容镇定和不受物累的超逸风度。《世说新语·雅量》篇曰：

> 谢太傅盘桓东山时，与孙兴公诸人泛海戏。风起浪涌，孙、王诸人色并遽，便唱使还。太傅神情方王，吟啸不言。舟人以公貌闲意说，犹去不止。既风转急，浪猛，诸人皆喧动不坐。公徐云："如此，将无归！"众人即承响而回。于是审其量，足以镇安朝野。

当众人因风急浪高而心生恐惧之时，谢安正处于马斯洛所谓的高峰体验的状态中，摆脱了自我主体性的保全生命的意识，沉浸于对大海的欣赏之中，做到了"心与物冥"。其中的"徐"字刻画出了他从容闲雅的风度，这是东晋名士中是很常见的。例如，《世说新语·文学》篇曰：

> 王长史宿构精理，并撰其才藻，往与支语，不大当对。王叙致作数百语，自谓是名理奇藻。支徐徐谓曰："身与君别多年，君义言了不长进。"王大惭而退。

王濛是东晋中期的重要清谈家，他携着精心构思和结撰的"名理奇藻"，自信满满地找支道林论辩。在他叙理之后，支道林并未提出任何驳难，而是批评他数年来在玄理和文辞两方面都没有新的开拓。这里凸显支道林之高超并使王濛感到羞惭的是其"徐徐"的语气，这种语气蕴含了说话者四两拨千斤的机智和雍容闲雅的气度。

这种镇定从容的性格和心态为谢安的政治功业提供了很大的帮助。谢安出山之时，正是朝廷与宗族危难之际。就司马政权而言，自永和十年（公元354年）至咸安元年（公元371年），桓温借助三次北伐的名义一步步逼近建康，掌握了拱卫建康的豫州、徐州军事，控制简文帝，形成了"政由桓氏，祭则寡人"的霸权局面。就谢氏家族而言，谢安高卧东山之时，谢尚出镇豫州，宗族势力尚属强大。等到谢尚病逝，谢奕和谢万相继为豫州刺史，为期不过各一年。随后谢万因北伐失利被贬为庶人，谢氏家族在政权中枢里缺位，谢安因而有仕进意。

谢安初为桓温司马，此时桓温因第二次北伐成功收复洛阳，声威煊赫，势头正劲，谢安不久之后借其兄谢万病逝之机，投笺东归，担任吴兴太守十余年。[1] 后朝廷征拜他为侍中，升任吏部尚书、中护军，进入建康维系司马政权。在随后的十几年间，谢安一方面充分展露了他的政治才干，另一方面又不忘东山之志，在庙堂之上实践了东晋名士的适性人生。

桓温的扩张险些将东晋的门阀政治毁于一旦，皇权受到桓氏的摆弄，而且以往的大族如琅琊王氏、高平郗氏、鄢陵庾氏、陈郡殷氏等皆已零落。若非谢氏联合其他宗族在经济、文化、政治等方面对桓温形成掣肘之势，后者凭借其军事实力很容易取晋室以自代，从而结束皇权与士权共治的政治形态。

在简文帝司马昱临终之际，桓温上疏推荐谢安接受顾命。桓温之所以这样做，本意在借助谢安取得政治上的优势，而后以武力胁迫其屈从，从而实现自立企图。令他意想不到的是，新亭之会，谢安面对刀俎居然从容就席，谈笑自若，其图谋因而破灭。《世说新语·雅量》篇曰：

> 桓公伏甲设馔，广延朝士，因此欲诛谢安、王坦之。王甚遽，问谢曰："当作何计？"谢神意不变，谓文度曰："晋祚存亡，在此一行。"相与俱前。王之恐状，转见于色。谢之宽容，愈表于貌。望阶趋席，方作洛生咏，讽"浩浩洪流"。桓惮其旷远，乃趣解兵。王、

---

[1] 谢安因何辞去桓温司马，对此学界并未做出明确的解释。笔者认为，此时谢氏正面临门户中衰之虞，谢安投笺东归，并不是要再次高卧东山。他之所以离开桓温幕府，乃是着眼于士族门阀政治的平衡。其实，早在永和四年（公元348年），桓温以灭蜀之功，"威势转振，朝廷惮之"，时任丞相的司马昱就把殷浩引为心膂，作为节制桓温的士族力量。其后，殷浩因北伐失败而遭桓温弹劾，贬为庶人。此时，桓温因北伐成功，声威并重，不久之后即加侍中、大司马、都督中外诸军事、假黄钺，身边已聚集了众多士族豪门人物，打破了士权与皇权的平衡局面。谢安东归，乃是为保留一份制衡桓温独霸的力量。

谢旧齐名，于此始判优劣。

历史记载在简文帝病逝之际，曾下遗诏让桓温"依周公居摄政故事"，代理皇权。王坦之不从，将诏书在司马昱面前撕毁，重新诏令桓温像诸葛亮、王导那样辅弼幼主。桓温原本希望司马昱禅位给自己，在计划落空之后，屯兵建康，并将矛头对准了谢安与王坦之，邀二人到新亭相见。谢安临危之际从容镇定，神色不异，使桓温心生忌惮，杀心顿消。这则记述有很强的传奇色彩，是对历史人物的艺术化再现，脱落了许多历史的真实细节，有必要加以辨析。

面对桓温强军压境、将移晋祚的危急局面，谢安与王坦之前来相见，实有谈判或斡旋的性质。对于桓温来说，召见谢安与王坦之，本就含有一种试探的用意，他不得不顾忌士族群体对待篡权行为的真实态度。谢安之从容，实则展现出士族力量对桓温篡政图谋的态度。这一点对于桓温来说十分重要，在门阀政治结构中，权臣之外的士族群体是东晋门阀政治的重要组成部分，是士权与皇权的天平上的关键砝码，对于决定权臣与皇室的关系扮演着举足轻重的角色。王敦的两次叛乱为桓温提供了前车之鉴。倘若没有士族群体的支持，即便桓温自立，也难以长久稳固，极有可能导致东晋政权分崩，并引起北方政权的入侵。因此，在临终之际，桓温告诫并制止桓冲对谢安和王坦之施加强硬手段，称"伊等不为汝所处分"[①]。此外，谢安的从容不迫确是其人格精神的体现，在注重人物品藻的魏晋时代，这种超脱高逸的精神气度往往被赋予某种神圣性和权威性，成为朝廷取士用人的重要标准。桓温本人习染玄风，深受玄学的影响，这一点对于他的决策很有影响。在桓温权极一时之际，谢安不但未仰其鼻息，反而处处与之相抗衡，维持皇权不坠，使士权与皇权继续处于相互制衡的关系中，士族得以继续享有优渥的生活环境和自得的人生处境。

在谢安执掌朝柄的十几年里，为维护皇权与士权的均衡做了多方面的努力。谢安深知皇权羸弱是导致权臣不轨的主要原因，因此采取了多种措施来加强帝室的权力。在军事方面，他筹划建立了北府兵。对此，

---

① 《晋书》卷98《桓温传》。

王夫之在《读通鉴论》中做了精辟的分析,说:"荆、湘、江、广据江东之上流,地富兵强,东晋之立国倚此也。而权奸内逼,边防外匮,交受制焉亦在于此……谢安任桓冲于荆、江,而别使谢玄监江北军事,晋于是而有北府之兵,以重朝权,以图中原,一举而两得矣。"① 东晋朝廷一直以来都倚重和忌惮荆湘地区的军事力量,北府兵的建立改变了这一局面。在经济方面,谢安主导了孝武帝太元年间的税制改革,废除了度田收租之制,改行按人口征收赋税,而且把王公以下的士族阶层全都纳入征税范围,大大增加了中央的财政收入。在官员任用方面,谢安努力协调士族权益。桓温死后,以桓冲为代表的桓氏家族势力依然把持晋室军政大权,当时孝武帝年幼,谢安为避免重蹈"正由桓氏"的覆辙,便请崇德太后临朝,并逐步把桓冲的势力排抑出长江下游地区,扩大了太原王氏和谢氏本族的权力,维持了士权的均衡。淝水之战后,谢氏家族权倾一时,谢安却并未趁机剪除桓氏,而是在桓冲死后,让桓石民、桓伊和桓石虔分别担任荆州、江州和豫州刺史,既保存了桓氏的力量,又免得本族势力膨胀引起皇室和其他士族的猜忌,使门户之间的利益维持均衡,形成了皇权与士权以及士族之间的相对稳定局面。在施政原则上,谢安继王导之后实行宽简的政策,"镇以和靖,御以长算。德政既行,文武用命。不存小察,弘以大纲"②。

谢安执政起到了很好的效果,不仅皇权得到了加强,而且士人群体也因此各得其所、各安其位、各任其能、各适己性。在执政期间,谢安虽然机务缠身,却未因此丢掉渊雅从容的个性人格,始终坚持玄心应世,这一点最为后人所钦赏。南朝王俭曰:"江左风流宰相,唯有谢安。"③ 在前秦苻坚陈百万之师于淮淝,意欲横扫东晋的紧要关头,谢安的表现十分抢眼:

    坚后率众,号百万,次于淮肥,京师震恐。加安征讨大都督。

---

① (清)王夫之:《读通鉴论》,岳麓书社2011年版,第512—513页。
② 《晋书》卷79《谢安传》。
③ 《南齐书》卷23《王俭传》。

玄入问计，安夷然无惧色，答曰："已别有旨。"既而寂然。玄不敢复言，乃令张玄重请。安遂命驾出山墅，亲朋毕集，方与玄围棋赌别墅。安常棋劣于玄，是日惧，便为敌手而又不胜。安顾谓其甥羊昙曰："以墅乞汝。"安遂游涉，至夜乃还，指授将帅，各当其任。①

强敌压境，作为主帅的谢安竟能夷然无惧色，且像往常一样出游山墅，围棋游涉，可见其沉着镇定，摆脱了不良情绪对人的宰制。这不是对战事了无关心，而是运筹帷幄的泰然。将帅各当其任，作为最高指挥官，谢安能无为而任其自为，这基本符合郭象对君臣关系的设想，即"君位无为而委百官，百官有所司而君不与焉。二者俱以不为而自得，则君道逸，臣道劳，劳逸之际，不可同日而论之也"（《在宥注》，408）。谢安虽无君位，但作为最高军事统帅，实有君职。当群情哗然之时，谢安的从容不迫并非故作姿态，而是临危之际的必要表现。这既是他的渊雅性格的呈现，又是基于双方实力对比的笃定心理。苻坚伐晋遭到了谋士王猛和太子苻宏的强烈反对，苻宏提出了不可伐晋的理由："晋主无罪，人为之用；谢安、桓冲兄弟皆一方之俊才，君臣勠力，阻险长江，未可图也。"② 这正是谢安"谈笑静胡沙"的底气所在。然而，这并不意味着他已然预判了战争的最终结果，而是根据实际情形做出了最佳的部署，使谢玄等人充分发挥其军事才能。郭象曰："圣人在上，非有为也，恣之使各自得而已耳。"（《天运注》，502）谢安深谙这种政治哲学，并把它应用到自己的政治实践中去了。黄圣平说："以郭象的思想为代表，玄学突破了《庄子》中的逍遥之外限——权力和政治领域，至人更多的应该是在政治领域里实现他的逍遥，他的逍遥就主要实现在其以'无为'之治道治国平天下的政治性活动之中。"③ 此说诚是。

### 三 静退：事了拂衣去，深藏功与名

谢安的玄学性格还突出地表现在他的静退之心上。《晋书》本传说：

---

① 《晋书》卷79《谢安传》。
② 《晋书》卷114《苻坚传》。
③ 黄圣平：《逍遥与政治——谢安玄学人格探微》，《南京社会科学》2004年第6期。

"安虽受朝寄,东山之志始末不渝,每形于言色。"虽建立了伟大的功业,谢安却不像桓温那样,意图称霸,反而多次让衔退爵。他本人对权位没有贪恋之心,他所做的事也只是为了维护东晋政权的稳定,维持家族的兴盛。《世说新语·言语》篇曰:

> 谢太傅问诸子侄:"子弟亦何预人事,而正欲使其佳?"诸人莫有言者,车骑答曰:"譬如芝兰玉树,欲使其生于阶庭耳。"

作为真名士,谢安在玄学修养中获得了超越的境界。对他来说,衡量人生的标准不在于权势的大小、地位的高低、财富的多寡,这些都是暂时的,不具有永恒的价值。其《与王胡之诗》(其一)曰:

> 鲜冰玉凝,遇阳则消。素雪珠丽,洁不崇朝。膏以朗煎,兰由芳凋。哲人悟之,和任不摽。外不寄傲,内润琼瑶。如彼潜鸿,拂羽雪霄。

谢安对人生的价值问题做过透彻的反省,对于像"鲜冰""素雪"之类的世俗所歆羡的声名、权位等,能够清醒地认识到它的局限性,这些并不足以成为人所追求的终极目标。相反地,他受到《庄子》的深远影响,认可膏火自煎的观念,把政治上的煊赫显达看作生命的耗损。因此,谢安向往如鸿雁一般"拂羽雪霄",努力做到精神的超越,实现"物物而不物于物"(《山木》)的至人境界。他领悟到要对事物采取和顺因任的态度,不起争竞之心,不为傲诞之事,并强化自己的内在修养。在《与王胡之诗》的第二首,谢安对"内润琼瑶"加以解释:"内润伊何,亹亹仁通",自觉地把"仁"作为自己人格和道德修养的重要组成部分。这是东晋玄学精神的新气象,在此之前,名士们受到老庄思想的影响,往往更加看重"通"和"达",并且否定"仁"与"义",如嵇康继承《庄子》对仁义观念的批判,认为"造立仁义,以婴人心",主张"以仁义为臭腐"。① 阮籍也在《大人先生传》中揭露了礼法之士"假廉而成贪,内

---

① 戴明扬:《嵇康集校注》,中华书局2016年版,第447、448页。

险而外仁"的虚伪面目。到了西晋,元康名士更是以通达相标榜,将仁义观念弃若敝屣。谢安有意识地在内在精神方面加强玄学和儒学的贯通,重视自然与名教的调和,这是对生命本真的回归和坚守,兼顾人的社会性和个体性,既在国家危难之际肩负应尽的社稷责任,又自始至终坚持追求和满足自己的精神逍遥。"与魏晋时期的其他玄学思想家相比,谢安是当时较为少见的一位在实践中较好地实现了出处、儒道、内圣与外王统一的人格理想的代表,而这种人格美实践中儒道、内圣外王的现实统一,正构成了谢安的'风流'人格的突出特点之一。"[1] 这是郭象的适性美学在谢安身上的体现。

---

[1] 高华平:《评东晋的风流宰相——谢安》,《南京理工大学学报》(社会科学版)2004年第1期。

# 第 五 章

# 适性美学与六朝文艺美学

郭象的适性理论对六朝文艺美学的影响，在程度上是深远的，在方式上是隐晦的。本章拟从三个具体问题的研究阐述适性美学对六朝文艺的深远影响：首先，适性美学是自然审美意识的觉醒的学理基础之一，郭象的物性论和玄冥论从客体与主体两方面为之开辟了道路，从而促进了中国古典山水艺术的发展；其次，由适性美学开出了中国古典诗学中的适性传统，以陶渊明为代表的古代诗人们普遍地把适性作为诗文创作的一项原则；最后，刘勰把适性美学吸纳并融汇到他的文艺思想中，在艺术创作构思、主体修养和作品风格等方面，体现出适性的美学内涵。

郭象适性美学对六朝文艺美学的影响并不是直接发生的，不是立竿见影或声发响应式的，而是经过了曲折的思想演变和实践转化的过程。在古代，思想或理论基本上不以纯粹的知识形态出现，而总是附着于实际的生活世界，因而即便是哲学化的魏晋玄学，也未能形成中国自己的纯粹思辨哲学或形而上学传统。文艺活动不是生活的例外状态或人生的超常形态，而是人生的映射，是生活世界的一部分。在哲学与艺术之间缺少直接的联系，人生化是二者发生关联的中介。这就导致了诗史传统的高度发达，而诗哲关系总是处于次要的地位。中国古典文艺学重经验而轻思辨的倾向即源于此。如本书前面的章节所揭示的，郭象的适性美学主要是针对人生问题的，是为了化解魏晋士人所面临的人生困境，并对东晋士族群体的人生态度和生活方式产生了根本的影响，成为中国古代人生境界美学的重要一环。适性自得的处世心态和生活方式开拓了中国古代士大夫阶层人生境界的新维度，他们得以从容地面对出处矛盾，能够以达观静赏的方式处理物我关系，这必然有助于产生新的文艺观念，激发一种自然主义的审美精神和文艺心理。

## 第一节 适性美学与自然审美意识

人应当如何生活，是中国古典美学的基本主题之一。对人的生活方式的探索和发现，在某种意义上，是魏晋风度的核心要义。东汉末年以来，儒家正统观念的衰微，连绵不断的政治动荡和军事混乱，以及由此引发的大规模杀戮与疾疫，使人的生命面临严重的威胁与伤害，士大夫阶层原有的价值体系逐渐崩塌。在这种情形下，来自不同政治立场、社会阶层和文化背景的人开启了对人的应有生活方式和价值观念的多元探索，这是形成魏晋时期所谓个性解放、人格独立、思想自由和艺术多元发展的内在动力。

所谓"男女有所怨恨，相从而歌，饥者歌其食，劳者歌其事"[①]，诗歌无疑是中国古人生活方式的最主要的艺术表现形式。魏晋诗歌从游仙题材、隐逸题材向山水田园题材的过渡，体现了中国中古时期生活方式的重要变化，而"自然的发现"和山水审美意识的兴起在其中起到了关键的作用。

### 一 生存困境与游仙想象

游仙诗的兴起是多种因素共同作用的结果，其中最主要的是道家思想，特别是《庄子》学的复兴和道教神仙信仰的广泛传播。《庄子》书中描绘了众多神人、真人、至人的非凡品质及高妙境界，他们是逍遥的真正主体，引起了魏晋人对神人的崇拜和向往。道教的神仙信仰和长生观念符合这个时代人们在生命忧惧中所怀有的美好期待。人自有忧生之嗟，秦皇汉武都曾招揽方士，求长生之术。到东汉末期，对生命短暂的嗟叹成为士人阶层的普遍现象，"生年不满百，常怀千岁忧"，以人生百年而

---

① （东汉）何休解诂，（唐）徐彦疏，刁小龙整理：《春秋公羊传注疏》，上海古籍出版社2014年版，第679页。

祈望千年之寿造成人的生命焦虑。为此，道教神仙信仰为他们提供了一条解脱的途径。

自三曹开始，游仙诗在整个魏晋时期成为诗歌创作的主要题材之一。诗人们在游仙诗中寄寓自己超脱现实环境的拘囿而实现逍遥自在的理想，或表达祈求永生的愿望。这是游仙诗的两大主题。然而，考索这一时期文人的游仙诗创作，我们可以发现，他们多数并未沉浸在神仙的迷梦之中无法自拔，而是时时对神仙存在的虚妄性加以质疑、拷问，理智上清醒地认识到神仙世界与现实世界不可逾越的距离。游仙想象没能从实际上为其生存困境找到出路，生命也总有终结的时候。曹操的《秋胡行》诗共分五节，第一节表达登泰华山与神人共游，经昆仑、历蓬莱，逍遥八极，并得到神药获致永生的心愿；第二节吐露了诗人在天地永恒与人生短暂的矛盾上的痛苦心理，并希望长寿的心愿；在第三节中，曹操重拾人生的自信，表达建立功业的世俗理想；第四节是对前两节的否定，"不戚年往，世忧不治，存亡有命，虑之为蚩"，即不因岁月的流逝而哀戚，而以世道的治理为职志，生死有命，以此为念不免可笑。以上四节充分表明了曹操在游仙问题上的矛盾心理，这种心理根植于现实与游仙幻想之间不可沟通的二重性。在最后一节，曹操反躬自问，"戚戚欲何念？"进而又将功业理想否定，"爱时进趣，将以惠谁？"；最终只能"欢笑意所之"，求得短暂的快乐罢了。

相比之下，曹植的游仙诗在对创作主体旨趣的表现上更具魏晋时期的普遍性。曹植是反对神仙信仰的，他曾作《辩道论》对之大加伐挞，称："夫神仙之书、道家之言……其为虚妄甚矣哉！"[①] 然而，曹植一生又创制了大量的游仙诗，表达了对逍遥高妙的神仙境界的向往。如《飞龙篇》曰：

> 晨游泰山，云雾窈窕。
> 忽逢二童，颜色鲜好。
> 乘彼白鹿，手翳芝草。

---

① 赵幼文：《曹植集校注》，中华书局2017年版，第277页。

> 我知真人，长跪问道。
> 西登玉堂，金楼复道。
> 授我仙药，神皇所造。
> 教我服食，还精补脑。
> 寿同金石，永世难老。

诗人想象自己晨游泰山时，在云雾缭绕中忽与乘白鹿、持芝草的仙人相逢，仙人青春永驻、颜色鲜好。诗人于是与之俱游问道，并得了神皇所制的永生之药，最终实现了长生理想。又《仙人篇》曰：

> 仙人揽六著，对博太山隅。
> 湘娥拊琴瑟，秦女吹笙竽。
> 玉樽盈桂酒，河伯献神鱼。
> 四海一何局，九州安所如。
> 韩终与王乔，要我于天衢。
> 万里不足步，轻举陵太虚。
> 飞腾逾景云，高风吹我躯。
> 回驾观紫薇，与帝合灵符。
> 阊阖正嵯峨，双阙万丈余。
> 玉树扶道生，白虎夹门枢。
> 驱风游四海，东过王母庐。
> 俯观五岳间，人生如寄居。
> 潜光养羽翼，进趋且徐徐。
> 不见轩辕氏，乘龙出鼎湖。
> 徘徊九天上，与尔长相须。

在这首诗中，曹植畅想了仙人的生活场景，对弈、抚琴、吹笙、饮酒、献鱼等，并刻画了与韩终、王乔同游天衢的情景。曹植在理智的认知上既否认了神仙世界的存在，那么他创作游仙诗的用意何在呢？钟来茵先生对此做了分析，他说："曹丕称帝，用严峻法律，派遣监吏，监视并控制诸侯王,甚至大开杀戒,杀掉任城王,更想杀曹植。曹植虽被太后等保了下来,但活动受限制。连喝醉酒都被人告至皇帝那里。曹丕还规定诸侯游猎不得超过三十里。生活于无形铁笼中的曹植,唯有以想象作获取自由的武器。"① 从曹植现实的生存环境追索其创作游仙诗的动机是合理的,这也是文人创作游仙诗的普遍背景。他们主要借助游仙诗来表达自由理想以及对现实的不平之情,神仙形象寄寓了他们对美好世界的憧憬。李善说:"凡游仙之篇,皆所以滓秽尘网,锱铢缨绂,餐霞倒景,饵玉玄都。"② 游仙诗产生于此岸现实世界和彼岸神仙世界的二重对立的基本格局,现实的人生是有限的、短暂的、苦恼的、压抑的、污浊的,而彼岸的世界却是无限的、永恒的、幸福的、自由的、美好的。这种截然对立、对比分明的世界结构促使人们产生遗弃此岸的现实人生而追求彼岸的理想人生的企慕心理。然而,在两种世界间缺少有效的渠道使人能够真正地由有限变为无限,由人变成仙。曹植在《赠白马王彪》中说"虚无求列仙,松子久吾欺。变故在斯须,百年谁能持",透露出他对因现实的险恶环境而想象游仙世界的虚妄本质的认识。嵇康在《养生论》中说:"夫神仙虽不目见,然记籍所载,前史所传,较而论之,其有必矣。"嵇康主观上相信神仙是存在的,但却不能验之以客观事实,只能"尽信书"。他又认为神仙"似特受异气,秉之自然,非积学所能致也",承认人与神仙之间存在必然的界限,无法逾越,故其诗曰:"愿想游其下,蹊路绝不通。"(《游仙诗》)

游仙不得的失望与烦恼更突出地体现在阮籍身上。游仙诗是阮籍力图摆脱生存困境的重要方式,在其八十二首五言《咏怀诗》中,有二十六首涉及游仙主题。对神仙境界的怀想虽带给他暂时的解脱,但他又时时因不能真正到达那种自由逍遥的境界而徒增苦恼,感叹"天阶路殊绝,云汉邈无梁"(《咏怀诗》其三十五)。如《咏怀诗》其四十一:

  天网弥四野,六翮掩不舒。

---

① 钟来茵:《中古仙道诗精华》,江苏文艺出版社1994年版,第25—26页。
② (南朝梁)萧统编,(唐)李善注:《文选》,上海古籍出版社1986年版,第1018页。

> 随波纷纶客，泛泛若浮凫。
> 生命无期度，朝夕有不虞。
> 列仙停修龄，养志在冲虚。
> 飘摇云日间，邈与世路殊。
> 荣名非己宝，声色焉足娱。
> 采药无旋返，神仙志不符。
> 逼此良可惑，令我久踌躇。

现实的恶劣环境给诗人带来了生命之忧，诗人本想通过游仙获得解脱，但却找不到有效的方式。那些入山采药、旋即升仙者没有再回来，书上有关神仙的记录得不到验证，诗人因此对神仙之事产生了疑惑，不知这是不是一种有效的解脱方式。可以说，虚无缥缈的神仙传说反而增加了阮籍烦懑的心绪，他在诗中咏叹道："可闻不可见，慷慨叹咨嗟。自伤非俦类，愁苦来相加。"（《咏怀诗》其七十八）

从对以上诸人所作游仙诗的分析中，我们可以得知，魏晋文人对神仙境界的向往和追求并未实际地解决其现实人生的悲苦与精神上的拘制，神仙的逍遥容豫不具有现实的可行性。曹植仍不得不面对曹丕的生命威胁，阮籍仍在乱世中饮酒痛哭，而嵇康终被司马氏残忍地杀害。在游仙之外，是否存在另一种方式使痛苦无奈的人生得到救赎呢？

### 二 招隐诗中的自然观念

游仙未能给魏晋士人们提供灵魂的栖息之地和安顿生命的空间。在游仙的梦想破灭之后，诗人们并没有直接发现一个能够涤荡其精神、悦神悦志的自然世界。其中还经历了一段短暂的招隐时光。到了西晋时期，招隐诗成为盛行一时的诗歌体裁，张华、张载、左思、陆机等人均有作品存世。"招隐"之名，源于相传为汉代淮南小山所作的《招隐士》，但二者的旨意却是相反的。《招隐士》是要把隐士从山林旷野中召唤出来，诗人因此把隐士所居处的自然环境描述为艰深险阻、虎兕横行、森然可怖的样子，说"虎豹斗兮熊罴咆，禽兽骇兮亡其曹"，进而点明了"王孙兮归来，山中兮不可以久留"的创作主旨。在这里，栖隐山林并不是一种理想的生活方式，受到了诗人的否定。而在晋代的招隐诗中，自然环境已经变得美好宜居，成为士人们避世远居的理想场所。如左思《招隐诗》曰：

> 杖策招隐士，荒途横古今。
> 岩穴无结构，丘中有鸣琴。
> 白云停阴冈，丹葩曜阳林。
> 石泉漱琼瑶，纤鳞或浮沉。
> 非必丝与竹，山水有清音。
> 何事待啸歌，灌木自悲吟。
> 秋菊兼糇粮，幽兰间重襟。
> 踌躇足力烦，聊欲投吾簪。

很明显，这首诗表达的是归隐之意，通过鸣琴、白云、丹葩、石泉、琼瑶、纤鳞、山水清音、秋菊、幽兰等美的意象描绘了一幅宁静自然、悠然自得的宜人画面，并在这种景象中寄寓了诗人厌倦官场、追求隐逸，向往山泉林翳间的自然生活的思想主旨，"这显示了'招隐'已开始向'寻隐'的方向转变"①。

西晋的招隐诗描绘了一个可亲可居的自然世界，如陆机诗云"芳兰振蕙叶，玉泉涌微澜"（《艺文类聚》卷 36）、"山溜何泠泠，飞泉漱鸣玉"（《文选》卷 22），王康琚诗云"华条当圜室，翠叶代绮窗"（同上）等。然而，无论是左思还是陆机，都没有真正地从西晋政局中脱身，实现这样的隐遁山林的人生理想。王康琚甚至作了《反招隐诗》，说"凝霜凋朱颜，寒泉伤玉趾"（同上），直陈自然环境的险恶，否定山林生活的宜居性质。这样的自然世界作为一种理想化的生活空间，与其说是诗人们自觉自愿的选择，毋宁说是他们在仕途遭遇挫折时的自我宽慰。张华在其《招隐诗》中吐露了当时人渴望栖隐山林的原因："栖迟四野外，陆

---

① ［日］小尾郊一：《中国文学中所表现的自然与自然观——以魏晋南北朝文学为中心》，邵毅平译，上海古籍出版社 2014 年版，第 64—65 页。

沉背当时。循名奄不著，藏器待无期。"(《艺文类聚》卷36）他们出于对现实政治的失望或对自身生命不谐的恐惧而希冀投身山林、藏器埋名，而不是真的怀有对山水自然景观的审美态度。陆机说："富贵苟难图，税驾从所欲。"(《文选》卷22）他对隐遁生活的憧憬乃是因为富贵生活难以企及，不得不退而求其次，在诗歌中表达高隐的志趣。相比之下，当时更为流行的乃是精神性的隐遁，是王戎、王衍、庾敳等人身居庙堂而虚浮无为的处世态度。这在闾丘冲的《招隐诗》里也有类似的表达："大道旷且夷，蹊路安足寻？经世有险易，隐显自存心。嗟哉岩岫士，归来从所钦。"(《艺文类聚》卷36）在他看来，居庙堂之高是远比处江湖之远更加值得选择的生活方式。因此，葛晓音教授说："西晋陆机、左思、张载的《招隐诗》虽然借用了老庄'逍遥''至乐'的说法，但大体上还是依据不得富贵便卷怀独善，以及蔑弃浇伪世俗、追求风俗淳朴的儒家观念。"①

尽管魏晋名士频频表达自己栖隐山林的志趣，并在游仙诗和招隐诗中描绘了自然景观的美好宜居的一面，但总的来看，自觉的自然审美意识尚未进入他们的思想观念。嵇康提倡"越名教而任自然"，追求自然的生活方式，在他的《兄秀才公穆入军赠诗十九首》中，他自剖心迹，表达了自己选择自然山林作为栖身之地和逍遥空间的愿望。他在诗中描绘了令人向往的生活状态，如：

  鸳鸯于飞，肃肃其羽。
  朝游高原，夕宿兰渚。
  邕邕和鸣，顾眄俦侣。
  俛仰慷慨，优游容与。

  携我好仇，载我轻车。
  南凌长阜，北厉清渠。
  仰落惊鸿，俯引渊鱼。

---

① 葛晓音：《山水·审美·理趣》，香港：三联书店有限公司2017年版，第8页。

盘于游畋，其乐只且。

息徒兰圃，秣马华山。
流磻平皋，垂纶长川。
目送归鸿，手挥五弦。
俯仰自得，游心太玄。

尽管嵇康使用了丰富的自然意象，创造了人与自然相融洽的审美意境，使人能够想象并对这种游弋自然时的逍遥自足心生向往，但是，诗中缺乏真实细腻的景物描写。与谢灵运的"寓目辄书"式的写景诗相比，嵇康诗歌中的自然景观仍有很强的观念化的特征。从"朝游高原"与"夕宿兰渚"、"南凌长阜"与"北厉清渠"、"仰落惊鸿"与"俯引渊鱼"、"息徒兰圃"与"秣马华山"、"流磻平皋"与"垂纶长川"等句可以看出，诗人频繁变换的时间、空间、视角、行为，是以一种想象的方式铺叙理想中的生活世界，对于自然之美尚未予以足够的关注，作品并不注重细腻地体物，诚如小尾郊一所说，在嵇康的诗歌中，"游览山水的自然描写却尚未完全出现，也就是说，涉及山水美的作品尚未能看到"[1]。相较于曹植和嵇康等人，郭璞的游仙诗中模山范水的成分明显地增加了，如其"翡翠戏兰苕，容色更相鲜。绿萝结高林，蒙笼盖一山"[2]（《游仙诗十九首》其三），"琼林笼藻映，碧树疏英翘。丹泉溧朱沫，黑水鼓玄涛"（《游仙诗十九首》其十）等句用鲜明的色彩、灵动的光影立体地描绘了自然之美。但是，"在郭璞的作品中，这些艳丽的诗句仍然只是意图烘托逍遥游仙之乐而已，其目的并非在于歌咏大自然本身，或登山临水之乐的，所以他所描写的山水自然，看似在人世间，实则仍然意味着仙界"[3]。郭璞游仙诗中的细腻体物的特征体现了审美观念的新变，已蕴含了一种自然审美意识的萌芽。而当士人们在山水世界里得到了心灵的慰

---

[1] ［日］小尾郊一：《中国文学中所表现的自然与自然观——以魏晋南北朝文学为中心》，邵毅平译，上海古籍出版社2014年版，第59页。
[2] 逯钦立辑：《先秦汉魏晋南北朝诗》，中华书局1983年版，第865页。
[3] 林文月：《山水与古典》，生活·读书·新知三联书店2013年版，第9页。

藉和审美的愉悦，不再企盼到虚无缥缈的神仙世界里寻求精神的解脱时，游仙诗就逐渐退出了诗歌的舞台，让位于正在从玄言诗的母胎中孕诞的山水田园诗。

### 三　从玄言诗向山水诗的过渡

到了东晋，玄言诗兴起，诗人们大多从仰观俯察中获得理趣的满足，把自然景物当成了悟解玄理的凭资，将造化之功与玄学思想相互印证，从中获得思想境界的启迪和提升。在玄言诗中，自然之美已经得到了充分的关注，东晋的山水审美意识在士人们的山水游赏中得到了充分的体现，为即将到来的山水诗和田园诗做好了准备。

宗白华先生说："晋人向外发现了自然，向内发现了自己的深情。"[①] 关于后一点，前文已经做了介绍，在此专就晋人对自然的发现加以分析。首先，我们需要指出的是，宗先生所说的"晋人"应当理解为"东晋人"。从《世说新语》等文献的记载来看，对自然山水的独立审美还没有普遍地进入西晋士人的文化心理，[②] 文献所记晋人对自然风物的审美体验多为东晋之事，如：

> 简文入华林园，顾谓左右曰："会心处不必在远，翳然林水，便

---

① 宗白华：《美学散步》，上海人民出版社1981年版，第215页。
② 《世说新语》中没有西晋士人乐游山水的记载，《晋书》中的相关记载也为数不多，可以征引的有：羊祜本传称"祜乐山水，每风景，必造岘山，置酒言咏，终日不倦"；阮籍本传说他"登临山水，经日忘归"；《隐逸传》说郭文"少爱山水，尚嘉遁。年十三，每游山林，弥旬往反"。细察之，他们之所以爱好山水，未必是出于审美旨趣，而是有其他方面的原因。羊祜曾在岘山感叹道："自有宇宙，便有此山。由来贤达胜士，登此远望，如我与卿久矣！皆湮灭无闻，使人悲伤。"羊祜为人刚正忠贞，疾恶邪佞，却遭到王衍与王戎的非毁，以致出现"二王当国，羊公无德"的说法。由此看来，羊祜乐游岘山，大抵旨在借此追念先贤，抒发生命易朽与功名湮没的悲慨。阮籍的"登临山水"，据小尾郊一的解释，乃是因为喜欢道家思想，将山水作为超脱尘俗的途径，"并不是因为爱山水之美而进入山水"。郭文的情况与之类似。他曾在吴兴余杭大辟山中"倚木于树，苫覆其上而居焉"，旨在避世隐遁。王导曾邀请他到自家的西园居住，引得朝士前来瞻观。通过他与文峤等人的问答可见，郭文奉行庄子"畸于人而侔于天"的自然观念，把山林生活看作是符合天理的。在他们那里，自然山水尚未作为一种自觉的审美对象呈现出来。

自有濠、濮间想也，觉鸟兽禽鱼自来亲人。"①（《世说新语·言语》）

　　王司州至吴兴印渚中看，叹曰："非唯使人情开涤，亦觉日月清朗。"（《世说新语·言语》）

　　郭景纯诗云："林无静树，川无停流。"阮孚云："泓峥萧瑟，实不可言。每读此文，辄觉神超形越。"（《世说新语·文学》）

　　涉湘千里，林阜相属。清川穷澄映之流，涯涘无纤埃之秽。修途逾迈，未见其极。穷日所经，莫非奇趣。（桓玄《南游衡山诗序》）

　　性好山水，乃求为鄞令，转在吴宁。居职不留心碎务，纵意游肆，名山胜川，靡不穷究。（《晋书》卷56《孙统传》）

　　作为一种自觉的审美意识，审美主体必然是直接从自然界的山水花鸟、草木虫鱼的生命物态中体验到审美愉悦，而不是由于其他的原因去关注自然。审美主体将自己的精神倾注在自然之中，感物兴情，在主体与客体之间形成直接的审美关系，用审美的态度和眼光体察自然，把自然当作独立自足的审美对象，在自然风物的品察中获得审美愉悦感和超越感。这种自觉的自然审美意识是经过郭象玄学洗礼的东晋士族文化性格的产物，与《诗经》中作为比兴的自然、儒家文化中的比德的自然或道家的观念化的自然，以及作为富贵生活点缀的工具化的自然均存在本质的差异。

　　两晋诗歌中的自然作为审美对象的差异性可以从金谷之会和兰亭雅集的对比分析中得以阐明。石崇《金谷诗序》曰：

---

① 傅刚教授认为，这段话清楚地表明了山水的发现与玄学之间的关系，宣布了东晋名士的玄理体认将从书斋、讲堂投向大自然，从蓬勃茂盛、充满生命力的自然山水中间，去体悟深刻精奥的玄理。参见傅刚《魏晋南北朝诗歌史论》，商务印书馆2017年版，第251页。

有别庐在河南县界金谷涧中，去城十里，或高或下，有清泉茂林，众果、竹、柏、药草之属。金田十顷，羊二百口，鸡猪鹅鸭之类，莫不毕备。又有水碓、鱼池、土窟，其为娱目欢心之物备矣。时征西大将军祭酒王诩当还长安，余与众贤共送往涧中，昼夜游宴，屡迁其坐，或登高临下，或列坐水滨。时琴、瑟、笙、筑，合载车中，道路并作；及住，令与鼓吹递奏。遂各赋诗，以叙中怀，或不能者，罚酒三斗。①

石崇的金谷涧别业有山水之胜，元康诸名士昼夜游宴其中，然而，使他们从中获得满足和快乐的，一是丰富而奢靡的饮食，也就是鸡猪鹅鸭之类，二是琴、瑟、笙、筑之类的管弦乐器。清泉茂林等山水形胜只不过是这一次游宴活动的陪衬，并非他们的审美欣赏的对象。这与兰亭雅集的情形大不相同。王羲之《兰亭集序》曰："此地有崇山峻岭，茂林修竹，又有清流激湍，映带左右，引以为流觞曲水，列坐其次。虽无丝竹管弦之盛，一觞一咏，亦足以畅叙幽情。是日也，天朗气清，惠风和畅，仰观宇宙之大，俯察品类之盛，所以游目骋怀，足以极视听之娱，信可乐也。"② 与前者相比，东晋士人对山水的审美显现了独立和纯粹的价值，王羲之等人真正地沉浸于山水的欣赏并从中获得审美的愉悦。而对于西晋士人而言，山水审美还没有成为他们内心不可或缺的精神需要，而只是他们生活的一种点缀而已。潘岳《金谷集作诗》曰：

王生和鼎实，石子镇海沂。
亲友各言迈，中心怅有违。
何以叙离思，携手游郊畿。
朝发晋京阳，夕次金谷湄。
回溪萦曲阻，峻阪路威夷。

---

① （清）严可均辑：《全上古三代秦汉三国六朝文》，中华书局1958年版，第1651页。
② 《晋书》卷80《王羲之传》。

> 绿池泛淡淡，青柳何依依。
> 滥泉龙鳞澜，激波连珠挥。
> 前庭树沙棠，后园植乌椑。
> 灵囿繁石榴，茂林列芳梨。
> 饮至临华沼，迁坐登隆坻。
> 玄醴染朱颜，但愬杯行迟。
> 扬桴抚灵鼓，萧管清且悲。
> 春荣谁不慕，岁寒良独希。
> 投分寄石友，白首同所归。

对景物的描绘占了整首诗近一半的篇幅，诗人详细地记录了金谷园中所见的各类景致，然而，这些工丽的景物描写，就诗人创作的主观倾向来看，并非作为独立的审美对象而存在，而是诗人"叙离思"的一种方式，是游宴活动的必要陈设，这些丰富的山水意象最终被诗人的抒情主题所冲淡。余开亮教授将这类自然描写称为"情感化山水观"，他说："在强烈情感的灌注下，山水形态的呈现最终还是服从于情感抒发的需要而成为一种情感的替代物"。① 诗人主动地寻求自然物作为抒情的凭借，这是自《诗经》和楚辞以来就有的文学传统，不过经过玄学的洗礼，魏晋人更加珍视情感的自然真挚的特征，因而逐渐从比兴与比德的自然观中脱离出来。他们仍然重视自然物态对情感的激发和寄托功能，但情感的内容和性质发生了变化。就情感与景物的关系来看，二者尚未妥帖紧密地融合在一起，诗歌中的景物描写与情感抒发还常常发生隔阂。这种把"主观情绪的表达紧紧连接着对现实自然的客观描写"② 的做法，在汉赋中已是比较常见的。在潘岳的这首诗中，中间部分的景物描写与前后部分的抒情并不是一气灌注的，换句话说，诗人观看和书写自然的时候，还是一种客观的眼光，没有把自己

---

① 余开亮：《郭象哲学与魏晋山水审美经验的嬗变——兼及晋宋之际的"诗运转关"说》，《中国人民大学学报》2018 年第 5 期。

② ［德］顾彬：《中国文人的自然观》，马树德译，上海人民出版社 1990 年版，第 60 页。

的"离思"和对生命的悲慨融进去,犹有一种把自然工具化的倾向。到了东晋时期,诗人的主观情思和客观的自然景物在主次先后关系上发生了至关重要的变化。王羲之《答许询诗》说得明白:"静照在忘求。"支遁《咏怀诗》(其一)曰:"廖亮心神莹,含虚映自然。"东晋末年佚名《庐山诸道人游石门诗序》曰:"夫崖谷之间,会物无主,应不以情而开兴。"在这里,对自然景物的鉴赏和抒写并不是在诗人主观情思的宰制下进行的,而是在面对自然山水时,以静观的审美态度使心灵与自然达到冥合的状态,让山水景物的本来面目完整地呈现出来。

金谷之会与邺下文人集团的宴游活动具有一致性,他们的诗文创作在对待自然的问题上也具有相似的特征。如曹丕的《芙蓉池作》曰:

> 乘辇夜行游,逍遥步西园。
> 双渠相溉灌,嘉木绕通川。
> 卑枝拂羽盖,修条摩苍天。
> 惊风拂轮毂,飞鸟翔我前。
> 丹霞夹明月,华星出云间。
> 上天垂光彩,五色一何鲜。
> 寿命非松乔,谁能得神仙。
> 遨游快心意,保己终百年。

以三曹为首的邺下集团的游宴活动带有及时行乐的心理,他们时常发出人生无常、生命短促的悲叹,通过饮酒与行游来抒发内心的忧愁,如"别易会难,各尽杯觞"(曹植《当来日大难》)、"投觞罢欢坐,逍遥步长林"(陈琳《游览诗》)。正像曹丕歌咏的芙蓉池,林园中的自然景观为他们提供了忘忧行乐的空间环境。这是一种主动地从日常生活经验中脱离出来的特定场景,是暂时的游戏。这也是一种营造出来的自然,"双渠相溉灌,嘉木绕通川"等,都是人为的设计,符合他们显贵的身份和已有的视觉审美结构,并非真正的自然山水。这是汉代皇家园林建筑以及汉赋中的自然描写的余响。清代王士禛说:"诗三百五篇,于兴观群怨之旨，下逮鸟兽草木之名，无弗备矣，独无刻画山水者；间亦有之，亦不过数篇，篇不过数语，如'汉之广矣''终南何有'之类而止。汉魏间诗人之作，亦与山水了不相及。迨元嘉间，谢康乐出，始创为刻画山水之词，务穷幽极渺，抉山谷水泉之情状，昔人所云'庄老告退，而山水方滋'者也。宋齐以下，率以康乐为宗。至唐王摩诘、孟浩然、杜子美、韩退之、皮日休、陆龟蒙之流，正变互出，而山水之奇怪灵閟，刻露殆尽；若其滥觞于康乐，则一而已矣。"① 谢灵运开拓了中国古代山水诗的传统，但他依然是魏晋玄学传统的继承者，他延续了东晋士族游赏山水的生活方式，"他的山水诗也沿袭了东晋玄言诗的哲学观念和审美意识"②。

在山水诗方面，刘勰称"庄老告退，而山水方滋"，然而在玄言诗人的作品中已蕴育出山水诗的萌芽。这是十分自然的。东晋玄言诗人多是寓居在会稽这片明山秀水中的世家大族。一方面，谈玄说理是他们文化活动的主流，带有身份认同的意味；另一方面，在闲居生活中登游览胜也是必不可少的消遣，如王徽之《兰亭诗》曰："散怀山水，萧然忘羁。秀薄粲颖，疏松笼崖。游羽扇霄，麟跃清池。归目寄欢，心冥二奇。"而且，经过玄学的逐步发展，自然观念早已深入人心，从对自然景物的体验中悟察玄理成为常态，玄言诗的基本写作模式是"写景—体玄"，如王羲之所言，"仰视碧天际，俯瞰渌水滨。寥阒无涯观，寓目理自陈"。以一种新鲜而自由的心灵去体悟大千世界，从中领略宇宙造化的生机与生命气息。"这是一种新体会，在对大自然愉悦、平静的体悟中，汉魏以来人与自然冲突的忧惧已消释净尽。这样的体会是在此之前绝不会产生的，它是人类思想发展到一个崭新阶段的产物。"③ 谢万可以作为其中优秀的代表，其《兰亭诗》曰：

肆眺崇阿，寓目高林。

---

① （清）王士禛：《带经堂诗话》，人民文学出版社1963年版，第115页。
② 葛晓音：《山水有清音——古代山水田园诗鉴要》，北京大学出版社2018年版，第46页。
③ 傅刚：《魏晋南北朝诗歌史论》，商务印书馆2017年版，第148页。

> 青萝翳岫，修竹冠岑。
> 谷流清响，条鼓鸣音。
> 玄崿吐润，霏雾成阴。①

葛晓音教授说："汉魏以来，中国古诗中景物描写虽日甚一日，但一直处在从属于抒情言志的地位，客观景物本身并非诗人主要的审美对象。在玄言诗中，山水描写同样是玄理的依附。直到谢灵运山水诗出现，客观景物才变成本身就具有艺术价值的欣赏对象。"② 诚然，山水诗把客观景物作为具有艺术价值的欣赏对象，不再将之作为抒情的工具或玄理的依附，在山水诗中，自然景物本身变得情致化了，从比兴寓托转向了感物兴情。自然景观从"玄理的依附"到"具有艺术价值的欣赏对象"的转换过程在谢氏家族的文学书写中有清晰的线索。试看谢安《与王胡之诗》（其六）：

> 朝乐朗日，啸歌丘林。
> 夕玩望舒，入室鸣琴。
> 五弦清激，南风披襟。
> 醇醪淬虑，微言洗心。
> 幽畅者谁，在我赏音。

谢安虽然在诗中运用了大量的自然意象，但这些意象本身并非诗人注意的中心，而是借此表达他对玄理的颖悟以及自己超脱世务、宅心玄远的境界。谢灵运留下了许多山水诗佳作，成为中古时期备受推崇的山水诗人。如其《石壁精舍还湖中作》：

> 昏旦变气候，山水含清晖。
> 清晖能娱人，游子憺忘归。

---

① 逯钦立辑：《先秦汉魏晋南北朝诗》，中华书局1983年版，第906页。
② 葛晓音：《八代诗史》（修订本），中华书局2012年版，第181页。

> 出谷日尚早，入舟阳已微。
> 林壑敛暝色，云霞收夕霏。
> 芰荷迭映蔚，蒲稗相因依。
> 披拂趋南径，愉悦偃东扉。
> 虑澹物自轻，意惬理无违。
> 寄言摄生客，试用此道推。

这首诗描绘了作者从石壁精舍去往湖中的路途所见所感，"林壑敛暝色，云霞收夕霏。芰荷迭映蔚，蒲稗相因依"四句对傍晚时分的湖边美景做出了细致刻画。谢灵运在诗中坦言"清晖能娱人，游子憺忘归"，即他沉浸在自然风景的欣赏之中，获得了美的享受。更为重要的是诗的最后四句，谢灵运表示在此观赏过程中，他变得思虑淡泊，外物的搅扰也就此消散了，因而能够心意惬适，与理无违。而且，他还劝诫那些"摄生客"，即注重养生延寿的人尝试这种办法，即从自然审美中获取生之愉悦，减少人生痛苦。

谢灵运作为谢氏家族在晋宋之际的代表人物经历了政治上的多重风波。出身北府军的刘裕代晋自立后，因惧怕昔日恩主谢氏家族的势力，屡次借机对之打压，不仅谢混因谋逆之嫌而被杀害，谢灵运也从康乐公降为县侯，官职被一贬再贬。此外，刘宋政权多任用庶族寒门子弟，而弃置昔日的士族豪门，这一现实使得谢灵运高傲的文化心理饱受挫折，其人生苦闷需要适当的排解渠道。不同于昔日士人企图通过游仙的方式解除烦恼，谢灵运主要是从自然山水的审美体验中摆脱现实的愤懑与无奈。再举其《从斤竹涧越岭溪行》为例：

> 猿鸣诚知曙，谷幽光未显。
> 岩下云方合，花上露犹泫。
> 逶迤傍隈隩，迢递陟陉岘。
> 过涧既厉急，登栈亦陵缅。
> 川渚屡径复，乘流玩回转。
> 苹萍泛沉深，菰蒲冒清浅。

企石挹飞泉，攀林摘叶卷。
想见山阿人，薜萝若在眼。
握兰勤徒结，折麻心莫展。
情用赏为美，事昧竟谁辨。
观此遗物虑，一悟得所遣。

顾绍柏先生接受元代刘履的看法，认为诗中"山阿人"所指当为宋武帝刘裕次子庐陵王刘义真，"事昧"即为刘义真被杀之事。据《宋书》卷61《庐陵孝献王义真传》记载，刘义真爱好文学，与谢灵运、颜延之等人交好，曾许二人以宰相之位，因此遭到了辅政大臣徐羡之、傅亮等人的嫌忌。后者利用刘义真与其兄少帝刘义符关系不和的机会，上表请求废义真为庶人，并于景平二年（公元424年）将其杀害。谢灵运对事情的真相不了解，故言"事昧竟难辨"。在此诗中，谢灵运因游赏而怀人，因而心情踌躇郁结。值得注意的是该诗的最后两句，"观此遗物虑"是谢灵运化解忧愁的办法，即从自然山水的观览中遗落世事烦恼。刘节先生与顾绍柏先生注解"一悟得所遣"一句均征引了郭象在《齐物论》中的一句注文："将大不类，莫若无心，既遣是非，又遣其遣。遣之又遣以至于无遣，然后无遣无不遣而是非自去矣。"① 根据我们第二章第三节的分析，郭象"双遣法"的最终结果就是"冥"的境界。由此可以看出，作为陈郡谢氏家族的一员，谢灵运在对待人生的方法上，也曾受到了郭象《庄子注》的启发，甚至直接继承了郭象的适性思想。其《游名山志序》曰："夫衣食，生之所资；山水，性之所适。今滞所资之累，拥其所适之性耳。"将游赏山水作为适性之途，这是山水诗人谢灵运与东晋士族文化精神的血脉关联。

## 四 自然审美意识的觉醒

如前一章所述，东晋人的生活方式发生了很大的变化，他们打破了

---

① （南朝宋）谢灵运撰，顾绍柏校注：《谢灵运集校注》，中州古籍出版社1987年版，第123页。刘节：《谢康乐诗注》，人民文学出版社1958年版，第78页。

自然与名教之间的对立，因此无论仕隐，他们大多走进自然，去欣赏真山水，如王献之"从山阴道上行"，王胡之"至吴兴印渚中看"，桓玄南游衡山与孙统穷究名山胜川，都是如此。兰亭雅集同样跳出了人造的景观，去到了自然的世界之中。那么，东晋人的自然审美意识有什么新的内涵呢？

一是自然的本体化，自然成为体悟玄理、思考存在问题的重要契机。老子的《道德经》中就有以水喻道的做法，这是把自然作为存在的象征，是更古老的取象观念的延续。《周易·系辞下》曰："古者包牺氏之王天下也，仰则观象于天，俯则观法于地，观鸟兽之文与地之宜，近取诸身，远取诸物，于是始作八卦，以通神明之德，以类万物之情。""观物取象"是中华文明远祖认识世界的基本手段，这是一种经验主义的做法，通过积累和总结生活经验，归纳出一套宇宙秩序法则，即所谓"道"。老子的"上善若水"观念就是从经验中归纳出来的，"水"成为"道"之"象"。老子提出"道法自然"，似乎早已把自然本体化了。但此处两个"自然"的内涵是不同的。在老子那里，"自然"是指事物的本然状态，尚不具有实体性的外延，与山川草木之类无涉。而我们所说的本体化的"自然"是后一种意思，是实在的自然万物。在东晋南朝的士大夫眼中，自然，或称山水，不再只是在象征的意义上属于道的外现，无须选择某一类事物作为"道"的隐喻，而是整全地具体地直接地敞开了"道"，这在王羲之的"寓目理自陈"诗句中有了直接的证明。

究其根底，这种观念与郭象的玄学思想存在渊源关系。与老子、庄子、王弼等人以"道"或"无"作为宇宙之本源或存在之根据的观念不同，郭象用独化论消解了"道"或"无"的实体内涵。在庄子眼中"有情有信""自本自根""生天生地"的"道"，到了郭象那里，变成为一个虚指概念。《知北游注》曰："谁得先物者乎哉？吾以阴阳为先物，而阴阳者即所谓物耳。谁又先阴阳者乎？吾以自然为先之，而自然即物之自尔耳。吾以至道为先之矣，而至道者乃至无也。既以无矣，又奚为先？然则先物者谁乎哉？而犹有物，无已，明物之自然，非有使然也。"（《知北游注》，159）"道"即"无"，而"无则无矣，则不能生有",郭象因此得出了"物物者无物,而物自物耳"的结论。这就彻底地打破了道家自古以来以形而上的"道"或"无"为最高范畴的迷思,还原了"物"的本然性和本体性。余开亮教授说:"郭象对形而上的实体性之道的解构,截断了道生物的本末体用关系,使得道物关系转化为了一种本末一体、即体即用之关联。郭象把普遍性的道具体落实到万物的'自生独化'上,这种抽象性的道向具体物性、物理、物形的转换无疑似一次'哥白尼式的革命',把物的价值、现象的价值带到了人的面前。"[1] 这就为自然审美意识的生成奠定了学理基础,为"寓目辄书""感物而动"的文艺创作理念打开了局面。

晋宋以后的文人艺术家面对活泼灵动的山水景观,能够从物之形态、色泽、声响、气味、触感等直观层面体悟到审美意蕴和生命价值,而无须借由"取象""比兴"的抽象思维,物的具体性就是道的直观呈现,正如孙绰《游天台山赋》所说:"山水即天理。"宗炳《画山水序》说:"山水以形媚道。"这是与"观物取象"存在本质差异的观念。"取象"意味着对事物本质特征的提取,其结果是"八卦"这类极其抽象的图示。而"以形媚道"重在对山水之本然状态的观照,"媚"包含了具体而生动的意蕴。陶渊明《饮酒》(其五)诗曰:"山气日夕佳,飞鸟相与还。此中有真意,欲辨已忘言。"诗人从夕阳中的山色与飞鸟的即目景观中体悟到某种"真意",这种即目即心、即物即真的审美意趣得益于郭象的物之独化自生的玄学理论。

二是自然的客观化。自然审美意识以及以此为前提的山水诗的一个基本特征是"模山范水"。叶维廉说:"我们称某一首诗为山水诗,是因为山水解脱其衬托的次要的作用而成为诗中美学的主位对象,本样自存。是因为我们接受其作为物象之自然已然及自身具足。"[2] 晋宋诗歌对形似的追求是在自然的客观化观念下形成的一种普遍而典型的创作观念。在绘画中,对自然事物的形象摹写成为创作的基本法则。宗炳提出了"身所盘桓,目所绸缪,以形写形,以色貌色"的观点。谢赫的绘画六法中,

---

[1] 余开亮:《郭象玄学与中国山水审美的独立》,《中州学刊》2017年第9期。
[2] 叶维廉:《中国诗学》(增订版),人民文学出版社2006年版,第82页。

"应物象形"和"随类赋彩"都直接论及形象摹写问题。注重形似的艺术特征在诗歌中也有充分的体现。刘勰评价晋宋山水诗曰:"俪采百字之偶,争价一句之奇,情必极貌以写物,辞必穷力而追新,此近世之所竞也。"(《文心雕龙·明诗》)又说:"自近代以来,文贵形似,窥情风景之上,钻貌草木之中。吟咏所发,志惟深远,体物为妙,功在密附。故巧言切状,如印之印泥,不加雕削,而曲写毫芥。故能瞻言而见貌,即字而知时也。"(《文心雕龙·物色》)在钟嵘的五言诗评论中,"形似"是山水诗人的重要标识,如称谢灵运与颜延之"尚巧似",鲍照"善制形状写物之词"等。

晋宋绘画与诗歌何以追求"模山范水"的形似效果?有何根据?我们认为,经过郭象玄学洗礼的本体化的自然观是晋宋诗歌追求形似效果的深层原因。正是因为肯定了物之自生、自尔,消解了自然万物背后的"物物者",物成为了自本自根的存在,巧言切状的景物描写才获得了它的学理基础。但是,这不是最直接和充分的原因。自然审美意识的生成还需要在审美主体和审美客体两方面发生质的变化,审美主体需要具备一种新的观照自然的思维方式,而审美客体即"物"则要摆脱其在宇宙秩序中的附属性地位,改变先前的道、天、地、人、物的差序格局,以其本然状态平等地呈现出来。① 这两点均与郭象玄学存在紧密的关联。洪之渊教授准确地概括了这种关联,他说:"郭象的理论,一方面强调着物之殊性、殊相,以及物物之相因、映发的关系;同时又强调着人对物的无怀之心,及藉由对事物外形的独特性和差异性全方位的观照而入于玄冥之境。东晋赏物模式的诸种要点,均可于郭象玄学理论中找到它们的理据所在。郭象玄学,为中国文化传统中新型的物我关系模式的自觉和确立,以及此后山水诗的发

---

① 郭象不仅消解了"道"或"无"的先在性和本体性,也抽空了"天"的概念的实际内涵。他说:"故天者,万物之总名也,莫适为天,谁主役物乎?故物各自生而无所出焉,此天道也。""天地者,万物之总名也。天地以万物为体,而万物必以自然为正。"因此,庄子所谓的"乘天地之正",在他看来就意味着"顺万物之性"。郭象实际上持有一种物第一性或先在性的哲学思想。

生，提供了理据上的重要支撑。"①

郭象的独化自生说肯定了自然物的存在论价值，赋予其个体自足性和殊相齐一性。与庄子从"道"的立场以极端相对主义的态度看待万物，因而消极地否定物之存在价值的看法不同，郭象从独化自生的角度出发，积极肯定物性的自足与自得。《齐物论》曰："天下莫大于秋豪之末而大山为小"，郭象注曰："夫以形相对，则大山大于秋豪也。若各据其性分，物冥其极，则形大未为有余，形小不为不足。〔苟各足〕于其性，则秋豪不独小其小而大山不独大其大矣。"（《齐物论注》，87）这种物性自足的观念为东晋士人品察自然风物之美提供了必要的认知条件。孙绰《三月三日兰亭诗序》曰："席芳草，镜清流，览卉木，观鱼鸟，具物同荣，资生咸畅。"正是这种玄学思想在审美活动中的具体应用。从比较的眼光看，万物之间必然存在差异，这是物之"殊相"，但从物自身看，万物皆禀之自然，是均等的。郭象说："夫萧管参差，宫商异律，故有短长高下万殊之声。声虽万殊，而所禀之度一也，然则优劣无所错其间矣。况之风物，异音同是，而咸自取焉，则天地之籁见矣。"（《齐物论注》，50）"夫声之宫商虽千变万化，唱和大小，莫不称其所受而各当其分。"（《齐物论注》，54）上引王羲之《兰亭诗》中"大矣造化功，万殊莫不均"

---

① 洪之渊：《郭象玄学与东晋赏物模式的确立——兼及山水诗发生之理据问题》，《文学评论》2014年第5期。近年来，郭象的物性观念与自然审美意识之间的关系问题得到了学界的广泛关注，学者们普遍认同郭象的独化自生理论和性分说对东晋自然审美意识的启发作用。如李希提出，郭象的万物"自生"说和"性分"说，直接消解了"道"的抽象和本体之"无"，干脆消解宇宙发生问题，直接将生命落实于万物，将本体之"有"亦即"道""至理"直接赋予万物自身，这就把本体转到具体现象；万物不以对方的存在为条件，摆脱了各种束缚，是个体平等的具体实在。参见李希《郭象玄学与山水自然的关系——"老庄告退，山水方滋"的原由新解》，《华夏文化论坛》第4辑，吉林大学出版社2006年版。李昌舒则在郭象与庄子思想的比较中提出，美的形成不仅要有"灵魂"，还要有"肉身"，而作为"肉身"的感性世界主要是从郭象哲学中导出，或者说，郭象哲学发现了感性之"物"。郭象玄学使山水自然摆脱了各种束缚，以其自身的本然状态，不牵涉概念世界，不牵涉道德比附，直接地呈现给我们。就玄学而言，直接开出山水自然的应该是郭象哲学。参见李昌舒《郭象哲学与山水自然的发现》，《复旦学报》（社会科学版）2006年第2期。余开亮说："郭象的自生独化论才真正从哲学自然观理据上使得中国文化中包括山水在内的个性之'物'获得了其自身'本样自存'的独立价值。这种'物'之独立价值的获得，使得山水本身能够成为一种'有生命力'的主位存在。"参见余开亮《郭象哲学与魏晋山水审美经验的嬗变——兼及晋宋之际的"诗运转关"说》，《中国人民大学学报》2018年第5期。

正是发挥了这样的玄理。

郭象甚至把人与万物都放在了均等的位置上，认为："人形乃是万化之一遇耳，未足独喜也。无极之中，所遇者皆若人耳，岂特人形可喜而余物无乐耶？"（《大宗师注》，250）这种彻底的物性论思想促使人在面对自然山水时保持一种物我平等、纯粹静观的审美态度。我们从支遁放鹤的故事中便能够体会到这种物我关系所蕴含的审美精神。王国璎先生说，在山水诗中，"不论水光或山色，必定都是未曾经过诗人知性介入或情绪干扰的山水，也就是山水必须保持其本来面目"①。诚然，对山水景观的摹写不受审美主体的知性介入或情绪干扰，这是自然审美意识迥别于先秦汉魏诗歌中的自然观的突出特点。但这种审美观照方式从何而来？有的学者把庄子的"心斋""坐忘"作为自然审美意识出现的心理条件。如徐复观先生说："心斋、坐忘，正是美的观照得以成立的精神主体，也是艺术得以成立的最后根据。"②叶维廉先生说："中国的山水诗人要以自然自身构作的方式构作自然，以自然自身呈现的方式呈现自然，首先，必须剔除他可以经营用心思索的自我——即道家所谓'心斋''坐忘'和'丧我'——来对物象作凝神的注视，不是从诗人的观点看，而是'以物观物'，不渗与知性的侵扰。"③但正如本书第二章第四节所说，庄子的"心斋""坐忘"作为神人、至人、真人的修行方法，目的是回到"道未始有封"的绝对混沌状态，从根本上是背离人性的，也是排斥具体物象的，无法直接落实为一种审美观照的认知方法。相比之下，郭象的玄冥论因主张认知主体以非对象化的方式观照物之自然，而使物态得到本然的呈现，更加贴合自然审美过程中的思维活动。萧驰教授认识到了"冥"之于山水审美的作用，他说："'冥'是无心和浑化无知，是'未尝有对于天下'和'玄合于视听之表'，是自我和对象分际的消失，是二者的相互缘构和相互构成。"④郭象的玄冥论是如何具体地影响了晋宋时期的观物方式并促成自然审美意识的生成的？这个问题尚待进一步阐发。

---

① 王国璎：《中国山水诗研究》，中华书局2007年版，第1页。
② 徐复观：《中国艺术精神》，广西师范大学出版社2007年版，第54页。
③ 叶维廉：《中国诗学》（增订版），人民文学出版社2006年版，第93页。
④ 萧驰：《郭象玄学与山水诗之发生》，《汉学研究》2009年第27卷第3期。

人以何种眼光和态度对待自然景物是审美能否实现的更为关键的因素。人的认知方式在其中扮演着十分重要的角色。"冥"与自然审美存在必然联系。第一,"冥"的非对象化特征瓦解了主客二元式思维以主体意向介入对象所造成的主观化倾向,避免了认知主体对认知对象的范畴化、系统化、抽象化的改造,有效地消除了先前的道德化、符号化的认知模式,能够使认知对象保持其本来面目,即所谓"不自是而委万物,故物形各自彰著"(《天下注》,1088)。郭象把这种观物时的基本态度称为"无心""寄""因""顺"等,主张"无心于物,故不夺物宜"(《大宗师注》,236),"寄当于万物,则无事而自成"(《应帝王注》,297),"唯所遇而因之"(《外物注》,930),"无己,故顺物,顺物而至矣"(《逍遥游注》,25),反对"不虚心以应物,而役思以犯难"(《人间世注》,140),"有其己而临物"(《人间世注》,190—191),"引物使从己"(《德充符注》,199),认为"以己制物,则物失其真"(《应帝王注》,297)。

第二,"与物冥"的思维方法不涉及人与对象之间的实际利害关系,不带有功利目的。在面对自然景物时,"与物冥"表现为纯粹的观赏、静观,全然地接受景物的自然运动变化,随物宛转,郭象把由此而产生的审美体验概括为"应"或"感"。他提出了"无心玄应,唯感之从"(《逍遥游注》,28)的观物法则。根据胡经之先生和李健教授的研究,应感属于文学艺术创作中的感应现象,它源于上古时期的巫术活动中对"天""神"等神秘力量的直觉感应,具有神秘性,难以人为地驾驭。[①]陆机在《文赋》中对创作中的"应感"现象做过详细的描述,虽承认它对文艺创作的成败具有重要作用,却坦言"应感之会,通塞之纪,来不可遏,去不可止"[②]。而在郭象这里,应感现象褪去了神秘的色彩,变成了玄冥观物的一个必然过程。首先是"无心",郭象说:"有心而往,无往而可;无心而应,其应自来,则无往而不可也。"(《人间世注》,143)这意味着对主体知性的完全消解,"若有纤芥之虑,岂得寂然不动,应感

---

① 参见胡经之、李健《中国古典文艺学》,光明日报出版社2006年版,第227—232页。
② 张少康:《文赋集释》,人民文学出版社2002年版,第241页。

无穷，以辅万物之自然也"（《则阳注》，880）。其次是对观照对象的完全接受，就像一面镜子一样，任由物态的自然呈现，"物来则应，应而不藏"（《天下注》，1088）。最后是应物生感，审美主体的美感体验受到了自然景观的激发而形成。郭象说："人生而静，天之性也；感物而动，性之欲也。物之感人无穷，人之逐欲无节，则天理灭矣。"（《大宗师注》，235）因此，他对"感"的类型进行了区分，肯定了以"无心玄应"为前提的"感物而动"，否定了以知用为基础的"知而后感"，将之视为逐欲的表现，违背了自然原则，"感物太深，不止于当，遁天者也"（《养生主注》，134）。这种区分类似于康德对"快感"和"审美愉悦"的辨析，后者是由静观中所得的，属于无目的的合目的性，而前者乃是有目的的，为了满足基于理知的欲望需要。郭象的应感说是感物美学在魏晋南北朝时期走向成熟的重要环节，在一定程度上为刘勰的物色论奠定了理论基础。

第三，郭象的玄冥说在观物方式上强调审美主体的"与物无际"，消解了物我之间的边际界限，使得人与自然浑融一体，体现了一种和谐的宇宙观。这是自然审美意识背后委运任化的生命意识和民胞物与的人文精神。郭象对《知北游》之"物物者与物无际，而物有际者，所谓物际者也；不际之际，际之不际者也"作注说："明物物者，无物而物自耳。物自物耳，故冥也。物有际，故每相与不能冥然，真所谓际者也。不际者，虽有物物之名，直明物之自物耳。物物者，竟无物也，际其安在乎？"（《知北游注》，749）这段话与王国维对"无我之境"的界说十分契合。《人间词话》曰："无我之境，以物观物，故不知何者为我，何者为物"，并以陶渊明诗"采菊东篱下，悠然见南山"为"无我之境"的例证。[①]"无我之境"实则是观物者以"冥"的认知方法与物达到无际状态的结果。他所说的"以物观物"就是不带个人主观预设或知性前提的静观，使物我浑融，处于同构状态而消解主客差异，也就是"冥"。王国维在《人间词话》的手稿中将"有我之境"和"无我之境"区分为主观诗与客观诗，却在发表时把这句话删去了。彭玉平教授说，王国维这

---

① 王国维：《人间词话》，人民文学出版社1960年版，第191页。

样做，大概是"深感西方话语与中国语境之间存在着一定的矛盾"。① 此话诚然。"无我之境"与西方所谓的"客观诗"并不能画等号。二者在主客关系上是两种截然不同的处理方式。"客观诗"是二元对立的，主客之间界限分明，创作者用一种冷静的分析的态度观察并描述对象的特征，是需要理性介入的。而"无我之境"运用"冥"的思维方式，强调无对于物或"玄应"，主客之间的界限被打破了。郭象说："大人不明我以耀彼而任彼之自明……故能弥贯万物而玄同彼我，泯然与天下为一而内外同福也。"(《人间世注》，191)这里的"我"，意味着主体性，或者是人类中心主义。郭象主张"弥贯万物而玄同彼我"，含有一种强烈的物我冥一的审美精神。如前所述，郭象把人视为万物之一，与万物均等，超越了人类中心主义的主客二元模式。张世英先生说："人固然可以把天地万物单纯地当作供人使用、任人宰制的对象，但从深层来看，人与天地万物不是对立的，而是一气相通、融为一体的，人与万物应有同类感，应当以仁民爱物（'民胞物与'）的态度相待。"② 这段话用来概括郭象的思想是合适的，也可以说，郭象在张载之前就已具备了这种万物一体的哲学思想。这种哲学思想虽然在士族社会内部得到了一定范围的应用，出现了以适性为原则的人际关系和生活方式，但更主要的是在审美和艺术领域得到了实践的契机，在物我关系层面受到了东晋士大夫们的青睐，并衍生出一种特色鲜明、影响深远的自然审美意识。这种自然审美意识以物性论和玄冥论为思想基础，克服了主客关系模式中人对物的知识性、功利性态度，而以审美直观的方式重塑了人与自然山水的关联，使得山水成为古代中国士大夫普遍追求的适性方法和生活方式。东晋名士戴逵《闲游赞》曰："山林之客，非徒逃人患，避争斗，谅所以翼顺资和，涤除机心，容养淳淑，而自适者尔。况物莫不以适为得，以足为至，彼闲游者，奚往而不适，奚待而不足？故荫映岩流之际，偃息琴书之侧，寄心松竹，取乐鱼鸟，则淡泊之愿，于是毕矣。"③ 从避世归隐到适性自得，

---

① 彭玉平：《人间词话疏证》，中华书局2011年版，第190页。
② 张世英：《哲学导论》（修订版），北京大学出版社2008年版，第248页。
③ （清）严可均辑：《全上古三代秦汉三国六朝文》，中华书局1958年版，第2250页。

自然山林在士人生活中的角色转换，清晰地表明了郭象玄学的现实意义和美学价值。晋宋之际的宗炳酷爱山水，游历名山大川，"西涉荆、巫，南登衡岳"，晚年因疾返乡，感叹道"老疾俱至，名山恐难遍睹，唯当澄怀观道，卧以游之"，于是将早年游履所见，皆图于室，以为"卧游"。① 东晋新兴的自然审美意识为士人们提供了新的生活方式，② 并由此创造了新的艺术形式，如山水游记、山水诗、山水画等，开拓了中国古典文艺的新进境。

三是自然的情致化。山水游赏之所以成为东晋士族群体的一种生活方式，有其缘由或动力。这动力主要包括两个方面：一是借山水来体悟玄理，二是通过品察自然风物达到抒情散怀的效果。而且，随着时间的推移，山水游赏的目的越来越向后者迁移。"借山水以化其郁结"（孙绰《三月三日兰亭诗序》），逐渐成为主流的倾向。这一点在东晋永和九年（公元353年）的兰亭雅集所创作的玄言诗中有突出的体现，参加此次集会的名士们大多把畅神娱情作为目标。如王羲之诗云"乃携齐契，散怀一丘"，王玄之诗云"消散肆情志，酣畅豁滞忧"，王徽之诗云"散怀山水，萧然忘羁"，王蕴之诗云"散豁情志畅，尘缨忽已捐"，王肃之诗云"今我斯游，神怡心静""嘉会欣时游，豁尔畅心神"，桓伟诗云"今我欣斯游，愠情亦暂畅"，等等。这种在山水审美中荡涤情志的诗性体验在晋宋以后的山水诗中得以强化。山水诗人并不止于用精巧的文字勾画物态之美，更在赏景的同时寄寓了自己内心真挚的情志。王夫之《古诗评选》评谢灵运诗说："情不虚情，情皆可景；景非滞景，景总含情。神理

---

① 《宋书》卷93《宗炳传》。
② 自然审美意识与士人生活方式之间的关系是双向的，一方面是自然审美意识的觉醒促使了士人走向了自然世界，另一方面，士人居处环境的变化也是自然审美意识得以生成的重要因素。学界普遍肯定晋室南迁后，江南地区的山明水秀的自然环境对山水诗兴起的积极作用。地理环境的变换固然是必不可少的因素，但更为重要的是东晋士人已经在自然山林之中展开了大规模的环境改造活动，他们营造园林馆舍、土墅别业，使得原本荒芜可怖的环境变得宜居宜游。《水经注》曰："浙江又东与兰溪合，湖南有天柱山，湖口有亭，号曰兰亭。亦曰兰上里。太守王羲之、谢安兄弟数往造焉……太守王廙之，移亭在水中，司空何无忌之临郡也，起亭于山椒。极高尽眺矣，亭宇虽坏，基陛尚存。"《晋书·王羲之传》曰："会稽有佳山水，名士多居之，谢安未仕时亦居焉。孙绰、李允、许询、支遁等皆以文义冠世，并筑室东土，与羲之同好。"这是东晋山水审美意识萌芽的重要条件，不容忽视。

流乎两间,天地供其一目,大无外而细无垠。落笔之先,匠意之始,有不可知者存焉。"① 尽管早期的山水诗尚未达到情景交融的程度,但谢灵运和鲍照等人的确做到了"景非滞景,景总含情",他们的作品大体形成了"写景—抒情"的结构模式。如谢灵运《于南山往北山经湖中瞻眺》:

朝旦发阳崖,景落憩阴峰。
舍舟眺回渚,停策倚茂松。
侧径既窈窕,环洲亦玲珑。
俯视乔木杪,仰聆大壑灇。
石横水分流,林密蹊绝踪。
解作竟何感,升长皆丰容。
初篁苞绿箨,新蒲含紫茸。
海鸥戏春岸,天鸡弄和风。
抚化心无厌,览物眷弥重。
不惜去人远,但恨莫与同。
孤游非情叹,赏废理谁通。

此诗前十六句中除了"解作"二句外详细地记述了诗人游历的过程,细腻地描绘了途中目见耳闻的山水景观及动植物态,基本上是以一种"寓目辄书"的方式客观化地呈现了自然风物的本来面目,诗人并非把这些景物作为映射自己主观情志的手段,像杜甫那样以移情心理写下"感时花溅泪,恨别鸟惊心"。但这并不是说谢灵运的创作是一种"实录",像照相机一样如其所是地复制景物。一方面,诗人感物生情,在写景之后,因景及情,表达了自己超然尘外、寄情山水、与万物同化的情怀。另一方面,诗中的写景部分实际上也蕴含了诗人的匠心巧思,变得情致化了。在诗人"舍舟""停策""俯视""仰聆"的动作中,在"窈窕""玲珑"等双声叠韵词的运用中,在"初篁""新蒲""春岸""和风"等景物的选择中,在"绿箨""紫茸"的色彩对比中,以及在"回渚"

---

① (清)王夫之评选,张国星点校:《古诗评选》,河北大学出版社2008年版,第244页。

与"茂松"、"侧径"与"环洲"、"乔木"与"大壑"等的山水转换中，都体现出了诗人面对自然的欣豫之情。倘若缺少了诗人对自然景观的情致化，就难以想象山水诗中各种切状绘色形声的细腻写实以及诗人对作品语言和形式结构的精心组织。钟嵘《诗品》评谢灵运曰："内无乏思，外无遗物。"这两者并不仅是并列关系，还存在一层因果关系。沈约在《宋书·谢灵运传论》中称赞谢灵运"兴会标举"，李善注《文选》释"兴会"为"情兴所会也"。[①] 这表明，山水诗的产生，一方面以自然景观的客观化呈现为最大特色，另一方面这种追求形似效果的景物描写背后起主导作用的是山水诗人的"情兴"，换句话说，山水诗中的自然是情志化了的。

综上所述，魏晋南北朝时期的诗歌体裁经历了从游仙诗、招隐诗、玄言诗到山水诗的演变，其背后是士族群体对不同生活方式的探索和选择。在这些诗歌体裁中，山水景观都在其中扮演了重要的角色，但性质有所不同，大体趋向于从工具化、观念化的自然蜕变为本体化、客观化、情志化的自然。后者意味着自然审美意识的觉醒。郭象玄学在自然审美意识的觉醒过程中起到了十分重要的作用。他的独化论、物性论、玄冥论为自然美的发现奠定了学理基础。

## 第二节 陶渊明及其适性诗学思想

陶渊明是中国文学史上最重要的诗人之一。他归隐田园，在耦耕垄亩的乡野生活中恬然自乐，创造了审美化了的艺术人生。从士族人物到南山野老，从青年时的仗剑行游到中年以后的安贫乐道，他的思想经历了巨大的转变，他的诗歌恬淡素朴、自然清真，体现出了一种迥异于时代特征的适性精神。

### 一 陶渊明的思想倾向

关于陶渊明的思想倾向，学界的基本共识是某一思想主导下的多元

---

[①] （南朝梁）萧统编，（唐）李善注：《文选》，上海古籍出版社2019年版，第2264页。

共存，但对于这个主导思想，历来众说纷纭，莫衷一是。有的人主张陶渊明的思想以儒家为主，如陆九渊称陶渊明"有志于吾道"①，真德秀认为渊明之学"正自经术中来"②，今人景蜀慧教授认为儒家的理想主义是"陶渊明赖以安身立命的主要精神支柱"③，等等。有的人认为陶渊明的思想以道家为本，如朱熹说："陶渊明亦只是老、庄。"④ 朱自清先生说："陶诗里主要思想实在还是道家。"⑤ 也有人强调陶渊明与宗教之间的思想关联，如葛立方依据《自祭文》《挽歌诗》等作品，称陶渊明为"第一达磨"⑥，陈寅恪先生在《陶渊明之思想与清谈之关系》中说："渊明之思想为承袭魏晋清谈演变之结果及依据其家世信仰道教之自然说而创改之新自然说。"⑦ 在笔者看来，这些说法都有一定的合理性，但也都在一定程度上忽略了东晋时期各种思想流派相互汇通的时代思潮。

在玄学后期，特别是经过了郭象以内圣外王为基本宗旨的理论建构，儒、道两家趋于和解，这为东晋人普遍的玄礼双修奠定了思想基础，而彼时的佛学也大多通过嫁接玄学的方式得到了传播和发展的机会。而那些与玄学思潮相龃龉的佛学理论，如慧远的神不灭论，则遭到了包括陶渊明在内的士族群体的否定。这种思想汇通的结果是一种新的综合性的思想呼之欲出，并深刻地影响了陶渊明的思想倾向、人生态度和艺术心灵。诚然，如果进行一次化学检验，陶渊明的思想中既有儒家的成分，也有道家的成分和佛学的成分，但这些成分经过了化合反应，已经成了一种新的东西，就像氧原子和氢原子化合成了水，我们不能说水是氧气或氢气，同样地，我们也不应把陶渊明的思想径直等同于儒家、道家或佛家的并列相加。那是一种新的思想形态，陈寅恪先生把它概括为"新自然观"，是恰当的。这种"新自然观"是从各家学说中蜕变出来的，吸

---

① （宋）陆九渊：《象山全集》卷34，中华书局1980年版，第410页。
② 王大鹏等编选：《中国历代诗话选》第2册，岳麓书社1985年版，第915页。
③ 景蜀慧：《魏晋士人与政治》，文津出版社1991年版，第184页。
④ （南宋）朱熹撰，（南宋）黎靖德编：《朱子语类》，中华书局2020年版，第3646页。
⑤ 朱自清：《陶诗的深度》，《朱自清全集》第3卷，江苏教育出版社1996年版，第212页。
⑥ （清）何文焕辑：《历代诗话》，中华书局1981年版，第575页。
⑦ 陈寅恪：《金明馆丛稿初编》，生活·读书·新知三联书店2015年版，第228页。

收了各家中的营养而独具自己的面目。他说:"惟其为主自然说者,故非名教说,并以自然与名教不相同。但其非名教之意仅限于不与当时政治势力合作,而不似阮籍、刘伶辈之佯狂任诞。盖主新自然说者不须如主旧自然说者之积极抵触名教也。又新自然说不似旧自然说之养此有形之生命,或别学神仙,惟求融合精神于运化之中,即与大自然为一体。因其如此,既无旧自然说形骸物质之滞累,自不致与周孔入世之名教说有所触碍。故渊明之为人实外儒而内道,舍释迦而宗天师者也。"① 这段话从魏晋玄学中自然观念的演变剖析陶渊明思想的性质,称其"外儒而内道",是很到位的。然而,陈寅恪先生认为陶渊明受其家世信仰的影响而"宗天师",似乎有所偏失。

在被视为其精神自传的《形影神》组诗中,陶渊明清楚地表达了自己思想演进的过程。诗曰:

> 贵贱贤愚,莫不营营以惜生,斯甚惑焉。故极陈形影之苦,言神辨自然以释之。好事君子,共取其心焉。

### 形赠影

> 天地长不没,山川无改时。草木得常理,霜露荣悴之。谓人最灵智,独复不如兹!适见在世中,奄去靡归期。奚觉无一人,亲识岂相思?但余平生物,举目情凄洏。我无腾化术,必尔不复疑。愿君取吾言,得酒莫苟辞。

### 影答形

> 存生不可言,卫生每苦拙。诚愿游昆华,邈然兹道绝。与子相遇来,未尝异悲悦。憩荫若暂乖,止日终不别。此同既难常,黯尔俱时灭。身没名亦尽,念之五情热。立善有遗爱,胡可不自竭。酒云能消忧,方此讵不劣!

---

① 陈寅恪:《金明馆丛稿初编》,生活·读书·新知三联书店2015年版,第228—229页。

神　释

　　大钧无私力，万物自森著。人为三才中，岂不以我故。与君虽异物，生而相依附。结托善恶同，安得不相语！三皇大圣人，今复在何处？彭祖爱永年，欲留不得住。老少同一死，贤愚无复数。日醉或能忘，将非促龄具？立善常所欣，谁当为汝誉？甚念伤吾生，正宜委运去。纵浪大化中，不喜亦不惧。应尽便须尽，无复独多虑。

开篇序言中就对"贵贱贤愚，莫不营营以惜生"的人生态度下了定论——"甚惑"。天地不没，山川无改，而人独独不能如此，这是魏晋人普遍具有的存在性的困惑，更是道教力图战胜和超越的问题。天师道教的家世信仰迫使陶渊明思考生命短暂与时间永恒之间的矛盾。《形影神》组诗正是陶渊明对该问题思考的结果，他以象征的方式假借形、影、神三者的对话揭示了当时三种基本的生活方式，一是通过道教信仰修炼腾化之术，祈求长生；二是及时行乐，追求现世的物质欲望的满足；三是通过儒家式的立善以求精神永生。毫无疑问，道教的服食养生之术是他所批评的"营营以惜生"的诸种形态中的一种，是陶渊明首先否定的。在诗中也遭到了形、影和神三者的共同反对，"我无腾化术，必尔不复疑""诚愿游昆华，邈然兹道绝""彭祖爱永年，欲留不得住"。"富贵非吾愿，帝乡不可期"（《归去来兮辞序》），对于神仙家言，无论是长生之术，还是列仙之乐，陶渊明并不把它作为自己的人生追求。但是，受到家世信仰和社会环境的影响，陶渊明在一定程度上濡染了道教思想。例如，《桃花源记》中武陵人误入桃花源的路径——"山有小口，仿佛若有光，便舍船从口入。初极狭，才通人，复行数十步，豁然开朗"，"具有洞天仙境的特质"[①]。然而，正像下文将阐明的，陶渊明借道教"洞天"观念所表达的却是现世的理想。

道教的服食求仙之外，魏晋时期的士族群体"营营以惜生"的另一种典型表现是西晋元康名士们的及时行乐，他们沉浸在声色犬马的物质

---

[①] 詹石窗、程敏华：《陶渊明道教信仰及其相关诗文思想内涵考论》，《湖北大学学报》（哲学社会科学版）2017年第1期。

欲望之中难以自拔,"使我有身后名,不如即时一杯酒"①,张翰的话勾勒了士人们"得酒莫苟辞"的追求当下感官满足的心理图谱。这种消极的人生态度和放纵的生活方式也遭到了影和神的批评。影站在儒家积极进取的人生观上认为相比于立善,纵酒过于拙劣——"酒云能消忧,方此讵不劣"。神则是站在养生的立场上看到了纵酒对生命的残害——"日醉或能忘,将非促龄具"。在饮酒的问题上,陶渊明似乎一直面临着理智与欲望的冲突。他在《五柳先生传》中坦言自己"性嗜酒",而且常常以酒入诗,以致萧统称其诗作"篇篇有酒"(《陶渊明集序》)。有人为之开脱,认为"对现实的不满和迫害的逃避"是其嗜酒的"最重要的理由"②。实际上,如果把这三首诗分别看作陶渊明的本我、自我和超我的三重人格的各自独白,就能更准确地发现陶渊明的思想世界。③ 按照弗洛伊德的理论,本我属于本能的欲望,遵循快乐原则,不受理性和道德的约束;自我代表理性,遵循现实原则,调节道德与本能的关系;超我则代表道德,压抑本能冲动,遵循至善原则。那么,"嗜酒"作为陶渊明的本能冲动,受到了其自我的理性压抑和超我的道德约束,这是人性的自然表现。然而,理性的自我和道德的超我均不能扼杀作为本能欲望的本我,正如陶渊明在诗歌中时常表露的饮酒的快乐。

对于影提出的立善主张,神同样持以鄙薄反对的态度——"三皇大圣人,今复在何处?""立善常所欣,谁当为汝誉?"这两句反问立足玄学语境,从价值存在的角度立论,揭示儒家"三不朽"原则的虚妄性,立善所追求的身后名声及后世价值认同未必能实现,正如周、孔在魏晋名士那里遭到了鄙弃那样。如何理解《神释》篇对"立善"的否定?自幼"游好在六经"(《饮酒》其十六)的陶渊明果真把儒家学说弃若敝屣了

---

① 《晋书》卷92《张翰传》。
② 王瑶:《中古文学史论》,北京大学出版社1986年版,第164—165页。
③ 学界大多将《形影神》组诗看作是不同思想形态之间的矛盾,因而把《神释》篇作为陶渊明的思想自白,而把《形赠影》和《影答形》当成是陶渊明批评的对象。如袁行霈教授说:"形,代表道教的思想;影,代表儒家的思想;而陶渊明则高高地站在自己的理解上对道教、儒家两方面都加以劝导。"(参见袁行霈《陶渊明研究》,北京大学出版社2009年版,第7页。)这种看法似乎将陶渊明的思想简单化了,他固然追求委运任化的人生境界,但实际上在诗歌中常常表达忧生之嗟和济世情怀,这两种思想倾向则是与《形赠影》和《影答形》的内容桴鼓相应的。

吗？当然不是。陶渊明在诗中所否定的"立善"是一种目的论的道德人格建构，"立善"旨在"有遗爱"或"为汝誉"，即追求死后的不朽声名。在陶渊明看来，这并不是真正的"善"或"至善"。这似乎是受到了魏晋玄学尤其是郭象的影响。郭象说："德之所以流荡者，矜名故也；知之所以横出者，争善故也。虽复桀跖，其所矜惜，无非名善也。"（《人间世注》，141）对因名而"立善"的思想做出了明确的批评。前文已述，郭象运用"迹"与"所以迹"这对论辩范畴在人性论中区分了"至仁"和"世之所谓仁"，前者出于人的本性，后者属于"仁义之迹"，是表象，而非本质，是受社会习俗或文化教条影响而产生的尚名意识。在陶渊明的思想中，"真"和"善"是互为前提的。"立善"的前提是"任真"，而"任真"的基础是"至善"。

陶渊明在《神释》中表达了他委运任化的新自然观，超越了以往的旧自然观和传统名教观。景蜀慧教授认为，对传统的儒道之说及自然名教思想来说，这种自然观不是简单的否定而是哲学上的扬弃，其中"既有儒家的发奋有为，亦含老庄的全生保真，无意于物质生命修短存亡之计较，着眼于个体的精神与形体俱融汇于天地自然之中。物我相亲，天人为一，在宇宙的浩瀚无垠中体认生命的最高价值"①。李文初先生从陶渊明的个人思想品格修养层面来阐述这一关系。他说："在个人思想品格的修养上，他既奉行老庄的自然观，强调一个'真'字，又不忘儒家遗训，坚持一个'善'字。因为，'真'本身也有美丑善恶之别，如元康以来贵游子弟的穷奢极欲，不可谓不是'真'，然而却是赤裸裸的作恶露丑行径。作为思想品格修养的原则，光讲'真'是不够的，还必须用'善'去限制'真'。真善合一，才是他所理想的精神境界。"② 实际上，无论是"任真"还是"立善"，陶渊明都将"适性"作为基本的人生法则，"真"和"善"都是从本性中来的。这种致思路径显然带有郭象玄学影响的痕迹。《饮酒》其二十曰："羲农去我久，举世少复真。汲汲鲁中叟，弥缝使其淳。"朱自清先生说："'真'和'淳'都是道家的观念，而渊

---

① 景蜀慧：《魏晋诗人与政治》，文津出版社1991年版，第212页。
② 李文初：《陶渊明论略》，广东人民出版社1986年版，第60页。

明却将'复真''还淳'的使命加在孔子身上,此所谓孔子学说的道家化,正是当时的趋势。"① 这个趋势始于王弼援道释儒的"接引法",并在郭象用自然统合名教的阐释中得到了发展。

《神释》是作为超我的陶渊明对人应该如何生活的自白。"甚念伤吾生,正宜委运去。纵浪大化中,不喜亦不惧",这种超越了生死穷达的达观顺化的自然主义人生观,是陶渊明"辨自然"的核心内容。不难看出这种观念与道家思想的关联,《庄子》中已包含了"与时俱化"的观念,在此之后,郭象《庄子注》提出了"独化论",把"任化"作为其玄学思想的一个核心理论,给出了"与化为体"(《庄子序》)、"体化合变"(《逍遥游注》,36)、"变化日新,与时俱往"(《齐物论注》,60)、"和之以自然之分,任其无极之化"(《齐物论注》,115)、"冥然与造化为一"(《养生主注》,135)、"乘变任化"(《德充符注》,197)、"死生宛转,与化为一"(《大宗师注》,281)等命题。对于陶渊明的委运任化的新自然观与郭象"独化论"之间的关系,学界论之已详,兹不赘述。② 本书所要补充的有两点。

其一,已有学者指出了陶渊明用形、影、神的对话形式乃是受到了《庄子·齐物论》中的罔两与景对话一节的启发。③ 袁行霈先生认为,罔两与景的问答形式或许对陶渊明有所启发,但"《庄子》中的'景'并不具有陶渊明所谓'影'的象征性,因而不能说它们是一回事"④。陶渊明对形、影、神的象征用法固然与《庄子》中的寓言在立意方面有所不同,但明显与郭象注中借"罔两"与"形""景"的关系而阐述的独化哲学存在直接关联。郭象打破了世俗所谓"罔两待景,景待形,形待造

---

① 朱自清:《陶诗的深度》,《朱自清全集》第 3 卷,江苏教育出版社 1996 年版,第 212 页。
② 参见陈中伟《陶渊明与郭象的玄学思想》,《淮阴师专学报》1992 年第 3 期;李昌舒《自然与自由——论陶渊明"自然说"与郭象哲学的关系》,《江淮论坛》2005 年第 1 期;李希、廖宏昌《陶渊明诗学与郭象哲学之关系考》,《求索》2010 年第 11 期;邓福舜《陶渊明思想接受途径考论》,《古籍整理研究学刊》2010 年第 4 期。
③ 胡小石先生手批《靖节先生集》称"《形影神》三诗似从《齐物论》罔两问影一节化出",参见龚斌《陶渊明集校笺》,上海古籍出版社 2019 年版,第 76 页。
④ 袁行霈:《陶渊明研究》,北京大学出版社 2009 年版,第 5 页。

物者"的因果关系论,而树立"俱生而非待"的独化相因说。他说:"今罔两之因景,犹云俱生而非待也,则万物虽聚而共成乎天,而皆历然莫不独见矣。故罔两非景之所制,而景非形之所使,形非无之所化也,则化与不化,然与不然,从人之与由己,莫不自尔。"(《齐物论注》,118)诗中"神"之所谓"与君虽异物,生而相依附"正表明了形、影、神三者之间是"俱生而非所待"的共生相因关系。由此也可看出陶渊明"委运任化"的人生观与郭象思想在文献学上的渊源。

其二,陶渊明委运任化的人生态度和"纵浪大化"的超凡境界除了以郭象的"独化论"为学理根据外,还接受了郭象的"玄冥论"。他以"冥"的方法看待自身和世界,从而放下了自我主体性的生之焦虑,追求现量的当下全在的生命体验,"且极今朝乐,明日非所求",而遗落对死亡的恐惧,"应尽便须尽,无复独多虑"。"达死生之变"是郭象注庄的主题之一,在如何对待生死的问题上,郭象是主张"冥死生"的:

> 齐死生者,无死无生者也;苟有乎死生,则虽大椿之与蟪蛄,彭祖之与朝菌,均于短折耳。故……冥乎不死不生者,无极者也。(《逍遥游注》,13)

> 夫系生故有死,恶死故有生。是以无系无恶,然后能无死无生。(《大宗师注》,259)

世间万物有生有死,这是无以改变的客观自然规律。然而,人对待生死问题的认知方法和态度却有不同,并导向不同的生命历程。郭象所谓的"无死无生",并非否定客观的自然规律,而是从认识论上建立超越的生死观,采用"冥"的认知方式将生死问题置之度外,由此化解因忧生惧死而来的恐慌。生死相对,惜生与恶死亦相对,只有做到"无系无恶"的"冥",才能"无死无生"。以"冥"的方式对待生死问题是独化论的应用,生死转换包含在独化过程中,是"外不资于道,内不由乎己"的,对死生的或喜或惧都无从改变独化的进程,徒增烦恼而已。陶渊明在死生问题上的通脱态度正是接受郭象"冥死生"思想影响的结果。"疮寐自若，不以死生累心"（《大宗师注》，269）可以作为陶渊明《神释》诗意的概括。

综上所述，陶渊明委运任化的人生观与郭象的独化论哲学存在极大的渊源关系，后者对陶渊明的艺术化审美化的人生态度和人生实践具有指导性的意义。

## 二　陶渊明的自得之场

陶渊明向往适意的人生，奉行"宁固穷以济意，不委曲而累己"（《感士不遇赋》）的信念。受到儒家思想的沾溉，他早年也曾有"猛志逸四海，骞翮思远翥"（《杂诗》其五）的豪情壮志，和"时来苟冥会，宛辔憩通衢"（《始作镇军参军经曲阿》）的自我期许。在壮年以后，陶渊明数度出仕，一方面是为了解决家庭生计问题，另一方面未尝不是想要实现自己的济世理想。然而，实践出真知，陶渊明深切地体会到封建官僚体制中的"真风告逝，大伪斯兴"（《感士不遇赋》），一次次地萌生退意，在担任桓玄僚佐时，他在形役途中感叹"静念园林好，人间良可辞"（《庚子岁五月中从都还阻风于规林二首》其二），在刘裕幕府做镇军参军时，他自我反思道："望云惭高鸟，临水愧游鱼。真想初在襟，谁谓形迹拘？"（《始作镇军参军经曲阿》）在出任刘敬宣建威参军时，他再次坚定了自己与仕宦生涯的格格不入，高唱："一形似有制，素襟不可易。园田日梦想，安得久离析？"（《乙巳岁三月为建威参军使都经钱溪》）最后，他因"耕植不足以自给"而为"公田之利"出仕彭泽令，八十余天后，就决然离职，原因是"质性自然，非矫厉所得。饥冻虽切，违己交病"（《归去来兮辞序》）。《庄子·天下》篇在评述墨家时称其"以绳墨自矫而备世之急"，郭象注曰："矫，厉也。"（《天下注》，1067）而且，在《庄子注》中，郭象基于适性立场反对"矫性"，是一个基本观念，如"自失其性而矫以从物，受役多矣"（《大宗师注》，238），"见夫可贵而矫以尚之，则自多于本用而困其自然之性"（《骈拇注》，320），"世以任自然而不加巧者为不善于治也，揉曲为直，厉驽习骥，能为规矩以矫拂其性，使死而后已，乃谓之善治也，不亦过乎"（《马蹄注》，342），"将使物不止于本性之分，而矫跂自多以附之"（《天地注》，436），"情不矫，故常逸"（《山木注》，684），等等。陶渊明的"矫厉"一词，当从此出。可见，陶渊明不加矫饰、顺适本性的人生哲学得到了郭象玄学思想的支撑。

陶渊明在不惑之年离开仕途，栖居田园，因此自古以来被视为隐士。萧统把他当作"浔阳三隐"之一，钟嵘称之为"古今隐逸诗人之宗"。但是，与东晋的那些豪门大族名士的高隐肥遁迥异，陶渊明没有隐居山林，而是退居田园。这不仅是在居处环境和生活条件方面有所差异，更是在中国古代的士文化中具有开创意义的行为。

陶渊明的士族身份虽不胜王、谢等豪族显贵，但作为陶侃之后，在当时，他也并非籍籍无名之辈，甚至在士林中颇有声望，不仅受到当权的桓玄、刘裕、檀道济等人的器重和厚爱，还在归田之后被征辟为著作佐郎，以及在刘宋政权建立后被征召为著作郎，同时，他还与颜延之、慧远等名士名僧相交往。在社会阶层等级分明的士族社会，陶渊明却主动自觉地放弃自己的"士"的身份，在家乡浔阳退守田园，甘愿做个农民。在他之前，隐居躬耕虽然是古代高士的典型形象，但在现实中，并不多见。他是当时为数不多的亲自从事农业生产的读书人。这不仅在魏晋南北朝时期十分罕见，甚至在整个中国古代士文化传统中都显得非常特殊。那么是什么因素导致陶渊明"自甘贫贱"地亲事稼穑呢？原因有很多，但为其提供思想支撑的，并非儒家，而是道家。一般来说，中国传统的儒家文化对农业生产劳动多是持鄙薄态度的。最典型的莫过于孔子，《论语·子路》篇记载：

> 樊迟请学稼。子曰："吾不如老农。"请学为圃。曰："吾不如老圃。"樊迟出。子曰："小人哉！樊须也。上好礼，则民莫敢不敬；上好义，则民莫敢不服；上好信，则民莫敢不用情。夫如是，则四方之民襁负其子而至矣，焉用稼？"

士人修习儒者之业以求在社会制度和道德伦理等较高层次上实现修齐治平的理想，作为社会物质基础的农业生产不在他们涉足的范围之内。"劳心者治人，劳力者治于人"，对他们来说，从事生产劳动是自甘人下的行为，与儒家奉行的人生信条是相违背的，因此才有"孔耽道德，樊须是鄙。董乐琴书，田园不履"（《劝农》）的现象。对此，陶渊明并不赞同。对于"忧道不忧贫"的先师遗训，他表示"瞻望邈难逮"，于是"转欲志长勤"（《癸卯岁始春怀古田舍二首》其二），希望通过自己勤劳的双手，维持生计。他对自己的"逃禄而归耕"，非但不以为非，还"欣然而归止"（《感士不遇赋》）。在《庄子》中，躬耕并不被看作一件可耻的事，甚至把"与麋鹿共处，耕而食，织而衣，无有相害之心"的神农之世誉为"至德之隆"。《马蹄》篇曰："民有常性，织而衣，耕而食，是谓同德。"郭象注曰："性之不可去者，衣食也；事之不可废者，耕织也；此天下之所同而为本者也。守斯道者，无为之至也。"（《马蹄注》，343）郭象肯定衣食是人的本性需要，把耕织等生产劳动看作无为观念的表现，为陶渊明的生产实践提供了思想根据。其《庚戌岁九月中于西田获早稻》曰："人生归有道，衣食固其端。孰是都不营，而以求自安。"葛晓音教授认为，诗中的"都不营"既包括孔儒的不亲耕稼，也包括了老庄的无所作为，"这种主张力耕的自然有为论，便是陶渊明在长期的生产劳动实践中摸索出来的人生真谛"。① 这首诗虽是陶渊明的夫子自道，却与郭象的上述思想近乎合辙。

陶渊明的"隐"，并非退出社会生活，遁迹山林，而是退出官场的狭小空间，融入底层社会生活的广阔天地，"他从来没有像某些道家或佛家的隐士那样离开正常的生活道路"②。这与其说是"隐"，倒不如说是"群"。正像李文初先生所说，陶渊明的归田对于官场来说是"隐"，但"对丰富生动的现实生活来说，则不但不是'隐'，反而是更贴近，更深入了"。③ 陶渊明因此成为士庶两个阶层之间的"游士"，社会和文化身份的游移在某种程度上意味着对本阶层文化习尚的背离，这或许是他在死后的几百年里不被人认可的原因之一。到了宋代，当社会结构发生了重大转变，科举制打破了僵化的社会阶层划分，特别是像苏轼这样的文

---

① 葛晓音：《八代诗史》，中华书局2012年版，第135页。
② ［美］孙康宜：《抒情与描写：六朝诗歌概论》，钟振振译，上海三联书店2006年版，第44页。
③ 李文初：《陶渊明论略》，广东人民出版社1986年版，第43页。

豪同陶渊明一样在上下阶层之间游走时，他的价值被重新发现了，他的诗歌的冲淡之美才被广泛地接受。陶渊明的素朴诗风在崇尚绮丽雕琢的六朝时代独树一帜，这种美学风格与他的田园生活是紧密联系的，正像追求绮丽雕琢的诗风与六朝的贵族趣味之间的关系一样。

陶渊明的"群"而非"隐"在《桃花源记》中得到了集中体现。这是一篇想象之辞，却与汉魏以来的游仙想象和归隐想象不同，陶渊明描绘了一个理想中的农业社群。尽管在构思上使用了道教"洞天福地"的宗教观念，但桃花源中的世界并非方外的。那里环境优美宜居，"土地平旷，屋舍俨然，有良田、美池、桑竹之属。阡陌交通，鸡犬相闻"，所有人都享受着农业社会的美好生活。其《桃花源诗》曰：

> 相命肆农耕，日入从所憩。
> 桑竹垂余荫，菽稷随时艺。
> 春蚕收长丝，秋熟靡王税。
> 荒路暧交通，鸡犬互鸣吠。
> 俎豆犹古法，衣裳无新制。
> 童孺纵行歌，班白欢游诣。

这是陶渊明对理想的田园生活的想象和期许，但仍具有写实的特征，其《归园田居》《移居》等诗就如实记录并复现了这样的场景。

陶渊明的"群"而非"隐"，是对他的自得之场的自觉选择。"自得之场"是郭象适性逍遥思想的重要概念，指的是能够满足性分之所需的生存场域。在郭象看来，世间万物都有适合其本性的场域或环境，只要找到并进入这样的场域，就能实现逍遥，就像大鹏与小鸟一样，"小大虽殊，而放于自得之场，则物任其性，事称其能，各当其分，逍遥一也"。《庄子·养生主》曰："泽雉十步一啄，百步一饮，不蕲畜乎樊中。"郭象注曰："夫俯仰乎天地之间，逍遥乎自得之场，固养生之妙处也。又何求于入笼而服养哉！"（《养生主注》，132）对于陶渊明来说，庐山脚下的田园生活就是这样的自得之场。在某种程度上，田园处于出处之间，既能远离官场，又不至于离群索居。"浔阳三隐"之一的刘遗民曾向陶渊明发出"招隐"的邀请，他作诗答曰："山泽久见招，胡事乃踌躇？直为亲旧故，未忍言索居。"（《和刘柴桑》）陶渊明具有强烈的乐群精神，不愿孤栖远遁。他的诗歌一方面描绘了自然之美，像晋宋时期的其他诗人一样，怀有浓厚的自然审美趣味，另一方面，他也面向社会，歌赞与邻人故交的美好交往。他与田父野老的交往呈现出一副诗意的图景，如"时复墟曲中，披草共来往。相见无杂言，但道桑麻长"（《归园田居》其二），"邻曲时时来，抗言谈在昔。奇文共欣赏，疑义相与析"（《移居》其一），"务农各自归，闲暇辄相思。相思则披衣，言笑无厌时"（《移居》其二），等等。

庐山脚下的田园环境为陶渊明的适性人生提供了自得之场，在这里，他得以实践其委运任化的人生观，解脱网罗般的名教束缚，或耕或读，或饮或游，悠然自在，自我本性得到了充分的实现。陶渊明的田园生活是对郭象适性美学的人生实践，他从入仕到归耕，摆脱了儒家士大夫以治国、平天下为职志的外向型人格，而转向内在自我的完善与满足。田园的适性生活成就了陶渊明恬然自得的心境，使他摆脱了仕途中的违己感，恢复了自身的完整性，除间或而来的生活窘迫所造成的饥寒之感，其身心处于和谐的状态。陶渊明晚年回忆早年的入仕经历，称"畴昔苦长饥，投耒去学仕，将养不得节，冻馁固缠己。是时向立年，志意多所耻。遂尽介然分，终死归田里"（《饮酒》其十九）。他抱定顺任本性的信念，至死不渝。而他的选择迥异于魏晋玄学名士的富贵隐居，由于家族势力的衰败，陶渊明无法像世家大族那样以优渥的条件享受自然的生活，而只能亲自劳作，自耕自食，不愿为五斗米而折腰。可以说，他是主动地脱离了统治阶级的豢养，追求独立自由的人格精神。

### 三 陶渊明的适性诗学

中国古代的诗歌理论素来主张"吟咏情性"。《毛诗序》说："国史明乎得失之迹，伤人伦之废，哀刑政之苛，吟咏情性，以风其上。"刘勰《文心雕龙·情采》篇说："盖风雅之兴，志思蓄愤，而吟咏情性，以讽其上。"钟嵘《诗品序》说："气之动物，物之感人，故摇荡性情，形诸舞咏。"严羽《沧浪诗话》说："诗者，吟咏情性者也。"纪昀也说"诗本性情也"①。"诗本性情"在古代演化出"诗言志"和"诗缘情"两种基本命题。"诗缘情"是在魏晋玄学思潮影响下产生的新的诗歌本质论,吸取了"情之所钟,正在我辈"和"有生则有情,称情则自然"的任情的时代观念,一扫"言志说"中带有儒家实用主义性质的道德伦理教化因素,把情感从道德理性和社会规范的桎梏中解脱出来,强调诗歌要抒发个人的真情实感。"缘情说"出自陆机,其《文赋》曰:"诗缘情而绮靡。"陈伯海教授说:"在陆机的概括中,'缘情而绮靡'是一个完整的界定,前后两要素之间存在着紧密而不可分割的依存关系。换言之,'情'为诗之内质,'绮靡'只是诗的外形。内质决定着事物的根本性能,故诗必'缘'于情,但内质又须落实和显现于外形,于是'缘情'便导向了'绮靡'。"② 将"缘情"和"绮靡"相结合,固然是六朝诗歌的主要特征。如刘勰《文心雕龙·诠赋》篇说:"原夫登高之旨,盖睹物兴情。情以物兴,故义必明雅;物以情观,故词必巧丽。""诗缘情而绮靡"的说法,概括了六朝诗歌的主要面目,因此得到了后人的认同。明代顾起元《锦砚斋次草序》说:"作者内激于志,外荡于物,志与物泊然相遭于标举兴会之时,而旖旎佚丽之形出焉。绮靡者,情之所自溢也;不绮靡不可以言情。"③ 许慎《说文解字》释"缘"为"衣纯",段玉裁注曰:"缘者,沿其边而饰之也。"④ "缘"的意思因此可以引申为"围绕",那么"缘情"作为一种对待情感的方式,含有周密刻画、细腻表现的意思,这就必然带来了"绮靡"的效果。例如陶渊明的《闲情赋》对于爱情的表达就达到了"绮靡"的地步。尤其是文中连用十个"愿在"的排比句式,借系列的象喻淋漓尽致地展现了感情的热切。陶渊明将这种做法称之为"荡以思虑"(《闲情赋序》),是逞才任情的结果。

《闲情赋》与陶渊明的其他作品风格迥异,因此引起后世的批评,被诋为"白璧微瑕"(萧统《陶渊明集序》)、"轻薄淫亵"(方东树《续昭

---

① 《冰瓯草序》,嘉庆刻本《纪文达公遗集》卷2。
② 陈伯海:《中国诗学之现代观》,上海古籍出版社2019年版,第51页。
③ 吴文治主编:《明诗话全编》,江苏古籍出版社1997年版,第6354—6355页。
④ (东汉)许慎著,(清)段玉裁注:《说文解字注》,上海古籍出版社1988年版,第654页。

昧詹言》卷8）或"有伤大雅"（王闿运《湘绮楼日记》），然而也可见陶渊明诗歌的"吟咏情性"不属于"缘情而绮靡"这一类，当然也不属于"诗言志"那一类，而是自成特色，可以称之为"适性诗学"。正如孙绍振教授说："诗来自激情。但并不是只有激情，才有诗。另外一种类型的感情，不太激动，感情不强烈，也是诗。陶渊明的诗情就好在刻意营造一种安宁的诗意。这是陶渊明对中国诗歌史的贡献。"①

陶渊明好读书，却不以之作为干禄的手段，他的诗文创作也不抱着事父事君的宗旨，而是以娱情悦志为目的。《五柳先生传》说："尝著文章自娱，颇示己志，忘怀得失。"他的创作是非功利的，是即兴的，其《饮酒》诗序曰："既醉之后，辄题数句自娱。"因此，他从不追随或附和那个时代的审美趣味。他没有创作玄言诗来迎合当时士族群体的文化潮流。他的田园诗是即身即兴的，是在他的日常生活中的。陶渊明崇尚委运任化的人生观，这是他的超我的一面，但在现实中总有龃龉不谐之处，他的儒家理想主义时时出来作祟，他的田园生活也总是出现各种困境，如房子遇火、庄稼遭了蝗灾、孩子厌学、饥馑乞食等，使他面临精神的和生活的苦恼。但陶渊明在他的诗文中把这一切都抒发出来了，他以这种方式调适自我情性，使自己获得平静。"夫导达意气，其惟文乎？"（《感士不遇赋》）文学成为他的自我宽慰和情感宣泄的方式。张可礼教授对此评论说："在陶渊明之前，尽管有许多文人的作品属于言志抒情之作，不少文人也讲言志抒情，但他们重视的往往是带有普遍意义的情志，而较少强调个人的情志，因此也难以形成个人独特的风格。而陶渊明则不同。……陶渊明在认识上对言志抒情的重视和在创作实践上的表现，突出的是'示己志'，是抒个人之情，表现的是他自己的鲜明的个性。"②实际上，陶渊明的诗歌不单是要抒个人之情，在情感的性质上也是自然恬淡的。

魏晋南北朝继战国之后，是中国古代历史上的一个思想解放的时代，

---

① 孙绍振：《没有外物负担有没有心灵负担的境界——读陶渊明〈饮酒·其五〉〈归园田居·其一〉》，《名作欣赏》2010年第31期。

② 张可礼：《陶渊明的文艺思想》，《文学遗产》1997年第5期。

士阶层逐渐摆脱了两汉大一统的精神束缚，形成了自觉的个体意识。在这样的时代潮流中，任情的观念得到了确立和巩固，但也造成了过度放纵个人情欲的偏颇。于是，情性之辨成为魏晋玄学的一个重要论题。其中尤以王弼、嵇康和郭象的论析最为精当。王弼持"圣人有情论"，认为圣人与常人"五情同"，但圣人之情贵在"应物而不累于物"。嵇康面对向秀在《难养生论》中提出的任情纵欲观念，通过分辨"性动"和"智用"来确立情感的合理边界。他一方面认同向秀所说的人的天性欲望，并不否定人之为人的自然情感需求，另一方面强调倘若一个人因享受了欲望满足后的快感，因而不加节制地刻意追求这种快感，就堕入了欲望的旋涡之中了，是要不得的。郭象则继承了嵇康的观念，仍然用"性动"和"智用"来区分自然的情感和人为的欲望。《庄子·达生》篇曰："不开人之天，而开天之天，开天者德生，开人者贼生。"郭象注曰："不虑而知，开天也；知而后感，开人也。然则开天者，性之动也；开人者，知之用也。性动者，遇物而当，足则忘余，斯德生也。知用者，从感而求，倦而不已，斯贼生也。"（《达生注》，636）所谓"遇物而当，足则无余"，意在肯定人的自然情感的正当性和完足性。

龚斌先生说："在关于任情即自然这点上，渊明的看法与向秀接近。"① 这似乎有失偏颇。陶渊明的确主张"称情"，如其《己酉岁九月九日》诗曰："何以称我情，浊酒且自陶。"但他所说的"称情"，在内涵上属于嵇康和郭象这一类。他反对为了获得好的名声而压抑人本来的情感，《饮酒》其三写道："道丧向千载，人人惜其情。有酒不肯饮，但顾世间名。"也不会为了顾全礼节而折情作态，在宴饮场合，"既醉而退，曾不吝情去留"（《五柳先生传》），颇有阮籍之风。但是，陶渊明的情感虽偶有金刚怒目的一面，却主要是冲淡平和的，与阮籍的强烈狂放形成了鲜明的对照。他每每以委运任化的生命态度化解自己的忧愁或愤怒。义熙四年（公元408年），在因夏日风疾导致其上京草庐被焚毁时，陶渊明一家只能暂蔽舟中，于时新秋已至，他的内心未免为全家的生计而焦虑不安。他自我宽慰道："形迹凭化往，灵府长独闲。"（《戊申岁六月中

---

① 龚斌：《陶渊明传论》，华东师范大学出版社2000年版，第117页。

遇火》）后人评此诗说："他人遇此变，都作牢骚愁苦语，先生不着一笔，末仅仰想东户，意在言外，此真能灵府独闲者。"① 因此之故，陶渊明的诗歌虽也"吟咏情性"，但与陆机的"缘情而绮靡"不同，他的诗歌风格是"适性而冲淡"的。袁行霈教授说他作诗"不存祈誉之心，生活中有了感触就诉诸笔墨，既无矫情，也不矫饰，一切如实说来，真率而又自然。"② 这是很准确的概括，符合陶渊明诗歌的适性精神。

陶渊明的适性诗学精神造就了他独具一格的诗歌语言艺术。陶渊明诗歌语言的最主要的特色是自然素朴，在六朝崇尚绮靡巧丽、摘章绘句的语言艺术潮流中，显得十分突兀，且不被当时人接受，钟嵘《诗品》"宋征士陶潜"条称其"迨无长语""世叹其'质直'"，甚至直接看作"田家语"。直到宋代以后，陶渊明诗歌的语言特色才被广泛认可。苏轼说："渊明作诗不多，然其诗质而实绮，癯而实腴，自曹、刘、鲍、谢、李、杜诸人，皆莫及也。"（《与子由书》）极大地提高了陶渊明在中国诗歌史上的地位。许学夷说："晋宋间诗，以俳偶雕刻为工；靖节则真率自然，倾倒所有，当时人初不知尚也。"③ 叶嘉莹先生则从作诗的目的角度来说明陶诗的语言风格：

> 一般人作诗，都难免有一个"为人"之心。所谓"为人"，还不是说要讲仁义道德或治国安邦，而是说考虑到别人对诗之好坏的评价。如果心中不能够排除这样的念头，那就是庄子所说的"有待"。很多大诗人作诗也难免如此，例如杜甫就曾说过"语不惊人死不休"（《江上值水如海势聊短述》）这样的话。有了这种念头，总想与人争胜，总想让自己的诗在千百年之后仍然受到人们的赞美，在写诗的时候就不免逞才使气，雕琢矫饰，有时就失去了自然真率之美。有的诗人故意把诗写得很难，让大家都不懂，像李贺、韩愈即是；也有的诗人故意把诗写得很容易，让不识字的老太婆都能听懂，像白

---

① 转引自龚斌《陶渊明集校笺》，上海古籍出版社2019年版，第238页。
② 袁行霈：《陶渊明研究》，北京大学出版社2009年版，第61页。
③ （明）许学夷：《诗源辨体》，人民文学出版社1987年版，第101页。

居易即是。但不管写得难还是容易，那都是一种"为人"之心。而陶渊明与他们都不同，宋代诗人陈后山称赞他说："渊明不为诗，写其胸中之妙耳。"（《后山诗话》）陶渊明并不是为了作诗而作诗，并不想和别人争个高低，也不想借作诗而留名千古，他只是内心有这么一种感受，就写出来了。既不怕写得太深让人家看不懂，也不怕写得太浅让人家笑话。"知音苟不存，已矣何所悲"（《咏贫士》之一）——我就是我，绝不为寻求别人的理解而改变自己的面目。①

袁行霈教授也有类似的看法：

> 深刻的哲学思考还使他把诗看淡了，什么"兴观群怨"，什么"迩之事父，远之事君"，什么"经国之大业，不朽之盛事"，他全然不顾，既无逞才祈誉之心，更不存以诗求闻达、功名之意，得失既已忘怀，生死也已觑破，还在乎什么诗的有用与否或者诗的妙与不妙吗！他吟诗是借以"自娱"（《饮酒序》），吟过就了事，没有什么苦苦的经营，也没有刻意的雕饰。像杜甫那样"语不惊人死不休"，王安石那样为"春风又过江南岸"的一个"过"字改了又改，或者像王之涣、高适等人旗亭画壁计较高低，这类事在陶渊明是不可想象的。他整个的生活已经诗化了，他的思想也已升华了，所以怎么写并不重要，想写就写，写了就好。他是以无意匠为意匠，自然而然，无意为之，而莫不成为佳什。②

叶、袁二人实际上都揭示了陶渊明以适性自得为宗旨的创作态度，及其诗歌语言自然而不矫饰的特色。但这种诗歌语言艺术特色的具体表现，则还有待发覆。

陶诗中体现其适性精神的语言艺术首先在于陶诗在用词上遵循就近舍远的原则，"俯拾即是，不取诸邻"（《二十四诗品·自然》），多使用

---

① 《叶嘉莹说汉魏六朝诗》，中华书局2018年版，第411—412页。
② 袁行霈：《陶渊明研究》，北京大学出版社2009年版，第23页。

日常用语，而不会为了逞才而刻意"补假"或生造词语。创作时信手拈来，不费思虑，这样才能起到"自娱"而非"自苦"的效果。如其《归园田居》五首，即目成诵，晓畅易懂，字字似在目前，句句明白如话，与用词典奥的谢灵运等人的山水诗大异其趣。其次，陶诗善用散文化的笔调。六朝诗歌逐渐倾向于讲究骈俪，刘勰《文心雕龙》中有《丽辞》一篇，对此进行了专门讨论，称"言对为美，贵在精巧；事对所先，务在允当"。为了实现语言的骈俪对仗，诗句往往会牺牲语意的连贯性，因此更适合抒情和写景，而逐渐脱离叙事。而陶渊明"从过分雕琢骈俪的辞句和结构，转而用比较接近散文的组织写诗，以语言自然的节奏为基调"①，因此，他的诗歌能够完整而连贯地叙事。如《饮酒》其九：

> 清晨闻叩门，倒裳往自开。
> 问子为谁欤，田父有好怀。
> 壶浆远见候，疑我与时乖。
> "褴缕茅檐下，未足为高栖。
> 一世皆尚同，愿君汩其泥。"
> "深感父老言，禀气寡所谐。
> 纡辔诚可学，违己讵非迷！
> 且共欢此饮，吾驾不可回。"

这是一首典型的叙事诗，陶渊明用自然的语态以诗歌形式完整地再现了田父前来劝谏出仕的对话过程。散文化的笔调破除了骈俪句式对表意的束缚，诗人得以用完整的句子呈现连续的动作。本诗前六句作为一个整体的意义单元，交代了事件发生的起因、时间、人物、动作等，犹如电影中的长镜头。方东树说："此诗夹叙夹议，托为问答，屈子《渔父》之旨。"② 诚然。诗中"褴褛"四句是田父的话，而"深感"六句是陶渊明回答田父的话。这样的问答形式直观再现了诗人的生活和心理世

---

① 萧望卿：《陶渊明批评》，开明书店1947年版，第60页。
② （清）方东树：《昭昧詹言》，人民文学出版社1961年版，第114页。

界，显得真实自然、亲切易感。散文化的句式和语调也拓展了陶渊明诗歌的书写范围，使他突破以往的题材限制，把自己生活中的所感所兴写出诗来。他的诗歌除了形役、酬答、写景、怀古等固有的题材外，还有像《止酒》《乞食》《责子》《挽歌诗》这类极具个性色彩的作品。

## 第三节 刘勰文艺思想的适性精神

人性论是刘勰文学理论体系中的基础和主干之一。刘勰的人性论的理论来源是多元的。在文学功能论方面，他主要继承了儒家的化性起伪的学说，主张"雕琢情性""陶铸性情""持人情性"等，肯定文学的教化功能。在文学创作论方面，刘勰更多地受到了道家学说和玄学思想的沾溉，强调人的自然秉性及其差异性，以及构思和创作过程中遵循才性活动规律的重要性。其中，郭象的适性理论对刘勰的影响是显而易见的，本节围绕着《神思》《养气》和《体性》三篇文章，尝试阐述刘勰在艺术构思论、作家修养论以及作品风格理论问题上与郭象思想的关联。

### 一 陶钧文思，贵在虚静——刘勰的构思论

刘勰在《文心雕龙·神思》篇中提出了"虚静说"。关于"虚静说"的理论来源，学界争论不休。在黄侃先生等主张的源于老庄道家思想外，范文澜先生认为本于《周易·系辞下》"精义入神，以致用也"之说，[1] 王元化先生提出源于荀子的"虚壹而静"说，[2] 也有人试图证明它与刘勰的佛学文化修养之间的联系。[3] 讨论越来越趋于深入和复杂，这不禁令人想起"奥卡姆剃刀"的"如无必要，勿增实体"的简化原则，如果能从直接的证据中得出有效的结论，阐明刘勰艺术构思理论中的"虚静"概念的内涵和作用，且在文献上存在直接联系，那么强行从佛学或荀子那

---

[1] 参见范文澜《文心雕龙注》，人民文学出版社1958年版，第496页。
[2] 参见王元化《文心雕龙讲疏》，上海三联书店2012年版，第133—136页；程相占《刘勰的虚静论》，《山东大学学报》（哲学社会科学版）1991年第2期。
[3] 参见张严《文心雕龙文术论诠》，台湾：商务印书馆1973年版；冯国栋《刘勰的"虚静"说与佛家的禅学》，《文艺理论研究》2002年第6期。

里找根据，似乎是一种舍近求远的做法。

从文献上来看，《神思》篇与《庄子》的关联是明显且突出的。全文在五处直接或间接地征用了《庄子》中的语句或寓言典故。其一，开篇"古人云：'形在江海之上，心存魏阙之下'"出自《让王》篇的"中山公子牟谓瞻子曰：'身在江海之上，心居乎魏阙之下，奈何？'"。其二，"疏瀹五脏，澡雪精神"出自《知北游》的"汝齐戒，疏瀹而心，澡雪而精神"。其三，"玄解之宰"化用了《养生主》的"古者谓是帝之县解"的说法。其四，"独照之匠，窥意象而运斤"借用了《徐无鬼》中运斤成风的寓言。其五，"轮扁不能语斤"征引了《天道》中轮扁斫轮的典故。在这些被征引的文献中，除了第五则涉及表意问题外，其他四则都集中在构思阶段，而且刘勰的"虚静说"与上述《知北游》中的话存在直接的语义关联，足以证明其思想的渊源所在。

然而，刘勰的"虚静说"与老庄的"虚静说"并不能直接等同。王元化先生指出了二者之间的差别。他说："刘勰的虚静说与老庄的虚静说恰恰成了鲜明的对照。老庄把虚静视为返璞归真的最终归宿，作为一个终点；而刘勰却把虚静视为唤起想象的事前准备，作为一个起点。老庄提倡虚静的目的是为了达到无知无欲、浑浑噩噩的虚无之境；而刘勰提倡虚静的目的却是为了通过虚静达到与虚静相反的思想活跃、感情焕发之境。一个消极，一个积极，两者的区别是显而易见的。从而，刘勰的虚静说并非出于老庄的虚静说也是显而易见了。"① 王元化先生认为老庄把虚静视为返璞归真的最终归宿，这似乎是把老子的"致虚极，守静笃"作为"虚静"说的唯一形态，而在一定程度上忽视了《庄子》对"虚静"的理解。《天道》篇对"虚静"论做了详细的阐述，说："圣人之静也，非曰静也善，故静也。万物无足以铙心者，故静也。水静则明烛须眉，平中准，大匠取法焉。水静犹明，而况精神！圣人之心静乎！天地之鉴也；万物之镜也。夫虚静恬淡寂漠无为者，天地之平而道德之至，故帝王圣人休焉。休则虚，虚则实，实则伦矣。虚则静，静则动，动则得矣。静则无为，无为也则任事者责矣。无为则俞俞，俞俞者忧患不能

---

① 王元化：《文心雕龙讲疏》，上海三联书店2012年版，第134页。

处，年寿长矣。夫虚静恬淡寂漠无为者，万物之本也。"这段话集中阐释了《庄子》里的"虚静"观，有以下两个要点：其一，"虚静"的主体是圣人，是圣人的修为结果和精神状态，甚至是一种以虚御实的治理术。王夫之《庄子解》对之加以批判，说："此篇之说，有与庄子之旨迥不相侔者；特因老子守静之言而演之，亦未尽合于老子；盖秦汉间学黄老之术、以干人主者之所作也。"① 按照王氏的说法，《庄子》中的"虚静"论并不是一个终点或归宿，而是黄老之学的治理术的前提。其二，"虚静"要求不以物挠其心，在心物关系上持对立态度，否定"神与物游"的心物交融的审美过程，因此与刘勰的"虚静说"格格不入。元化先生对刘勰"虚静"说与老庄"虚静"论的积极与消极的区分则是很有道理的，二者一个旨在激活艺术情兴，一个则要去知去欲。但"虚静"说是不是能从消极形态变为积极形态呢？尤其是经过了魏晋玄学对老庄思想的改造和转化，在老子和庄子眼中作为"观道"方式的"虚静"与刘勰视为艺术构思的基本步骤的"虚静"之间是否存在逻辑上的闭环呢？换句话说，论证刘勰的"虚静"说源自老庄思想，则必须阐明"虚静"观念从修道方法到艺术思维方法的转变过程，即"虚静"何以成为刘勰的艺术构思的重要阶段。

要论证刘勰的"虚静"说源自老庄思想，得解决如下三个矛盾：其一是"虚静"说在心物关系上的矛盾；其二是"虚静"说与知识经验的矛盾；其三是"虚静"与"兴情"之间的关系。

首先，在心物关系上，刘勰是要通过"虚静"的状态进入"神与物游"的神思过程。神思中的心物关系"不是主体和客体之间的关系，而是天人（主体间）关系"②。因此，刘勰说"陶钧文思，贵在虚静"，"虚静"的重要性在于使艺术构思的主体进入一种审美心理中去，从将外物对象化的主体意识中解脱出来，达到物我冥一的"游"的境界。有学者提出，刘勰的"虚静"说继承了庄子的"心斋"或"坐忘"说，强调的是艺术创造主体的"吾丧我"。然而，值得注意的是，刘勰对《庄子》中

---

① （清）王夫之：《老子衍 庄子通 庄子解》，中华书局2009年版，第188页。
② 李健：《"神思"与"想象"的隔与融》，《中国文学批评》2019年第3期。

的话做了拼合处理,把"虚静"概念和原本是阐释"心斋"的"疏瀹而心,澡雪而精神"结缀成句,并把"疏瀹而心"改成了"疏瀹五脏"。范文澜先生引述《白虎通》中的两篇文字,揭示了刘勰这一做法背后的用心。所谓"五脏",指的是肝、心、肺、肾、脾。《白虎通·论五性六情》曰:"内有五脏六府,此情性之所由出入也。"因此,"疏瀹五脏,谓情性不可妄动,使人烦懑也"。[①] 古人把五脏视为人的情性的宿主,疏导五脏意味着使人的情性归于平正自然的状态,其中蕴含着全性、因性的思想成分。这与庄子的"心斋""坐忘"不同。一方面,"心斋"和"坐忘"要求"堕肢体,黜聪明,离形去知",这与神思中保留和发挥人的感官知觉的观念相龃龉。刘勰说"物沿耳目""物无隐貌""物以貌求",这是六朝重形似的文艺美学观念的体现,与庄子重道轻物的观念相去悬殊。而且,庄子明确地反对精神专注于外物,他把"登山则情满于山,观海则意溢于海"之类的感物现象称之为"坐驰",与"坐忘"相反。

在庄子思想中,虚静是由心斋、坐忘等修养方法所达到的境界,其中不包含任何知、情、意的内容。然而,刘勰在讨论神思时却非常重视"物"的因素,认为文思的奇妙之处在于"神与物游"且"神用象通",即艺术构思中的情志因素和形象因素须以心物交融来贯通。刘勰在"虚静"说中增加了对物的重视,是受玄学影响的结果。郭象的"冥"的思维方式非常重视与"物"的相互关系,"物"在"冥"中扮演着非常重要的角色。"冥"的核心要义是与物无对,采取顺任的态度,使之自然映发。他说:"夫与物冥者,故群物之所不能离也。是以无心玄应,唯感之从,泛乎若不系之舟。"这与刘勰所描述的"神与物游"有很大的契合度。《庄子·天道》篇曰:"以虚静推于天地,通于万物,此之谓天乐。"郭象注曰:"我心常静,则万物之心通矣。通则服,不通则叛。"(《天道注》,468)成玄英疏曰:"所以一心定而万物服者,只言用虚静之智,推寻二仪之理,通达万物之情,随物变转而未尝不适。"[②] 疏文承郭象注文而来,所言"虚静之智",实为"冥"。郭象曰:"夫与物冥者,物萦亦

---

① 范文澜:《文心雕龙注》,人民文学出版社1958年版,第498页。
② (清)郭庆藩:《庄子集释》,中华书局2012年版,第468—469页。

萦，而未始不宁也。"可知，郭象在注解中以"冥"替代了庄子的"虚静"观，刘勰虽使用了"虚静"一词，用的却是郭象的"冥"的观念。刘勰用"虚静"概念来表示"冥物"的意思，似乎受到了张湛的影响。如前所述，张湛以郭象的适性理论为基础，对庄子的"虚静"说做了新的阐释。他说："夫虚静之理，非心虑之表，形骸之外；求而得之，即我之性。内安诸己，则自然真全矣。故物所以全者，皆由虚静，故得其所安；所以败者，皆由动求，故失其所处。"① 在他看来，所谓"虚静"，并非庄子式的超越于"心虑之表，形骸之外"，一方面是要"即我之性"，使"内安诸己"，也就是要通过各"冥其极"而实现适性自得；另一方面这样的虚静状态也是"物所以全"的前提，从艺术构思角度来看，这就相当于神思过程中意象的生成逻辑。

其次，在知识经验的问题上，庄子的"心斋"说明确要求"去知"，而刘勰显然十分重视知识经验的积累在神思过程中的作用，要求"积学以储宝，酌理以富才，研阅以穷照，驯致以怿辞"。对此，黄侃先生《文心雕龙札记》说："此下四语，其事皆立于神思之先，故曰驭文之首术，谋篇之大端。言于此未尝致功，即徒思无益，故后文又曰：秉心养术，无务苦虑，含章司契，不必劳情。言诚能秉心养术，则思虑不至有困；诚能含章司契，则情志无用徒劳也。"② 那么，"积学"云云与"虚静"是什么关系呢？对于老庄"虚静"说中排斥知识、思维、阅历、修养等后天因素的内容，刘勰将之排斥在自己的观念之外，主张二者并重，甚至把它作为"虚静"的必要前提和补充。在他看来，作家既有的知识经验、思辨能力和言辞技艺为"虚静"状态的心物交融提供了必要的艺术构思图式，它们引导和塑造了艺术构思的方向和内容。刘勰一方面吸收"虚静"说中的以虚运实的观念，如陆机所说的"课虚无以责有，叩寂寞而求音"，把精神的凝定和情性的自然作为艺术构思的起始阶段；另一方面重视知识经验、语言技巧等对于创作活动的重要性，使虚实结合、有无相成。这实际上体现了刘勰对"成心"的肯定，详见下文。

---

① 杨伯峻：《列子集释》，中华书局2013年版，第30页。
② 黄侃：《文心雕龙札记》，商务印书馆2014年版，第88页。

再次，老庄主张由"虚静"而入道，"万物并作，吾以观复"（《道德经》第十六章），刘勰主张由"虚静"以兴情，这是心物交融的必然产物，"神用象通，情变所孕"。从"入道"到"兴情"的转换，离不开魏晋玄学的中介作用。刘勰对艺术构思中的感情因素的重视当然与魏晋玄学中的钟情思潮有关，是这一时代思潮所形成的文艺观念在理论形态上的折射。在他之前，陆机《文赋》已充分地探讨了艺术构思中的情感问题，把"情瞳眬而弥鲜，物昭晰而互进"作为艺术思维的基本表征。如前所述，钟情观念自魏晋之际就已在士族社会得到了认可并迅速扩散开了。随着郭象玄学独化论对物之本体价值的发掘，以及对物性的肯定和张扬，"道"作为一个形而上概念的内涵也发生了变化，变得即物了，"道之不逃于物也必矣"（《知北游注》，746）。因此，东晋士人们才在寄情山水的同时"以玄对山水"，把景物作为体玄和兴情的媒介。"情"与"物"之间的关系越来越受到作家们的重视，感物兴情成为一种时代观念。陆机主张"遵四时以叹逝，瞻万物而思纷。悲落叶於劲秋，喜柔条於芳春"，刘勰强调"岁有其物，物有其容；情以物迁，辞以情发"（《文心雕龙·物色》），钟嵘亦申明"气之动物，物之感人，故摇荡性情，形诸舞咏"（《诗品序》）。[①] 在此，"感物"作为激发艺术创造力的重要美学范畴，在"感"与"物"的两个方面都受到了郭象玄学的影响。"感"是在"冥"的基础上与物发生"无心玄应"的自然结果，是非主体性的"我"与外物冥合为一的产物。而"物"经过了独化论的本体论重构，成为了"道"的载体或具象化，因而具备了引发人之情思的客观条件。

## 二 从容率情，优柔适会——刘勰的养气说

刘勰的"养气"说在中国古典文艺理论史上虽不是独家招牌，却是一种较为独特的话语形态。唐代韩愈的"气盛言宜"说和宋代苏辙的"气可以养而致"的观念都明显地受到了孟子"养气"说的影响，强调"气"的道德内涵或创作主体的刚健正大的人格力量对古文创作的重要作

---

[①] 李健《魏晋南北朝的感物美学》（中国社会科学出版社 2007 年版）对此论之甚详，可参看。

用。刘勰的《养气》篇重点在"养",虽然对"气"的内涵和来源没有做出明确的界定和阐述,但从他的整体论述中不难发现,其所谓"气"具有强烈的自然主义性质,重在"性情",而不是善恶或仁义。其所谓"养",也显然不同于韩愈和苏辙的对道德人格的积极培育,而是倾向于道家的自然无为观念。① 范文澜先生说:"彦和论文以循自然为原则,本篇大意,即基于此。盖精神寓于形体之中,用思过剧,则心神昏迷。故必逍遥针劳,谈笑药倦,使形与神常有余闲,始能用之不竭,发之常新,所谓游刃有余者是也。"② 黄应全教授更为具体地提出,刘勰的"养气"说与魏晋玄学存在渊源关系。他说:"《养气》篇的基本宗旨是创作过程应该因任自然而不要强作妄为;这种以无为论养气的主张,显然受到王弼、郭象等玄学家'无为而无不为'观念以及嵇康'养生论'的影响。"③ 本小节尝试在此基础上,通过剖析《养气》篇的基本命题及其论证过程,阐明刘勰"养气"说与郭象适性理论的关系。

适性的人生态度必然会影响文学艺术创作的旨趣和方法。南朝时期的文学观念发生了新的变化,娱情悦性的审美属性更加凸显,而经国大业的实用功能则进一步衰微。裴子野《雕虫论》说:"宋初迄于元嘉,多为经史,大明之代,实好斯文。高才逸韵,颇谢前哲,波流相尚,滋有

---

① 王钟陵先生在《中国古代文论中两种不同的"养气"说》一文中提出,刘勰的"养气"说是建立在一脉相承的从先秦宋尹学派到东汉王充的"精气"说的基础之上的。在他看来,《管子·内业》篇说的"气道乃生,生乃思""勿烦勿乱,和乃自成",王充《论衡·别通》说的"气不通者,强壮之人死,荣华之物枯"和《谴告》篇的"血脉不调,人生疾病;风气不和,岁生灾异"都是抓住'通'与'和'这两点来说的,这种论述对刘勰《养气》篇有着明显的影响。重视气的"通"与"和",虽然与刘勰"吐纳文艺,务在节宣,清和其心,调畅其气,烦而即舍,勿使壅滞"的观点有相近之处,但王充所论重在生理的调适,而刘勰则重在心理层面。《论衡·自纪》篇说:"养气自守,适时则酒,闭明塞聪,爱精自保,适辅服药引导,庶冀性命可延,斯须不老。"王充的"养气"说旨在养生长寿,无关文事。而且,在为文方面,刘勰称"仲任置砚以综述",用以证明"用思之困神",恰是把他作为"养气"的反面典型提出来的。刘勰开篇说"昔王充著述,制《养气》之篇",最多不过是在类比的意义上把借"养气"以延命当作"养气"以抒怀命笔的话头。

② 范文澜:《文心雕龙注》,人民文学出版社1958年版,第648页。

③ 黄应全:《无为与养气——〈文心雕龙〉"养气"说与魏晋玄学》,《首都师范大学学报》(社会科学版)2002年第3期。

笃焉。自是闾阎年少，贵游总角，罔不摈落六艺，吟咏情性。"① 刘勰则通过区分"为学"与"为文"，建立了文学与适性之间的内在关联。他认为，"学业在勤，故有锥骨自厉"，做学问应当刻苦勤奋，而文学的基本功能在于抒发苦闷的情感和排解体内的积郁之气，因此应当"从容率情，优柔适会"。他把文学创作看作是一个文思情意自然流露的过程，明确地反对"秉牍以驱龄，洒翰以伐性"的做法。他对陆机《文赋》中描述的"应感"现象颇有体认，称"思有利钝，时有通塞，沐则心覆，且或反常；神之方昏，再三愈黩"。但不同于陆机把应感现象神秘化，刘勰接受了郭象的适性理论，把"清和其心，调畅其气"作为应感来临的准备工作。正如黄侃先生所说："文思利钝，至无定准，虽有上材，不能自操张弛之术，但心神澄泰，易于会理，精气疲竭，难于用思，为文者欲令文思常赢，惟有弭节安怀，优游自适，虚心静气，则应物无烦，所谓明镜不疲于屡照也。"② 刘勰引用了《庄子》中"庖丁解牛"的寓言，将作家的构思和创作状态比作庖丁的用刀之术，认为做到了"逍遥以针劳，谈笑以药倦"就可"弄闲于才锋，贾余于文勇"，就像庖丁那样游刃有余，且"十九年而刀刃若新发于硎"，保持通畅无滞的创作过程。

作家们普遍追求自然的创作倾向，反对苦思，这集中地体现在刘勰的文学思想中。《文心雕龙·养气》篇专论作家应秉持的创作心态，分析并对比了两种截然相反的倾向，一种是"率志委和"，另一种是"钻砺过分"。他说："率志委和，则理融而情畅；钻砺过分，则神疲而气衰；此性情之数也。"王元化先生将"率志委和"理解为创作的直接性，即"文学创作过程中的一种从容不迫、直接抒写的自然态度"。这是准确的定义，但他认为它与《庄子·知北游》篇的"生非汝有，是天地之委和也"无关，"庄子的'天地委和'原是丞回答舜问道之语，庄子援用这句话是为了阐明人的身形性命全都来自天地，美恶生死不能自制。因此，它专注于论述天道的变化。但是刘勰所说的'率志委和'却在于阐明作家在从事创作活动的时候，必须清和其心，条畅其气，优柔自适，抒怀命笔，

---

① 郭绍虞主编：《中国历代文论选》第 1 册，上海古籍出版社 2001 年版，第 324 页。
② 黄侃：《文心雕龙札记》，商务印书馆 2014 年版，第 192 页。

而不能陷于壅滞,流于蹙迫。因此,它专注于论述创作的特点。庄子从宿命观点出发论天道变化,刘勰以自然观点为本论创作特点,两者探讨的对象不同,立论的观点互异"。① 王元化先生此论征引了郭象的注文,但似有所疏忽。郭象对此作注曰:"若身是汝有者,则美恶死生,当制之由汝。今气聚而生,汝不能禁也;气散而死,汝不能止也。明其委结而自成耳,非汝有也。"(《知北游注》,736)郭象从独化论出发来解释"生非汝有"的命题,主张身体的生成、变化和消亡是自生自成的结果。根据注文,"委和"一词明显的是因为懂得了"汝不能制"而采取的顺应自然的态度,这与刘勰所要强调的遵循自然的创作态度是一致的。《神思》篇说:"秉心养术,无务苦虑;含章司契,不必劳情也。"刘勰谈论的虽不是"天道"本身,但他把这种自然的天道观用于文学创作,并在创作主体的主观意识层面强调"委和",二者的讨论对象虽不同,但在逻辑上是一脉相承的。另外,"钻砺过分"的"分",李曰刚《文心雕龙斠诠》解作"才分",在郭象那里,"分"是"性分"的简称,"才"亦是"性分"的一部分,"过分"是郭象《庄子注》中常用语,如"率性而动,动不过分,天下之至易者也"(《人间世注》,190),"师夫天然而去其过分,则大隗至也"(《徐无鬼注》,827),"动而过分,则性气伤于内,金木讯于外也"(《列御寇注》,1048)。很明显,"钻砺过分,则神疲而气衰"与郭象"动而过分,则性气伤于内"意义是一致的。

刘勰认为,文章构思的过程要做到"率志委和",而不要"钻砺过分",这是由人的性情决定的,刘勰举其作为文章典范的上古三代之文为例,认为它们都是"适分胸臆,非牵课才外"的结果。"'适分胸臆,非牵课才外'之说实际上就是作文当自足于己说,它显然与向郭《庄子注》足性逍遥论有关。"② 更进一步说,刘勰主张创作不能"牵课才外",实际上是发挥了郭象的人性之潜能的观念,认为要实现作家内在的创造才能,强调任性自为,反对在固有的才分之外,通过"销铄精胆,蹙迫和

---

① 王元化:《文心雕龙讲疏》,上海三联书店 2012 年版,第 256 页。
② 黄应全:《无为与养气——〈文心雕龙〉"养气"说与魏晋玄学》,《首都师范大学学报》(社会科学版)2002 年第 3 期。

气"强行进行构思创作,这完全继承了郭象"举其性内,则虽负万钧而不觉其重也;外物寄之,虽重不盈锱铢,有不胜任者矣"(《人间世注》,190)的适性理论。

为什么作家在构思与创作的过程中要"养气"?刘勰在《养气》篇的第二部分提出了他提倡"养气"的理由:

> 若夫器分有限,智用无涯;或惭凫企鹤,沥辞镌思。于是精气内销,有似尾闾之波;神志外伤,同乎牛山之木。怛惕之盛疾,亦可推矣。

"器分"即"性分"。"智用无涯"一句来自《庄子·养生主》首句"吾生也有涯,而知也无涯。以有涯随无涯,殆已"。郭象注曰:"所禀之分各有极也"(《养生主注》,121),"以有限之性寻无极之知,安得而不困哉?"(《养生主注》,122)。刘勰所言正是对郭象的性分说的应用。"惭凫企鹤"典出《庄子·骈拇》篇"是故凫胫虽短,续之则忧;鹤胫虽长,断之则悲。故性长非所断,性短非所续,无所去忧也"。郭象注曰:"知其性分非所断续而任之,则无所去忧而忧自去也。"(《骈拇注》,325)刘勰用来描述作家在创作时绞尽脑汁、冥思苦想的艰难状态,形象地揭示了违背性情之数和自然之道的创作情状,与"适分胸臆"者的"从容率情,优柔适会"形成了鲜明的对比。

"尾闾之波"语出《庄子·秋水》:"天下之水,莫大于海,万川归之,不知何时止而不盈;尾闾泄之,不知何时已而不虚;春秋不变,水旱不知。此其过江河之流,不可为量数。而吾未尝以此自多者,自以比形于天地而受气于阴阳,吾在天地之间,犹小石小木之在大山也,方存乎见少,又奚以自多!"《庄子》这段话的本意是以北海若的口吻从事物相对性的角度谈论大小之辨,否定河伯自以为大的偏狭之见。"尾闾",据成玄英疏,指的是"泄海水之所",在《庄子》本文中不具有独立的意涵,且与刘勰引用的目的并不相符。嵇康《养生论》曰:"自力服药,半年一年,劳而未验,志以厌衰,中路复废。或益之以畎浍,而泄之以尾闾。"这是说,有的人在养生过程中,因未能见到明显的效果而中途放弃，就像以田间的涓涓细流灌溉，却像海水的流泻一样耗损。这与刘勰用以形容构思和创作过程中的"精气内销"是一致的，是刘勰引文的直接来源。而且，这句话同样含有主张适性的成分，是刘勰基于"性情之数"而提倡"适分胸臆"的反向论说。郭象剖析上引《秋水》道：

> 此发辞气者，有似乎观大可以明小，寻其意则不然。夫世之所患者，不夷也，故体大者快然谓小者为无余，质小者块然谓大者为至足，是以上下夸跂，俯仰自失，此乃生民之所惑也。惑者求正，正之者莫若先极其差而因其所谓。所谓大者至足也，故秋毫无以累乎天地矣；所谓小者无余也，故天地无以过乎秋毫矣；然后惑者有由而反，各知其极，物安其分，逍遥者用其本步而游乎自得之场矣。此庄子之所以发德音也。若如惑者之说，转以小大相倾，则相倾者无穷矣。若夫睹大而不安其小，视少而自以为多，将奔驰于胜负之竟而助天民之矜夸，岂达乎庄生之旨哉！（《秋水注》，565—566）

郭象通过把"性分"概念置入原文本的语义之中，将《庄子》的本意转换到"各知其极，物安其分，逍遥者用其本步而游乎自得之场"上来，并对"小大相倾""奔驰于胜负之竟"的错误观念予以驳斥。这与刘勰使用这个典故的用意是相符的。

### 三　吐纳英华，莫非情性——刘勰的风格论

刘勰的文学风格论是多方位的，有时代风格，即"歌谣文理，与世推移，风动于上，而波震于下者也"（《文心雕龙·时序》）；有地域风格，如"涂山歌于候人，始为南音；有娀谣乎飞燕，始为北声；夏甲叹于东阳，东音以发；殷整思于西河，西音以兴：音声推移，亦不一概矣"（《文心雕龙·乐府》）；有文体风格，如"四言正体，则雅润为本；五言流调，则清丽居宗"（《文心雕龙·明诗》）；也有题材风格，如称山水诗"俪采百字之偶，争价一句之奇，情必极貌以写物，辞必穷力而追新"（《文心雕龙·明诗》）；等等。然而，刘勰的风格论中对作家情性与作品风格关系的探讨最为深入和全面，《体性》《情采》和《才略》等篇均主

要涉及这一论题。

刘勰认为,作家的情性是作品风格的基础,有什么样的情性,就会创造出与之相应的风格的作品,作品风格是作家才性的外显,二者是内外相符、表里如一的关系。《体性》篇说:"夫情动而言形,理发而文见,盖沿隐以至显,因内而符外者也。"又说:"若夫八体屡迁,功以学成,才力居中,肇自血气,气以实志,志以定言,吐纳英华,莫非情性。"《情采》篇说:"文质附乎性情。"又说:"铅黛所以饰容,而盼倩生于淑姿;文采所以饰言,而辩丽本于情性。"

这种"文如其人"的观念在历史上曾受到了指摘。但诚如吴承学教授分辨的那样,"文如其人"包含了两个命题,"一个是体与性即风格与创作个性的关系;一个是人品与文品的关系。前者探讨作家的气质、禀性、性格等个性因素对于文学风格的影响;后者则主要探讨作家的人格、情操、思想、品行等道德因素对艺术品格的制约"。[1] 汉代扬雄《法言》说:"言,心声也;书,心画也;声画形,君子小人见矣。"[2] 元好问《论诗三十首》说:"心画心声总失真,文章宁复见为人。高情千古闲居赋,争信安仁拜路尘。"这是就人品与文品来说的。元好问质疑"文如其人"的观念,针对的是文章与道德的同一性的观念。早在孔子那里,就对德行与言语的同一性做出了明确的否定,称"有言者不必有德"。而刘勰主张的"因内而符外",并不是从作家道德修养与文章风格的对应关系来说的。在这里,他的人性论不是德性论,而是才性论,指的是作家的个性和才情。刘勰认为,作品的风格主要取决于作家的才性。才性与德性不是一回事,德性往往与作品表现出的思想内容相左,但才性与作品风格往往是一致的,作家的才性特征总是不受制约地自然流露于作品风格之中。不同的个性与才情,造成了文章的不同风貌。范文澜先生说:"彦和所举贾生以下十二人,并指其才性而言,才性内蕴,文辞外发,大抵雅正之人,其言真实;巧诈之徒,其言佞伪。即如潘岳行事卑污而《闲居》《秋兴》俨然高士,正以禀性轻敏,故能辞无不可。若谓满纸仁

---

[1] 吴承学:《人品与文品》,《文学遗产》1992 年第 1 期。
[2] 郭绍虞主编:《中国历代文论选》第 1 册,上海古籍出版社 2001 年版,第 97 页。

义，即是圣贤，偶赋闲情，便疑狂童，以此论文，未免浅拙，彦和不若是之愚也。"① 对此，钱锺书先生也有过精到的分析，他说："'心画心声'，本为成事之说，实鲜先见之明。然所言之物，可以饰伪：巨奸为忧国语，热中人作冰雪文，是也。其言之格调，则往往流露本相；狷急人之作风，不能尽变为澄淡，豪迈人之笔性，不能尽变为谨严。文如其人，在此不在彼也。"② 然而，不是所有的作品体貌都是作家性情的表现，也不是所有的性情都能外显为作品的体貌风格。刘勰主张"为情而造文"，要求"缀文者情动而辞发"，只有那些因"情动""理发"而创作的作品才能体现作家的真实性情。

才性论是魏晋玄学的重要论题，有才性四本说。《世说新语·文学》篇刘注引《魏志》曰：

> "会论才性同异传于世。"四本者，言才性同、才性异、才性合、才性离也。尚书傅嘏论同，中书令李丰论异，侍郎钟会论合，屯骑校尉王广论离，文多不载。

由于文献的缺失，对才性四本说的具体内涵，已无从知晓。但唐长孺先生据可征引的材料推测了它的内容，大体可信。他说：

> 大概论同异者在于"才""性"二名词的解释。主同者以本质释性，以本质之表现在外者为才，……主异者以操行释性，以才能释才……其论"合"与"离"者首先承认性指操行，才指才能，然后讨论二者的关系。③

唐先生的观点具有启发性。才性论的核心是对"性"的认识，对"性"的属性持何种立场和看法，决定了论者在才性之辨中的不同主张。

---

① 范文澜：《文心雕龙注》，人民文学出版社1958年版，第510页。
② 钱锺书：《谈艺录》，生活·读书·新知三联书店2008年版，第426页。
③ 唐长孺：《魏晋南北朝史论丛》，武汉大学出版社2013年版，第251页。

关于"性"的属性,有两种基本的观点:一种观点强调"性"的道德属性,以善恶言性,如王充认为人性有善有恶;另一种观点强调"性"的自然属性,如王弼说"万物以自然为性"。从前一种观点出发,在才与性的关系上,看法分歧较大:受儒家传统思想和汉代察举制度的影响者认同"才性合";受曹操"唯才是举"的人才政策影响者赞成才性离或才性异。而从后一种观点出发,在才与性的关系上,看法或许较为一致,承认自然之性中包含了先天的才能。如上所述,刘勰对"文如其人"的看法,不是从人品和文品的关系层面来说的,而是注重作家的气质、秉性对作品风格的作用。他说:"才性异区,文辞繁诡。"(《文心雕龙·体性》)可以推测,他是主张"才性同"的。

在魏晋玄学中,主张才性同的,从目前的材料看,前有傅嘏,后有嵇康、郭象。嵇康《明胆论》说:"夫元气陶铄,众生禀焉;赋受有多少,故才性有昏明。惟至人特钟纯美,兼周外内,无不毕备。降此以往,盖阙如也。"他坚持气化宇宙论,主张人的才性均由禀受元气而来,且禀受数量的差异导致了才性质量的差异,除了至人之外,常人受气均不纯美毕备,因而导致了才有偏善的状况。郭象从独化论出发,提倡自然人性论,并把人的潜能作为人性内涵的一部分。他认为,人性中包含着先天禀赋的潜能,这些潜能的成长和发挥是实现适性逍遥的重要条件。这些玄学思想与刘勰的作家风格论的才性论基础存在渊源关系,但细究下来,郭象对刘勰的影响似乎更为直接。这主要地体现在他们对才学关系问题的一致看法上。

刘勰虽主张作品的风格取决于作家的情性,但并不把情性视作风格的唯一来源,而是将作家先天的气质个性、禀赋才能和后天的学养与训练相结合,提出"才有庸俊,气有刚柔,学有浅深,习有雅郑,并情性所铄,陶染所凝,是以笔区云谲,文苑波诡者矣"。他重视二者的辩证关系,将之作为构成作家艺术风格的四种要素,其中"气"和"才"是先天的,是基础和根本;同时强调后天的"学"与"习"对形成作家独特的创作个性和作品风格的重要作用,是必不可少的辅助力量。《文心雕龙·事类》篇明确地提出了"才为盟主,学为辅佐"的命题:"夫姜桂因地,辛在本性;文章由学,能在天资。才自内发,学以外成,有学饱而才馁,有才富而学贫。学贫者迍邅于事义,才馁者劬劳于辞情,此内外之殊分也。"对才学的辩证关系做出了合理的分析。

张少康先生认为,刘勰对作家才学问题的看法受到了荀子的人性论的影响。① 荀子主张人性本恶,并提出通过后天的礼义教化来改变人先天的恶的本性,因而重视"性"与"伪"之间相辅相成的关系。其《礼论》篇说:"性者,本始材朴也;伪者,文理隆盛也。无性则伪之无所加,无伪则性不能自美。"② 在他看来,后天对礼义的学习能够改变先天的人性之恶,起到化性起伪、使人向善的作用。这虽然肯定了人的先天本性与后天学习之间的联系,但荀子主要是从德性层面来谈的,而且,学习的作用不是辅助本性的完善,反倒是要消磨掉本性。为此,荀子更为看重后天的礼义之教的决定性作用。这与刘勰就文学创作和风格来谈的才性问题未免有所区别。詹锳先生则将刘勰的才学观念的来源做了分别处理,认为"其中的'才''气'是从魏晋以来的'才性论'来的,所以说是'情性所铄',而'学''习'两个因素的提出,并把它归之后天的'陶染所凝',则是刘勰本人的创见。"③ 实际上,刘勰的才学观念直接受到了魏晋玄学中的才性之辨的影响。早在刘劭《人物志》中,才学的关系就得到了关注和讨论。他说:"夫学,所以成材也……偏材之性,不可移转矣。虽教之以学,材成而随之以失。"④ 刘劭认为人的才性是天生命定的,不可更易,学习要以先天的才性为基础,否则只是徒劳而已。这种观念与郭象类似,郭象也主张"学习之功,成性而已",但他对待学习的态度要比刘劭更加积极一些,强调"物虽有性,亦须数习而后能耳",要想实现人性中的潜能,必须经过后天的积极努力。而且,从"性"与"学"的关系来看,刘勰和郭象都认为,"性"是"学"的前提,否定人能够在先天禀赋的才性之外通过学习而获得良好的能力。刘

---

① 参见张少康《刘勰及其〈文心雕龙〉研究》,北京大学出版社2010年版,第127—128页。
② (清)王先谦撰,沈啸寰、王星贤点校:《荀子集解》,中华书局1988年版,第366页。
③ 詹锳:《詹锳全集》卷4《〈文心雕龙〉的风格学》,河北教育出版社2016年版,第7页。
④ 李崇智:《人物志校笺》,巴蜀书社2001年版,第61页。

勰说:"才有天资,学慎始习。"(《文心雕龙·体性》)郭象虽肯定学习的作用,但把学习的前提严格地限定在人的性分之内,认为"夫假学可变,而天性不可逆也"(《天运注》,499),反对通过学习去求取性分以外的能力。他说:"夫外不可求而求之,譬犹以圆学方,以鱼慕鸟耳。虽希翼鸾凤,拟规日月,此愈近彼,愈远实,学弥得而性弥失。"(《齐物论注》,93)这与刘勰"因性以练才"的观念是很吻合的。

与肯定"才"与"学"的辩证关系和共同作用不同,在魏晋思想中,还存在另一种观念,即片面地看重人的先天的才性,重视"天才",而否定"学"的作用和价值。曹丕和嵇康是其中的代表。曹丕的"文气说"强调"文以气为主,气之清浊有体,不可力强而致,虽在父兄,不能以移子弟",这其中包含了否定学习的意思。嵇康本人是一个天才型的人物,有奇才,《晋书》本传称他"学不师授,博览无不该通"。他在才性与学习的问题上,出于批判儒学的目的,或许加之他本人具有很高的天分,主张不学而能。他对张叔辽的《自然好学论》予以反驳,称"口之于甘苦,身之于痛痒,感物而动,应事而作,不须学而后能,不待借而后有,此必然之理,吾所不易也"。在他看来,人的天性是自然生成的,无须后天的学习去培养。他说:"执书摘句,俯仰咨嗟,使伏膺其言,以为荣华。"(《难自然好学论》)认为那些学习经义礼法的人,不过以此作为干禄之途,并不符合人的本性。这种重视"天才"的观念在南北朝时期也被人继承和融汇到文学观念中去。钟嵘在五言诗的创作上就严厉批评"虽谢天才,且表学问"的现象,主张"天才"的自然创造,反对堆砌典故的学问家做法。颜延之《颜氏家训》论创作时也说:"学问有利钝,文章有巧拙。钝学累功,不妨精熟;拙文研思,终归蚩鄙。但成学士,自足为人;必乏天才,勿强操笔。"① 这是才学观的另一面。

作家情性对作品风格的决定性影响既是普遍的,又是具体的。每一个人、每一个作家都有自己的气质、个性或禀赋,他的作品就呈现出自己的独特风格与特点。刘勰虽然在《体性》篇总结了八种基本的风格,即典雅、远奥、精约、显附、繁缛、壮丽、新奇和轻靡,但这不过是从

---

① 郭绍虞主编:《中国历代文论选》第1册,上海古籍出版社2001年版,第351页。

四个主要层面对作品经验的归纳和概括。就其经验本身来说，作品风格由于作者情性的不同，是充满差异的，正如刘勰所说，"各师成心，其异如面"。黄侃先生说："体斥文章形状，性谓人性气有殊，缘性气之殊而所为之文异状。"① 刘勰列举了贾谊、司马相如、扬雄、刘向、班固、张衡、王粲、刘桢、阮籍、嵇康、潘岳、陆机等历史上著名作家的性情与文体间因果关系的例证，并做出总结："触类以推，表里必符，岂非自然之恒资，才气之大略哉！"所谓"自然之恒资"，指的就是作家的性分。在《才略》篇，刘勰从才性层面剖析历代作家的作品风格和文学成就，绘制了一幅文学史长卷，并由此提出"才难然乎，性各异禀"（《文心雕龙·才略》）的观点，说明作家秉性的差异性与文学风格的多样性之间的联系。

范文澜先生已指出了"各师成心，其异如面"的来源。"各师成心"出自《庄子·齐物论》，并被郭象在《庄子注》中予以重释；"其异如面"出自《左传·襄公三十一年》中"人心之不同，如其面焉"一句。有学者认为，庄子的"成心"，意思是偏见，谈论的是认识问题，刘勰用"成心"来指个性，谈论的是审美问题，"完全改变了'成心'一词的内涵"。② 实际上，刘勰是沿袭和拓展了郭象对"成心"概念的理解和使用。郭象所谓的"成心"，指的是依凭人的性分而存在、对人的思想和行为具有正当性的个体意识。他认为，每个人如果都能"师其成心"，那么就会达到人人自得的状态。不难发现，郭象的"成心"说包含了对个性的肯定，容纳了人与人之间的差异性和独特性。这一点，我们在东晋士族的人物品藻中已经看到了实际的美学效果，即尊重个性之美、张扬独特价值的精神。这种美学精神同样被刘勰用以支撑千姿百态的文艺之美。刘勰尊重作家的才性差异以及以此为基础的作品风格的丰富性，而且能够准确辨识他们各自的审美特征。他屡用"偏美""偏才""偏善""各其善"等语汇，如"孔融气盛于为笔，祢衡思锐于为文，有偏美焉""曹

---

① 黄侃：《文心雕龙札记》，商务印书馆2014年版，第90页。
② 韩泉欣：《〈文心雕龙·体性〉"各师成心，其异如面"说》，《浙江大学学报》（人文社会科学版）2000年第1期。

摅清靡于长篇,季鹰辨切于短韵,各其善也"(《文心雕龙·才略》),对作家才性的优长方面予以肯定。这背后是郭象的适性自得的美学理念。

　　刘勰的文学观深受郭象适性思想的影响,在创作论、风格论甚至鉴赏论上,都主张"适",体现出一种自然主义的论调。除了上述就艺术构思论、创作主体修养论和作品风格论所做的分析之外,刘勰还在多个方面表现出适性美学的痕迹。例如,在文体论方面,他主张作家应该根据自己的个性或禀赋选择适当的文体类型,即所谓"因情立体"(《文心雕龙·定势》)或"文术多门,各适所好"(《文心雕龙·风骨》),有的人擅长诗赋,有的人擅长论说,并不能求全责备。即便是在诗歌领域,也有体制的差异及其与诗人性情是否投合的问题,有的人擅长创作四言诗,而有的人擅长五言诗或歌行体。刘勰说:"诗有恒裁,思无定位,随性适分,鲜能通圆。"(《文心雕龙·明诗》)"随性适分",这明显是郭象的适性理论的直接挪用。在创作技巧方面,刘勰认为,无论是文章结构的布局,还是内容繁略的安排,或是节奏缓急的调整,都要坚持适性的原则。《镕裁》篇说:"精论要语,极略之体;游心窜句,极繁之体:谓繁与略,随分所好。"《章句》篇说:"夫裁文匠笔,篇有大小;离章合句,调有缓急;随变适会,莫见定准。"所谓"随分所好"或"随变适会",都带有适性思想的痕迹。然而,刘勰并非跟在郭象身后亦步亦趋。他一方面强调作者情性对文学活动的制约作用,主张在文学创造活动中因顺情性的自然变化;另一方面注重文学活动自身的规律性和复杂性,要求作家的主观情志适应客观的规律或现实,达到二者之间的平衡。《通变》篇说:"是以规略文统,宜宏大体。先博览以精阅,总纲纪而摄契;然后拓衢路,置关键,长辔远驭,从容按节,凭情以会通,负气以适变,采如宛虹之奋鬐,光若长离之振翼,乃颖脱之文矣。"这段文字是刘勰以全局性眼光对创作过程的鸟瞰式描述。其中,带有适性意味的"凭情以会通,负气以适变"并不是独立的,而是与继承传统、因循体制和锤炼技巧等融汇在一起的。换句话说,适性美学被吸纳到刘勰的文艺思想中去了,成为它的有机组成部分。

# 参考文献

## 一 古代部分

1. （西汉）司马迁撰，（南朝宋）裴骃集解，（唐）司马贞索隐，（唐）张守节正义：《史记》，中华书局 1959 年版。
2. （西汉）刘安撰，刘文典集解：《淮南鸿烈集解》，中华书局 2013 年版。
3. （西汉）董仲舒撰，苏舆义证：《春秋繁露义证》，中华书局 2018 年版。
4. （东汉）许慎著，（清）段玉裁注：《说文解字注》，上海古籍出版社 1988 年版。
5. （东汉）何休解诂，（唐）徐彦疏，刁小龙整理：《春秋公羊传注疏》，上海古籍出版社 2014 年版。
6. （三国魏）曹植撰，赵幼文校注：《曹植集校注》，中华书局 2017 年版。
7. （三国魏）王弼注，楼宇烈校释：《老子道德经注校释》，中华书局 2008 年版。
8. （三国魏）王弼撰，楼宇烈校释：《王弼集校释》，中华书局 1980 年版。
9. （三国魏）阮籍著，陈伯君校注：《阮籍集校注》，中华书局 2015 年版。
10. （三国魏）嵇康著，戴明扬校注：《嵇康集校注》，中华书局 2016 年版。

11. （西晋）陆机撰，张少康集释：《文赋集释》，人民文学出版社 2002 年版。

12. （西晋）郭象注，（唐）成玄英疏：《庄子注疏》，中华书局 2011 年版。

13. （西晋）陈寿撰，（南朝宋）裴松之注，卢弼集解：《三国志集解》，中华书局 2012 年版。

14. （西晋）皇甫谧著，（清）任渭长、沙英绘，刘晓艺撰文：《高士传》，上海古籍出版社 2014 年版。

15. （东晋）葛洪撰，杨明照校笺：《抱朴子外篇校笺》上，中华书局 1991 年版。

16. （东晋）葛洪撰，王明校释：《抱朴子内篇校释》，中华书局 1985 年版。

17. （东晋）陶渊明著，龚斌校笺：《陶渊明集校笺》，上海古籍出版社 2019 年版。

18. （南朝宋）谢灵运撰，顾绍柏：《谢灵运集校注》，中州古籍出版社 1987 年版。

19. （南朝宋）范晔撰，（唐）李贤等注：《后汉书》，中华书局 1965 年版。

20. （南朝宋）刘义庆著，（南朝梁）刘孝标注，余嘉锡笺疏，周祖谟、余淑宜、周士琦整理：《世说新语笺疏》，中华书局 2007 年版。

21. （南朝宋）刘义庆著，（南朝梁）刘孝标注，龚斌校释：《世说新语校释》，上海古籍出版社 2011 年版。

22. （南朝宋）刘义庆著，（南朝梁）刘孝标注，杨勇校笺：《世说新语校笺》，中华书局 2019 年版。

23. （南朝梁）慧皎撰，汤用彤校注，汤一玄整理：《高僧传》，中华书局 1992 年版。

24. （南朝梁）萧统编，（唐）李善注：《文选》，上海古籍出版社 1986 年版。

25. （南朝梁）沈约撰：《宋书》，中华书局 1974 年版。

26. （南朝梁）萧子显撰：《南齐书》，中华书局 1972 年版。

27. (南朝梁)刘勰著,詹锳义证:《文心雕龙义证》,上海古籍出版社1989年版。
28. (南朝梁)刘勰著,(清)黄叔琳注、李详补注,杨明照校注拾遗:《文心雕龙校注》,中华书局2021年版。
29. (南朝梁)皇侃:《论语义疏》,中华书局2013年版。
30. (唐)孔颖达正义:《礼记正义》,上海古籍出版社1990年版。
31. (唐)孔颖达正义:《尚书正义》,上海古籍出版社2007年版。
32. (唐)房玄龄等撰:《晋书》,中华书局1974年版。
33. (唐)欧阳询纂:《艺文类聚》,中华书局1963年版。
34. (宋)司马光等撰,(元)胡三省音注:《资治通鉴》,中华书局1987年版。
35. (宋)林希逸:《庄子鬳斋口义校注》,中华书局1997年版。
36. (宋)洪迈撰,孔凡礼点校:《容斋随笔》,中华书局2005年版。
37. (宋)朱熹:《四书章句集注》,中华书局2012年版。
38. (宋)朱熹《诗集传》,中华书局2018年版。
39. (明)许学夷:《诗源辨体》,人民文学出版社1987年版。
40. (明)焦竑:《焦氏笔乘》卷2,见《续修四库全书》,上海古籍出版社1995年版。
41. (清)顾炎武著,陈垣校注:《日知录校注》,安徽大学出版社2007年版。
42. (清)王夫之:《读通鉴论》,岳麓书社2011年版。
43. (清)王夫之评选,张国星点校:《古诗评选》,河北大学出版社2008年版。
44. (清)王夫之:《老子衍 庄子通 庄子解》,中华书局2009年版。
45. (清)王士禛:《带经堂诗话》,人民文学出版社1963年版。
46. (清)吴淇:《六朝选诗定论》,广陵书社2009年版。
47. (清)方东树:《昭昧詹言》,人民文学出版社1961年版。
48. (清)焦循:《孟子正义》,中华书局1987年版。
49. (清)王先慎:《韩非子集解》,中华书局2018年版。
50. (清)王先谦撰,沈啸寰、王星贤点校:《荀子集解》,中华书局2018

年版。

51. （清）郭庆藩：《庄子集释》，中华书局 2012 年版。
52. （清）孙希旦：《礼记集解》，中华书局 1989 年版。
53. （清）严可均辑：《全上古三代秦汉三国六朝文》，中华书局 1958 年版。
54. （清）段玉裁注：《说文解字注》，上海古籍出版社 1981 年版。
55. （清）何文焕辑：《历代诗话》，中华书局 1981 年版。
56. 曹础基：《庄子浅注》，中华书局 1982 年版。
57. 陈鼓应：《庄子今注今译》，中华书局 2009 年版。
58. 陈鼓应：《老子注译及评介》，中华书局 2009 年版。
59. 崔富章：《新译嵇中散集》，台北：三民书局 2011 年版。
60. 范文澜：《文心雕龙注》，人民文学出版社 1958 年版。
61. 郭绍虞主编：《中国历代文论选》4 卷本，上海古籍出版社 2001 年版。
62. 李崇智：《人物志校笺》，巴蜀书社 2001 年版。
63. 李天华：《世说新语新校》，岳麓书社 2004 年版。
64. 林家骊：《新译阮籍诗文集》，台北：三民书局 2015 年版。
65. 刘节：《谢康乐诗注》，人民文学出版社 1958 年版。
66. 逯钦立辑校：《先秦汉魏晋南北朝诗》，中华书局 1983 年版。
67. 彭玉平：《人间词话疏证》，中华书局 2011 年版。
68. 潜苗金：《礼记译注》，浙江古籍出版社 2007 年版。
69. 王大鹏等编选：《中国历代诗话选》第 2 册，岳麓书社 1985 年版。
70. 王国维：《人间词话》，人民文学出版社 1960 年版。
71. 吴承仕：《经典释文序录疏证》，中华书局 1984 年版。
72. 许维遹：《吕氏春秋集释》，中华书局 2009 年版。
73. 杨伯峻：《列子集释》，中华书局 1979 年版。
74. 杨伯峻：《论语译注》，中华书局 2017 年版。
75. 钟泰：《庄子发微》，上海古籍出版社 2002 年版。
76. 周兴陆编著：《世说新语汇校汇注汇评》，凤凰出版社 2017 年版。

## 二 现代部分

### (一) 中文著作

1. 陈伯海:《中国诗学之现代观》,上海古籍出版社2019年版。
2. 陈寅恪:《金明馆丛稿初编》,生活·读书·新知三联书店2015年版。
3. 陈引驰:《庄子精读》,复旦大学出版社2008年版。
4. 陈引驰:《无为与逍遥:庄子六章》,中华书局2016年版。
5. 冯友兰:《中国哲学史》,生活·读书·新知三联书店2009年版。
6. 冯友兰:《中国哲学史新编》,人民出版社2007年版。
7. 傅刚:《魏晋南北朝诗歌史论》,商务印书馆2017年版。
8. 葛晓音:《八代诗史》(修订本),中华书局2012年版。
9. 葛晓音:《山水·审美·理趣》,香港:三联书店有限公司2017年版。
10. 葛晓音:《山水有清音——古代山水田园诗鉴要》,北京大学出版社2018年版。
11. 龚斌:《陶渊明传论》,华东师范大学出版社2000年版。
12. 何兹全:《魏晋南北朝史略》,上海人民出版社1958年版。
13. 胡经之、李健:《中国古典文艺学》,光明日报出版社2006年版。
14. 黄侃:《文心雕龙札记》,商务印书馆2014年版。
15. 侯外庐等:《中国思想通史》第3卷,人民出版社1957年版。
16. 江建俊主编:《竹林风致之反思与视域拓延》,台北:里仁书局2011年版。
17. 蒋孔阳:《德国古典美学》,商务印书馆1980年版。
18. 江瑔:《读子卮言》,华东师范大学出版社2012年版。
19. 景蜀慧:《魏晋诗人与政治》,台北:文津出版社1991年版。
20. 康中乾:《从庄子到郭象——〈庄子〉与〈庄子注〉比较研究》,人民出版社2013年版。
21. 李健:《魏晋南北朝的感物美学》,中国社会科学出版社2007年版。
22. 李文初:《陶渊明论略》,广东人民出版社1986年版。
23. 李泽厚、刘纲纪主编:《中国美学史》,中国社会科学出版社1987年版。

24. 李泽厚:《美的历程》,天津社会科学院出版社 2001 年版。
25. 李泽厚:《华夏美学》,广西师范大学出版社 2001 年版。
26. 李泽厚:《中国古代思想史论》,生活·读书·新知三联书店 2008 年版。
27. 李中华:《中国儒学史·魏晋南北朝卷》,北京大学出版社 2011 年版。
28. 刘绍瑾:《庄子与中国美学》,广东高等教育出版社 1989 年版。
29. 林文月:《山水与古典》,生活·读书·新知三联书店 2013 年版。
30. 刘汝霖:《汉晋学术编年》卷下,华东师范大学出版社 2010 年版。
31. 刘笑敢:《庄子哲学及其演变》,中国人民大学出版社 2010 年版。
32. 鲁迅:《魏晋风度及文章与药及酒之关系》,《而已集》,人民文学出版社 1973 年版。
33. 鲁迅:《中国小说史略》,人民文学出版社 1973 年版。
34. 骆玉明、肖能选编:《魏晋风度二十讲》,华夏出版社 2009 年版。
35. 骆玉明:《世说新语精读》,复旦大学出版社 2012 年版。
36. 罗宗强:《玄学与魏晋士人心态》,浙江人民出版社 1991 年版。
37. 吕思勉:《两晋南北朝史》,上海古籍出版社 2005 年版。
38. 蒙培元:《心灵超越与境界》,人民出版社 1998 年版。
39. 牟宗三:《牟宗三全集》卷 22《圆善论》,台北:联经出版事业股份有限公司 2003 年版。
40. 缪钺:《清谈与魏晋政治》,《冰茧庵文史丛稿》,商务印书馆 2019 年版。
41. 钱穆:《中国学术思想史论丛》三,安徽教育出版社 2004 年版。
42. 钱锺书:《谈艺录》,生活·读书·新知三联书店 2008 年版。
43. 钱锺书:《管锥编》,生活·读书·新知三联书店 2007 年版。
44. 仇鹿鸣:《魏晋之际的政治权力与家族网络》,上海古籍出版社 2015 年版。
45. 任继愈:《中国哲学史论》,上海人民出版社 1986 年版。
46. 任继愈主编:《中国哲学史》,人民出版社 1996 年版。
47. 汤一介:《郭象与魏晋玄学》,北京大学出版社 2016 年版。
48. 汤用彤:《魏晋玄学论稿》,上海人民出版社 2015 年版。

49. 唐长孺:《魏晋南北朝史论丛》,武汉大学出版社 2013 年版。
50. 田余庆:《东晋门阀政治》,北京大学出版社 1996 年版。
51. 王博:《庄子哲学》,北京大学出版社 2013 年版。
52. 王国璎:《中国山水诗研究》,中华书局 2007 年版。
53. 王叔岷:《庄学管窥》,中华书局 2007 年版。
54. 王晓毅:《嵇康评传》,南京大学出版社 2006 年版。
55. 王晓毅:《郭象评传》,南京大学出版社 2006 年版。
56. 王心扬:《东晋士族的双重政治性格》,中华书局 2021 年版。
57. 王元化:《文心雕龙讲疏》,上海三联书店 2012 年版。
58. 王瑶:《中古文学史论》,北京大学出版社 1986 年版。
59. 王仲荦:《魏晋南北朝史》,上海人民出版社 1998 年版。
60. 韦政通:《中国思想史》,台北:大林出版社 1985 年版。
61. 吴怡:《逍遥的庄子》,台北:三民书局 2019 年版。
62. 萧望卿:《陶渊明批评》,上海:开明书店 1947 年版。
63. 徐复观:《中国艺术精神》,广西师范大学出版社 2007 年版。
64. 徐复观:《中国人性论史·先秦篇》,九州出版社 2014 年版。
65. 徐公持:《魏晋文学史》,人民文学出版社 1999 年版。
66. 许尤娜:《魏晋隐逸思想及其美学涵义》,台北:文津出版社 2001 年版。
67. 杨国荣:《庄子内篇释义》,中华书局 2021 年版。
68. 杨立华:《郭象〈庄子注〉研究》,北京大学出版社 2010 年版。
69. 杨立华:《中国哲学十五讲》,北京大学出版社 2019 年版。
70. 叶嘉莹:《叶嘉莹说汉魏六朝诗》,中华书局 2018 年版。
71. 叶朗:《中国美学史大纲》,上海人民出版社 1985 年版。
72. 叶维廉:《中国诗学》(增订版),人民文学出版社 2006 年版。
73. 叶维廉:《叶维廉文集》第 2 卷,安徽教育出版社 2002 年版。
74. 余敦康:《魏晋玄学史》,北京大学出版社 2016 年版。
75. 袁行霈:《陶渊明研究》,北京大学出版社 1995 年版。
76. 《詹锳全集》卷 4《〈文心雕龙〉的风格学》,河北教育出版社 2016 年版。

77. 张岱年：《中国哲学大纲》，江苏教育出版社2005年版。
78. 章启群：《论魏晋自然观——中国艺术自觉的哲学考察》，北京大学出版社2000年版。
79. 张少康：《刘勰及其〈文心雕龙〉研究》，北京大学出版社2010年版。
80. 张世英：《哲学导论》（修订版），北京大学出版社2008年版。
81. 《章太炎全集》第8册，上海人民出版社2018年版。
82. 张严：《文心雕龙文术论诠》，台北：商务印书馆1973年版。
83. 钟来茵：《中古仙道诗精华》，江苏文艺出版社1994年版。
84. 朱光潜：《诗论》，广西师范大学出版社2021年版。
85. 朱良志：《中国艺术的生命精神》，安徽教育出版社2006年版。
86. 《朱自清全集》第3卷，江苏教育出版社1996年版。
87. 宗白华：《美学散步》，上海人民出版社1981年版。

### （二）中文译著

1. ［英］休谟：《人性论》，关文运译，商务印书馆1980年。
2. ［德］康德：《判断力批判》，邓晓芒译，人民出版社2002年版。
3. ［德］叔本华：《作为意志和表象的世界》，石冲白译，商务印书馆1982年版。
4. ［德］伽达默尔：《诠释学Ⅰ：真理与方法》，洪汉鼎译，商务印书馆2013年版。
5. ［德］顾彬：《中国文人的自然观》，马树德译，上海人民出版社1990年版。
6. ［美］刘若愚：《中国文学理论》，杜国清译，江苏教育出版社2006年版。
7. ［美］余英时：《士与中国文化》，上海人民出版社1987年版。
8. ［美］孙康宜：《抒情与描写：六朝诗歌概论》，钟振振译，上海三联书店2006年版。
9. ［美］马斯洛：《动机与人格》，许金声等译，中国人民大学出版社2013年版。
10. ［美］马斯洛：《存在心理学探索》，李文湉译，云南人民出版社1987年版。

11. ［美］马斯洛:《自我实现的人》,许金声、刘锋等译,生活·读书·新知三联书店 1987 年版。
12. ［美］列奥·施特劳斯:《自然权利与历史》,彭刚译,生活·读书·新知三联书店 2006 年版。
13. ［日］谷川道雄:《中国中古社会与共同体》,马彪译,上海古籍出版社 2013 年版。
14. ［日］小尾郊一:《中国文学中所表现的自然与自然观——以魏晋南北朝文学为中心》,邵毅平译,上海古籍出版社 2014 年版。
15. ［日］福原启郎:《魏晋政治社会史研究》,陆帅、刘萃峰、张紫毫译,江苏人民出版社 2021 年版。

（三）学术论文

1. 王利器:《〈庄子〉郭象序的真伪问题》,《哲学研究》1978 年第 9 期。
2. 余敦康:《关于〈庄子〉郭象注的真伪问题——与王利器先生商榷》,《哲学研究》1979 年第 1 期。
3. 楼宇烈:《郭象哲学剖析》,《中国哲学》第 1 辑,生活·读书·新知三联书店 1979 年版。
4. 徐仁甫:《"将无同"别解》,《社会科学战线》1980 年第 3 期。
5. 王钟陵:《中国古代文论中两种不同的"养气"说》,《文学评论丛刊》第 19 辑,中国社会科学出版社 1983 年版。
6. 王文生:《比较研究,发现自我——试论中国古代文论的民族特点》,《社会科学战线》1986 年第 1 期。
7. 朱良志:《中国古代美学中的"物化"观》,《中州学刊》1990 年第 2 期。
8. ［日］中野达:《〈庄子〉郭象注中的坐忘》,牛中奇译,《宗教学研究》1991 年第 1 期。
9. 景蜀慧:《西晋名教之治与放达之风》,《中国魏晋南北朝史学会第二届学术讨论会论文集》,齐鲁书社 1991 年版。
10. 葛晓音:《东晋玄学自然观向山水审美观的转化——兼探支遁注〈逍遥游〉新义》,《中国社会科学》1992 年第 1 期。
11. 吴承学:《人品与文品》,《文学遗产》1992 年第 1 期。

12. 陈中伟：《陶渊明与郭象的玄学思想》，《淮阴师专学报》1992 年第 3 期。
13. 张可礼：《陶渊明的文艺思想》，《文学遗产》1997 年第 5 期。
14. 牟钟鉴、林秀茂：《论儒道互补》，《中国哲学史》1998 年第 4 期。
15. 林校生：《桓温与玄学》，《中国史研究》1998 年第 4 期。
16. 韩泉欣：《〈文心雕龙·体性〉"各师成心，其异如面"说》，《浙江大学学报》（人文社会科学版）2000 年第 1 期。
17. 马元龙：《郭象玄学与魏晋风度》，《中州学刊》2000 年第 4 期。
18. 陈少明：《"齐物"三义——〈庄子·齐物论〉主题分析》，《中国哲学史》2001 年第 4 期。
19. 周大兴：《王坦之〈废庄论〉的反庄思想：从玄学与反玄学、庄学与反庄学的互动谈起》，（台湾）《中国文哲研究集刊》2001 年第 3 卷第 18 期。
20. 陈金凤：《谢安、桓冲与东晋皇权政治》，《江西师范大学学报》（哲学社会科学版）2002 年第 2 期。
21. 黄应全：《无为与养气——〈文心雕龙〉"养气"说与魏晋玄学》，《首都师范大学学报》（社会科学版）2002 年第 3 期。
22. 冯国栋：《刘勰的"虚静"说与佛家的禅学》，《文艺理论研究》2002 年第 6 期。
23. 祁志祥：《郭象美学："任性"而"自得"》，《上海大学学报》（社会科学版）2006 年第 2 期。
24. 张晶：《"自得"——创造性的审美思维命题》，《哲学研究》2003 年第 1 期。
25. 王晓毅：《阮籍〈达庄论〉与汉魏之际庄学》，《史学月刊》2004 年第 2 期。
26. 袁济喜：《郭象与魏晋美学》，《宝鸡文理学院学报》（社会科学版）2004 年第 4 期。
27. 高华平：《评东晋的风流宰相——谢安》，《南京理工大学学报》（社会科学版）2004 年第 1 期。
28. 聂春华：《郭象美学摭议》，《韶关学院学报》（社会科学版）2004 年第 2 期。

29. 黄圣平：《逍遥与政治——谢安玄学人格探微》，《南京社会科学》2004 年第 6 期。

30. 闫月珍：《作为道家传统的以物观物与中国诗学的美感经验》，《浙江学刊》2005 年第 1 期。

31. 李昌舒：《自然与自由——论陶渊明"自然说"与郭象哲学的关系》，《江淮论坛》2005 年第 1 期。

32. 李昌舒：《自然与自由——论郭象哲学之"性"》，《中国哲学史》2005 年第 3 期。

33. 王晓毅：《郭象命运论及其意义》，《文史哲》2005 年第 6 期。

34. 李昌舒：《郭象哲学与山水自然的发现》，《复旦学报》（社会科学版）2006 年第 2 期。

35. 刘笑敢：《从超越逍遥到足性逍遥之转化——兼论郭象〈庄子注〉之诠释方法》，《中国哲学史》2006 年第 3 期。

36. 李希：《郭象玄学与山水自然的关系——"老庄告退，山水方滋"的原由新解》，《华夏文化论坛》第 4 辑，吉林大学出版社 2006 年版。

37. 暴庆刚：《境界形态与实然形态的双重涵摄：论郭象逍遥义的两个层次》，《人文杂志》2007 年第 3 期。

38. 刘笑敢：《两种逍遥与两种自由》，《华中师范大学学报》（人文社会科学版）2007 年第 6 期。

39. 徐公持：《嵇康〈与山巨源绝交书〉非绝交之书论》，《中华文史论丛》2008 年第 3 期。

40. 叶蓓卿：《论郭象的"适性逍遥"说》，方勇主编：《诸子学刊》第 3 辑，上海古籍出版社 2009 年版。

41. 萧驰：《郭象玄学与山水诗之发生》，《汉学研究》2009 年第 3 期。

42. ［加］林理彰：《郭象〈庄子〉注对六朝文学思想与文学理论的影响》，童岭译，徐中玉、郭豫适主编：《中国文论的道与艺》古代文学理论研究第 28 辑，华东师范大学出版社 2009 年版。

43. 邓福舜：《陶渊明思想接受途径考论》，《古籍整理研究学刊》2010 年第 4 期。

44. 党西民：《郭象美学的本体论》，《江汉论坛》2010年第8期。
45. 李希、廖宏昌：《陶渊明诗学与郭象哲学之关系考》，《求索》2010年11期。
46. 孙绍振：《没有外物负担有没有心灵负担的境界——读陶渊明〈饮酒·其五〉〈归园田居·其一〉》，《名作欣赏》2010年第31期。
47. 陈琰：《郭象〈庄子注〉美学思想研究》，博士学位论文，武汉大学，2010年。
48. 祁志祥：《道家"适性为美"思想的生态美学意义》，《安徽师范大学学报》（人文社会科学版）2011年第5期。
49. 盖晓明：《论郭象玄学的"自然"概念对刘勰〈文心雕龙〉的影响》，《社会科学论坛》2011年第10期。
50. 仲寅：《中国大陆学界郭象〈庄子注〉研究述评》，《中国矿业大学学报》2012年第3期。
51. 查洪德：《论"自得"》，《文史哲》2013年第5期。
52. 洪之渊：《郭象玄学与东晋赏物模式的确立——兼及山水诗发生之理据问题》，《文学评论》2014年第5期。
53. 罗彩：《郭象思想研究三十年及前瞻》，《深圳大学学报》2015年第1期。
54. 李小茜：《20世纪以来郭象研究之述评》，《社科纵横》2015年第9期。
55. 刘运好：《论"迹"与"所以迹"：郭象本体论诗学》，《苏州大学学报》（哲学社会科学版）2016年第1期。
56. 余开亮：《郭象本性论与晋人个体生命意识》，《中州学刊》2016年第5期。
57. 詹石窗、程敏华：《陶渊明道教信仰及其相关诗文思想内涵考论》，《湖北大学学报》（哲学社会科学版）2017年第1期。
58. 刘梁剑：《郭象"物"观念与晋人的逸气及乡愿》，《陕西师范大学学报》（哲学社会科学版）2017年第1期。
59. 余开亮：《郭象哲学与魏晋美学思潮》，《郑州大学学报》（哲学社会科学版）2017年第6期。

60. 余开亮:《郭象玄学与中国山水审美的独立》,《中州学刊》2017 年第 9 期。

61. 余开亮:《郭象哲学与魏晋山水审美经验的嬗变——兼及晋宋之际的"诗运转关"说》,《中国人民大学学报》2018 年第 5 期。

62. 李健:《"神思"与"想象"的隔与融》,《中国文学批评》2019 年第 3 期。

63. 高建平:《通向中国话语建设——当代中国美学的三次突围》,《文艺研究》2019 年第 10 期。

64. 朱海坤:《逍遥与政治——郭象玄学与两晋审美趣味》,《暨南学报》(哲学社会科学版)2020 年第 2 期。

# 附　录

# 魏晋清谈艺术论

**摘　要**：清谈作为魏晋时期士族群体的重要文化活动，具有多重属性和研究路向：一是政治属性，着重探讨清谈与魏晋政治的关系问题；二是哲学属性，即把清谈作为魏晋玄学的生发途径；三是审美属性，主要关注清谈的审美特征和艺术精神，这是目前魏晋清谈研究值得深入的话题。本文尝试在中西美学的比较与对话中全面地概括和提炼魏晋清谈的艺术精神，主要表现为以下四个方面：其一，魏晋清谈将求知与求美相结合，在理趣的驱动下，以探求玄理寻求精神愉悦；其二，魏晋清谈具有创造精神，以玄理与辞采的双重创新满足人们的审美期待；其三，魏晋清谈是一种综合性活动，以表演性的动作或神态彰显名士风度；其四，魏晋清谈符合审美公共性原则，超越了宗派、门第等庸俗观念，实现人际的融通与平等。

**关键词**：魏晋清谈；艺术精神；理趣；创造；表演；审美公共性

魏晋清谈经历了从政治批评到玄学探究的研究转向。清谈误国之说在清谈盛行的两晋时代就已出现，并成为古代学者的主要评价取向。在 20 世纪，魏晋清谈被视为以求理为目的的论辩活动，成为玄学研究的重要载体。进入 21 世纪以来，出现了第三种研究视角，即从美学的角度探讨它的审美属性。这是对魏晋清谈之本色的还原。自何晏始，魏晋名士就沉浸于清谈之中，《世说新语》中用于描述清谈的词汇，如"以写其怀""时复造心""厌心""抃舞""嗟咏二家之美""萧然自得"等时时表露出清谈场上的胜流君子如何以审美的态度对待清谈以及获得艺术陶冶的沉醉式愉悦。现有研究多聚焦于魏晋清谈的语言艺术特征。① 然而，如果美感仅仅源自辞采声韵，魏晋清谈作为当时士人趋之若鹜的审美活动似乎缺少了必然的理由。魏晋时期是一个文学自觉的时代，文学创作呈现出繁荣景象。陆机《文赋》将当时的文学创作倾向概括为"其会意也尚巧，其遣言也贵妍；暨音声之迭代，若五色之相宣"，这与清谈所追求的文辞之美如出一辙。换句话说，清谈作为一种满足魏晋人的精神追求和审美愉悦的独特活动尚缺乏其独特价值。那么，魏晋清谈是否还有其他使之成为美的艺术的重要特征呢？本文提出，魏晋清谈是一种综合的美的艺术，有其独特的艺术精神。

## 一　理趣：魏晋清谈的审美基点

前辈学者对魏晋清谈的艺术属性早有认识。宗白华曾说，魏晋清谈虽以探求玄理为动机和目的，但晋人的艺术气质使这种学术上的论辩活动"成为一种艺术创作"②。他似乎认同这样的观点：艺术上的成就只是魏晋清谈的衍生物，其本意在求知。汤用彤持论稍异，他说："夫清谈之资，本在名理，而其末流则重在言语之风流蕴藉，文章之绮丽华贵。"③钱穆仍其议论，称清谈是魏晋玄学的讹变，早期玄学家都怀有关怀现实的济世精神而不废儒学，衣冠南渡以后，"门第中人乃渐以清谈为社交应酬之用"，"各标风致，互骋才锋，实非思想上研核真理探索精微之态度，而仅为日常人生活中一种游戏而已"。④ 钱穆的批评有其合理之处，东晋清谈的确出现了一种脱离现实、无关政治的倾向。然而，东晋并未因清谈而误国。两代名相王导与谢安均主持和参与清谈活动，这丝毫不妨害他们在政治上的伟业。相反，正是因为被当作一种游戏，清谈才得以成

---

① 参见李修建《论魏晋清谈的审美意识》，《中国美学研究》第 3 辑，商务印书馆 2014 版；滕福海《一代文学 千古独步——魏晋清谈艺术论》，《广西大学学报》2009 年第 1 期；臧要科《魏晋清谈：语言游戏——以伽达默尔的游戏概念为视角对魏晋清谈的分析》，《兰州学刊》2005 年第 3 期。
② 《宗白华全集》第 2 册，安徽教育出版社 2008 年版，第 311 页。
③ 汤用彤：《汉魏两晋南北朝佛教史》，商务印书馆 2015 年版，第 339 页。
④ 钱穆：《中国学术思想史论丛》三，安徽教育出版社 2004 年版，第 175 页。

为一种艺术的活动。

在 20 世纪六七十年代，美国学者马瑞志（Richard B. Mather）在翻译《世说新语》的过程中，曾把清谈称作"对话的艺术"（art of conversation）。但他同时以"美的艺术"（fine art）来描述《言语》篇中充满巧趣和机锋的人物对话。这种用法的差异暗含了一种模糊的看法，清谈所展现的是一种言说或论辩的技艺，而非一种真正的美的艺术。① 这种模糊性源于对清谈的本质的理解。把清谈视为一种学术性的论辩活动，是学界普遍认同的观念。唐翼明教授曾给魏晋清谈下过一个完整的定义。魏晋清谈"指的是魏晋时代的贵族知识分子，以探讨人生、社会、宇宙的哲理为主要内容，以讲究修辞和技巧的谈说论辩为基本方法而进行的一种学术社交活动"②。王晓毅教授也说，清谈是一种"既探求真理，又获得精神娱乐的学术辩论"③。二人尽管都肯定了清谈的技巧性和娱乐性，但都把它定性为一种学术行为，而非自为的艺术。

18 世纪中叶，法国神父夏尔·巴图在《归结为同一原理的美的艺术》中将以自身为目的的诗歌、绘画、音乐、雕塑和舞蹈纳入了"美的艺术"的范畴，以区别于以实用为目的的机械技艺，从而确立了艺术之为艺术的评判标准。清谈能否成为一种美的艺术，判断的依据是，它具有什么样的目的，是学术上的、政治上的还是为了自觉的审美。在陈寅恪看来，清谈是对抽象玄理的讨论，这种学术性活动在前期有其政治上的关联性，是党派立场和利益的表征，而南渡之后的清谈活动失去了政治上的功利色彩，成为"名士身份的装饰品"④。有不少人倾向于将清谈与玄学等而视之，从中发掘和提炼魏晋时代的哲学思想。唐翼明认为，魏晋清谈兼有"求理"与"求美"的双重追求，且"早期的清谈求理的一面超过

---

① 参阅 Richard B. Mather, "Chinese Letters and Scholarship in the Third and Fourth Centuries: The Wen-HsuehP'ien of the Shih-Shuo-Hsin-Yu", *Journal of the American Oriental Society*, Vol. 84, No. 4, 1964, pp. 348 – 391. 及 The Fine Art of Conversation, "The Yen-yu P'ien of the Shih-shuo hsin-yu", *Journal of the American Oriental Society*, Vol. 91, No. 2, 1971, pp. 222 – 275.
② 唐翼明：《魏晋清谈》，天地出版社 2018 年版，第 28 页。
③ 王晓毅：《游宴与魏晋清谈》，《文史哲》1993 年第 6 期。
④ 陈寅恪：《陈寅恪魏晋南北朝讲演录》，天津人民出版社 2018 年版，第 42 页。

求美的一面，学术探讨的意识较浓，说理贵简约、贵理中，不涉或少涉意气；东晋以后，清谈中求美的倾向渐渐增强，游戏的意味渐渐增多，语言也就由贵简至渐渐变为贵华美、贵词条丰赡"。① 只要验诸王衍对郭象以及谢安对王濛清谈风格的评价——前者"如悬河写水，注而不竭"②（《世说新语·赏誉》），后者"语甚不多"（《世说新语·赏誉》），就足可证明他对前后期清谈语言特色的概括的失当。早期清谈同样看重文辞之美。管辂曾与裴徽论及何晏的清谈风格，二人皆认为他"辞妙于理"③。更值得注意的是，将"求理"与"求美"相对立的做法实际上受到了西方哲学理性与感性二分模式的影响。正是在这种模式下，德国人鲍姆加登将感性事物作为美学的对象，席勒以感性冲动和理性冲动的二元论来进行美的分析，诗与哲学之争也自柏拉图以来就成为不断被提及与争议的话题。然而，魏晋清谈并不是一项搜肠刮肚式的苦差事，而是要获得一种"理趣"。他们的致思与论辩始终以探求玄理的趣味为驱动，故而才能从抽象的思辨活动中获得精神愉悦。

西晋乐广"尤善谈论，每以约言析理，以厌人之心"④。他的清谈以语言"简至"著称，按理说，这是难以凭借语言艺术吸引人的，却能够给人以极大的精神享受，得到当时名士群体的普遍钦赏。卫瓘曾在正始年间参加过何晏等人的清谈活动，在见到乐广之后，不禁感叹道："自昔诸贤既没，常恐微言将绝，而今乃复闻斯言于君矣！"⑤ 乐广延续了正始清谈言辞精简、以理取胜的风格。追求理趣的时代审美风气也体现在玄言诗上。虽然玄言诗在南朝遭到了普遍批评，现代人也常以纯文学的眼光否定它的艺术价值，但不可否认的是，彼时的士族阶层确实能够从中品味到美的愉悦，故有"妙绝时人"之誉。

趣味问题是西方近现代美学的核心范畴之一。大卫·休谟将理性和趣味视为两种存在本质差异的人性能力，"前者传达关于真理和谬误的知

---

① 唐翼明：《魏晋清谈》，天地出版社2018年版，第63—64页。
② 余嘉锡：《世说新语笺疏》，中华书局2007年版，第519页。
③ 《三国志·魏书·管辂传》裴松之注引《管辂别传》载裴徽语。
④ 《晋书》卷43《乐广传》。
⑤ 《晋书》卷43《乐广传》。

识；后者产生关于美和丑、德行与恶行的情感"①。他将理性的职责理解为发现未知而客观的真理，把趣味看成创造新事物的能力。很显然，理趣作为一个以求理来产生审美情感的概念，在休谟眼里，会显得突兀甚至吊诡，一种既是发现又是创造的活动似乎在逻辑上是说不通的。然而，如果亚里士多德将求知作为人类本性的看法是正确的，那么这种本性需要体现为一种趣味追求理所应当。魏晋士人并不预设客观实在的绝对真理，他们对某一主题的思考和论辩是无止境的，没有终极的答案。故此，何晏的圣人无情说与王弼的圣人有情论都不足以终结后人对它继续探讨的兴趣，在嵇康之后，王导谈起"声无哀乐"问题来依旧能够"宛转关生，无所不入"。（《世说新语·文学》）

　　理趣是魏晋清谈的内在动力，东晋仍以"造微""精苦"作为评价清谈能力的核心标准。许询曾引述嵇康《琴赋》道："非至精者，不能与之析理"（《世说新语·赏誉》），支道林亦对王濛清谈论辩之"不苦"表示遗憾。所谓"苦"，刘孝标释为"穷人以辞"。② 这样解释固然有穷尽义理的意思，却未能凸显对玄理的极致追求。《世说新语》将孙盛与殷浩之间的一次清谈描述为"往反精苦，客主无间"（《世说新语·文学》）。这里的"苦"显然不是指其中一方理屈词穷了，而是指双方的论辩达到了极其精微深刻的境界。东晋清谈并未因"求美"而忽略"求理"。作为魏晋谈座上的双重追求，理胜辞美是清谈造诣的两项指标，也是审美愉悦的双重要素。

## 二　创造：魏晋清谈的美感之源

　　魏晋清谈成为艺术活动的关键，在于它的创造性。用创造规定艺术，是中外艺术理论家的共同趋向。自柏拉图以来，模仿论在西方的艺术观念中长期占据主流地位，似乎有否定艺术的创造性的意思。但是，"灵感说"和"天才说"却在西方美学史上为艺术家的创造才能正名。康德认为，"天才"具有为艺术立法的作用。这正是对艺术创造的肯定。波兰美

---

① ［英］大卫·休谟：《道德原则研究》，曾晓平译，商务印书馆2001年版，第146页。
② 余嘉锡：《世说新语笺疏》，中华书局2007年版，第560页。

学家塔达基维奇曾梳理了西方艺术观念史上对创造概念的理解和接受，并指出，创造性概念在艺术领域中得到了越来越多的承认，"它成了艺术的规定性，艺术的领域便是创造的领域"①。中国艺术充满了创造精神，高建平教授在研究中国古代绘画时说："中国画家反对习气，讲求笔精墨妙，笔墨中有灵气，这是不入俗套、出笔用墨有创造性的表现。"② 这种别出心裁的创造性是艺术的普遍法则，也是魏晋清谈家们的共同追求。

魏晋清谈的创造精神体现为对玄理的独到见解，发掘和创造更深刻、更精微、更新颖的玄理，是评判一个人清谈水平的绝对标准。在这方面，王弼和支遁独领风骚。王弼曾以少年独秀之姿拜访何晏和裴徽，与之论理，赢得二人赞许。他的第一次出场很令人惊羡。《世说新语·文学》篇云：

> 何晏为吏部尚书，有位望，时谈客盈坐。王弼未弱冠往见之。晏闻弼名，因条向者胜理语弼曰："此理仆以为极，可得复难不？"弼便作难，一坐人便以为屈，于是弼自为客主数番，皆一坐所不及。

对于何晏等人已经论辩到极致的玄理，王弼依旧能够提出驳难，并使满座无可申辩，足以见其论理之精。随后，他竟能兼做客主，左右互搏，进行自我论辩，将玄理推进了好几层。这种理论创新的能力在正始年间罕有其匹，王弼是毫无争议的正始玄学的执牛耳者以及正始清谈的台柱子。正始之音后来成为清谈家追慕的典范，这表明精到的玄理对魏晋人的巨大吸引力。

东晋支遁的玄理造诣堪比王弼。王濛说他"寻微之功，不减辅嗣"（《世说新语·赏誉》）。他在玄学理论的多个方面都有突出成就，他对逍遥义的理解在向秀和郭象之后，再次风靡士林，又能创设"即色论"，推进玄佛合流。《高僧传》记载了他与许询论辩《维摩经》的故事：

---

① ［波兰］符·塔达基维奇：《西方美学概念史》，褚朔维译，学苑出版社1990年版，第357页。

② 高建平：《中国艺术：从古代走向现代》，中国文联出版社2019年版，第92页。

> 晚出山阴，讲《维摩经》。遁为法师，许询为都讲。遁通一义，众人咸谓询无以厝难。询每设一难，亦谓遁不能复通。如此至竟，两家不竭。凡在听者，咸谓审得遁旨。乃令自说，得两三反便乱。①

在听者看来，支道林与许询的每一番论辩都达到极致，但他们却能一再地突破听者的思维局限，发明新的义理，带来一种峰回路转的新奇感。引文的最后一句运用反衬手法凸显了支遁论理的精微之处。②

魏晋清谈的创造精神还体现在语言上。清谈语言的创新体现在能指和所指两方面：在能指方面要求"化俗为奇"，创造新辞奇藻，以陌生化的表达给人带来听觉上的美感；在所指方面要说理透彻，化解玄理与语言之间的隔膜，使说理更加明晰可感。俄国形式主义者将语言的陌生化作为激活审美感受的重要方法。这一点在魏晋清谈中已有经验，言语出新、不落俗套是魏晋清谈的评价标准之一。时人常以"新""奇""警"等词称赞语言特征。如《世说新语·赏誉》篇曰：

> 谢镇西道敬仁："文学镞镞，无能不新。"

> 林公云："见司州警悟交至，使人不得住，亦终日忘疲。"

司州即王胡之。警，谓语言奇警；悟，指思维敏捷，善于悟解玄理。他的清谈因文辞与理致兼善而得到支道林的赞赏。与之形成反差的是王恭。王恭清谈常有新意，但刘义庆说他因读书少而在表达上"颇有重出"（《世说新语·赏誉》），显然是以此为瑕。

魏晋清谈在某种意义上是对"言不尽意"观念的抗拒，清谈者的语

---

① （南朝梁）慧皎撰：《高僧传》，汤用彤校注，中华书局1992年版，第161页。
② 据《世说新语·文学》篇第37条记载，支道林曾详细分剖佛家"三乘论"，使其义各井然。尔后，支遁下坐，令听者自由讨论，却出现了"正自得两，入三便乱"的情况。前人从三乘义理的探讨方面对引文加以解释，造成理解上的混乱。结合正文"得两三反便乱"可知，所谓"入三便乱"，意指论辩只能进行两番，无法继续深入下去。所谓"反"，同"番"，指清谈双方的一通一难，是魏晋清谈的固定程式。

言不仅要有美的效果,更要实现达意功能。殷浩作为东晋时期的清谈大家,最为人所称道的就是他在言辞上的卓越才能。《世说新语·赏誉》篇刘孝标注引徐广《晋纪》云:"浩清言妙辩玄致,当时名流,皆为其美誉。"殷浩的"妙辩"不只是言辞的铺排,更加重视"比辞",通过形象性化解"言"与"意"的冲突。《世说新语·文学》篇云:

> 人有问殷中军:"何以将得位而梦棺器,将得财而梦矢秽?"殷曰:"官本是臭腐,所以将得而梦棺尸;财本是粪土,所以将得而梦秽污。"时人以为名通。

余嘉锡引述《晋书·索紞传》"索充初梦天上有二棺落充前"而"频再迁"的故事作为"将得位而梦棺器之证"。[①] 古人常以训字法解梦,此处若以"棺""官"同音作解,显得直白而义俗。殷浩引《庄子·秋水》中的寓言故事,以腐臭喻官衔,并引粪土以喻钱财,不仅辞喻高明,更显得义理超俗。注重对话的艺术性,是魏晋的时代特色。将表达的新颖与表意的熨帖相结合,是魏晋清谈的自觉追求。如果片面地追求语言表达的新奇,而忽略义理的稳妥,就会被对方抓住把柄,从而在清谈中失去兴味。在这方面,王修曾有过教训。《世说新语·文学》云:

> 僧意在瓦官寺中,王苟子来,与共语,便使其唱理。意谓王曰:"圣人有情不?"王曰:"无。"重问曰:"圣人如柱邪?"王曰:"如筹算,虽无情,运之者有情。"僧意云:"谁运圣人邪?"苟子不得答而去。

苟子即王修。他以筹算喻圣人来论证无情论,喻体虽新奇,却充满逻辑漏洞,因此被僧意轻易驳倒,不得不灰溜溜地离开。

蒋孔阳先生说:"美的特点,就是恒新恒异的创造。"[②] 只有在不断创

---

① 余嘉锡:《世说新语笺疏》,中华书局2007年版,第276页。
② 蒋孔阳:《美学新论》,人民文学出版社1993年版,第136页。

造中，破除习常的见解和习用的言辞，发明新的玄理和创构新的辞采，魏晋清谈才能满足人们的审美期待，成为一种艺术的活动。

### 三　表演：魏晋清谈的风度呈现

自西晋王衍开始，一种刻意表现风度或风雅形象的清谈之风兴起了。王衍是西晋元康时期的名士领袖，热衷清谈，但是他的玄学造诣浅，难以理致取胜。在清谈过程中，他常信口开河，时人称之为"口中雌黄"，不能将玄理推演和阐发到精微的程度。即便如此，他仍能够使"朝野翕然"，令人钦慕。[①] 原因在于他在清谈时展现了让人赏心悦目的风范。王衍本人相貌很好，被喻为"瑶林琼树"，王敦说他处众人之间，如珠玉之在瓦砾中。在注重人物品藻和形神之美的魏晋时代，这本就是人们欣赏的对象。而王衍恰恰能够将他的形容之美融入清谈活动。他在清谈中常手执玉柄麈尾，加上他本人肤色白皙透亮，手与柄几乎同色。这种形象颇与《庄子》所描绘的姑射山神人相像，那种"肌肤若冰雪，绰约若处子"的理想形象映照在王衍身上，使人领略到他的清雅之姿。

清谈自此已不单单着眼于玄理的优劣，有时反倒把个人风度的展现看得更为重要。以自我表现为目的的清谈带有表演性，这种表演性体现在多个方面。余嘉锡说："晋、宋人清谈，不惟善言名理，其音响轻重疾徐，皆自有一种风韵。"[②] 在玄理的颖悟和语言的考究之外，形象的高妙、动作的闲雅、神情的超逸，也成为清谈所追求的目标和欣赏的对象。在调动观者的听觉感官和思维的同时，也让他们的视觉参与到对清谈的欣赏之中，清谈成为一种综合性的艺术行为。

麈尾是晋人清谈的标配，对于展现人物风度发挥了不可替代的作用。宋吴曾《能改斋漫录》引《音义指归》曰："鹿之大者为麈，群鹿随之，皆看麈所往，随麈尾所转为准。"[③] 晋人剪集麈尾，并以不同材质的柄收束，制成类似拂尘一类的器物。麈尾兼具实用和表演的双重功能，既能

---

[①] 《晋书》卷43《王衍传》。
[②] 余嘉锡：《世说新语笺疏》，中华书局2007年版，第248页。
[③] （宋）吴曾：《能改斋漫录》，上海古籍出版社1979年版，第36页。

"拂秽清暑"① （王导《麈尾铭》），又可"引饰妙词"② （徐陵《麈尾铭》）。晋人视麈尾为不可或缺的风流雅器，在清谈过程中不时挥动，形成从容萧散的气度。尤其是以白玉、象牙或犀牛角等珍贵材质为柄的麈尾，更是能体现出一种高贵超迈的精神风貌。《世说新语·赏誉》篇云：

> 何次道往丞相许，丞相以麈尾指坐，呼何共坐曰："来，来，此是君坐。"

这则故事被刘义庆列入《赏誉》篇，很明显，这里被欣赏或赞誉的，是王导以麈尾指坐的动作。晋代名士随着清谈节奏而摇动麈尾，并配合着身体的动作，形成一种有韵律的姿态，给人带来视觉享受。据记载，孙盛与殷浩的清谈到了激烈处，二人"奋掷麈尾"（《世说新语·文学》），脱落的细毛铺满在饭食上。这表明，魏晋清谈并不仅是口舌之间的游戏，也有动作的参与。有时表演性的动作本身就变成了观者的审美对象，无暇顾及义理问题。例如：

> 支道林、许掾诸人共在会稽王斋头。支为法师，许为都讲。支通一义，四坐莫不厌心。许送一难，众人莫不抃舞。但共嗟咏二家之美，不辩其理之所在。（《世说新语·文学》）

这是一场正式场合中的二人清谈，论辩双方分工明确，由东晋最擅此道的两大名士支遁和许询分别担任主、客两角。清谈的结果却出人意料，尽管所有观者都很尽兴，甚至有人不自觉地手舞足蹈起来，但几乎没有人在意和辨识他们所谈的玄理究竟如何。使他们"厌心"和"抃舞"的，不是支、许二人对玄奥义理的阐发，而是他们在论辩时所呈现的状态，是言谈举止间所表现出来的风度，或者说是"有意味的形式"。

美国民俗学家理查德·鲍曼（Richard Bauman）曾提出一个著名的观

---

① （清）严可均辑：《全上古三代秦汉三国六朝文》，中华书局1958年版，第1565页。
② （清）严可均辑：《全上古三代秦汉三国六朝文》，中华书局1958年版，第3458页。

念：语言艺术是一种表演。他认为，口头语言交流在本质上是一种表演行为，表演者不仅要向观众传达内容，还承担着展示自己交流方式的责任，从观众的角度来说，表演者"表述行为达成的方式、相关技巧以及表演者对交际能力的展示的有效性等，都将受到品评"①。鲍曼将口头交流的关注点从内容层面转移到了表述技巧和能力的展示上，这可以用来解释以彰显个人风度为主的清谈之风。晋人为表现个人风度而自觉地进行表演十分常见。谢安是其中之一。

谢安素以高逸超脱、临危不惧、夷然自泰的面目示人。这固然是其雅量的体现，但也不乏刻意表演的成分。淝水之战，举朝震恐、忧惧不安，唯独他表现得从容淡定，做出游山墅、会亲友、对弈等行为，甚至在捷报传来时，仍表情沉静、下棋如故。可是，在离开众人视线，返回内宅后，谢安露出了真实面目，"过户限，心喜甚，不觉屐齿之折"②。这种"矫情镇物"的做法是自我展示的表演性行为，试图在观众面前呈现出某种令人称赞的风度。

魏晋名士普遍向往渊静玄远的理想人格，魏晋清谈所展示的风度以闲雅为主。在清谈场上，不急不躁、从容应答方能显示出深谙玄理的气度和超逸不凡的名士派头。"徐"成为描述善谈者的重要词汇。《世说新语·文学》篇云：

> 王长史宿构精理，并撰其才藻，往与支语，不大当对。王叙致作数百语，自谓是名理奇藻。支徐徐谓曰："身与君别多年，君义言了不长进。"王大惭而退。

这是一次未完成的清谈。王濛是东晋中期的重要清谈家，他携着精心构想和结撰的"名理奇藻"自信满满地找支道林论辩。在他叙理之后，支道林并未提出任何驳难，而是批评他数年内在玄理和文辞两方面都没

---

① ［美］理查德·鲍曼：《"表演"的概念与本质》，杨利慧译，《西北民族研究》2008年第2期。
② 《晋书》卷79《谢安传》。

有新的创造。这里突显支道林之高超并使王濛羞惭的关键是其"徐徐"的语气。这种语气蕴含了说话者洞察一切的智慧和雍容闲雅的气度。以徐缓的举止或言语彰显沉着和雅量，在当时广有事例，除支遁外，还有王衍、谢安、王献之等。相反地，过于激切的行为，容易招致批评。许询年少时曾因别人拿他与王修相比而愤愤不平，便前去挑战，在论辩时咄咄逼人，甚为操切，在对方理屈词穷之后还要互换角色，易理再辩，直至再次战胜对方。这种扬厉的行为遭到了支道林的否定，认为它不符合清谈的法则。

魏晋清谈的表演性与其功能相关。清谈作为魏晋时期的重要文化生活，是一种给人带来精神愉悦的娱乐活动，往往出现在名士雅集的场合。《世说新语·文学》篇云：

> 支道林、许、谢盛德，共集王家。谢顾谓诸人："今日可谓彦会，时既不可留，此集固亦难常。当共言咏，以写其怀。"许便问主人，有《庄子》不？正得渔父一篇。谢看题，便各使四坐通。支道林先通，作七百许语，叙致精丽，才藻奇拔，众咸称善。于是四坐各言怀毕。谢问曰："卿等尽不？"皆曰："今日之言，少不自竭。"谢后粗难，因自叙其意，作万余语，才峰秀逸。既自难干，加意气拟托，萧然自得，四坐莫不厌心。支谓谢曰："君一往奔诣，故复自佳耳。"

这是一次大腕云集的清谈雅聚。谢安希望以清谈来抒发各自的怀抱，这一提议得到了所有人的赞同。这是一种将清谈艺术化的倾向。在中国古代，抒写怀抱一向被视为艺术的基本功能。诗歌、音乐甚至书法和绘画都强调导泄人情、抒发性灵的作用。以清谈的方式达到审美愉悦，是多层次艺术手段的聚合。在这场清谈中，先是支道林以精湛的玄理和奇拔的辞采为观者带来理趣和诗情的双重满足，接着是谢安带有表演性的出场，以他高雅的气度、非凡的意态以及华丽的辞藻，使人沉浸在他的美的表现之中。作为清谈的提议者，谢安在众人叙理后，才压轴出场。他的出场很值得玩味。他先是询问别人的谈论是否都已结束，这一询问正与此前他看题之后的发言相对应，暗示此次清谈的第一阶段接近尾声，许询、王濛和支道林等人都完成了他们的言咏。在得到众人的回答后，谢安方才对第一阶段的发言提出粗略的驳难。在"少不自竭"与"粗难"之间形成了一种无形的张力，预示了本次清谈的高潮即将来临，谢安将作为核心人物正式登场。他的陈述达"万余语"，显然遮掩了支道林"七百许语"的光辉，通过对比凸显了谢安理辞的高妙与新颖。然而，使"四坐莫不厌心"的并不只是他在玄理与文辞上的卓越，而是他清谈时的精神状态——意气拟托，萧然自得。清谈中的谢安仿佛成了渔父的化身，在精神上演绎了那种"法天贵真，不拘于俗"的真言妙谛。他的"萧然自得"无疑是渔父形象的再现。正是这种具象化的渔父精神和《庄子》思想使观者得到了巨大的精神满足。

**四　融通：魏晋清谈的审美公共性**

曹魏末年，司马氏与曹氏的党争日益激烈。陈寅恪认为，党派纷争影响甚至决定了当时的学术立场和观点，清谈乃是"政治上党派分野向背从违之宣言"①。然而，学术争鸣并非像党派立场那样水火不容，共同的趣味和雅好有时能够打破政治界限而进行正常的交往。正始年间，司马氏集团的钟会任职吏部郎，活跃于洛阳清谈场中，与何晏、王弼等人多有交往，参与了圣人有情无情问题的讨论，似乎并未因党派问题而断绝交往。司马师也曾亲自参与何晏组织的清谈雅聚，并受到了何晏的佳评。《三国志·魏书·何晏传》裴松之注引《魏氏春秋》曰：

初，夏侯玄、何晏等名盛于时，司马景王亦预焉。晏尝曰："唯深也，故能通天下之志，夏侯泰初是也；唯几也，故能成天下之务，司马子元是也；唯神也，不疾而速，不行而至，吾闻其语，未见其人。"盖欲以神况诸己也。

在清谈场上，他们摒弃了门户之见，在理趣的驱使下，进行真诚的

---

① 陈寅恪：《金明馆丛稿初编》，生活·读书·新知三联书店2015年版，第52页。

讨论，并对他者的才情与风采给予由衷的赏识。高平陵之变后，司马师仍对正始之音念念不忘，《三国志·魏书·钟会传》裴松之注引《王弼别传》曰："弼之卒也，晋景王闻之，嗟叹者累日，为其高识所惜如此。"超越党派之见和政治利益之上的融通，这是魏晋清谈之美的重要体现。然而，随着权力斗争的日益加剧，名士群体逐渐散落，正始清谈之风也走向衰歇。

魏晋时代在官吏选拔上采用九品中正制，"中正所铨，但存门第"①，出现了"上品无寒门，下品无势族"②的严峻分化的阶层壁垒。庶族与士族之间隔阂很深，寒门弟子受到鄙夷和排斥，无进身之阶，难以融入士族群体。如陶侃出身溪族，地位低贱，"当日胜流初俱不以士类遇之"③，欲仕无津，后辗转进入洛阳，屡屡遭人排挤。即便他平定苏峻之乱，功勋卓著，仍未得到士族尊重，被骂作"溪狗"。

顽固庸俗的门第偏见在清谈中涣然冰释。在清谈中展现高雅的趣味、深厚的学识或非凡的风度，成为当时的寒门子弟融入上层社会的重要渠道。西晋玄学家郭象地位卑微，史籍不载其家世渊源。他因清谈才能赢得了王衍等人的赞赏，参加"诸婿大会"并与裴遐谈论，一展风采。名士庾敳道："郭子玄何必减庾子嵩！"（《世说新语·赏誉》）推崇之意，溢于言表。因清谈而被名士群体接纳的还有东晋的康僧渊和张凭。康僧渊是西域人，长得鼻高眼深，与华夏人面貌迥异。他曾在晋成帝时与康法畅、支敏度等人渡江南来，衣冠之士都不认识他，直到遇见殷浩，"浩始问佛经深远之理，却辩俗书性情之义，自昼至曛，浩不能屈，由是改观"④。康僧渊因清谈得到士族群体的欢迎，与王导、庾亮等多有交往。《世说新语·文学》篇云：

> 张凭举孝廉出都，负其才气，谓必参时彦。欲诣刘尹，乡里及同举者共笑之。张遂诣刘。刘洗濯料事，处之下坐，唯通寒暑，神

---

① 《魏书》卷8《世宗纪》。
② 《晋书》卷45《刘毅传》。
③ 陈寅恪：《金明馆丛稿初编》，生活·读书·新知三联书店2015年版，第91页。
④ （南朝梁）慧皎撰：《高僧传》，汤用彤校注，中华书局1992年版，第151页。

意不接。张欲自发无端。顷之,长史诸贤来清言。客主有不通处,张乃遥于末坐判之,言约旨远,足畅彼我之怀,一坐皆惊。真长延之上坐,清言弥日,因留宿至晓。

张凭作为一个初出茅庐的外乡人冒昧造访名士刘惔,起初并未得到礼遇。直到清谈进入主客不通的关键时刻,他才发言分判玄理,一语惊人。从"处之下坐"到"延之上坐",从"唯通寒暑"到"清言弥日",清谈消解了由身份和地位差异所造成的隔阂与偏见,体现了审美的公共性。

在晋代,僧人参与清谈成为一个普遍现象,除上文提到的支遁和康僧渊外,还有康法畅、竺法深、支敏度、于法开等人。这固然与援佛入玄的思想潮流有关,但更重要的怕是僧人欲借清谈之风融入名士生活。对此,汤用彤早有卓识。他说:"自佛教传入中国后,由汉至前魏,名士罕有推重佛教者。尊敬僧人,更未之闻。西晋阮庾与孝龙为友,而东晋名士崇奉林公,可谓空前。此其故不在当时佛法兴隆。实则当代名僧,既理趣符合《老》《庄》,风神类谈客……故名士乐与往还也。"① 王羲之与支道林的结识堪为其例。据《世说新语》记载,王羲之任会稽内史之初,支道林由孙绰引荐,想要结识王羲之。但王羲之"殊自轻之",即便二人亲自登门,仍"不与交言"。后来在王羲之出门之际,支遁使出撒手锏——请求与之清谈,"因论《庄子·逍遥游》,支作数千言,才藻新奇,花烂映发。王遂披襟解带,留连不能已"(《世说新语·文学》)。众所周知,琅琊王氏家族世奉五斗米道,王羲之亦笃信而多与道士相往来。作为东晋名僧兼清谈大家,支遁倍受时崇,王羲之不会不闻其名。他最初拒绝与之结交的态度,或许与他所信仰的宗教有关。最终使王羲之忘怀彼我界限的,正是支遁对《庄子》的深刻见解以及他的清谈所展现出来的美与风度。

魏晋清谈所带来的审美愉悦具有超越党系纷争、门第观念甚至宗派立场的共通性。这种共通性既不是基于概念和逻辑的认识上的普遍性,

---

① 汤用彤:《汉魏两晋南北朝佛教史》,商务印书馆2015年版,第147页。

也不是道德与伦理法则的绝对命令,而是一种审美的公共性。魏晋清谈不仅是玄学义理的探讨,还是在理趣的驱动下以创造的精神寻求审美愉悦,并且注重主体风度的呈现和欣赏。魏晋人物在清谈中从隔阂到融通,是彼此文化趣味和审美尺度相契合的结果。这种共通性不同于康德的先验的共通感观念,它是在特定的社会历史中生成的,离不开魏晋时期特殊的思想文化潮流和社会政治结构。它的功能不在于使单称的审美判断成为必然的和普遍的,而在于清谈之美的领略中实现人际的融通与平等。

**结语**

清谈作为魏晋时期风靡士林的一项综合性的文化活动,具有丰富而多元的艺术属性,是中国古代的一种特殊的艺术形态。魏晋士人在清谈中自觉地追求以艺术化的方式展现个人才智,他们在玄理趣味的驱动下,将探索玄学义理的思辨活动与自觉追求语言辞采的创造性表达的审美意识相结合,并在清谈过程中融入了表演性因素,通过身体的动作姿态和声音的节奏韵律彰显个人的形容之美和高雅超逸的精神风度。此外,魏晋清谈打破和超越了狭隘的宗派意识和庸俗的门第观念,在共同的文化趣味和艺术精神的吸引下,实现了人际的融通和人格的平等。魏晋清谈作为中国古典艺术形态之一,虽然难以归类于现有的艺术门类体系,但它的艺术特质及其中所蕴含的中国艺术精神不容轻忽。辨识和发掘魏晋清谈的艺术内涵,对于梳理中国传统的艺术知识体系,具有重要价值。

# 后　　记

　　本书是在我的硕士学位论文的基础上修改而成的。与其说是"修改",毋宁说是"重写",原先的内容早已面目全非了。

　　2012年,我跟随李健教授攻读中国古典文艺学,并把重心放在了魏晋南北朝时期。在李健师的指导下,我较为系统地阅读了这一时期的玄学、文学与诗学著作,并以郭象的适性思想作为毕业论文的选题,撰写了一篇十余万字的论文,取得了硕士学位。之后,我到中山大学师从王坤教授攻读文艺学博士学位,以提高我在西方文艺理论和美学方面的专业素养。这一研究就搁置下来了。2018年,我回到深圳大学,进入美学与文艺批评研究院工作。李健师鼓励我把这个问题继续下去,做深做透。于是,我重操旧业,再次研究起郭象美学来。

　　这一研究并不如预想的那样顺利,我几乎推翻了原有的所有章节,重新立论。除了发掘和梳理郭象的适性美学思想体系,还试图将之放在魏晋时期的政治、社会、文化的整体格局中加以审视。因此,书中用了大量篇幅讨论政治历史问题、梳理魏晋社会思潮的演变,以及透过具体作品去窥察名士们的精神世界。这个过程伴随着我对中国古典美学的重新体认。中国古典美学是以人生境界论为主脉,其基本主题是人应当如何生活,而中国古代的文艺思想和美学观念大多是从这个主题中引申出来的。因此,研究中国古典美学,不应像西方美学那样以理性思辨和认识论为主,局限于概念和理论的逻辑推演,而是要进入古人的生活世界,与一个个活生生的人物进行心灵对话,体验和理解他们在面临人生困境如群己冲突、情性问题及物我关系时的所感所思。这是一种历史的和价值论的研究方式。

然而，这不意味着排斥西方，主张中西对立。这本书运用了一些西方的理论和方法。一是采取了历史主义的研究方法。郭象的适性美学是时代性的，旨在回应和解决魏晋士族所面临的人生困境。而且，它对东晋人生美学和文艺美学的影响，也与当时的政治文化语境分不开。对于郭象适性美学的普遍性问题，应当持审慎的态度。二是借鉴了伽达默尔的阐释学理论，把阐释看作一起效果历史事件。本书坚持一个基本观点：郭象的创造性阐释是庄子思想对中国古代人生美学和文艺美学产生重要影响的枢纽。三是援用了列奥·施特劳斯的一些观念，比如，在论述嵇康时，强调他所面临的是两种生活方式的冲突，而非两种政权的对立；在分析阮籍等人的文学作品时，借鉴了隐微写作的相关理论。

很多师长对这本小书的产生给予过帮助。感谢我的导师李健教授。他一直关怀我的生活、关心我的成长与进步，这本书的写作与出版都得益于他的指导和敦促。在我撰写硕士学位论文期间，学校图书馆因修缮而关闭半年，李健师允准我在他的办公室里读书和写作，充分利用他的藏书，给研究带来了极大的便利。这样无私的帮助十余年来从未间断过。

感谢胡经之先生。这几年来，我受深圳大学美学与文艺批评研究院委托，负责《亲历美学风云——胡经之九十自述》的采访与整理工作。在与先生的交流中，深受他的学术精神的沾溉与滋养。他的美学研究注重价值论维度，给予我很多启发。那些在深圳湾畔促膝而谈的时光，一次次燃起了一个青年对学术的热忱。

感谢我的导师王坤教授。他在我心中树立了一位学者和为人师者的典范形象。记得在硕士论文答辩时，王坤师向我提出了一个有意思的问题："鲁迅有一篇讨论魏晋风度的文章，很出名，但你文中没有谈到，你知不知道那篇文章的题目？"我说是《魏晋风度及文章与药及酒之关系》，王老师点了点头。这个细节像一粒种子埋在我的心中，时时提醒我，学术是一种厚重的传承，研究者必须心怀敬畏。

感谢深圳大学文艺学教研室的诸位师长。庄锡华教授在退休之后专门从南京返深参加我的硕士论文答辩，并对论文的结构和观点提出了宝贵的意见，为后来的修改指明了方向。李克老师、王晓华老师、陈文老师、陈海静老师和沈一帆老师对我的学业提供了很多帮助，他们的鼓励是我前行的重要动力。

本书的写作与出版得到了广东省社科规划项目和深圳大学高水平大学建设经费的支持。感谢高建平教授把这本书纳入美学与文艺批评丛书，并多次关怀研究的进展和出版情况。感谢任丽娜老师为本书的出版所做的工作。本书的部分内容曾在《南昌大学学报》《暨南学报》《中国美学研究》《艺术评论》、人大复印资料等发表或转载过，再次向这些刊物以及编辑与外审专家表示感谢。

感谢中国社会科学出版社张潜老师和胡新芳老师为本书的出版付出努力！